二階俊博言行録

NIKAI
TOSHIHIRO

自民党幹事長就任時に新役員と（平成 28 年）

周近平中国国家主席と会談（平成 31 年）

文在寅韓国大統領と会談（平成 29 年）

「世界津波の日」高校生サミット in 黒潮（平成 28 年）

沖縄物産展で翁長知事と（平成 28 年）

「和歌山ふるさと市場」で挨拶

ヘリコプターの上空から台風の被害を視察（令和元年）

栃木県の台風被災地を訪問（令和元年）

二階俊博言行録

『二階俊博言行録』刊行に当たって

二階俊博先生は国際的、世界史的視野をもって、「困難は自分が背負う」との生き方を貫き通す、至誠の実力政治家である。

二〇一六年八月、第二次安倍政権下で自由民主党幹事長に就任してから、二〇二一年十月に岸田新政権が誕生するまで、千八百八十六日間にわたって、内外の困難な政治諸課題に取り組み、幹事長の重責を果たされた。幹事長在任期間は幹事長を二度務めた田中角栄・元総理の千四百九十七日を抜いて、歴代最長である。

外交面では、「中国、韓国、ベトナム、インドネシア、ロシアなどとの平和友好外交の推進」、そして国内政治では「観光立国の推進」、「津波対策基本法制定」、「国土強靱化政策の推進」など幅広く活躍された。平成初期から令和初期にかけての政治は二階俊博先生が動かしたと言っても過言ではない。

政治評論家の故・森田実氏は著書『二階俊博幹事長論』で、こう書いている。

〈ナンバー・ワンの動きを軸にしては、真実の政治の動きは見えない。中国・三国時代の諸葛孔明、幕末から明治期の勝海舟、大戦末期の鈴木貫太郎、一九五五年保守合同の三木武吉ら、ナンバー・ツーが歴史を動かした。二階氏はこの偉大なるナンバー・ツーの政治家に名を連ねる人物である。

私は初めて二階氏に会ったとき、「この男は世のため人のために、善なる政治をやるために生まれてきた人物だ」と感じた。〉

二階先生の政治家としての際立った特徴を三点挙げよう。

第一に、つねに国民の側に立ち、平和と国民生活向上のために働き続け、いたずらに権力を求めようとしないことである。

二階先生はこう言っている。

「政治は何よりもまず地方、あるいはまだ発展途上の地域のために、どうエネルギーを発揮してゆくかということが大事だ。これからも地元のみなさんと一緒になって地域を盛り上げていく努力をしていきたい。自民党はいかなる地域も見放すことはしない」

第二に、つねに世界の動きに注意を払い、国会議員として平和友好のための議員外交、および自民党としての党外交を展開し、政府を側面から補佐し続けている。これほど旺盛な議員外交を行っている議員は他にはいない。

第三に、つねに時代の先を読み、政治家としての指導性を発揮し続けている。観光立国論、国土強靱化、世界津波の日制定、差別撤廃法の成立、日本の食文化を守るための努力等など、常に時代の先を睨んで、国民のための政策を推進し続けている。

森田実氏は前述の『二階俊博幹事長論』で、「二階俊博は政治の天才だと私が判断する理由は三点ある」と、こう書いている。

〈第一に、二階俊博には政治の〝術〟の心得があることだ。ビスマルクは「政治は科学ではなく術だ」と言ったが、〝術〟を心得ることができるか否かが、一流政治家とそうでない政治家との分岐点である。

二階俊博は〝術〟を使う名人である。

第二に、二階俊博には「人の心を正確に読み取る能力」がある。

第三に、「閃き」を持っている点である。発明家エジソンは「天才とは九九％の発汗であり、残り一％が霊感である」と言ったが、三木武吉にも田中角栄にも「閃き」があった。二階俊博にも絶えざる「発汗」と「閃き」がある。

これら三点の才能を持つ者は政治の天才である。二階俊博は、これらの才能の持ち主である。〉

政治家の言動には常に国民の厳しい目が注がれている。「政治家は歴史の法廷で裁かれる被告人である」とも、言われる。

二階先生は日頃、「議員は自らの発言には責任を持たねばならぬ」と言っておられ、自らの言動に全責任を負って今日まで政治生活を貫いてこられた。

今年は、二階先生が国会議員になって四十年である。和歌山県会議員を含めれば、議員生活四十八年、ほぼ半世紀になる。これを機に、二階先生が過去四十八年間に発表した文章や発言、対談を、当編纂委員会の責任で選択して一冊の本として、後世に残すことにした。

題して『二階俊博言行録』である。

収録した文章、発言などは以下の五部に分け、政局絡みの話は最小限にした。

一、和歌山が生んだ政治家、二階俊博
二、国土強靱化への取り組み
三、観光立国
四、外交・国際関係
五、人と政治と

二階俊博先生はつねに身を捨てる覚悟で政治に臨んでおられる。

いま人類にとって最も大切なことは、世界平和を守り抜くことであり、二階先生はこの大事業に命がけで挑戦している。

これからも日本の発展と世界平和のため、そして、郷土和歌山県のために、ご尽力下さることを期待する。

令和五年　初秋
『二階俊博言行録』編纂委員会

二階俊博言行録　目次

第二部　国土強靱化への取り組み——127

第三部　観光立国

第四部　外交・国際関係　355

昭和 50 年 4 月、和歌山県議初当選

第一部　和歌山が生んだ政治家、二階俊博

和歌山県議会報告

昭和五十年十二月議会本会議における二階議員の質問演説

昭和五十（一九七五）年、二階俊博は和歌山県議会議員に初当選、昭和五十八年の国政進出まで二期にわたって県議を務めた。和歌山県の生んだ政治家、二階俊博の原点・第一歩となった和歌山県議会での二階県議の初質問を劈頭に掲載。（編集部）

副議長（古田新蔵君） 十七番二階俊博君。

〔二階俊博君、登壇〕（拍手）

二階俊博君 まず最初に、先般の知事選挙において仮谷知事が県民多数の支援のもとに圧倒的な勝利をおさめられましたことに心からお喜び申し上げるものであります。県政きわめて多難の折ではありますが、御自愛の上百八万県民のため、力いっぱいの御活躍をお祈り申し上げます。

お許しをいただいて、以下数点にわたって質問をさせていただきます。

三大プロジェクト

さて、大橋前知事は、県議会の席で、また選挙戦において、個性ある県づくりの構想として「かつらぎ山系の研究学園ゾーン」、「中紀田園工業都市構想」、「紀南福祉エリア」を仕上げ、あすの和歌山の基盤整備に努めたいと叫び続けてこられたのであります。大橋先生の路線を継承される仮谷知事は、当然選挙公約においてもこれらの地域開発の積極的な推進を約束され、その実現に努力することを誓われたわけでありますが、三大プロジェクトのそれぞれの計画が今日どこまで進捗しているのか、つまり、どこまでが大橋知事の時代にできておって、どこからが新しい仮谷知事が引き継がれたのか、この際県民の前にはっきりさせておく必要があると思いますが、この点について、まず企画部長の御説明を承りたいのであります。

御坊田園工業都市構想

中でも、御坊田園都市構想については、先ほど藁科議員からもお話がありましたが、その構想の規模から言っても、性格から考えても、他の二つのプロジェクトとはいささか趣きを異にしており、複雑多岐にわたる地域開発計画でありますが、何となく三つのプランの中でこれだけがおくれているように地元では受け取っております。また反面、「あすの日高」、「あすの御坊」に限りない希望を抱く日高郡市民は、多大の期待をかけてこの田園工業都市計画を見守っているのであります。

本計画を、一歩進めるために、来年は地域振興整備公団

執務中の二階俊博和歌山県議

に調査を依頼し、公団と県が一体となってさらに調査を進められるやに伺っております。この際、調査を進めるに当っての大体の方針と今後の見通しを企画部長から御説明を伺いたいのであります。

なお、知事にお願いしたいのでありますが、田園工業都市計画の成否は、まさに中紀の将来がかかっております。和歌山県の未来がかかっていると申し上げても過言ではないと思います。したがって、公団の調査は当然開発可能性を持った地域であるかどうかを調査されるわけでありましょうが、調査をやってみたが適当でなかったと言われたのでは困るのです。そこで、この問題を具体的に推進するために、実務家レベルにおける県と公団との折衝は操り返されていると思いますが、事務当局だけに任せるのではなく、知事が公団の平田総裁に会って、和歌山県と知事自身のこれに対する熱意を示していただきたいのであります。そして、適当な機会に総裁みずからが現地を踏査し、田園工業都市計画の可能性の判断をされるよう要請されたいのであります。これについて知事のお考えをお伺いしたいのであります。

田園工業都市構想は、県の段階ではまだまだプランが固まっていないようでありますから、この問題はこの程度にしますが、この構想を実現可能ならしめるためには交通ネットワークの整備がまず第一であることは論をまたないところであります。そこで、一つは海の玄関口日高港湾の整備であり、一つは高速道路の延長を図ることであります。以下、田園工業都市計画の促進を心から期待しつつ、次に日高港湾の整備についてお尋ねをいたしたいと思います。

日高港湾問題

御承知のように、日高港は古くから木材の集散地としての機能を果たしてまいりましたが、地元としては今後の日高港はひとり木材港としてだけではなく日高地域の産業、観光開発のための核とし、また近代的な流通拠点港湾として整備を推進しているわけであります。御坊市では、すでに四十八年に市議会の中に日高港湾調査特別委員会を設け、乏しい財源の中から百五十万円の市独自の調査費を計上して、運輸省の協力を得ながら開発整備についての可能性の調査を行ってまいりました。

一方、県においてもすでにいろいろの角度から調査をされているようでありますが、現在までの調査の内容と開発に当って留意すべき事項、及び今後の解決すべき課題等について、土木部長より御説明を願いたいのであります。

なお、第五次港湾整備五ヵ年計画において、新規事業として日高港を要求されていますが、政府の予算編成において第五次五ヵ年計画の策定のいかんが日高港湾関係者にとってきわめて関心の深い問題でありますが、地元としてもこれからさらに猛運動を展開してまいるつもりでありますが、県としては知事が先頭に立って大蔵省及び運輸省に積極的に働きかけていく用意があるのかどうか、この点をお伺いしておきたいと思います。

同時に、財政的にむつかしい情勢の中で、この新五ヵ年計画の枠がどの程度まで認められれば日高港湾は採択される見通しにあるのか、ある程度運輸省との事前の折衝が当然なされているものと思いますが、この点の見通しについて土木部長の見解をお伺いしたいのであります。

なお、港湾整備という問題については、ある程度大胆に進める必要があると同時に、またきわめて計画的でかつ慎重を要するとともに専門的知識が要求される面が多分にあると思います。

かつて、新宮港の整備に着手する初期の段階に、新宮土木出張所の中に新宮港事務所を併設しておるようでありますが、日高港の場合にしましても、田園工業都市構想の遂行に当って不可欠なものであるだけに十分地元のコンセンサスを求める上において、また隣接美浜町及び関係の町村との調整を図るためにも、この際、御坊土木の中に日高港湾事務所の設置を要請するものでありますが、早急に御検討を願いたいのであります。この点について、土木部長のお考えを伺いたいのであります。

日高港整備促進については、地元御坊市の財政負担の能力があるかどうかという点が、県として計画を進めていく上で常に心配をされていることだと思いますが、この点については官民合同によるいわゆる第三セクター方式等も考え、地元としても研究しているところでありますが、県としては愛知県三河湾の例もあることでありますので、この点も積極的に御検討を願いたいのであります。

なお、日高港湾問題について、土木部と企画部が共同で取り組んでいただいているようでありますが、今後本格的に取り組んでいくために責任の所在を明確にしていただきたいと思いますが、知事のお考えを伺っておきたいと思います。

高速道路の紀南延長

次に、高速道路の紀南延長についてお尋ねをいたします。

さきに申し上げました御坊市が港湾問題で調査を委託したコンサルタントの報告書によりますと、「和歌山県は位置的には日本列島の中心軸にありながら、経済的にはわが国の都市軸であり経済軸である東海道メガロラインから比較的隔絶された位置にあり、日本の高度成長の波に乗りおくれた未開発地域としての魅力に富む地域が多い」と位置づけをしてくれております。

また、「紀勢新幹線調査書」の結びの中に「全国の新幹線体系からながめたとき、日本の一地域が完全に欠落するのが果たしてよいのか」、また「国民生活の均衡の観点から、県庁所在地に新幹線タイプの列車によるサービスがあってしかるべきではないか」、さらに「発展のためには他地域と均衡のとれた条件が必要であるといった観点から、新幹線の必要性の判断をされるべきである。」、というようなことが書かれております。

二つの調査報告の指摘をまつまでもなく、わが紀伊半島は交通の面できわめておくれており、新宮から県庁所在地までの車での所要時間がおよそ六時間ないし、渋滞にかかると八時間もかかるわけでありますが、これは恐らく他の府県では例がないのではないかと思われるくらいであります。

そこで、先般から建設委員会において、高速道路の紀南延長の促進についてしばしば活発な議論がなされてまいりました。今回、建設委員会の全員が超党派で発起人となって高速道路紀南延長促進議員連盟の結成を呼びかけましたところ、四十六名の議員全員の御参加を得て、去る十二日一応のスタートを行ったわけでありますが、これはいかに多くの県民が高速道路の紀南延長を要望しているかという証拠であるとも言えるのであります。

高速道路の必要性等についていまさらここで申し上げる必要もないことで、県も財政的にきわめて困難な折から、県や地元が一銭も持ち出さなくともやれる高速道路の促進を図ることこそ、和歌山県の将来のために仮谷新知事に課せられた最大の責務であり、これこそまさに「福祉和歌山」を築く最も近道な方法であると考えるものであります。従来のような県当局のこの問題に対処する姿勢を一変させて、国に対し全力投球の姿で、現行の七千六百キロ計画の見直しを迫る努力を願いたいのであります。

先日、第三次全国総合開発計画の概要が発表されましたが、高度成長経済から安定成長へと軌道修正をはっきりと打ち出そうとしているようでありますが、元来国の長期計画や経済計画で過去一回として当ったためしがない。和歌山県は、和歌山県の確固たる発展の方向を見出し、県民が和歌山県に生まれてよかったとしみじみと感じるような県づくりのために、国から押しつけられた施策を進めるだけではなく、地域住民の要望を国にぶっつけて国にやらせるという真の地方自治の方向を考えるべきときに来ていると思うのであります。

おくれている地域の開発に財政投融資をつぎ込むことは、社会的不公平の是正につながることになるし、むしろ景気刺激対策にもなることで、高速道路紀南延長はだれはばかることなく前向きで推進を図るべきだと考えております。

この際、超党派で結成された県議会の高速道路紀南延長促進議員連盟と力を合わせて、地元選出国会議員の皆さんの協力を得ながら一大運動を粘り強く展開すべきときであると考えますが、仮谷知事の決意のほどをお伺いしたいのであります。

また、高速道路が新宮まで延長された場合、さらに伊勢の松阪まで延長された場合の和歌山県にもたらす経済効果等についてしっかりしたものを把握して、中央に働きかけると同時に、広く県民にアピールすべきであると考えますが、これらの調査について速やかに建設省や経企庁等の協力を得ながら県で調査をするお考えを持っておられるのかどうか、企画部長にお伺いしたいのであります。

同時に、海南——湯浅間の用地交渉が難航しているようにも伺っておりますが、交通渋滞にいらいらしながら走り回っている多くのドライバーや、海南——湯浅間の早期着工を願っている多数の県民の声に耳を傾けながら県としてはもっと積極的に取り組んでいただきたいと思いますが、この点についても土木部長から御説明を願いたいと思います。

椿山ダム建設について

次に、椿山ダム建設の問題について質問いたします。

去る九月県が発表した公共事業繰り延べ第一号として日高川上流の美山村に計画中の椿山多目的ダム建設の延伸について、私はダム関係者及び下流住民の立場に立って、さらに思いを同じくする日高郡選出の笹野、古田、藁科各先輩議員の御意見をも体しながら、椿山ダム建設の今後の見通しと、延伸に踏み切った経緯とその真相についてお尋ねをいたします。

ご承知のとおり、椿山ダムは二十八年のあの七・一八水害の悲劇を繰り返してはならないという大多数の県民の合意の上に立った、防災対策を主目的とする多目的ダムとして県を挙げて取り組んでまいったはずであります。七・一八の水害の際、日高地方では集中豪雨が連続雨量七百ミリに達し、死者行方不明二百九十八名、負傷者千四百七十名に及ぶ記録的な大洪水であったことは、あれから二十年以上も経過した今日、なお記憶に新しいところであります。もし仮に、当時と同じような災害が今日、日高・御坊地方を襲ったといたしますと、当時の七・一八水害の被害総額は約四百三十億円でありましたが、流域はんらん地域の資産の増加は昭和二十八年に比べるとはるかに大きく、平均四倍以上となっております。また物価指数は約三倍と推定されるわけであります。したがって、二十八年の災害を現時点で考えてみますと、約五千億円の巨額の災害となるわけであります。このような未曽有の大災害であったために当時日高川の治水計画の再検討を行い、長い間の曲折を経てようやく五十年度中に補償を解決、五十一年度着工、五十六年度の完工の予定を伺い、私たち地元選出の議員が一丸となって下流の各市町村に対してもダム建設に対する積極的な協力を呼びかけている最中に、県は単に財政の悪化を理由に美山村や龍神村の関係住民や下流の各市町村の意見に十分耳を傾けることもなく、ただ一方的に、しかも特別の努力をすることもなく、簡単に椿山ダム建設の延期を決定してしまったことは、下流住民四万八千人に及ぶ生命財産を守る立場から、また七・一八水害の恐怖を当時は中学生として身をもって体験している一人として、先般のダム対策本部のとられた一連の行為は何としても承服できないのであります。

質問の第一点は、今回の延伸決定の主役を演じたダム対策本部とは、一体いつ発足されて、基本協定調印後最近六ヵ月の間にダム促進についていかなる努力をしてこられたのか、具体的に御説明を願いたいのであります。

また、景気が回復したならばと言われておりますが、この際の景気が回復したと判断される基準は一体何を指して言われるのか、お伺いしたいのであります。

さらに、ダム対策本部や緊急財政対策委員会が、景気回復にいかなる見通しをもってあのような発表をされたのか、この点についても明快な答弁を求めるものであります。

さらにまた、ダム事業をこのまま推進を図ると、県の財源措置にいかなる支障が生ずるのか、具体的に納得のいく御説明を総務部長よりお聞かせ願いたいのであります。

財政がきわめて困難な事情にあることは、いまや県民周知のとおりであり、二百二十億円も要するこの大事業がだれも簡単にやれるものと思っているわけではありません。しかし、私は、県を挙げてあらゆる工夫をこらし努力を重ねて、九月議会における請願採択のとおり、日高川水系の治水のかなめである椿山ダム建設を図るべきであると考えるものであります。

一級河川

そこで、私は、この際仮谷知事にお考えをいただきたいことがあります。それは、日高川は御承知のとおり現在は二級河川でありますが、これを一級河川に昇格させるよう国に働きかけることによって、一級河川昇格の上は国の補助率を二分の一から一挙に四分の三に引き上げることが可能であると思います。現在の二級河川の状態でありますと、事業費の二分の一を県費で負担しなければなりませんが、一級河川に昇格させることができれば約二百二十億円の事業費のうち県費持ち出しが四分の一の五十五億円程度となるわけであります。また同時に、下流の河川改修についても補助率が大幅に引き上げられますので、河川改修にも抜本的に取り組むことができると思うのであります。財政窮迫の折、椿山ダム建設へ踏み出すための起死回生の手段はこれ以外にないのではないかとさえ考えております。

一級河川への昇格もそう簡単にできるわけでもありませんが、知事の方針が決まり、県と地元と一体となって懸命の努力をするならば、来年度は時間的に間に合いませんが、五十二年度において昇格実現の可能性は十分あるものと考えております。これについて、知事のご努力をお願いするとともに、お考えをお示し願いたいのであります。

結論として申し上げます。ダム延伸問題が日高川の奥地山村と下流住民に与えたショックは、長い間かかったダム問題がこれから先いつになったら建設にかかるのかわからなくなったというだけではなく、水没者の将来の生活設計はもちろんのこと、それでなくとも問題を抱えている過疎に悩む奥地山村、龍神村の村政に与えた影響、下流の住民の治水に対する恐怖と不安惑、田園工業都市構想に対し、治水と利水の両面から深いかげりを落とすことになるなど、この問題はきわめて重大な政治問題を提起していると言わざるを得ないのであります。

財政の問題は、国の補助率を引き上げる方法をとると一応乗り切れると考えるものでありますが、ここでまたちゅうちょ逡巡していると、県負担五十五億円がすぐ倍くらいになってしまうわけで、本計画は当初は全体で七十億円でき上がるはずであったわけであります。仮谷知事は、選挙中にしばしば「政治の停滞は一日もゆるがせにできない」と言っておられました。まさにそのとおりで、椿山ダム建設の停滞は寸時もゆるがせにできない問題であります。この際、広い視野に立って、高い立場に立って、本事業の重要性を再認識願いたいのであります。そうして、地元の十数年にわたって振り回された上に投げ出されてしまったという県に対する不信感をぬぐい去る意味において、この際知事自身が年明けの適当な時期に現地に出向いて、関係者に対し誠実な対話をされダム建設に対し積極的に取り組まれ、知事のスローガンである「真心の県政」の実践を強く望むものであります。これについて、知事の率直な答弁をお願いするものであります。

ナツミカン対策

最後に、私は、本県のナツミカン対策について、生産地の窮状を訴え、当局の適切な措置を望むものであります。知事並びに農林部長にその見解を伺いたいのであります。

本県のナツミカンの生産量は、昭和四十九年度産で約五万三千トンであり、愛媛県に次ぐ全国第二位の生産地であることは御承知のとおりであります。ことに、日高地方のナツミカンは柑橘総面積の約五〇%を占め、御坊市はさらにその六〇%以上に達する状況であり、一時は特産日高のナツミカンを誇っておりましたが、いまやすでにナツミカンは過去のものとなり、ミカン初めアマナツ、ハッサクの生産が増加するにつけ、普通ミカンの消費が次第に減退し、酸っぱいナツミカンに魅力がなくなった感を深くするのであります。

市況もこれを反映して極度に低迷の一途をたどり、生産諸資材及び流通経費の高騰等、ナツカン経営はきわめて困難な情勢に追いやられております。たとえば昭和四十九年度の場合、本県から出荷された京浜市場等五大市場のキロ当たり平均価格を見ましても、ハッサクが百四十七円、アマナツが百六十七円に、普通ナツミカンは実に五十八円と低く、生産者の手取り価格はさらにキロ当たり三十円を割る状態であります。

県当局もこうした情勢に対応して、普通ナツミカンの改植を促進すべく「夏みかん園等再開発特別対策事業」によって相当改植を進められたようでありますが、いまなお御坊・日高地方には約一千ヘクタールの普通ナツミカンを抱えて途方に暮れている実情であります。

私は、この夏、河川の状況を見るためにある地域を訪ねましたところ、そこの区長はナツミカン畑に立って、「このナツミカンを見てください。いまの値段ではどうすることもできません。とってくれる人がおれば、この山のナツミカン全部でも上げるんだけど」と言われたのであります。つまり、ナツミカンをとって出荷をしてみたところでどうにもならないと言って嘆いているのであります。

いまや斜陽化してしまったナツミカンを多く抱えて困り果てている日高御坊地方の柑橘生産者の切実な声を受けとめて、これらの農家を救済するための緊急の対策を講じられたいのであります。これらの柑橘生産者を救う道は、ナツカンの品種更新、すなわち経済性の高い晩柑に高接ぎするか全面改植する以外適当な方法はないと思いますが、県下全体では改植等を希望する農家とその面積はどの程度になると考えておられるか、お伺いをしたいのであります。把握できていないとするならば、早急に調査を行っていただきたい。そうして、ナツカン更新に関して、すでに行われている事業をも含めて、さらにこの際県独自の改植更新のための緊急措置を積極的に講じられたいのであります。

事業の実施に当たっては、受益者負担はもちろんのこと、市町村及び農協等にも協力を呼びかけて、県としてできる限りの対策をお考え願いたいのであります。これに対し、全国みかん生産府県知事会議の会長県である知事及び農林部長の見解を伺いたいのであります。

以上をもって私の質問を終わります。ありがとうございました。（拍手）

御坊田園工業都市建設構想に対する答弁

議長（島本正義君）　二階君の質問に対する当局の答弁を求めます。

知事仮谷志良君。

〔仮谷志良君、登壇〕

知事（仮谷志良君）　二階議員にお答えいたします。

田園工業都市の問題につきまして、事務的ペースだけではなしに地域振興整備公団の総裁等と話し合うべきではないかというご意見でございます。私も出納長当時から田園都市構想の問題につきまして振興事業団と話し合いをしておりまして、知事が急逝されましたので総裁は来ることができませんでしたけれども、この問題につきまして年が変わりましたら本県の実態を見ていただきまして検討を進めてまいりたい、かように思っておる次第でございます。

ただ、地域振興事業団の事業にしましては、御坊の田園工業都市が面積がやや少ないようでございますが、こうした問題等につきましても十分検討してまいりたいと思っている次第でございます。

企画部長（中西孝夫君）　御坊田園工業都市構想についてお答え申し上げます。

　この工業都市構想につきまして、ほかのプロジェクトと比べておくれておるではないかというお話でございますが、ご指摘のように紀北の研究学園ゾーン、あるいは紀南の福祉エリアにつきましては、一口に申し上げますと国とかあるいは公共団体によりまする施設を配置するというのが主な目的でございます。ところが御坊田園工業都市の場合は、民間企業の設備投資をするというのがやはり大きな目的でございまして、これらの動向に左右されることはもちろん、住民多数の生活にも直接大いに関係いたしておる次第でございます。

　また、この計画を推進するに当たりましては、私ども当初地元の市町村長さんあるいは議会の方々とも相談申し上げて、一つの青写真をかいてまいりました。しかしこれは後ほども申し上げますようにやはり日高港湾の問題とか、先ほどお話ございましたような道路交通網の整備、特に高速道路の紀南延長、こういった問題もあわせて検討しなければ、とうていでき得ない問題でございます。

　したがいまして、県といたしましては、まず地域の実態を十分把握いたしまして、地域的な課題を明らかにいたしますとともに、長い将来にわたってどういうふうな発展を図っていくのが最も効率的であるかといったような方向を見出すのに、まず力を重点的に注いだわけでございます。したがいまして、自然条件とか社会条件、経済条件等に関する基礎資料の収集に努めてまいったわけでございまして、一応、先ほど申し上げましたような青写真なるものをつくってみたわけでございます。

　それを基礎といたしまして国の方へ積極的に当たりまして、国の方で取り上げてもらうように努力をしたわけでございますが、幸いにいたしまして、御承知の地域整備公団の方におきまして来年度から調査をやってやろうということに相なったわけでございます。したがいまして、ほかの地域に比べまして若干事業の進捗状況がおくれているわけでございます。

　公団の方で取り上げていただきます予備調査でございま

すが、これは約二年間を要するということでございます。したがいまして、その調査を待ちましてから基本計画の策定という手順で今後の作業を進めてまいるつもりでございますが、今後はやはり、先に申し上げましたごとく、また二階議員からもご指摘いただいております港湾整備、あるいは高速道路の紀南延長、これはやはりこれとともに総合的にやらなければ、決してこの御坊田園工業都市構想はでき得ないものでございますので、そういったようなものを含めまして総合的に推進してまいる所存でございます。

研究学園ゾーンにつきましては、いまのところ基礎的な調査を終わりまして土地の買収を約九〇％終わってございます。問題になりました地質調査につきましても、再三、十分に調査をいたしまして、結論的には問題がないということがはっきりといたしております。したがいまして、今後はこの土地へ何を導入するか、その施設の内容等について詰めてまいりたいと考えております。

それから、御坊田園工業都市構想につきましては、常々二階議員がご指摘いただいております日高港の整備、高速道路等の延長を含めまして積極的に取り組んでいくつもりでございます。

民生部長（嶋本　修君）　二階議員にお答えいたします。

大規模年金保養基地建設の現況と見通しでございます。大規模年金保養基地につきましては、年金福祉事業団が事業主体となり、現在基本計画を策定中でございますが、すでに地区計画委員会を数回にわたり開催し、県及び地元の意見を考慮しながら検討中でございます。五十一年度は実施設計、五十五年度中には一部供用開始の見通しでございます。

日高港湾について答弁

知事（仮谷志良君）　港湾整備五ヵ年計画の問題でございますが、お説のように地元と一体になりまして、来年度から五十五年までの五ヵ年計画につきまして変更に努力してまいりたい、かように思っている次第でございます。

それから、日高港建設についての責任の所在の問題でございます。おっしゃられる点は、日高港建設についての問題点かと思うわけでございます。日高港湾の問題につきましては土木部でやってまいりたい。田園工業都市の問題につきましては企画部でやってまいりたい。責任の所在をそう考えておりますので御了承いただきたいと思います。

土木部長（橘　均君）　二階議員にお答え申し上げます。

まず日高港の過去の港湾調査と今後の開発に当って留意すべき事項等についてでございますが、調査に関しましては、港湾計画樹立に必要な調査といたしまして昭和四十八年度から昭和五十年度までに平面測量、深浅測量、経済調査等を行いました。さらになお、地形等の調査を今後行う予定でございます。

なお、今後の問題といたしましては、この地方の田園工業都市構想の内容等について十分に調整する必要があるのではないかと考えておる次第でございます。

次に、港湾整備五ヵ年計画の枠がどれほどまで認められたら新規採択されるかという見通しでございますけれども、先ほど知事もご答弁申し上げました通りに、国に対して五ヵ年計画の中に採択してもらえるように強力に運動をしてまいります。五ヵ年計画の枠とは関係なく、日高港を初め各港湾についても各年度ごとに事業として採択していただくよう努力してまいりたいと存じます。

次に、日高港湾事務所の設置につきましては、港湾整備を積極的に行うための事務所の設置につきまして、来年度中にいろいろ検討を進めてまいりたいと存じている次第でございます。

高速道路紀南延長に対する答弁

知事（仮谷志良君）　高速道路の紀南延長の件でございます。高速道路の紀南延長の一環として、一般有料道路海南湯浅間の早期建設について、県及び日本道路公団において関係市町村の同意が早急に得られるよう、目下努力中でございます。さらに紀南延長促進を図るため国土開発幹線自動車道建設法に基づく予定路線としての松阪市まで延長して指定されるよう、機会あるごとに三重県とともに政府関係筋へ強力な運動を進めてまいっておるわけでございます。また、近く開催されます国土開発幹線自動車道路建設促進全国大会において、海南市から三重県松阪市までの間の紀南延長について政府関係機関に陳情する運びとなっておりますが、なお今後ともこれが実現を期するため最大の努力をしてまいりたい、かように考えております。

また、高速自動車道紀南延長促進のための議員連盟が発足されましたことに対し、深く感謝申し上げるとともに、今後一層のご協力をお願い申し上げる次第でございます。

企画部長（中西孝夫君）　高速道路の必要性に関連いたしまして経済効果を調査せよというお話でございますが、高速道路の紀南延長につきましては先ほど知事からも決意のほどが表明されまして、私ども事務的にもすでに三重県等とともどもに必要性を訴えてきたわけでございますが、ご指摘の経済効果の調査につきましては、土木部と相談の上近く実施いたします。

椿山ダム建設に対する答弁

知事（仮谷志良君）　椿山ダムの問題でございます。椿山ダム問題につきましていろいろ迷惑かけてまことに恐縮に存じております。後ほど総務部長から説明申し上げますが、指摘されました第一点の日高川の一級河川昇格の問題について私からお答えいたしたいと思います。

財政問題の見地から私は一方法だと思うのです。ただ水利権の問題がございますので、地元の県会議員の先生方、地元の市町村の皆さん方の意見を承ってそして検討を進めてまいりたい、かように思っております。

次に、ダム地点に明春でも知事は行かないかというご意見でございます。明春になりましたならば私一回行かせていただきたい。ダムにつきましては、二川のときも私関係させていただきましたので、いろいろ水没地帯の人の気持ちはある程度わかると思いますので、不敏ながら行かせていただきたい、かように思っております。

総務部長（今吉　弘君）　椿山ダムの建設の重要性につきましては、私といたしましても私なりに十分認識いたしているところでございます。しかしながら、まことに恐縮なことでございますが、厳しい財政情勢からやむなく今日のような状況に立ち至っているところでございます。議員ご承知と存じますが、ちなみに現在のダム建設に対する国庫補助制度は二分の一でございまして、残りの地方団体の負担に対する起債の充当も二〇％という状況でございます。椿山ダムの建設事業費をおよそただいま二百二十億と踏んでおりますが、そのうち国庫が約百億、県債が二十億九千万、残りの八十三億六千万が一般財源となるものでございます。明年度以降、事業の執行のやり方にもいろいろございますが、土木部の資料といたしましては、計画どおりいけば五十一年度に一般財源ベースで八億余万円、五十二年度で十億余万円、五十三年度で十一億余万円という一般財源を要するような状況でございます。そういった状況でまことに至難な情勢に直面しているわけでございまして、恐縮に存じているところでございますが、議員ご指摘のとおり基本的にこの面についての国庫補助制度の改善、あるいは地方債の充当措置の改善といったことがなされ得るならば、また打開の道もおのずと出てくるのではないか、かように考えているところでございます。議会のご協力、ご鞭撻をいただきながら、そういった面でさらに一層の努力をさせていただきたい、かように存じております。

知事（仮谷志良君）　ナツミカンの問題でございます。ナツミカンの消費が減退し、経営に著しく支障を来たしていることは、二階議員がご指摘のとおりでございまして、県もこれには相当積極的に取り組んできたつもりでありますが、なお農家の改植に対する要望が強いという考えから、十分対処できるよう配慮してまいりたい、かように考えております。詳細は農林部長から答弁申し上げます。

農林部長（滝井治重君）　二階議員にお答え申し上げます。

昭和四十六年当時の普通ナツミカンの面積は二千一百三十ヘクタールでございましたが、これの更新対策といたしましてはナツミカン園芸再開発特別事業、あるいはまた小規模改植事業などを進めてまいりまして、四十九年度までに四百七十六ヘクタールの改植更新を行いました。

なお、今後農家が希望する改植の面積は、ただいまの調査の結果ではおおむね五百ヘクタールとの調べでございます。その関係農家戸数は千七百戸でございます。

そこで、ナツミカン対策につきましては、お説のとおり価格の低迷と将来の販売につきましてはまことに憂慮すべき状態にあると存じます。その対策につきましても、改植・高接などの更新対策を今後とも積極的に進めるつもりでございますが、五十一年度からは既存の事業でありまず小規模改植事業、共同育苗園設備事業並びに高接・穂木供給園設置事業の適用の範囲を拡大いたしまして、そして事業量の計画でございます、すなわち五百ヘクタールを五ヵ年で更新しようという計画を持ってございますので、その計画に従いまして更新できるように工夫と努力を今後こらしてまいりたいと存じます。

椿山ダム問題について再質問

議長（島本正義君）　再質問を許します。

議長（島本正義君）　十七番二階俊博君。

二階俊博君　椿山ダムの問題にしぼって再質問をさせていただきます。

椿山ダム建設という、長い間にわたって議会において議論をし尽くされてきた県の重大施策を見送らなければならない。延伸もやむを得ないと言うならば、県の他の事業を一つ一つ見直しをやって結論を出されたのかどうかという問題であります。もし慎重に検討された結果と言うならば、その検討の経過を明らかにすべきであります。私たちが考えても確かにいまやらなくてもいいもの、いまそれをやるべきでないものがまだほかにあるようです。当局は事業着手の優先順位の判断が誤っていなかったのかと言わざるを得ないのであります。これについて、ダム対策委員会のメンバー一人一人にダム延伸決定のいきさつをさらにお尋ねしたいところでありますが、この延伸決定の会議に出席された方々のお名前はわかっているわけでありますが、いまからでもおそくない、水没者や下流の住民の切なる願いに静かにお考えをめぐらしていただきたいのであります。この際私は、あえて答弁は求めません。地域住民の立場に立って、当局に対し「心の触れ合い」を求めるものであります。

県は、むつかしい経済情勢の中にあって、いま補償交渉や新しい就職のあっせんを図ることが水没者にとって不利益な一面もあるのでこの際、延期するというような説明を地元に対し行っておりますが、これはいかにも親切な発言のように聞こえますが、私はそうは思わない。それでは、県はいままでの補償を行う際に、景気のいい時には少し多い目に支払ったりして、景気によって補償額を考えたことがありますか。また、水没者の戸主の平均年齢が五十歳であるということを考えるとき、一刻も早く新しい生活再建を図りたいと考えるのが人情ではありませんか。この点についても、適当に言いくるめるようなやり方ではなく、水没者の立場に立って考え直していただきたいのであります。

土木部長に一点だけお尋ねをいたします。先ほど私は、延伸の主役を演じたダム対策本部という表現をしましたが、私が申し上げたいのは、当時政治的配慮から、言葉は適当でないかもしれませんが、あわよくば地元や議会が騒がなければ財政的理由でダム建設を延期または中止しようという魂胆のもとに、隠れみのとしてつくった対策本部ではなかったかとお伺いしたいのであります。

しかし土木部長も、まさか「そうでした」と言うわけにもいかんでしょうから、また本当にそうでないとするならば、失われんとする地元の信頼を取り戻すために、知事も新しくなられたことであるし、明春みずから現地へ出向いて今後真剣に取り組む旨の決意表明があったわけでもあるし、現在のダム対策本部の名称をダム建設促進対策本部というような積極的な名称に変更を願いたいのであります。これについてお考えを伺っておきたいと思います。

一級河川昇格に関する問題点等については、建設委員会の審議の際に譲ります。

以上で再質問を終わります。

議長（島本正義君） 以上の再質問に対する当局の答弁を求めます。

土木部長橘均君。

〔橘　均君登壇〕

土木部長（橘　均君） 二階議員の再質問にお答え申し上げます。

この問題に対しましては、先生方の御意見を十分承りまた上司ともよく相談しながら検討してまいりたいと存ずる次第でございます。

『明日への挑戦　県勢浮上への道を求めて』
（紀州新聞社、一九八二年）より

第百一回国会　衆議院文教委員会　第十二号

（昭和五十九年五月九日、初の国会質疑）

和歌山県議を連続二期務めた二階俊博は、昭和五十八（一九八三）年十二月に行われた第三十七回衆議院議員総選挙で初当選、国政進出を果たした。翌、昭和五十九年の国会で行われた二階代議士による初の国会質問を掲載。（編集部）

文教行政の基本施策に関する件

愛野（興一郎）委員長　文教行政の基本施策に関する件について調査を進めます。質疑の申し出がありますので、順次これを許します。二階俊博君。

二階委員　今国会における森（喜朗）文部大臣の所信及び御答弁を伺っておりまして、今日、教育改革の重大な時期を迎え、大臣の教育に対する御熱意と深い御造詣に心から期待を寄せる一人でありますが、私は最初に、戦後の教育の発展の歴史を振り返って、大臣御自身がさらに二十一世紀の教育を展望して、これだけは今後とも日本の教育のよき伝統としてぜひ残しておきたい、そして次の世代にずっと引き継いでいきたいと考えておられるものは何であるか。また、これだけは徹底的に改めるべきであると考えておられる点は何であるのか。長年、文教行政に深くかかわりを持って御努力をされてこられた大臣の御経験から、率直なお考えをお伺いしたいのであります。

森国務大臣　二階さんは今度初当選をされてこられて、そしてこうして文教委員会にお入りをいただいて、お互いに日本の教育について議論を交わしながら、将来の日本の国を背負ってくれる子供たちのために政治家として御努力いただける。私もまた、少し早く国会には入りましたけれども、あなたと同じような世代の人間としてともに二十一世紀のことを心配していけるということ、大変私もうれしく思っております し、どうぞこれからもお互いに研さんし、努力して、日本の国家のために、いい日本の国を支えてくれる子供たちのために教育の問題にお互いに真剣に取り組んでいきたい。今私は行政府の立場にございますけれども、お互い政治家として日本の教育問題をこれからも末永く努力し合っていきたいな、まず委員会にお入りをいただいて、教育問題に御献身をいただくことに感謝をしつつ、ともに一緒にやりましょうということをまず二階さんにお願いをし、お呼びかけをしたい、こう思うわけでございます。

そこで私は、今二階さんから、単に何を残し、そして何を改めるべきかという御質問で、大変難しい、簡単な時間にすぐ申し上げられることではございません。また、一人

前年に衆議院議員選挙初当選を果たし、昭和 59 年 5 月 9 日の文教委員会で森喜朗文部大臣に自身初となる質問を行う二階衆議院議員

の政治家という立場もございますし、文部大臣という立場もございますから、そこはなかなかはっきりと申し上げることも非常に今、ちゅうちょすべきところもあるわけでございます。

しかし、要は、戦前戦後を含めてこれだけ日本の国を大きくつくり上げてきたその最大の原因は、やはり教育だったと思います。これはよく言われることでありますが、いわゆる日本の国が世界の国に眼を向けて、目を開いて、そして諸外国に追いつけ追い越せと努力をした。その日本のエネルギーはやはり教育で、努力するものは報われていくのだ。それが家柄制度や身分制度というものを廃止をした。そして努力をした皆さんの人間の輪。そしてみんなの人間の総合力によって今日の日本はでき上がった。戦後、敗戦によって義務教育を、さらに年限が延長されて、そして量的にも拡大されましたし、それから水準も恐らく世界で最高の水準を示すほどの日本の教育になった。そういう意味で、量的な拡大あるいは水準の高さ、そしてもう一つは、先ほど申し上げた教育の機会均等、教育を受ける機会の均等を得た、こうしたことをこれからも日本の教育の正しいあり方として、これはみんなで守っていかなければならぬことだ、こう思います。

しかし、その反面、いつも申し上げておりますが、やはり社会の変化というのは非常に激しいわけでありますから、長く申し上げると時間がかかってかえって御迷惑をかけますから一口に言えば、国際化時代になる。日本の教育で日本のことだけでは、世界の中に活躍していけない時代が来ている。つまり人間と人間、民族と民族の違いというものが出てくる。本質的な民族の違いはともかくといたしましても、世界全体の、例えば簡単なことですが、マナー一つ見ましてもそうでしょう。そういうふうにこれからの国際化時代ということを考えていく、あるいは高学歴社会、高齢化社会、情報化社会、あるいはコンピューター、ロボット社会とまで言われるそういう時代の中で、今日まで我々が大事に守ってきた日本の教育制度は若干きしみが出てくる。そういう社会のきしみに対して、例えば学歴偏重の社会とか、あるいはまた過熱した受験戦争でありますとか、あるいはまた多種多様な変化が量的にふえてきているのに、画一的にみんな同じ土俵の中で同じようなことをさせていくことが果たして本当に子供たちの教育にとってプラスなのかどうか、こういう画一的な問題、あるいはいろいろ問題になります問題児行動、そういうような問題は、これからのみんなの英知によって教育制度として改めていかなければならぬことではないだろうか。

先生の御質問に対してお答えを申し上げるとすれば、そんなことを文部大臣として今考えなければならぬ。そういう意味で、二十一世紀にふさわしい日本の教育制度について幅の広い国民の皆さんの御議論を得て、日本の教育改革をぜひ皆さんの御協力を得て何とか完成をさしたいな、こんなふうに考えておるところであります。

二階委員　次に、高等教育機関の整備についてお尋ねいたします。

最近、地方において高等教育機関の整備が強く叫ばれ、国立大学の学部の増設等についても大きな関心が寄せられておることは大臣も御承知のとおりであります。しかしながら、学部の増設を抑える一方、臨調の答申や財政難に遮られてなかなか解決できないでいるのではないかと思われますが、この際、和歌山大学の理工学部増設の問題をもあわせ高等教育機関の整備について、現状と今後の見通しについてお尋ねいたしたいのであります。

宮地（貫一）政府委員
　高等教育の整備につきましては、量的にも質的にも全体として均衡のとれた高等教育の発展を図るという考え方に立ちまして、従来から計画的な整備をやってきておるわけでございます。

　具体的には、先生御承知のとおり、昭和五十一年度以降五十五年度までの五年間を前期計画、五十六年度から六十一年度までを後期計画ということで整備を図ってきております。

　いろいろ関連する条件もあるわけでございますが、そういう中で具体的には量的な拡充よりも質的な充実に重点を置くということ、第二点としては、適正な地域配置を図るということで、大学等の大都市への過度の集中を抑制して地方において整備を進めるということ、第三点としては、高等教育の構造の柔軟化、流動化を進めるということで、いろいろ施策を進めてきておるわけでございます。

　今後の進め方でございますが、先般もお尋ねがあったわけでございますが、大学設置審議会の中に設けられました専門委員会で検討いたしまして、昨年十月、中間報告を発表したわけでございますが、ただいま関係方面の意見を伺いまして、その最終的な報告案の取りまとめをいたしておるというのが現状でございます。文部省としましても、その報告に沿って対応いたしたい、かように考えております。

　なお、お尋ねの和歌山大学について、地元から理工学部増設の要望があるということは承知をしておるわけでございますけれども、先生御承知のとおり、和歌山大学は現在、移転統合という大事業を遂行しておるわけでございます。当面これを円滑に進めるということが急務と私どもも考えております。大変、行財政事情が厳しい状況でございまして、学部を新たにつくるということについては慎重に対応しなければならないのではないか、かように考えております。

二階委員
　昨年十月、「昭和六十一年度以降の高等教育の計画的整備について」の中間報告、ただいまお話しのとおりでございますが、私は、この段階において文部省として今後これに対していかに積極的に取り組もうとされておるのか、その辺を大学局長、もう一度お答え願いたいと思います。

宮地政府委員　先ほども申しましたように、六月じゅうには最終的な取りまとめをお願いしておるわけでございまして、例えば具体的に意見の出ておる点で申しますと、地域別の大学、短期大学の整備の目途につきまして、いろいろ地方公共団体等からも、例えばより一層地方に重点を置いた配分を考えるべきではないかというような御意見も出されております。それから、大学院の整備をどうするかというような点も問題点として出されております。それらを踏まえまして、ただいま取りまとめをしておるわけでございまして、その取りまとめられました報告に沿いまして、私どもとしても万全を期してまいりたい、六十一年度以降の計画的整備については、かように考えておるわけでございます。

二階委員　今日、高等教育については、単に高等教育を文部省側から推進を図っていくというだけではなくて、地方においては、テクノポリス構想を初め、地域の特性を生かした新しい地域開発等を推進するために、陸海空の交通体系の整備とともに高等教育の必要性が別の面から熱心に要望されておるわけでございますが、特に理工科系の大学を誘致したいという希望は非常に強いものがあります。

そこで、国立、公立、私立という従来の単純な方式だけではなくて、先ほどもお話ございましたが、いわゆる民間の活力、地方の持つエネルギーも大いに生かして、いわゆる官民合同による、国、地方公共団体及び学校法人のおのおのの得意とする分野で相互に協力し合って大学をつくっていくということが必要でありますが、今日こうした姿で相互に、いわゆる三者協力体制でできておる大学としてどのような実例がおありか、お示し願いたいと思います。

宮地政府委員　御指摘の、協力して大学を設置するという形でございますが、今日まで設置されてきておりますものは、形式上申しますと、私立学校法に基づいて学校法人が設置をしている私立大学として設置をされておるわけでございますが、その際、地方公共団体が積極的に協力している具体例といたしましては、例えば最近のもので申しますと、三重の松阪市にできました松阪大学でございますが、これは学校法人梅村学園が設置しておるものでございますけれども、地方公共団体として三重県並びに松阪市がそれぞれ相当、設置に当たりまして土地の問題でございますとか、あるいは施設について設置をするとか、その他資金についても積極的に援助をしているというようなことがございます。

そのほか、五十八年度の例で申しますと、京都文化短期大学、これは地元の亀岡市が援助をいたしております。埼玉純真女子短期大学については、やはり同じく援助をしておりますのは地元の羽生市でございますとか、あるいは豊橋短期大学については豊橋市というような形のものがございます。そういう具体例は幾つかございますが、これらはいずれも既定の私立学校法上の学校法人として、私立大学として設置をする際に地方公共団体が援助をした例でございます。

御指摘のいわゆる第三セクターというようなものについては、国、地方公共団体、学校法人の協力方式をどう考えていくかということについて、先ほどの中間報告においても趣旨が述べられているわけでございますが、私どもとしては、それを具体的に進めていく際の問題点というようなものについても、現在事務的にいろいろ洗い出しをいたしておるわけでございます。

例えば具体的な例で申し上げますと、現在、学校法人が設置をする際に、校地については基準面積の二分の一を自己所有というようなことにいたしておるわけでございますけれども、具体的に地方公共団体が協力をする際に、現行の基準にどのように対応すれば、よりそれが促進をされるかというようなことについて、具体の問題点を私どもとしても洗い出して、それを検討しておるというのが現在の事務的な段階でございます。

積極的に進めていくためには、現行のそういう問題点を十分洗い出しまして、さらに法制的な問題点もいろいろあるわけでございます。それらのまず問題点の洗い出しをして、それを積極的に進めていくためにどこまでどういう対応をするかということは今後の課題だと思っておりますが、私どもも、先ほどの中間報告、それから六月にまとめられます本報告でも、その点が積極的に述べられるものと考えておりますので、事務的にそれに対応することは今後積極的にやってまいりたい、かように考えております。

二階委員
第三セクター方式の大学の設立について問題点を御検討

いただいているようでございますが、私は、例えば和歌山大学の理工学部増設に関する要請のように、既に四十万人にも及ぶ多くの人々の署名を集めて、さらに理工学部増設のための用地も準備をしておる。県知事、県、市の議会、地方の経済界等が強い要請を繰り返しておるわけでありますが、先ほどの御答弁のとおり、これは今日の段階ではなかなか容易でないわけでありますが、このような地域の熱意というものは、ひとり和歌山県のみならず、各地にこうした声が起こっているはずであります。

そこで、このような地方の熱意や社会の要請に文部省としてこたえるためには、今日の国の財政事情等を考えれば、大学誘致への熱意を持っているいわゆる地方のエネルギー、これをこの際大いに活用して、また積極的に協力を呼びかけて、国と地方公共団体及び私学及び経済界が相協力して早急に新しい道を開いていく必要がある。今、中間報告の後の審議を待っておるところであるようでありますが、私は、それぞれの長所を生かした、いわゆる知恵を出し合った、国、地方公共団体、私学及び地方の経済界も含めて、いわゆる三者協力方式についての幾つかの組み合わせのメニューをそろそろ文部省が提示すべき時期に来ておると考えるわけでございますが、大臣のお考えを伺いたいと思います。

森国務大臣

今二階さんのお話にございましたように、和歌山県にもそうした動きがございますが、全国いろいろなところからこうした動きが出てきているわけです。

これはもちろん、高等教育機関を設置することによって、その地域のやはり文化や教育やという、そういうものを備えたふさわしい地域社会づくりをしようという意気込みもございますが、またある面では、どうも最近は企業の誘致などはなかなかはかばかしく進まない、そういう安定成長の状況に入ってきている。したがって、今さら工場は誘致できないから大学でもひとつつくろうかな、こういう発想もあるわけですね。ですから、北海道の例を挙げると大変恐縮なんですが、何とか村の村長さんがお見えになって、何の御用かなと思ったら、実は私のところに大学をひとつ、こういうようにお見えになるわけです。大学というものをそう簡単に、為政者の何か体裁だけのもので考えていいかどうかということもやはりこれは考えておかなけ

現在の和歌山大学。平成７年（1995 年）に待ち望まれていた理工系学部としてシステム工学部が設置された

ればならぬと思う。それから、建物ができて、大学はできた。入るのはだれなのか、学生なんだ。それが学ぼうとする、何を学ぼうとしているのか。六十七年という一つの十八歳人口のピークというものを考えれば、今そういう入れ物をつくれば確かにそれを吸収でき得る、そういうある程度の中期的な見通しは立つわけですけれども、それからもう毎年毎年十八歳人口が激減をしていく。さっき大学局長が具体的な例を幾つか申し上げましたが、ちょっと固有名詞を挙げることは差し控えますけれども、現にできて数年たって、全然学生が来ないという大学もあるわけなんですね。さあ、その大学をどうするのかと言う、その面倒を見ろと言ったって、なかなか見れるものではない。そういうふうに考えますと、大学を設置するということはよほど慎重に考えていただかなければならぬ、こう思うのです。

しかし、私自身としては、そういう物理的な理由はともかくといたしましても、やはり学問のあるいは研究の追求というのはこれは際限がないものだと思いますし、先ほども申し上げたように、社会の変化あるいは文化の進展というものを考えてみますと、やはり学問、学術というものは無限に広がっていくものでありますから、ただみんなが同じような学問を、みんなが同じような大学をつくることが果たしていかがなものかなという感じは私は持っておりますので、そういう意味で大学局長初め文部省、事務当局に私は指示をしているのです。国立大学がどの大学もみんな同じような学部をつくって、みんな同じような体制をつくる必要があるのだろうか。あるいはちょっと、申し上げるとしかられるかもしれませんけれども、坂田先生おられてこっちを見ておられますから、坂田先生に関係あるからちょっと申し上げますが、九州、あんなに畜産学部というのが必要なのだろうか、実際には現実にそれだけの必要がないような感じもする。

あるいはもっと、いろいろな学部一つ取り上げてみますと、さっきあなたもおっしゃったように、今こういう財政状況である、行政改革の中で国立大学というのはなかなかつくっていけない、私学といえどもこれは国の助成の対象になっているものだ、こう考えますと、やはりもう要らない学問と、さらにもっと求めなければならない学問というのがあってもいいのじゃないか。そういうようなことも、もう少し文部省としても、やはりそういう専門の関係の皆さんの意見も十分踏まえながら、今あなたのおっしゃったように、単に国ができないから土地は県が出し、建物は市町村が出し、学校は既存の私学がやる、それを第三セクターと簡単にただ言っているだけの話であって、第三セクター方式というその設置主体はどんなものなのか。それに対して、先ほどもちょっと申し上げましたが、校地のそういう基準はどうあるべきなのか、そういうようなことも、あるいは学問の中身をどうすべきなのか、そういうようなことも、私は文部省としてもこれは少し対応がおくれているような感じがいたしておりますので、大学局長にももう少し真剣にこの問題を、具体的にやはりメニューを国民の前に明らかにしていく段階が来ているのではないか。単に御都合的に第三セクター方式なんということとは、私はもう大変地方にとっても困る話ではないだろうか、こう思いますので、二階先生の御指摘は極めて時宜を得たものだ、私はこう考えておりまして、文部省としても、どういう方式でこれから高等教育機関の設置、あるいはどういう学問を進めていくか、あるいは設置主体というのはどうあるべきであるか、こうしたことなども検討をもっと具体的にさせていきたい、こう思っているところであります。

二階委員

もう時間も参りましたので、この問題はこの程度にさせていただきます。

次に、先日、こどもの日に、徳島のそっ啄育正会が青少年の健全な育成を願って、四国四県を対象に、第四回目の善行児童生徒の表彰が行われたことが新聞に載っておりました。早速森文部大臣からもメッセージが寄せられておりました。

「そっ啄」の「そつ」は、鶏の卵がふ化するときに、卵のひなが殻を破って出ようとする、そして内側からつつくことを指し、「啄」は、そのとき親鳥が外からつつき破ることを言うそうであります。機を得て両者が相応ずること、師弟の機縁相熟するの例えに用いられ、教育の真髄を意味するようになったと説明が加えられております。

財団法人のこの育正会は、単に成績優秀だけではなくて、お年寄りのために、体の不自由な人たちのためによいことをした子供たちを表彰する。私は、こうしたことを続けてこられた育正会の皆さんに敬意を表したいと思いますが、これにまた大臣も力強く、「二十一世紀はみんなの力で」というすばらしいメッセージを送られております。

そこでお尋ねしたいのでありますが、現在の学校教育は余りにも画一化、平等化がし過ぎており、子供たちに励みになるようなものがないようであります。私たちの子供のころは、例えば一年間学校を休まずに通った場合、皆勤賞がもらえる、駆けっこで一番の人、病の親を助けて家のお手伝いを一生懸命やった人、一人一人の子供たちを励ます。そうした表彰があったわけでありますが、最近はそういうことはほとんど行われていない。差別、選別につながる、こういう理屈が言われておるようであります。私はこの間、ちょうど母校の小学校へ立ち寄りましたときに、この学校にも六年間皆勤の生徒が二人おります、しかしこれに何にも褒めてやることができないと先生がつぶやいておられました。周りからこうしたことをやっていただくのも一つの方法かと思いますが、学校自身がもっと、いいことはいい、勇気を持って一人一人の子供の持てる能力を引き出すような、いわゆる適性に合わせた表彰や励みになるような賞を与える制度を堂々と実施できるように、この際積極的に大臣として指導すべきではないか、こう思うのでありますが、御見解を伺いたいと思います。

森国務大臣　二階さんのお話を今伺っておって、そう言えば私も小学校二年生のころまでは戦前でございましたから、確かに小学校の低学年のときに学校でしょっちゅう表彰制度があったような気がいたします。もっとも私は表彰されるような立派なことをしていないものですから、どうもその後全く表彰の経験がありませんが、私が五年生、六年生のころには、全校集会をやると、悪い子の記録、よい子の記録というのがありまして、よい子の記録というのは、名前を呼ばれた者が演壇に上がってみんなで拍手して、悪い子の記録というのは前に並んでみんなで頭を下げて帰るという、そういうことを今思い出しましたが、子供たちの心身の発達度合いによって、褒めることも大変いいことだし、それから物を上げるということ、表彰を上げたりノートを上げたり鉛筆を上げることも喜ぶかもしれませんが、今日のような物質的な豊かさの面から見れば、そんなものをもらっても喜ばないという面もあるかもしれない。しかし、こうしたことは、表彰して褒める、創意工夫に対して意欲を高めさせてあげるということはとても大事なことだと思いますが、逆に何かやって物をもらえるのだというような、そういう意識を持たすことも、これはまた教育上余りいいことではないなという感じもいたします。やはり表彰したり褒めたり称賛したりするということは、その学校や地域の教育委員会などで創意工夫をしてみる必要があるのではないか。人間は心の動物でありますから、そういう形で文部省からどうこうしろということではなくて、やはり学校長を中心に、あるいはその地域の教育委員会などが、どういうふうにしたら子供としての個性や特性や、あるいは子供たちの心身の発達の度合いによって、かえってそういう意欲が高まっていくのか。助長されていくのか、そういうことをみんなで話し合って、その中で工夫をしてもらいたいな、私は今の段階ではそういうふうな考え方を持っております。

二階委員　大臣はそのようにお答えされるだろうと思っておりましたが、この間新聞を見ておりまして、そういう育正会が一生懸命やっていることに、大臣大分力を入れてメッセージを送られておりましたから、よそがやるときには一生懸命やるけれども、自分の方のあれではそういう通り一遍の当たりさわりのない御方針ではなかろうか、こう思っており

ましたので、その点は答弁は結構ですから、もう一度お考えいただきたいと思います。

なお、もう時間がございませんが、スポーツの振興について一言だけ、お願いを込めてお尋ねしたいと思います。

最近オリンピックもいよいよということでございますが、一にも二にも、国民のスポーツに対してはすそ野を広げていくという努力が必要だと思います。最近は国民の総医療費が、今既に十四兆九千億円に及ぶ、こう言われておるわけでございますが、このうちの六割は運動不足が原因で生じた病だ、こう言われております。この点なんかも、ひとつこれから厚生省等ともいろいろ御相談なさって、文部省所管のスポーツ振興に大いに力を入れていただきたいと思うのであります。

もう時間がございませんので、もう一つお願いがありますが、最近地方で少年野球だとかジュニアバレーだとかサッカー、キックベースボール、あらゆる子供たちのスポーツ熱というものが大変盛んになっておるわけであります。このリーダーが、大臣も御承知のとおり、ほとんどボランティアであります。私は、このような地域のスポーツ活動がさらに健全に発展することを願い、またこれを奨励するために、長い間全く無報酬でやっておるああいう方々に対して、大臣としてやはり感謝の意をあらわす、それについてはいろいろ創意工夫があろうと思いますが、その点もあわせて、今後ひとつ大いにスポーツの振興にも一層のお力添えをいただきたい、このことをお願いし、大臣の御決意を一言伺って、私の質問を終わりたいと思います。

森国務大臣

最近のスポーツの隆盛といいますか、大変なものだと思っております。またその効果は、今先生が御心配をされましたような身体的な面から見ても、これからまた十年、二十年、いい結果が出てくるのじゃないか、私はこう思います。

地域のボランティア指導者、確かに今日までも文部省はスポーツの所管の行政庁としまして、もちろんスポーツ団体、役員あるいはスポーツ振興に対しまして十分なる顕著な成果を上げた人たちに対しては表彰を行ってきたわけでありますが、今二階さんから御指摘がありましたように、ボランティアのお手伝いをしている方というのはほとんど日曜日、夜一生懸命やっていらっしゃる。私も自分の選挙区の方々を見ていても、よくそのことに頭が下がるのです。その中に学校の先生方も随分いらっしゃる。そして、もう本当に日曜日もない、夜もない、一生懸命やっていらっしゃる。自分の家に招いて奥さんにお握りをつくらせて、そして少年野球、少年剣道、少年柔道の指導者に、なっていらっしゃる。本当にすばらしいことだと思っています。また、そういう方々は本当に子供が好きで、スポーツが好きでやっていらっしゃる。何か表彰をもらおうなんと思っている方は一人もいらっしゃらない。ですから、かえってそういう方々に対して文部省として何らかの形で報いてあげる、喜びをあらわしてあげる、そういうことがないかということで、私は今、体育局長に命じて検討してもらっているのです。

でき得ればそういう努力をしてくださる方に、単に今、先ほど申し上げたようにスポーツ功労者とか団体というのを選びますと、すぐに体育協会中心になって選んでしまうのですが、そういう選び方じゃなくて、やはり地域社会のみんなが、人のお世話でこんなふうになっているんだ、そういう方々にお報いができるように感謝状か何か差し上げられることがいいんじゃないかな、今事務的に体育局長の方で詰めていただいているわけでございまして、二階さんの御指摘、大変ありがたい御指摘であると私も考えて、できるだけ早く具体的にそういうことができるような方途をまとめたい、こう思っております。

ラジオ日本「政局を語る」インタビュー

昭和六十（一九八五）年八月十七日、二階代議士はラジオ日本の番組「政局を語る」に出演。番組内で政治評論家中村慶一郎氏のインタビューに答えた内容を収録。（編集部）

二階さんは大変なバイタリティー

中村　今朝は、自民党の和歌山二区から当選一回の田中派の所属ですけれども、二階俊博さんにスタジオにお出を頂きました。二階さん、おはようございます。

二階　おはようございます。

中村　今朝は早くからありがとうございました。

二階　いやあ、どうもありがとうございました。

中村　和歌山二区というと大変な激選区でして一昨年の選挙大変な苦労だったと思いますがどうでしたか。

二階　本人同志が、候補者同志が、一生懸命頑張ったろうと思うけれども、支持者の皆さんの奮起、同時にご承知のように、我々の和歌山県二区というのは大変遅れた地域ですから何とかひとつ自民党に力を託して、地域の浮上を図らなければいけない、そういう県民の皆さんの期待が自民党三人当選という快挙につながったわけですね。

中村　三人区で三人当選したんですね。

二階　今までも過去にもめったになかったことです。

中村　まあ、そういう大変な選挙区から出て来ただけに、二階さんは、大変なバイタリティーを備えた議員さんとお見受けしました。今、いろんなお仕事をなさっているけれども、エチオピア関係の議員連盟の事務局長をなさっていて最近、エチオピアに行って来られたそうですね。どんな様子だったですか。

二階　この前ですね、ＩＰＵ列国議会同盟の代表で、トーゴのロメというところへ行った時ですね、これはやっぱりアフリカへ行っておいて、エチオピアのあの飢餓の問題を見て来ない訳にはいかないということで、超党派で、自民党から私が参加させてもらいまして、エチオピアの一番飢餓で苦しんでおります被災地へ、アジスアベバから特別機でメケレという現地へ行って参りました。聞きしにまさる悲惨な状態でございました。私は、そこで感じたことは、このエチオピアの国民が自立する、自ら独立する、それを自由主義国はじめ世界のあらゆる国家が、人道主義の立場に立って応援をする。乾パンや毛布だけを送るのではなくて彼等が自立出来るように農業をやるためには、水が必要なんですね。ですから私はあのアフリカにさんさんと輝く太陽と、そしてあそこにも地下水があるんですから、太陽と地下水を結んでやる、その技術はもう日本にあるわけです。ですから、そういう面の応援をするべきでしょう。日本が学ぶべき点は、今から六十年前、エチオピアの国土の三分の二はやはり緑におおわれておったわけです。今もう三・八％しか緑がないんですね。

中村慶一郎氏のインタビューに答える二階代議士

中村　三・八％、三分の二あったものがですか。

二階　しかも、国土は日本の三倍あるんですよ。家畜の頭数はアフリカ一番で、世界でそれがもう、山も野も緑もみんな食い荒らしちゃって、焼き払っちゃってですね、何にもなしになっちゃった。これは、反面教師として日本の山村、山林も、ああなっちゃあいけない、ああしちゃあいけない、これは大きな政治の責任ですね。ですから緑を守ろうなんて簡単に言いますけどね、如何に大変なことかと。これがアフリカの飢餓の最大の原因ですね。

中村　今、エチオピアの状況、日本にとっても他山の石だと言われましたけれど。二階さんの選出されている和歌山二区もちょっとエチオピアと離れちゃいますけれども、紀伊半島の南半分ですけどまあ過疎地でしてねえ、開発、非常に遅れているようですね。

過疎地の地域にも社会資本の整備を

二階　高速道路なんか七千六百キロメートルの今の計画の中で、我が和歌山県への配分は今日まで僅か二十六キロメートルと大変低く押えられておるわけです。ですから、今、半島振興法など出来ましたが、とにかく半島あるいは遅れている過疎地域に目を向けてもらって、この地域開発、例えば空港の整備だとか、港湾だとか、あるいは高速道路の紀伊半島一周、社会資本の整備というものを国は平等にやらなければいけませんね。ですから、これから幸い自民党を三人で議席を頂戴しておりますからね、我々は、今後総裁選挙なんかの時は社会資本の整備にうんと力を入れていく人に投票してやろうと今から思っておるんです。

中村　なるほどそうですか。そういう意味じゃあ後でお聞きしようと思っていたんだけれども、今のニューリーダーの中で田中派の出身だけれども、竹下（登）大蔵大臣は私、見ているとにかく大蔵省主導、役人主導の政策で、「日本列島ふるさと論」と言ったってさっぱり具体的じゃあないし、宮沢（喜一）さんの資産倍増論の方が二階さんの考え方に近いような気がしますな、今聞いていると。

二階　キャッチフレーズだけでごまかされちゃあいけませんのでね。やはり中味をちゃんと詰めていって具体的に、じゃあ高速道路をどうするんだと、空港整備をどうするんだと、金がない、金がないと言うんじゃなくてね、知恵がないんですよ。やっぱり金がないだけじゃなくてね。現に関西国際空港なんかね、出資金沢山集まりすぎて困っておるんだ。私の会社にも出資させてくれ我々も株を買いたいなんて私は汽車の中でもいろんな人に聞かれるんですよ。それ位関西国際空港なんかに対する熱意は盛り上っておるんです。

中村　それは、やはり将来性が地域のためにもなるとみんなが見ているからですね。

二階　そういうことなんです。

中村　今週は、終戦四十年、四十周年ということで十五日は、閣僚の靖国神社公式参拝が行われました。総理も行かれましたけれども。これは非常に重要な問題で、いろんなお考えがあってもよいと思いますけど、政治の現実の面で言うと、今、二階さんが言われることの方がもっと大きいかも知れませんね。

二階　いろいろ口先でやる政治じゃなくて、やっぱり国民が政治に、自民党に期待しておるんですからね。この期待に真正面から応えて行かなきゃいけない。というのは、自分達の子や孫がですね、この地に住んでくれるだろうか、この家を継いでくれるだろうか、深刻な悩みが地域にはあるんですね。これは、都会では余り分らないこと、理解出来ないことだと思うんですが、現実に日本の中にも、そのアフリカや何とかとは言いませんがね。だんだん過疎になっていってその過疎に脅えておる人達がいっぱいおるわけです。これにやっぱり政治の手が差しのべられて行かなけりゃあね。大蔵省の今言ってるような、ゼロシーリングだ、マイナスシーリングだばかり言っておって計算ばかりしておるようなことじゃあ駄目ですね。

私は田中派に所属

中村　そうですなあ、これはもう全面的賛成だ。二階さんもかつては遠藤三郎先生の秘書をされたり、和歌山でも県会議員をされたり、いろんな政治活動を長く歩んで来て、中央政治では田中派の所属になりましたね。当選してからは、田中さんも、もともと日本国内の南北格差の是正とか、今月号の「諸君」という雑誌にですね、山本七平さんという人が書いているけれども、田中さんの政治ってのは、その暖国、暖かい国ね、日本の中の、雪国やなんかも捨て去っていたと、その政治の是正のためだった、とまあそういうところに共鳴して田中派に入ったって言うこともあるんですか。

二階　ええ、やはりそれに惹かれましたね、はい。例えば、田中さんが建設省に強いだとか、土建に強いだとか言って、いらんことを言う奴もおりますがね、そうじゃなくて田中さんは、建設省の道路行政なんかの根幹を築いた人ですよ。ですから建設省の歴史を作った人だと言っても過言ではないと思うんですね。我々はそういう田中さんのアイデア、

田中角栄元首相と二階俊博議員

バイタリティー、こういうものに惹かれました。

中村　ああそうですか。そういうことで、田中派所属になられたんですか、もう皆さんよくご存知の通り、今年の二月に倒れて田中さんのためにも非常にお気の毒だと思いますけれども、まあ、田中長期不在っていうことになって田中派も創政会と非創政会、まあ二階さんも非創政会の方だと、こういうふうにお聞きしておりますが、もう非常に驚かれたんじゃあないですか。当選した途端にいろんなことが起きて。

二階　ええ、まあ早すぎましたね。政治の道を歩んだ以上はですね、やがてこういうギリギリの選択を迫られる日がこう来ることは、覚悟していましたがね。少し早すぎましたね。しかしまあ、非創政会なんていう言葉はマスコミがつけた言葉でね。我々は非創政会に所属した覚えなんか全くない。田中派に所属しておるんです。

中村　田中派ですね、あくまでね。

二階　しかし、創政会をお作りになった皆さんのその願望と言いますか、情熱というのも十分理解出来ます。田中先生も倒れられる前、竹下さんも一生懸命これから頑張って、やがてそのいつの日かこの県会議員から、太政官制度始って以来の総理総裁が我が派から誕生するんだと我々に言っておられて、それまで皆んな仲良くやろうじゃないか、ということでしたよ。倒れる三日前だったかな。

中村　ああそうですか。それじゃあ逆ですね。田中さんがよく言ってたのは、太政官制度始って以来、日本は県議出身の二階さんもそうだけれども、総理になった者はいないとか、こう言ってたけれども。

二階　いやいやそんなことは田中さん言うわけはないんだ。もう県会議員出身の国会議員も一杯いるんだから。これを敵に回わして田中派も何もないんだから。田中さんはそんな馬鹿なことは言わないですよ。田中さんは、竹下さんがやっぱり、やがて総理総裁候補だということを十分認めておられたわけですからね。ただ時期、タイミングね、まああわてて苦労することはないんじゃないか、ということをおっしゃっておられたんじゃあないかな、まあ我々はそう思っております。

中村　しかし今月末ですか、八月末、九月初めに研修会もあるようですし、いろいろ伝えられておりますね。そういう中で、二階さん、田中派の中にいてこの対立の感情のすごさとかそんなものを肌で感ずるところはありませんか。

二階　要は、田中派が一本でこの自民党の中での土台石となって、自民党の安定につながっておるわけですから、その位のことを分らん者は誰もおりません。従っていろいろありますがね、必ず田中派は団結して今後共一本になって行くということには皆んな異論のないところです。ですから固って行きますよ。

自民党の副総裁や幹事長を歴任した二階堂進議員（左）と二階俊博議員（右）

田中派にはピッチャーが三人も四人も

中村　そうですか、私共も別に異論のあるところじゃありませんけれども、いずれポスト中曽根での総裁選出ということが出て来ますね。その場合に田中派が今の二階さんのお話しですと竹下さんなら竹下さん、二階堂（進）さんなら二階堂さん、あるいは江﨑（真澄）さんなら江﨑さん一本という形で行けるということですか。

二階　今、高校野球の熱戦をやっておりますが、私はまあ高校野球の田中チームに当面、ピッチャーが二人いると思っているんですよ。一人は横手から投げるのと一人は縦から放るのと。そのどっちを登板させるのがいいかというのはその時の条件ですよ、その時の政治条件ですよ。

中村　二人って言うのは念のためですが、竹下さんと二階堂さんと、いうことですね。

二階　ですからまだ他に三人も四人もいらっしゃいます。田中派にそういう人達まだ四、五人おりますよ。山下元利先生もそうですね、後藤田（正晴）先生だってそうですね。

中村　そうすると、竹下、二階堂、敬称略ですよ、江﨑、山下元利、後藤田、そういうようなところですか。

二階　林義郎元厚生大臣。

中村　林義郎氏ねえ。

二階　その次に来れば、渡部恒三前厚生大臣、議運委員長の小沢一郎先生、まだ一杯いますよ。

中村　ああそうですか。

今朝はねえ、早くからどうもいろいろ忌憚のない話をありがとうございました。

二階　ありがとうございました。

後述（中村）

今朝は、ゲストとしてお出で頂きましたのは、自民党田中派の若手議員であります二階俊博さんでした。

二階さんはですね、今放送の中でお聞き頂きましたようになかなか若手議員にない、若手議員の水準を離れたような、なかなか端倪すべからざるところがあるなあ、というふうにそのお話をお聞きしたわけであります。和歌山の地域を考えても今後ともその地域のためにやってくれる人は誰か、そういう観点で総裁候補を選びたいとこう言っておった。一年生代議士ながら、なかなかの論客ですね。

今朝はこの辺で………　さようなら

『続・明日への挑戦　21世紀の日本を見つめて』

（紀州新聞社、一九八六年）より

政治活動十周年記念「衆議院議員二階俊博を励ます会」における謝辞

昭和六十（一九八五）年、二階代議士は和歌山県議時代から数えて政治活動十周年を迎えた。同年九月二十六日「衆議院議員二階俊博を励ます会」が地元和歌山で開催され、竹下登大蔵大臣、奥田敬和前郵政大臣、愛野興一郎衆議院外務委員長、愛知和男前外務政務次官ら（肩書はいずれも当時）が駆け付けた。「励ます会」での二階代議士の謝辞を掲載。（編集部）

日本の将来を切り開くために頑張ります

二階俊博でございます。先程から竹下大蔵大臣を始め、又、私の長く後援会長としてご指導いただいております中川会長、又私の中学校・高等学校を通じましての先輩であります赤松村長さん、また県議会八年の生活を隣の議席で八年間共に過して参りました、私の兄弟より仲のいい門三佐博県会議員が仮谷知事さんのご丁重なメッセージをたずさえておみえをいただきました。こうした先輩各位の話を伺い、そしてここにお集まりのみなさんのお顔を拝しておりますと、こみあげてくる涙をおさえることが出来ません。本当に長い間皆さんにお世話になりました。竹下大臣のお話の通り、我々は竹下大臣からいつも言われております、おのが力と思うな、まさにその通りであります。

昭和五十年、私は遠藤三郎先生の秘書を長くつとめて、その先生が亡くなって、しかも、他府県でつとめて参りましたものですから、十七年ぶりの帰郷でございました。その時、一人一人のみなさんがそれぞれのご信用、それぞれのご信頼を私に貸して頂いた、そうした同志の暖かい輪がだんだんと広がっていよいよ投票の夜、友人が電話をくれました。「勝った。しかし、票数は少ないぞ。」とこういうお話でございました。私は、一票勝っても勝ちは勝ちだと、負けおしみを言って、うちを出て参りました。選挙事務所に入りますと超満員、あふれるような同士が集まって頂いておりますが、寂として声なし。私の耳に届いた言葉は、候補者が入って来たのだから勝ったんだろうか、というぐらい接戦に接戦の末、わずか百十票の差で昭和五十年御坊から県会議員として初陣を飾らせてもらったわけでございます。

数えて十年今日、御坊市はもとより、中紀・紀南の皆さんのお力をいただいて今、国政の場に送って頂いております。誠に身にあまることであります。今日、こうしてやがて総理総裁におなりになる竹下大蔵大臣を先頭に、奥田前郵政大臣、そして衆議院の愛野外務委員長、さらに愛知和男先生、こうした先輩の先生に来て頂きまして、郷里で「政治活動十周年の会」をこんなに暖かく盛大にして頂きまして本当に心からお礼申し上げます。ありがとうございました。

竹下先生から、だんだんのお話がございましたが、今、日本の財政もきわめて厳しい状態にあると言えます。しか

満席に埋まった「二階俊博を励ます会」の会場に入る二階議員

し、私達の和歌山県は、高速道路で、例えて申し上げますと、これは竹下先生も建設大臣を歴任されておりますので専門家でございます。七千六百キロの全国の高速道路計画の中で我が和歌山県への配分はわずか二十六キロであります。沖縄につづいて全国で最下位であります。こうした状況下にある和歌山県は実力のある他県が予算をぶんどったあとで全国で一番おしまいであるが四十七番目に高速道路の予算が配分されるかと思って待っておりますと、オイルショックがやって参りました。そして低成長の時代を迎えました。国は財政赤字であります。

しかし我々の所にもちゃんと公共事業の配分を一人前配分して頂き、その赤字が山積しているのであるならば我が和歌山県にも責任はありますが、和歌山県はまだ予算がまだ十分配分されていない間に財政がそういう状況になっているのでありますから、竹下大蔵大臣の描くところの日本列島ふるさと論の中には、是非和歌山県の高速道路だけは特別にお考え頂きたいということを昨日も和歌山県知事と共に陳情申し上げたわけであります。

夕べ仮谷知事さんのご配慮によりまして、私達、田中派の若手の国会議員であります、来年、参議院選挙で皆さん

にお世話になります同志前田勲先生、そして、和歌山第一区の私の兄貴分であります中西啓介先生ともども、竹下先生に、和歌山県のかかえております六項目にわたるいろんな要望を申し上げました。殆んど南の問題であります。私達田中派は一本になって他の党内各派に誇る総裁候補でありります竹下登先生をかついでやがて中曽根さんのあとの総理総裁をねらうことになります。その時、皆さんのお力をいただいて遅れております和歌山県の開発、発展も、新しい竹下総理大臣にたくそうではありませんか。

新聞、週刊誌等では、田中派のゴタゴタをしょっ中おもしろおかしく報道しております。今まで田中先生のお元気な頃には、田中先生がいろいろおっしゃっていただいたものですから、新聞やマスコミは、それを追っかけていただければいいのですが、田中先生がしばらくものを言わないようになってからは、なんとか田中派内部にゴタゴタがおこらんかということを勝手に、期待しておるわけでございます。残念ながら、我が田中派は一枚岩であります。創政会の御大、竹下登先生をこの地に迎えて、非創政会の奥田、愛野、愛知の御三方もこぞってかけつけて頂いております。田中派は、一枚岩でございますよと皆さんに申し上げます。

私は、政治生活十周年を祝っていただくこの会が、東京の目白で今、病気の静養回復に専念されております田中角栄先生に私達、田中派は、一枚岩で頑張っていきますよと、皆さんのこの熱気にたくして私達の決意が目白に届きますようにと念じているものであります。

私達はこの和歌山県の将来の発展のために頑張りぬいて

ゆきます。そのためには、中央におって尚我々に力を貸してくれる実力者、有力者の皆さんと、相たずさえて郷里の発展を、新しいふるさとの開発を考えて参りたいと考えております。私は、田中派という自民党の中でも最大の派閥に有力な先輩の皆さんのご指導を頂だい致しております。きわめて恵まれた環境におります。従いまして皆さん方から与えられたいろんな問題、これを竹下先生を始め有力な先輩方々のご指導を頂きながら、解決に努めて参りたいと思います。

皆さんのおかげで、手作りで作って頂いた代議士であります。東京に参りますと私達がいろんな会合をやる度に竹下大蔵大臣のような日本の大実力者の方々、金丸幹事長のような、日本の政党を自民党を背負って立つという実力者の方々、同時に、私の隣には、田中角栄先生の女婿でありますＩ田中直紀代議士がおったり、佐藤栄作先生のご令息の佐藤信二代議士がおられたり、あるいは、保利茂先生の息子さんがおったり、あるいは、船田中さんのお孫さんがおったり、鳩山一郎さんのお孫さんがおったりと、まあとにかく日本の歴史上の人物のそうした方々の二代目、三代目が目白おしに並んでおります。よくもこの小さな町の一県会議員にすぎなかった私がこの人達と肩を並べて国会の場で、働かせて頂く、これは己のが力ではありません。みなさんのお力であります。このふるさとの皆さんによって、育みそだてて頂いた二階俊博、皆さんの期待に応えて頑張り抜いて参りたいと思います。

皆さんの今日のお帰りにお読み頂けるとありがたいと思いますが、先般、お隣の由良の興国寺の大僧正でもあります谷耕月氏と対談をさせていただいたものを資料に入れさせて頂いておりますが、この間興国寺七百年遠諱の際にお参りを致しまして、その準備に追われている谷老師のご案内で改装なりました由良の興国寺を拝見致しました。庭師の方が木の上に登っておられる。私に、その方をさして、今日、岐阜から連れてきた、八十六歳ですよと言われるのです。そして、木の上で剪定をしておられる、岐阜からおこしになった庭師の方に声をかけられて、この人地元の代議士さんやとこう言われますと、木の上から振りむいて、私にご挨拶を下さるんです。八十六歳で高いところに登っておりますから、おっこちでもしますと、大変だと思いまして、もうその挨拶はいいから、落ちないように気をつけて下さいと言いましたら、その庭師の人何と言いましたか、後をふりむいて、「政治家と庭師は、落ちたらあかん」と、木のてっぺんから、とっさに、そんなことを言うんですよね、私はびっくりしました。まさに、おっしゃるとおりであります。せっかく皆さんに生み育てていただいたのでありますから、まだ何もご報告が出来るような恩返しが、仕事が、出来ておりません。これからであります。ふるさとの皆さんの声を国政に反映させます。

間伐材で困っております、この状況を竹下大蔵大臣に見て頂くために青年の諸君達がこの間伐材でこんなテーブルを作って頂いたんです。今日は写真をいっぱいとって頂きましたから、竹下大蔵大臣をモデルにして、この間伐材を東京で売るんです。そういう仕事をこれから、どんどんやってゆきます。ご一緒に政治を進めてゆきたい。政治は一人一人の力で出来るものではありません。大勢の皆さんが、一人一人の力をよせあって政治をやるんです。竹下先生も、奥田先生も、愛野先生も、愛知先生も、国会で投票される時には一票です。大変なことです。人物実力からして天と地とほども違う。しかし、これは民主主義のありがたいことで皆さんのおかけで一票を頂戴しているのです。この私の持つ国会での一票は、私のものではありません。お集まりの皆さんの一人一人のものです。どうか、皆さんと常に相談し、御指導頂きながら二階俊博この道を進んだ以上まっしぐらに貫ぬいて、皆さんのご恩と、郷土の繁栄に、そして、やがて日本の将来を切り開くために頑張ります。お集り頂きましたみなさんのご厚意ご厚情に心から感謝を申し上げ挨拶を終ります。ありがとうございました。

『続・明日への挑戦　21世紀の日本を見つめて』
（紀州新聞社、一九八六年）より

国際海洋高等学校における講演

昭和六十一（一九八六）年一月十八日、静岡県の国際海洋高等学校において、二階俊博衆議院議員の講演会が開催された。自身の学生時代の思い出から世界への貢献まで、若者たちへ向けたメッセージ。（編集部）

数少ない教育の実践者

只今、井脇ノブ子先生からご紹介にあずかりました二階俊博でございます。

何分、過分のお褒めをいただき、まことに恐縮しております。実は、この静岡県の、日本一の景勝の地に誕生しました「国際海洋高等学校」――この高校の井脇先生とはかねてご親交をいただいており、先生がご上京のたびに、この学校の発展ぶりを伺っていたのであります。

私も、今、衆議院の文教委員をつとめております関係で、最近の教育状況につきましては非常な関心を持っているわけで、海洋高校のようなユニークな学校がどのような発展をとげつつあるのか、井脇先生から薫陶を受けられた百二十名の生徒の皆さんが、どんなに成長しておられるのか、是非この目で実情を知りたくて、勉強に参った次第です。これからの日本を背負って立つ、若い青年男女の皆さん方からもご意見をいろいろ伺がってみたい、そんな気持を強く抱いてこの壇上に上っているのであります。

先程から、皆さん方のきびきびした行動を拝見しながら考えたのですが、私の郷里、和歌山県の御坊市というところですが、そこのお年寄りの皆さんが、六十歳、六十五歳を越えた方々まで、生涯教育を目標にもう一度勉強しようと、「老人大学」をつくっています。そこに伺うたびに感ずるのですが、明治や大正の時代に教育を受けた、我々の先輩は何となく一本筋金が通っている。椅子に腰をかけても、起立しても、あるいは卒業証書をもらう姿勢、態度を見ても、ぴしっと決まっているわけですね。

近頃の若い人、高校生も含めて長い時間立っていられない。すぐバタッと倒れてしまう人が多い。お年寄りに比べて駄目だなあ、どうしてだろうと思っていたのですが、今日は、皆さんのきびきびした態度に、これは御坊のお年寄達に負けないぞ、と感じました。

日頃の学習ぶりを内に秘めた皆さん方の気迫というか、気力を目のあたり拝見して、やはり、教育は指導者と教わる者の意慾、それらを取り巻く環境、こうしたものに恵まれさえすれば、明治であろうと大正であろうと、また昭和であっても少しも変わりはない。そういうことをつくづく考えさせられたのであります。そして、こんご二十一世紀に向って何より大切なものは教育ではないか、教育こそ、政治家も教育学者も教師も父母もみんな手をたずさえて正しく発展させていかなくてはならないということを痛感したわけです。

私は、さきほどから井脇先生を尊敬していると申し上げました。何故かと申しますと、先生は偉大な実行者であるからです。

日本には教育者と名の付く人はいっぱいいる。私は文教委員をさせていただいていますが、例えばただいまはやりの臨教審、正確に言えば臨時教育制度審議会ですが、この会長さんは京都大学の学長をなさった岡本道雄先生、会長代行は慶応義塾大学の塾長であられる石川忠雄先生、このお二人には私も国会で質問させていただきましたが、実に堂々と多くのお答えをうけたまわりました。

また、教育関係の仕事に携わっている方々、文部省のお役人も含めて多くの専門家を私は存じ上げています。

しかし、教育という問題は、専門家と同時に、誰でもが一家言をもつことが出来るといった性質の問題でもあります。

皆さんのお父さんやお母さん方もいろいろ言われるでしょう。小学校の時はどうだった、中学の時はどうだったと、いろんなタイプの先生を話題にとりあげて言われるでしょう。ですから、私はいま、一億総教育評論家の時代だ、という風に思っているわけです。

しかし、評論家は多くても、その事をちゃんと実行に移して実践する活動家、教育者はそうざらにいるものではありません。

私は、この数少ない教育の実践者の中で、井脇先生の実行力に心から尊敬を申し上げているものです。

私はこの学校の図面を、学校が出来る前から何回となく見せていただきました。構想もうかがいました。私は少しでも早くこの学校を見たいと思いまして、昨夜、この学校の玄関まで車で来たわけですが、皆さんが生徒ホールでわいわいやっておられるところを見せていただきました。先生のご案内で食堂から何から、先生がつくられた施設をずっと拝見して、今朝も思ったのですが、私が想像していたよりも何倍も何倍も大きな、充実した学校じゃないか、井脇先生はご自分が描いた夢そのままに立派な学校をおつくりになった。私は本当に心の底からそう思い、先生に感謝と敬意を表するものであります。

同時に、今日は町長さんはじめ、町議会の皆さん、学校建設にご協力いただいた地主の皆さん、いつも学校のためにご心配をいただき、お力をかしていただいております周辺の皆さんがお出でになっていらっしゃいますが、私はこの暖かい雰囲気、暖かい環境の中で、皆さんがすくすくと育っていくならば、二十一世紀の日本のために、そして皆さんのそれぞれの郷土のために大いに貢献できることになると確信しております。その期待にこたえて素晴らしい学校を生徒の皆さんと共に、益々発展させていただきたいと心からお願い申し上げる次第でございます。

学生時代の思い出

さて、正直に申し上げて、私はこのように、高校生にお話するのは初めてでして、どのようにお話すればよいのか、戸惑っているわけですが、しかし、私の家にも大学生や中学生がおりますし、私自身、ちょうど皆さん方の御両親と同じ世代であろうと思いますので、日頃、息子たちにしゃべるような気持で、ひとつ、ざっくばらんにお話しようと思います。

まず、皆さん方に申し上げたいことは、〝人と人との縁〟を大切にしたい、ということです。日頃、井脇先生からいろいろご指導いただいている間柄から、こうして皆さん方にお目にかかることが出来た、これも〝縁〟ということですが、今日のこのご縁を大切にする意味で、私の郷里の物語、そして私の高校時代のエピソードをご紹介しようと思います。

すでに皆さん方、ご存じかも知れませんが、私の郷里、御坊の町には「道成寺物語」という言い伝えがあります。安珍、清姫のお話といったらお分りになるでしょうか。

昔々、奥州の白河――いまの福島県白河市ですが――から安珍というお坊さんが、修業のために、紀伊半島の先にあります熊野三山、ここは信仰あつい那智大社、新宮、本宮の三つの社から成っているので三山といわれるのですが、ここへはるばるやって来た。そして一夜の宿を借りた家に、清姫という年頃の美女がおって、忽ち恋が芽生えたわけですが、安珍はまだまだ修業の身、ここで恋におち入っては立派な坊さんにはなれないと、清姫をふり切って逃げて帰ろうとする。そして、御坊の町のすぐそばにある道成寺というお寺に逃げ込むわけです。

道成寺のお坊さんたちは、それは大変だ、というわけで、釣鐘をおろして、その中に安珍をかくしました。

一方、逃げた安珍を女の一念で追いかけて来た清姫は、日高川を渡ろうとしたが、安珍が渡し舟の船頭に、後から追いかけてくる女が来ても乗せないでくれ、と頼んでいるものですから、舟に乗せてくれない。仕方なく、清姫は大蛇に化けて川を渡り、道成寺にやって来た。そして、安珍がかくれている釣鐘をぐるぐる巻きにし、口から火を吐いて、とうとう安珍を真黒焦げに焼き殺してしまう。

　これが安珍、清姫の物語で、歌舞伎でも「娘道成寺」という外題で、清姫の美しい踊りなんかがみものになっていますが、それにしても女の情の恐しさよ、ということですか。

　私のところで、魚が真っ黒けに焼かれたりすると、〝オッこれは安珍焼きだな〟なんていう言葉があるくらいです。

　この、清姫が蛇になって渡った日高川の名前をとった日高高校、この高校が私の母校です。

　この高校に三年間を過したのですが、今でも忘れられない思い出があります。

　それは、小、中学校を一緒にしてきた友達を中心に、初めて応援団を結成して甲子園に行ったことです。

　私が三年の時、日高高校の野球部が開校以来初めて甲子園大会に出場することになりました。開校以来初めて、というのですから、応援団もなければ、今のようなブラスバンドも勿論ありません。監督や選手たちが「応援団もないようじゃ、甲子園に行っても格好が悪くて仕方がない。せめて試合の始まりと終りに校歌ぐらい歌ってくれるような応援団を何とかつくってくれないか」と、私に相談してきました。

　それはそうだ。応援団もないということは大変なことだ、ということで、学校新聞を通じて「応援団をつくって選手を激励しよう」と呼びかけたわけです。だんだん運動を進めている中に、お前が呼びかけの責任者だということで、応援団長にさせられちゃった。

　さっきも申し上げたように、ブラスバンドもなにもない。それじゃというわけで、私の出た中学のブラスバンド部を借りることにしました。友情出演というやつです。

　また、大学の空手部の選手に来ていただいて、三・三・七拍子なんかの猛練習をしました。しかし、それでも何かパッとしない。これでは甲子園に行っても目立たんなあといろいろ考えた末、「そうだ、甲子園に女子が行ったことはほとんどないだろう。野球は男のスポーツだから。そこへ女子生徒を参加させたら」。こう考えて、女の子のリーダーをお願いしました。

　最初はみんないやがっていた。甲子園のような大観衆の前で応援のリーダーなんかしたらお嫁にいけなくなる、なんていう。いわゆる「おてんば」というんですか、そんな印象を人に与えて、お嫁にいけなくなるからダメだ、と。

　いまは全く正反対で、大学野球だってノンプロだってチアガール全盛時代、女の子の応援合戦の方がはなやかになっていますが、その頃はまだチアガールという名前そのものも存在しなかったのじゃないですか。女の子の応援なんて全国に例がなかったものですから、いざ本番の時は、試合なんかそっちのけで報道陣が女子リーダーを取り囲む。もう一回やれ、もう一回やれと注文がつづいて、「新聞社の応援団じゃないんですよ。」としまいには抗議したほどでした。新聞も大々的に記事にしてくれました。

　まあ、女の子はそのようにもてたわけですが、しかし一般的にいって応援団は縁の下の力持ちです。野球選手の方が、勿論主役ですからチヤホヤされる。寄付も多く旅費はたっぷりある。ところが応援団には全く何もない。私もまだ高校生ですから、金を集める才覚もないし方法もない。まあ、誠心誠意みんなで頑張ろう。どうせ一回戦ボーイだろうから、一回戦だけは何とかやり抜こう、と私は思っていた。

　ところが世の中はなかなか思い通りいかないもので、開会式直後の一回戦が一対一のまま雨のためドローゲームになってしまった。さあ大変、一回戦で負けると思っていたから二回戦のことは考えていない。甲子園で一泊するなんて予想もしていない。しかし、明日また出直さなくてはならん、ずぶ濡れになった服をどうしたらよいか、中学生のブラスバンド部員たちの面倒をどうみるか、いろいろ考えて苦労しました。応援団長として。

　この時、こうした縁の下の力持ちといった苦労があとで役に立つなんて全く考えてもいなかったのですが、実は、何年か後に、私が代議士の秘書をつとめていたさい、この経験が非常にものを言ったのです。

　私が仕えた代議士、後ほど申し上げますが、静岡県の方で、私が静岡と深いつながりが出来るきっかけになったのですが、この代議士が特別に応援されている参院議員の選挙が佐賀県で行われることになって、「二階君、君が是非応援に行ってきてくれ」と先生から言われた。

　応援といっても、大学を出たばかりの私ですし、出来ることはなにもないだろうが、朝早く起きて、事務所の掃除をするのも応援のひとつ。候補者や運動員の靴を並べてあげるのも応援のひとつ。二、三日すれば地名も覚えられるだろうから、電話ぐらいはかけられるようになるだろう。人間、やる気にさえなればどこへ行っても何かの役には立つさ、まあこんなつもりで私は出かけたのですが、予想に反して、いろんな仕事にぶつかった。

選挙が始まると、早稲田大学弁論部の選手が五、六人応援に来て、マイクをもって街頭演説に行くんですが、翌日には早くも声が出なくなってしまった。一体どうしたんだ、と聞くと、昨日精一杯頑張ったので、みんな声がつぶれてしまった。というんです。

じゃ、しょうがないから私がピンチヒッターになろうと、そんなつもりじゃなかったんですが、マイクで街頭演説をやりましたところ、いつの間にか候補者の先生、杉原荒太という大変立派な方でしたが「二階君、二階君」といって私を離さずに連れて歩くようになりました。昼は街頭、夜は個人演説会という工合に大変、重宝がられたわけです。

その時、早稲田の学生が急に私のことを「先輩、先輩」と言って「先輩はどこで弁論の練習をしてきたのですか」と聞くわけです。

私は当時、弁論という言い方が好きでなかった。話し方をとやかくいうのではなく、真実を、誠の心を大衆に話すことが大切なので、練習なんかやるものではない、と思っていましたので、答えないでいると、学生たちは「とにかく声が枯れないというのは、どこかで演説をやってきたんでしょう」という。その時、私は高校時代の応援団を思い出したのです。

今は、どこの応援団にしても全部マイクがあります。マイクを通して、フレーフレーとやるんですから、少々の声でも大体通ります。

ところが、私達の頃の応援はマイクなんてない。頼るものがないから肉声でやらなきゃならない。そのための練習を高校のそばの浜辺でやりました。浜辺に行って、沖に向って一生懸命声を枯らし、喉から血が出る程、練習をした。仲間達の応援のために必死で頑張ったのです。

その時の苦労が、選挙の時になって報いられた。声が枯れずに候補者のお役に立つことが出来た。あの時は何にも自分は思わなかったけれども、一生懸命やってきたことが、いま自分にプラスになったんだな、そんな風に思ったわけです。

ここに、百二十人の仲間達、兄弟と言ってもいいぐらいの皆さん達仲間が日常生活に、学習活動に、そしてボランティア活動に励んでおられる。そうした時、お互いに助け合い面倒見合う、そのさりげない行動の中に、将来、皆さんに必らず役に立つことがひそんでいる、ということを頭において、一日一日を真剣に頑張っていただきたいと念願するものであります。

秘書時代の思い出

私はさきほど、静岡とのご縁を申し上げましたが、私は大学を出ましてすぐ、伊豆半島を中心に、代議士として政治活動を行なってこられた遠藤三郎先生のもとで、十一年間、秘書の仕事をやらせていただきました。

遠藤先生は、静岡県駿東郡裾野町、いまは裾野市になっていますが、そこのご出身で、農林省の局長をおやりになった、偉大な政治家であります。

私が遠藤先生に教えられたことの一つに、こういうことがございます。

ちょうど私が秘書になりました昭和三十六年、いま皆さんがちょっと静岡に行く、東京に行くと言っては利用される東名高速道路、東京から名古屋へ続く高速自動車道路の建設が始まった。着工から完成まで十年の年月を要したのですが、私は十一年間、秘書をつとめましたので、着工から完成まで見届けることになったわけですが、遠藤先生は、この道路の計画段階の時から建設推進運動の中心になっておられました。当然のこととして、私も、東名高速道路促進議員連盟事務局の一員として推進の仕事をずっとやらせてもらったのですが、この道路の効果といいますか、便利さというものはもう皆さん方に申し上げる必要はないでしょう。

そして、単に静岡の人が東京へ行く、名古屋へいく、その便利さということだけでなく、日本のモータリゼーション、自動車化時代を生み出し、それが日本の産業界に波及効果をおよぼして、経済の高度成長に大きく貢献するという結果になった。

さらに、ハイウェーを走ることの出来る車をつくるために、自動車産業の技術向上をうながす、といった効果も生んだわけで、まあいろんな点で、この自動車道路は大きな役割を果したのですが、私は今日の静岡県の発展、躍進の姿を見て、こうした事態をすでに見通して、建設促進に努力された遠藤先生の見識といいますか、洞察力といいますか、時代の先を見る眼に心から敬服せざるを得ないのであります。

やはり、政治家にとりまして、先見性ということが非常に大事なことなのです。

私の郷里の和歌山県には、この高速道のような立派な道路はありません。これから私どもは是非皆さんの協力をいただきながら、住民の生活向上、福祉の充実につながるような道路の整備に力を注ぎたいと思っているところです。

私が遠藤先生にお仕えして、ちょうど一年目の時、先生はいまの田中角栄先生と同じ病気で倒れました。その時、私はまだ独身で一番若い秘書でした。十人以上おった秘書の方々は、それぞれ家庭を持っている。だから最後まで残って頑張るのは一番若い私がやらなくてはいけないな、自然にそう思いました。

先生が政治活動をつづけていく限り、私は最後の日まで頑張ろうと誓いました。

先生は六ヵ月の闘病生活の後、政界に復帰され、その後約十年間、不自由な身体を押して政治活動を全うされました。私はその片腕として勉強させていただいた。したがって、普通の代議士のところで秘書をつとめたよりも苦労が多かった反面、先生の片腕となっての政治活動の中で、田中角栄先生、こんど副総理格で入閣された江崎真澄先生、あるいは静岡の県知事をおやりになっている山本敬三郎先生とか大勢の方々に接することが出来ました。

遠藤先生が再起されて十年目に亡くなられましたので、私は十一年間の秘書の仕事に終止符をうって郷里の和歌山県に帰り、県会議員から政治に挑戦することになったわけですが、郷里とはいえ、十一年間働いて来た場所とは全く離れたのですから、知り合いはほとんど居ない。一からスタートということになりましたが、十一年間、遠藤先生のもとで頑張ってきた私をじっと見守ってくれた人が大勢いる。そういう人達が県会議員の時も、また国会議員に立候補しようと心に決めた時も、みんなこぞって応援してくれました。

私が今日こうしてあるのは、そういう方々のおかげで、もとを正せば遠藤先生のおかげに外ならない。静岡県ご出身の遠藤三郎という政治家がおられて初めて今の私がある、ということを片時も忘れてはならない。かように私は思っているわけです。

県議時代の思い出

郷里へ帰って県会議員をやっていた時の思い出の一つに、ホッケーの話があります。

高校時代の恩師の一人に寒川次郎という先生がおられますが、その頃、ある高校の校長をなさっておられました。

私が県議会の文教委員長をしていました時、寒川先生から議会に電話がかかってきた。急用だという。何だろうかと思って受話器をとってみたら「ウチの高校が韓国のホッケー選手権大会に日本の代表校として招待されることになった。しかし、ちょうど高校の始業式の頃に当るので校長が学校を留守にするわけにはいかないが、こういう国際試合に招いていただいた名誉を放棄するわけにもいかない、どうしたもんだろうか」ということでした。

この韓国の大会は、韓国の各地区代表が十校選ばれて毎年開かれているもので、日本でいうなら、さしづめ高校野球の甲子園大会のように由緒ある大会ということですので、私は「それは是非行けるよう頑張って下さい。私も協力しますから」と激励していたら、この時も結局お鉢が私のところへ回って来て、私がその高校のホッケーチームを連れて、韓国へ行かなければならなくなった。

私はその時、条件を出した。注文をつけたのです。

少なくとも日本の高校代表として、ユニホームにＪＡＰＡＮとマークをつけたチームが韓国に行って、一言も挨拶が出来ない、こんにちはも言えない、さよならも言えない、何か向うの人にしてもらっても、有難うもいえない、というのでは困る。私は韓国学院の先生を知っているから、毎日練習が終った頃に三十分でも一時間でも韓国語の勉強をしてほしい。そして、我々が向こうへ持っていくパンフレットも、韓国の人は日本語が分るだろうという姿勢ではなく、必ず韓国語に翻訳しておく、韓国の高校生が見れば、ははあ、こういう事が書いてあるんだな、仲良くしようと言っているんだな、大会に招待されたことを喜んでいるのだな、ということが分るようにしよう、と。

そういう注文をつけておいて、私は出発しました。韓国の大会関係者、あるいは選手を引率して下さる人達の話を聞いていると、これまで日本代表の大学、高校チームが韓国を訪れたが、こんなに私たちの心をちゃんと理解して、同じレベルで、これから仲良くやっていこうという姿勢を示してくれた代表チームははじめてだ、といって喜んでくれている。たいしたことをしたわけではありません。ほんの私たちの能力でできる範囲の努力をしたにすぎませんが、やはり精一杯の努力が報いられて、私は韓国で多くの友人を得ることが出来ました。

韓国M・B・C放送という、日本でいえば文化放送の社長さん、大会の責任者でしたが、日本代表団、よくいらっしゃいました。と大会会場にも、放送会社のビルにも歓迎のたれ幕が掛っておりました。

日本の若い世代と韓国の若い世代がこれから理解して仲良くしていくことが、次の時代には必要なことで重要なことであるという認識を、韓国の指導者達は持っていてくれる、と私は嬉しく思ったわけです。

そんな縁で、私は今でも韓国のジャーナリスト、政府関係の人、高校の校長先生、あるいは国会議員、そういう人達との交流をつづけています。

双方の国会議員でつくっている日韓親善議員連盟の中には、文化、経済などの分科会があり、それぞれ討論会も開かれるのですが、私はこの時に知り合った仲間の一人と討論会で出会ったこともあります。

皆さんも良く知っておられると思いますが、日本と韓国との間には、かつて日本が韓国を併合した、植民地にした、という歴史があり、必ずしも心が通じ合わない、厄介な関係があります。韓国の人達は日本に対して、過去のいろいろな恨みを心の底で、多かれ少かれ持っている。

我々は、とくに皆さんの世代はそんなことは全く知らない。しかし、向うの大学生、高校生はみんな、お父さんやお母さん、おじいさん、おばあさんからいろいろ聞かされて、知っているわけです。

こちらは全く無邪気な、真白な気持で接していても、一つ間違えば全く妙なことになる。こっちは何も知らない、向こうは心の中に一物をもっている。ということです。

ですから、韓国に行った時に言われたんですが、夜、「ジャパン」と書いたユニホームを着て外出した時は、あまり人をじろじろ見て歩かないように、と。昼間はみんな自制心があるから押えているけれども、夜、酔っぱらったりして町を歩いていると、妙な事件に巻き込まれるかも知れないので気をつけるように、と。私はそういう風に言われたことが、今でも心に残っています。

しかし、試合だけで帰ってくるのはもったいないですから、私は生徒を連れて、いろいろな高等学校を訪問しました。すると、向こうの学校の先生方が貧しい中にも精一杯の歓迎をしてくれました。サイダーやバナナ、あるいはちょっとしたお菓子を出してもてなしてくれました。日本ではそれぐらい当り前と思うかも知れませんが、韓国の学校としては精一杯のことをしてくれた。生活のレベルを考えれば分ることです。

その内、日本代表チームの一番背の高い子と韓国の一番背の高い子同士で、背の高さを比べてみようということになって、二人が背くらべを始めると、あっちでも、こっちでも、背の低いものは低い同士、太ったものは太ったもの同士、背中合わせにくらべあったりしている。言葉が通じないのではないかという私達の心配をよそに、みんな、いろいろ手真似をして、ちゃんと話が通じ合っているんですね。

そして、お互いに自分の持っている十円玉や百円玉を出して韓国のお金と換えたり、自分の付けているバッジを向うに渡したり仲良くやっている。

私はこれを見て何も案ずることはない。これからの若い人達は教育をきちんとし、これからの方向をちゃんと見定め、そして相手に対する思いやりの心さえあれば、国境を越え、国際人として仲良くやっていくことが出来る、と確信しました。

過去のいまわしい出来事、戦争、それにともなう犯罪、被害者の立場からするうらみ、そういった障害も乗りこえて、若い世代の人達は手を握り合うことが出来るということを私は学び取ることが出来ました。

その責任は私が

この間、皆さん方はラオス、カンボジア、ベトナムと大変困難なところにボランティアとして行ってこられ、貴重な体験をされたとうかがいました。一般の高校生からみると、まことに羨しい限りですが、そういう経験をいつまでも大切にして、皆さんも国際的な、巾の広い人間性を養っていっていただきたいと思います。

皆さんが、この国際海洋高等学校で学ばれた、いろいろな体験を生かして、相手の国と接触する場合には常に相手のレベルに立ち、対等の立場で物事を考え、同じ目の高さに立って、相手に嫌な気持をおこさせたり失礼なことをしないように心がける。一人一人の気くばりが積み重なって国と国とが仲良くなり、世界平和につながっていく、私はそのように思いますし、そうしてほしいと皆さん方にお願い申し上げるわけでございます。

それとともに、生徒の皆さん方を機会あるごとに海外に連れていく、海外生活を経験させる、こうした視野の広い教育事業に情熱をかたむけておられる井脇先生に心から敬意を表するものであります。

ここで、私は皆さんに〝責任〟ということについてふれてみたい。

皆さんから見たら笑い話のようなことかも知れませんが、普通の高校で、毎日国旗を掲揚しようとすると、まず校長先生が職員会議にはかることになります。「先生方の御意見はいかがでしょうか」とくる。民主々義の世の中ですから、すべて全体の意見を聞かなければならない。

しかし、みんなの意見を尋ねてみたところで、日本の国旗は日の丸しかないわけです。これが気に入らなければ、みんなで別の国旗を決める運動でも起すしかありませんね。

それをどうですか。日の丸は戦争につながるというバカなことを言う人がまだいる。

私は昭和十四年の生れですから、敗戦の時は小学校の一年生でした。国会議員の中でも、私より若い人は自民党だけでも十二人いるのですが、この人達は、戦争なんて全く知らないし、関係もない世代です。今日、ここに居られる皆さんは、まして戦争なんてテレビで見るくらいのことでしょう。そして、まだよその国では、戦争のような時代おくれのことをやっているのか、と感じておられるに違いない。

幸いにして、私達日本人は戦後四十一年間、戦争とは全く無関係で過して来ました。これも、ただのほほんとして、こうなったわけではありません。日本とアメリカの間で安保条約を結び、国を守るためにお互い協力し合っていこうという政策をとって来たことが、今日、私達が安心して平和を謳歌できることにつながっているのだと私は思います。

皆さんがこの間、外国に行かれて、いろいろ活躍されたことを聞いて、私はほかの高校だったらどうしただろう、一体どういう風になっただろうかと想像して、少々びっくりしたのです。

何故か、と申しますと、まず皆さんは当然飛行機で行かれたわけですが、ほかなら、その飛行機が墜落したらどうするか、その時の責任は誰が負うのか、といったことがまず問題になります。外国に行くことの教育効果そのものが議論になるのではなくて、行くまでの道程が問題になる。そして、ほとんどの校長はその時点で、まず尻込みしてしまうのが通常のケースです。誰も責任をとるのがこわいからでしょう。

しかし、そんなことを初めに考えていたら何も出来ません。私は、サイクリング運動という催しをずっと前からやっています。自転車道路法という法律が制定されるころからですが、これは太平洋沿岸自転車道路といって、自転車で日本列島の太平洋岸を走っていけるような道路を整備しようというのが目的でつくられたものです。

この名称は皆さんもどこかで聞かれたことがあるかも知れないし、標識に気付いた方もいるかも知れません。もし、これから気付いたら、ああ二階が言ったのはこれだな、と思い出して下さい。

この道路は千葉県の銚子から和歌山県の加太まで計画されています。この太平洋自転車道路計画は太平洋岸千二百キロメートル、楽々と自転車を走らせることが出来る専用道路をつくろうと現在、工事を進めているところです。

私も地元でサイクリングを盛んにしようと、十年前から「お早よう、サイクリング」という運動をはじめました。いろいろな運動の中で、足を連続して九〇度まで上げる、というのはサイクリングしかありません。バスケットにしても、野球にしても、九〇度連続して足を上げることはない。確実に足を上げるのはサイクリングだしお金もかからない、というわけで、この運動を提唱したのです。

ところが、警察に脅かされました。「五台以上の車両が連なって走ることは、道路交通法で禁止されている」というのです。そして、最後には「もし、参加者がケガをした時の責任は誰がとるのですか」と。

私は仕方がないので「その責任は私が持つ」と言ってやった。「ずっと持つから」とも。

それから長い間、この運動を実施していますが、これまでの期間で事故は一回だけ、道路のカーブを急いで回ったので、ハンドルを切りそこね田圃の中へ落ちた、というものので、ケガもありませんでした。

最初に署長に脅かされましたので、サイクリング大会には必ず、お医者さんや看護師さんも同行しましたが、毎日、連れて行くわけにはいきません。結局、今日では、私が責任を持つという形でつづけられており、もう十一年になります。

このように、問題の結果はたいしたことにならないのが普通ですが、ただ「誰が責任をとるのか。」ということが、何にせよまず問題にされ、みんなが尻込みをする。そして何も行われない、ということの少なくない日本の現実に、私は深刻な問題がひそんでいるように思います。

君が代を歌う、日の丸を掲げる、議論になると責任は誰がとるのか。飛行機に乗せようとする。もし落ちたらどうする。昨年八月の例もあります。誰も飛行機は落ちないと保証することは出来ない。従って誰も責任を負おうとしない。みんながそうならば、何でも安全な方、安全な道をえらべばよい。一日中コタツにあたっていれば交通事故にあうことも絶対にないでしょう。

しかし、そんなことで人間は成長しますか。

国歌と国境、ごく自然な光景

皆さん方は、毎朝、国旗をかかげ、夜、それを降納する。何の抵抗もなくやっておられる。当り前のことだろうと思います。外国では、夕方定時になると、国歌が町に流れて、市役所とか公共施設に掲揚してある国旗が一斉に降ろされる。道行く人はみんな立ち止まって国旗に敬意をはらう。ごく自然な光景です。

やはり、自分の生まれた国に誇りをもたないで幸せに生活することは出来ないでしょうし、その象徴である国旗への尊敬をはらうことも、自然な国民感情のあらわれと私は思うのですが、学校全体がそうした空気にあるこの海洋高校に来て、やはり井脇先生の教育者としての責任感、理念には心から感嘆せざるを得ません。と同時に、このような学校に学ばれる皆さん方は本当に幸せだと思いますし、皆さん方もそのような自覚をもっていただきたい。

アフリカのはなし

次に、昨年私は党を代表して、アフリカのエチオピアを視察して来ましたので、その時感じましたことを少しお話したいと思います。

視察のきっかけは、IPUという列国議会同盟、世界の国会議員の大会でありますが、この会議が、西アフリカのトーゴという国のロメで開かれました。自民党から共産党まで衆参両院合わせて十人の代表団の一員として私も参加したわけです。

出発する前、折角アフリカに行くのに、帰国したさい、一体アフリカの飢餓の状態はどうなっているのか、と聞かれて、いや、我々は一週間、朝から晩までトーゴの国のホテルで缶詰めになり、アフリカの飢餓について議論してきたんだ、といったのではさまにならない。どうしても現地に行かなくちゃ、という話になりまして、十人の代表団の中からさらに五人が選ばれてエチオピアの一番飢餓に困っている地域を視察することになりました。昨年の三月から四月初旬にかけてです。

まず、トーゴから飛行機を乗り継ぎ、一週間に二往復しか飛ばない飛行機もありましたので、非常に難しいルートをたどってエチオピアに入りました。アジスアベバというエチオピアの首都は、日本語に訳すると「美しい花」という意味だそうです。

私もエチオピアに参ります時は、この国にそう深く関心があったわけではございません。東京オリンピック、まだ皆さんが生れていない時ですね。この東京オリンピックのマラソンに、エチオピアの裸足（はだし）の王様と呼ばれたアベベという選手が、ローマ大会につづいて優勝、二連覇を成し遂げたので、エチオピアという国の名が印象的に頭に残っている程度でした。

アジスアベバに着いてみますと、見るからに物乞いをしているとみられる人達もいましたが、全体の印象は、ここは何とか食生活に困るような状態ではないな、という感じを受けました。そこで、外務大臣、あるいは厚生大臣、労働大臣といった高官にお目にかかり、実情をうかがった後、翌日、特別機を仕立てて、東の方五、六百キロ離れた、砂漠化した地帯のど真中にあるメケレという町に飛びました。

約二時間、ちょうど距離にすると東京から岡山ぐらいですが、軍用機だったせいか、えらい飛行機に乗せられたわいという感じでした。

二時間の飛行中、飛べども飛べども青い物、青い草というものは全く見当らない。川はあっても水は流れていない。そして、いよいよ飛行機が現地に到着するというので、窓から下を見ますと、飛行場らしきものはありません。こりゃえらいことだなあと思っている中に、砂漠の砂にローラーをかけて固めただけの滑走路に無事着陸しましたが、命からがらというのはこういうことかな、と汗をかいたことでした。後で聞きますと、エチオピア航空のパイロットは、みんな軍のパイロットで、世界的にも優秀な腕を持っていることで名高いんだそうです。それを早く聞いておけば、そうビクビクすることはなかったかも知れません。

現地に着いて、日本の医師団の案内で、まず病人を収容しているテントを見て廻りました。はじめにイギリス医療用のテント、次にドイツ、三番目に日本が受け持つテントの内部を見ましたが、イギリスのテントもドイツのも、ハエが一杯で大変でしたが、日本のテントには、ハエなど一匹もいない。衛生的にも完備されて、大変良い成績を上げている、と現地では評判になっていました。

三ヵ国のテントに収容されている難民達は、それぞれみな知り合い同士ですから、こっちの病院で死にかけた患者が、日本の病院に運ばれて助かった、元気になって帰って来た、というウワサはすぐ伝わります。イギリスやドイツのテントへ行けばみんな死んでしまう、といったような話が流れて、みんな日本のテントに行きたがるというのです。

たしかに、日本テントの前はいわゆる門前市をなすといった状況で、難民たちが大勢並んで収容されるのを待っている。それを政府の係官は「お前、よその区域から来ているじゃないか。ここは○○地区の人だけが来るところだ。駄目じゃないか」と言って追い返す。難民たちはすごすごと帰っていくのだそうです。「可哀想だと思うけれども、それを許してしまうと、すべてが混乱してしまうので、黙っているしかありません」と日本医師団の人は話していました。

私達が現地に飛ぶ時、気をつかったのはまず服装、背広など着ていくわけにはいきませんので、現場の服を準備しました。ところが、アジスアベバに帰ったら、その服は全部焼き捨ててくださいと現地の大使館員が言うのです。次

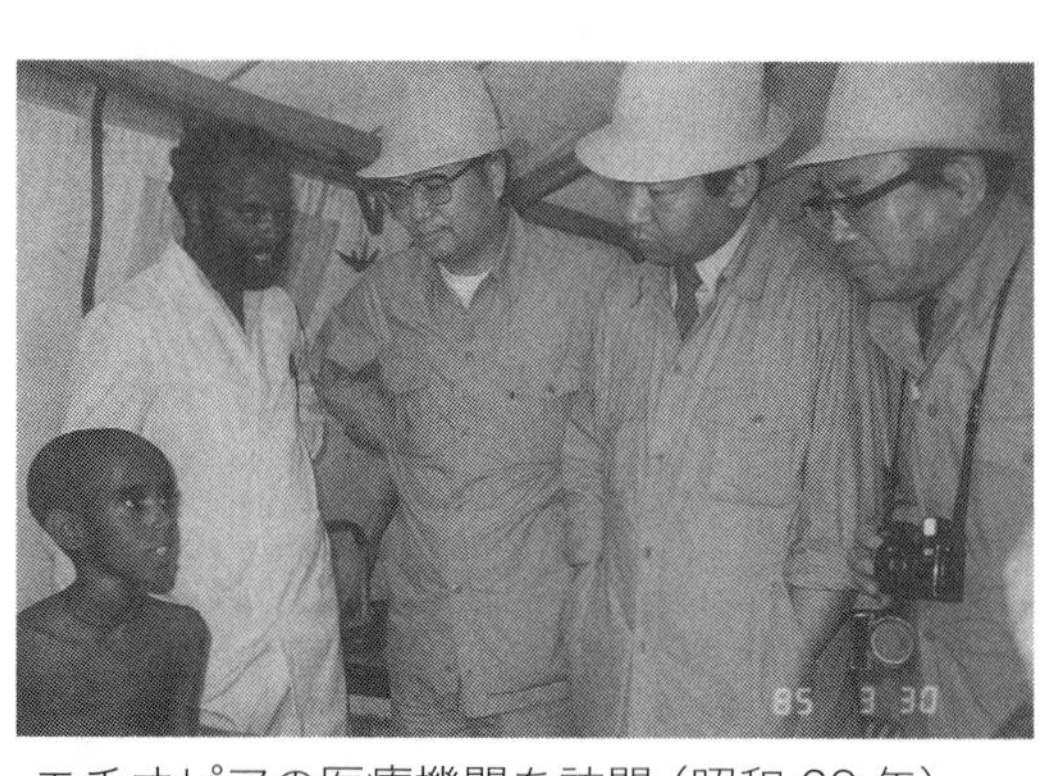

エチオピアの医療機関を訪問（昭和60年）

に言われたことは、手はいつもポケットに入れておいてくれ、ということでした。手を出しているとすぐ現地の人に握手を求められるのです。どんな病気をうつされるかも分らないから、手は絶対に出さないよう、ポケットの中にしまっておけ、と言うわけです。

そういう注意を聞いた上で、私は難民キャンプで医療に携わっている医師や看護師さん達の献身的な奉仕の姿を見ると、人類愛だとか人間愛というような言葉を軽々しく使ってはならない、ということをつくづく感じさせられたのです。私達がポケットに手を入れてビクビクしているのに、医師や看護師さんは、難民の人達を抱きかかえるようにして看病している。身を犠牲にして医療に従事しておられる。本当に立派だ、これこそ神様の為せる業だなと頭が下がる思いがしました。

私達が現地に着きました時、ちょうどＮＨＫの取材班も来ていました。そして、私達が難民の方々に毛布を贈るところを取材しましたので、あるいはＮＨＫの番組でご覧になった人もいるかも知れません。

メケレという町は、標高二千五百メートルといいますから、ちょうど富士山の五合目ぐらいの高さです。夜は冷えるので、何にも着るものがないと寒くて仕方がない。凍死する人も出るくらいです。最初、日本を出る時は、あんな南の、暑いアフリカの国々に毛布を贈ってどうするんだと思ったのですが、ここでは寒さをしのぐために毛布が必要なのです。

毛布が日本の代表団から贈呈される、というので、付近の収容テントから何万人という難民が集まってきました。けれども、毛布の数には限りがある。ワーと一気に押しかけられて、毛布や日用品を我れ勝ちに取ろうとするのじゃないか。その騒ぎに巻き込まれて顔や手にさわられたらどうしようと、実は半ばヒヤヒヤしていたのです。

ところが、いよいよ毛布の配給が始まるとまず、お年寄の人達が真先きにもらいに来る。そして何枚もよこせという人は誰もいない。一枚づつ一枚づつ肩にかけてもらい、いかにも有難うという感謝の気持が私達に伝わってくるような仕草をする。

次に、小さな子供達が毛布を取りに来ます。子供が毛布をかぶってゾロゾロ歩いている姿というのは本当に可哀想で、何とか将来幸せになってほしい、よい生活が出来るようになってほしいと祈りたくなる。それにしても意外だったのは、その子供の毛布を、こっちによこせと取り上げるような腕白坊主やお山の大将が一人もいなかったことでした。

毛布をかぶって歩く子供達の周囲は、じっと毛布のもらえるのを待っている人達が群がっているのです。日本だったらどうなっているでしょうか。しかし、私がふと想像したような光景は全く見られなかった。

子供への配給が終ると、次はお母さんや娘さんなど御婦人達、そして最後に、元気のよい青年や大人達で、飢えに苦しみ明日をも知れない状況の中でも、きちっと順番をくずさない難民達の態度には本当に感心させられました。

この人達はほとんど字も知らない、本も読めない人が多いと聞きましたが、字は知らなくても、小さい頃から自然の中に育くまれた宗教心というのでしょうか、道徳心というのでしょうか、倫理的なレベルは私達日本人も及ばないものがあるように感じたわけです。

我が日本では、食べ物はあり余っている。飽食の時代に生きている、むしろやせるために、出来るだけ食べないといった贅沢なことも流行している。全くいまはそのように有難い時代になっている。

しかし、道徳だとか思いやりだとかいう点では、エチオピアの難民にくらべてどうでしょうか。劣ってはいないだろうか。私達はほとんどの人が義務教育を終え、高校進学率も九六%という国でありながら、道徳心や思いやりの心といったものが彼等より劣っているとしたら本当に恥かしい。衣食足りて礼節を知るという言葉もあるではありませんか。私達は、衣も食も教育も彼らより数段優れた環境にいるということを感謝すると同時に、エチオピアのような国で生きる人達の姿からも何かを学び取らなくてはいけないと思うものです。

ここで、一つだけ皆さんにお願い申し上げておきたいことがあります。あのエチオピアという国の広さは日本の国土の約三倍ある。そして、今から六十年程前までは、私達の国と同じように、国土の約六、七〇％までは緑でおおわれた国でした。皆さん、ついでがあったらエチオピアの国旗を本で見ておいて下さい。エチオピアの国旗にはちゃんと緑がある。それは緑豊かな国であるという誇りを持って描いてあるのです。情熱の赤、豊かな実りを表わす黄色も使われていますが、その国旗の三分の一を占めるくらい緑の豊かな国だったのです。

ところが、六十年間、政策が間違っていたのか、無かったのか、しっかりした国の方針がなかった。指導者がいなかったということになるかも知れませんが、とにかく、焼き畑農業といって、木を切り倒し、下草を焼き払って、そこに種子を蒔く。秋に収穫が終ったら場所を異動して、また木を伐り焼いて種子を蒔く、ということを繰り返してきました。

また、家畜ですが、エチオピアはアフリカ一、世界で十番目に多い家畜を飼っています。ところが、家畜は食べ物を与えないと木の根や葉を食べる。そのため、木がだんだん枯れてしまう。

さらに家を建てるために木を伐る。私達の家庭と違って電気もガスもありませんから、食べ物の煮炊きにはすべて木を使う。

つまり六十年間、明けても暮れてもずっと木を伐りつづけてきたうえに、誰も植林せず、森林保護もやらない。六十年間荒廃を重ねた結果が、いまや国土のわずか三・八％しか緑をとどめない惨状になっている。緑がないから雨が降っても地面に水を蓄えることが出来ない。農地のせっかく肥えた表土は雨が降るたびに流されてしまう。当然、植物は育たず収穫は得られない。水がないから農業も出来ない。といった悪循環が続いているのです。

緑の山々があれば、そこから水蒸気が立ち昇って雨として還えされるわけですが、何も生えていないところには雨は降りません。皆さんも、それぞれの故里の山々を考えてみて下さい。山の深いところほど雨が多いでしょう。そこで私達は、緑を守らなくてはならないという認識に行き着くのです。

緑を守ろうというのも、お互いに口先だけでは駄目です。緑を守るということは、国家の生存、国家の存続にすら大きな影響を与えるのだという事実を皆さんもよく考えていただきたい。そして、緑を守ることに生涯を通じて協力していただきたい。そういう運動があれば先頭に立って下さい。「緑を守ろう」とタスキをかけて街中を歩いている人達がいますが、そんな程度の行列の先頭では駄目です。

もっと私達の祖国、私達の故郷、それぞれの地域の緑を守るということの重要性をあらためて認識していただきたいのです。

今何を求めているのか？

アフリカのお話で、もう一つ皆さんに申し上げておきたいことがあります。皆さんはラオス、カンボジア、ベトナムに行かれて日本人は幸せだなあとつくづく感じられたと思います。同時に、もしこれらの国に住むのが日本人だとしたらどうするだろうか、例えば、かりに私達がエチオピアの住民だとしたらどうするか、皆さん、そんなことを考えたことはありませんか。私も日本ならこのアフリカの国をどうするだろうかと頭に置きながら視察して参りました。

私なりの結論は日本人だったら乗り切っていけるということです。

私と同じ和歌山県の出身でブリジストンタイヤの社員が、エチオピアの隣りにあるスーダンという国に派遣された。その時、政府高官から「日本は何でも発明する国だ。ひとつこのアフリカの砂漠に水が出る方法を考えてくれないか」と言われた。なるほど、アフリカで何が一番必要かというと、本当は毛布ではなく水です。そして種子、水と種子があればアフリカは飢餓から解放される。

そこで、日本に帰って一生懸命研究した。その結果は別にびっくりする程のことではありません。この学校にも井脇先生はじめ、みんなで協力してソーラーシステムのプールが設置されています。それぞれの家庭にも湯ワイター、これは沼津の矢崎電気が開発したもので、太陽熱を利用した温水システムですが、そういったものがおかれている。別に不思議なものではない。私の知人は、これの規模の大きいシステムをつくって、アフリカのサンサンと輝く太陽熱を利用して発電し、モーターを回して地下水を汲み上げることに成功したわけです。

三千万円の予算でつくりあげたものを、ブリジストンタイヤは、そっくりスーダンに寄付した。スーダンの国民、あるいは周辺のアフリカ諸国民は、まるで魔法使いを見るような目で、その機械を見、汲み上げられた地下水を見て驚いた。それ一台で五千人分の飲料水をまかなうことが出来ると聞いてびっくりした。さらに余剰の水を流しているところに草が生えて来た。アフリカでも種子があって水があれば草が生えるということを実際に証拠立てたわけです。

たしかにアフリカの人達は驚いたが、日本だったらどうでしょう。この小笠町でも、水道屋さんと電気屋さんにお願いすれば、三日で出来上るでしょう。中曽根首相は昨日、国会の本会議で施政方針演説をされましたが、中曽根さんがこの問題を全国に呼びかけたら、このようなソーラーシステムは、千でも一万でもすぐ出来る。何故か。それは日本の教育水準、技術水準が高いからであることは言うまでもありません。

私は何も日本の技術の高さを自慢するために、こういうお話をしているのではない。私が言いたいことは、アフリカを援助する場合、日本人の感覚だけでやるべきではない。アフリカの人達の気持、心になって何が必要かを考えて対処していかなければならないということです。だから、私達はアフリカの人達に水を、こういうシステムを援助するべきだと私は思います。

私はエチオピアに行った時も、あちらの方々に対して失礼にならないように、今エチオピアが日本に求めているのは何か、を聞いて帰らなくてはならないと思い、お尋ねしました。エチオピアの人口は推定四千二百万人、正確ではないかも知れませんが、そう言われている。そのうち八百万人が飢餓状態にある。うち四百万人は、エチオピア人自身が一年間のサラリーから拠金をし助け合いをして何とか救済できる。あとの四百万人はどうしても国際社会の同情にすがる以外に方法はありません。

私は、ほしいと言われるのは毛布かな、あるいは食料かな。それともくすりがほしいと言われるかな、そう思っていましたところ、こう言われたのです。「救援物資は倉庫に十分ある。折角港や空港まで届いた物資を飢餓地帯に運びたいのだが道路が悪い。砂漠の真中にあるため、まるで紙ヤスリの上を消ゴムでこするようなもので、トラックのタイヤの摩滅がひどい。エンジンはしっかりしているのにタイヤが駄目で走れなくなる場合が多い。だからタイヤを贈ってほしい。」

そこで、帰国後、早速千五百本のタイヤを送りましたが、非常に運賃がかかる。この前も北海道の人達がお米一握り運動で集めた米を送ったのですが、米の代金より送り賃の方が高かった。その上、米は現地の人が食べたことがないのであまり有難たがらない。こんな具合ですので、私達の判断だけで物事を進めてはいけない。何を今求めているのか、ということをきちんと話合ってやっていかなければいけないと思った次第です。

私は、アフリカ視察の結論として、日本では何でもないことでも、向うでは大変なこととして受けとめる。この違いは結局、教育水準の大きな差、開きによって生じたものだという点に思い当りました。何も現代に生きる私達が偉いのではありません。私達の先祖が、明治、大正を通じて日本の教育の向上に努力を傾け、全力を傾注してきた結果が、このような高い教育水準になってあらわれたといえるでしょう。

私達の世代はこのようなハイレベルの教育を、ちょうどリレー競争のように、貴方方若い世代の人達に確実にバトンタッチしなければなりません。そして皆さんは、さらにそれを次の新しい世代にバトンタッチする義務がある。先日も、この小笠町のマラソン大会で国際海洋高校がいい成績を上げたと聞きました。

マラソンというのは、各人の実力如何にかかわらず、お互いに全力疾走すべきものです。教育の面でも、政治の面でも井脇先生の理想を実現するために、縁あって集まった私達が全力疾走して次の世代にバトンを委ねるべきである、このように考えるものであります。

平和をかみしめて

もう時間がまいりました。そこで最後に一つだけ申し述べておきます。それは作家の神坂次郎さんのことです。神坂さんは、最近ベストセラーになった『元禄御畳奉行の日記』という新書を出されたので、ご存知の方もいらっしゃるでしょう。

元禄時代、尾張徳川家の御畳奉行、いまでいえば役所の用度課長のような役職といえるでしょうが、その奉行をつとめた侍の二十六年八ヵ月に渡る日記をまとめ、エキスだけを集めて書かれた本で、非常に面白い内容ですが、その神坂さんは、戦時中、鹿児島県の特攻隊の基地に居られました。神坂さんご自身、特攻隊員で多くの戦友をなくされた。近く私が出版する予定の『続・明日への挑戦』という本の中に、そのことについての私との対談を掲載することにしていますが、一、二、ご紹介しておきますと、いよいよ明日、出撃という時、ある戦友は下宿のおばさんに「僕の命をあげるから、その分長生きして下さい」という言葉を残していった。また、ある隊員は「僕はホタルになって帰ってくるから」と言い置いて行ったという。

自分の愛する両親、恋人、友達、そういう人達が安心して故里に生きていけるよう祈りながら、身を挺して敵陣に飛んで行った仲間たち、祖国の弥栄(いやさか)を願い、期待して死んでいった戦友達、その気持、期待に今、我々はこたえているのだろうか、そういう思い、問いかけをこめて神坂さんは『今日われ生きてあり』という本を出版された。

私が申し上げたいことは、今、戦争のことをいうと古くさいと言われますが、本当に古くさいことだろうか。あの時、特攻で出撃していった人達は、皆さんよりわずか二、三歳上の年齢にしか過ぎません。皆さんは本当に素晴らしい学校で、幸せな生活を送っておられるけれど、あの当時の青年は、若い命をあたら散らせてしまった。その口惜しさ、無念さ、悲壮な声が私達の耳にいまも聞こえてくる気がします。

ただ戦争反対、と言っておっただけで戦争はなくなるものではない、戦争に行きたいものは誰もいない。ただ止むを得ない状況の中で戦争の悲劇が生まれるわけで、神坂先生も、私は作家として戦争のことなんか書きたくなかった。四十年目にして初めて筆をとったと言われています。

私達はもう一度、平和である、幸せであるということをよくかみしめ、皆さんも同じ世代の模範として大いに頑張っていただきたい。井脇先生は、この学校を将来は大学にまで伸ばしたいという希望をもっておられます。私どもも全力をあげて応援いたしますが、皆さんもこの学校の一期生として、やがて大学を終え、社会に出たら、さすがに国際海洋高校の卒業生は違う、立派だ。と言われる声が全国にひろがった時、輝しい国際海洋大学が建設されるだろうと思います。

そのことをお互いに夢見ながら頑張ってゆこうではありませんか。

『続・明日への挑戦　21世紀の日本を見つめて』
（紀州新聞社、一九八六年）より

「月刊国会ニュース」編集長インタビュー

二階俊博運輸大臣

平成十一（一九九九）年十月に成立した第二次小渕内閣において、当時自由党に所属していた二階代議士は運輸大臣として初入閣を果たした。「月刊国会ニュース」二〇〇〇年四月号と五月号に掲載された、運輸大臣時代の二号連続インタビュー。（編集部）

インタビュー① 二十一世紀にふさわしい交通運輸行政に向けて（「月刊国会ニュース」二〇〇〇年四月号）

地下鉄脱線事故「誠に残念、悔しい……」

鈴木（「月刊国会ニュース」編集長）　地下鉄史上最悪となった営団地下鉄・日比谷線の脱線・衝突事故に対する、二階大臣の率直の心境をお伺いします。

二階運輸相　たった今、参院予算委員会（三月十三日）において、今回の鉄道事故でお亡くなりになられた方々のお悔やみを申し上げてきたところです。五名の方々の尊い命が失われた、営団地下鉄始まって以来の事故という、われわれが思いも及ばなかったことが起こりました。誠に残念、悔しい思いです（強調）。

事故発生時、私はちょうど運輸大臣室におりましたので、直ちに対応を指示することができました。まさに運輸省挙げて、成し得る方策は全て迅速、果敢に行動するよう命じた。この中で、（中馬弘毅）総括政務次官らを事故の連絡を受けてから三分以内に現場に派遣、さらに事故調査検討会の専門家の先生の方にも直ちに現地調査に赴いていただきました。警察当局にも現場調査で可能な限り協力を得、現在かなりのテンポで原因究明が進んでいるところです。

鈴木　運輸省の鉄道事故調査検討会の専門家による、より層の厚いワーキンググループをスタートさせ、早期に原因を究明し、再発を防止すると、大臣は閣議後の記者会見で述べていますが。

二階運輸相　そうです。ただ、事故原因は「こうだろう」

と発表しただけでは済むものではありません。この際、再びあのような惨事を起こさないための事故防止対策、そこに重点を置いて対応していかなければなりません（強調）。結論を急ぐばかりではなく、急ぎながらも、厳密に調査を進めていきたいと考えております。

今回の事故で亡くなられた方々を始め、現在入院中の重軽傷の皆様に対しては、小渕総理から万全な対応をするよう、強く指示されております。私としても、（帝都高速度交通営団の）寺嶋潔総裁以下、幹部には真剣に対応するよう強く命じております。

運輸大臣時代の二階俊博代議士

鈴木　安全輸送こそ、交通機関の最大の使命です。この点、二階さんは、大臣就任後、運輸行政の要諦は、交通の安全確保にあると、言い続けてきましたが。

二階運輸相　その通りです。運輸行政の要諦は、まさに安全であると、内外に宣言してまいりました。従って、今回の鉄道事故は、残念でなりません。前途洋々たる若い方が、今度の事故で亡くなられたことに、先程も申し上げましたが、私は悔しい、残念――という、ご遺族の皆様と思いを同じくする気持ちでおります（強調）。

国民のニーズに応え施策推進

鈴木　分かりました。では、運輸省、建設省、国土庁、北海道開発庁の四省庁が統合されて生まれる「国土交通省」の来年一月発足を控えて、二十一世紀にふさわしい総合交通行政の実現に向けての抱負から。

二階運輸相　わが国の運輸交通は、一億三千万人の国民の生活の足として、また、五百兆円を超える巨大なわが国産業の大動脈として、私たちの暮らしや経済を支えてきました。その重要性は間近にせまった二十一世紀初頭においても基本的には変わらないと考えております。

しかしながら、二十一世紀の日本社会は、これまでとはかなり違った様相を見せてくるのではないでしょうか。その第一は、世界全体において、技術革新、情報化、グローバリゼーションといった流れは大きな奔流となります。また、環境制約の問題が非常に強くなってくることも間違いありません。第二に、わが国自身において、国民意識の大転換や少子高齢化といった大きな変化が進行しています。

私としては、運輸交通のこれまで果たしてきた役割はしっかり評価する一方、こうした新しい時代の要請も見極め、新しいニーズには速やかに施策を講じ、既に役割を終わった部分の行政は整理していくというメリハリのきいた行政を進めたいと、考えております。

「国土交通省」の発足は、こうした運輸交通行政を新しい方向に進めていく上で、重要な事です。国土行政と交通行政を総合的に推進する新しい体制の下で、いままで以上に異なる交通機関間の連携・融合に取り組み、国民のニーズが高まっている分野の施策を強力に推進していくことができると、大いに期待しております。

鈴木　申すまでもなく、交通安全の確保は運輸行政の基本。運輸省は「国民が安心して利用できる交通運輸」を合言葉に諸施策を展開していますが、二階大臣が積極的に取り組んでいる運輸行政全般の事故防止対策について。また、「運輸安全戦略会議」の会合が先日（二月二十八日）開かれましたが、大臣はどのような安全戦略を指示しましたか。

二階運輸相　私が就任早々、提唱して設置を命じた「運輸安全戦略会議」には、二つの意味があります。つまり、①運輸省および運輸事業者の安全意識の再徹底、②陸・海・空にわたる運輸全体の安全対策で、今、何が必要か――をまとめ、それを強力に推進することです。

私は、昨年来、運輸省職員と運輸事業者に対し、「出直すつもりで、再スタートを図られたい」と申し、陣頭に立って安全対策を推進してまいりました。と同時に、運輸安全戦略会議では、運輸全体として、もっと根本的に、より具体的に、何を率先して取り組むべきかをあわせて検討してきました。それが、先般取りまとめた「運輸安全行動計画」です。

鈴木　具体的には。

二階運輸相　この行動計画では、鉄道のみならず、陸・海・空の運輸全般を対象に、①事故に加え、ニアミスなどの〝事故の卵〟まで分析し、より科学的な安全対策を実施する体制を整えること②安全に関する情報の公開を一層推進し、運輸に携わる者の安全に関する説明責任の実践を促すこと――などが盛り込まれております。今後、この計画に基づいて、より実効性のある安全対策を進めていく考えです。

鈴木　「人に優しい運輸交通」の実現で、とりわけ高齢者や障害者が段差をなくし、安心して利用できるバリアフリー化について、どう取り組んでおりますか。

二階運輸相　わが国は、本格的な高齢社会の到来を間近に控えております。一方、従来の社会資本整備は量的な面を中心に進めて参りましたが、これと同様に、質的な面についても重視すべき時代を迎えております。このため、特に鉄道駅等の交通機関においてバリアフリー化を進めることが重要であると認識しております。運輸省では、交通事業者のバリアフリー化への取り組みに対し、補助金等の支援措置を講じており、平成十二年度予算においては、これまでの予算を大幅に増額し、約百億円の補助金を計上しており（平成十一年度当初予算は約二十億円）、交通のバリアフリー化に今、積極的に取り組んでいるところであります。

鈴木　バリアフリー化を着実に推進するための法制化については。

二階運輸相　はい、交通のバリアフリー化を確実かつ効果的に実現するための法整備が必要であります。交通事業者に対し、交通施設を新たに整備・導入する場合はバリアフリー化を義務付けるとともに、また、地域の実情に応じたバリアフリー化を具体的に実現するため、市町村がイニシアチブをとって、関係者が連携して駅およびその周辺道路等を重点的かつ一体的にバリアフリー化を進める制度を導入する、いわゆる「交通バリアフリー法案」を今国会に提出しました。この法制化により、今、おっしゃったように交通のバリアフリー化を促進したいと考えております。

しかし、最も大切なことは、国民の皆さんの協力とあたたかい心です。〝心のバリアフリー〟を推進したいと思っています。

ハブ空港整備を最優先課題に

鈴木　次に、ＪＲ三社（東日本、東海、西日本）の完全民営化は、国鉄改革の言わば総仕上げですが。

二階運輸相　国鉄改革以来、ＪＲ各社が、サービス水準の向上や経営改善等について懸命の努力を続けてきたことは、大いに評価しています。特に、本州三社については、昭和六十二年の国鉄改革以降順調に経営が推移してきております。

今、ご指摘のＪＲの完全民営化については、鉄道ネットワークの維持、鉄道が地域社会に及ぼす影響や安全性の確保等にも念頭をおいて検討すべき、との意見もあり、また、ＪＲ東日本、西日本とＪＲ東海との間で、完全民営化への道筋の考え方に差があるのも事実ですね。

いずれにせよ、この問題は国鉄改革という大問題の取りまとめをどうするかという、国民も重大な関心を持って注目しているところです。従って、運輸省としては、できるだけ早期に完全民営化を実現していくことを基本方針としており、今後とも引き続き、与党三党、ＪＲなど関係者の意見を聴くなど、環境整備に努めて参りたいと思っております。どうしても意見がまとまらない時は、与党と相談の上、決断をします。

鈴木　ところで、山陽新幹線トンネルコンクリート剥落事故などに対するトンネル安全確保対策を今、どのように進めていますか。

二階運輸相　繰り返しますが、私は、運輸大臣就任以来、交通分野においては安全が第一である旨を内外に宣言してきており、就任後直ちに省内に事務次官を議長とする、先程もお話した「運輸安全戦略会議」も設置しました。新幹線トンネルコンクリート剥落事故に対する対応も含め、運輸事業全般についての安全確保に係る施策を戦略的に今、推進しているところです。

ご質問のトンネルコンクリート剥落事故については、「トンネル安全問題検討会」を開催し、事故原因の推定と今後の保守管理のあり方の検討を進めてきました。去る二月二十八日、その検討結果の報告を受け、運輸省としてはこの報告に基づき、「トンネル保守管理マニュアル」を制定。鉄道事業者に対し、このマニュアルを踏まえた保守管理の実施、特に「初回全般検査」の早急な実施を求めるとともに、さらに現場に即した各社のマニュアルの改善、保守・点検に係る教育体制の確立について指導したところです。さらに、検査技術の開発に積極的に取り組むなど、今後ともトンネルの安全確保策に万全を期していく考えです。

しかし、工事を施工した業者、セメント関係者から全く反省の声が聞かれませんが、鉄道事業に関係する全ての人々は「安全」について、責任感をしっかり持ってもらいたい、と正直、思っております。

鈴木　全くその通りですね。新幹線の整備計画は自民、自由両党で合意していますが、この整備新幹線の推進については。

二階運輸相　整備新幹線の整備は、国土の均衡ある発展と地域の活性化の観点から重要な課題である、と私は認識しており、政府・与党間の合意、検討結果等に基づいて、着実にその整備を推進していきたいと。特に、今年度の整備新幹線に関する予算においては、公共事業等予備費および補正予算を含め、過去最高となる一千億円を超える公共事業関係費を確保するとともに、事業費においても過去最高となる約二千七百億円を計上しており、既に着工している区間の建設促進に向けて最大限努力しているところです。今後とも、二十一世紀に向けて、整備新幹線の整備を積極的に推進していきたいと思っております。

鈴木　空港整備財源不足の中で、国際ハブ空港を始めとする大都市圏における拠点空港の整備をどう進めていくか、大臣の考えを。

二階運輸相　ご承知の通り、わが国は、欧米に比べ遅れて空港整備に着手したため、今後とも増大が予想される航空需要に対し、大都市圏を中心に空港容量が絶対的に不足していますよね。例えば、首都圏においては、現在約五十ヵ国の航空会社が成田空港の乗り入れ、または増便を希望しております。

鈴木　韓国や香港でハブ空港化が進んでおり、わが国が〝空の面〟での国際化に立ち遅れないためにも、一般財源を拡充し、拠点空港を整備することに国民的理解が得られると思いますが。

二階運輸相　そうですね。わが国が国際社会に重要な地位を確保していく上で、欠くことのできない国際交流のための玄関としての機能や、国内航空ネットワークの中心としての機能を果たすためにも。事業効果についても極めて大きい大都市圏における拠点空港について、一般財源の拡充を含めた所要の財源の確保に全力を挙げながら、これからも最優先課題として取り組んでいきたいと思います。

鈴木　羽田空港の国際化については。

二階運輸相　羽田空港については、国内線の拠点空港として極めて重要な役割（利用客数、年間約五千万人で国内総旅客数の五七％）を果たしております。現在もなお全国から路線の新設、増便への強い要請が出ている状況を踏まえると、今後とも国内線を最優先せざるを得ないと思います。

一方で、羽田空港において国内定期便の需要があまり見込まれない深夜早朝の時間帯に、例えば国際チャーター便を飛ばせないか、という検討課題があることも、事実ですね。深夜早朝の時間帯の利用を考える場合、航空機の騒音対策等について、関係者とも調整する必要があり、成田空港平行滑走路の整備に対する影響等も考慮しながら、慎重に判断したいと考えております。

鈴木　国内航空運賃を原則自由化する改正航空法が二月に施行されて以来、航空事業界の競争が激化していますが、企業間の提携についての考え方は。

二階運輸相　そう、本年二月一日に、路線設定および運賃設定の原則自由化を内容とした改正航空法が施行されました。今後は、航空事業の活性化と航空会社間の公正な競争が一層促進され、わが国における航空サービスの向上、多様化を通じて、利用者利便の一層の促進が図られることを期待しております。また、国際線における共同運航（コードシェア）等、航空会社間の提携が進んでおります。提携の具体的な内容については会社の経営判断の問題でありますが、私は、基本的には路線や便数に関する利用者の選択の幅を広げるなど、利便性の向上につながるものと考えております。

鈴木　航空業界の競争激化の中で地方航空路線の維持問題についての考え方は。

二階運輸相　航空ネットワークの維持・形成は、重要であると認識しております。このため、既に平成十一年度予算において、国が管理する二種A空港および共用飛行場の空港着陸料の引き下げの措置を講じたところです。なお、地方公共団体が管理する三種空港および二種B空港の空港着陸料についても、地方公共団体により同様の措置を講じていますね。地方空港から新しく羽田へ乗り入れや増便をする場合、羽田の着陸料の引き下げの検討を命じています。

また、航空ネットワークの形成上、特に重要な東京国際空港、大阪国際空港といった混雑空港は、発着枠の数が限られています。従って、その配分に当たっては、ミニマムの航空ネットワークの維持・形成に配慮した発着枠を確保するほか、多様な航空ネットワークの形成、または充実にどれだけ寄与しているか――に重点を置いて各航空会社を評価して配分するなどにより、航空ネットワークの維持・形成に努めたいと考えています。東京―大阪のシャトル便もやる方向で検討を始めました。全て利用者本位でサービスに徹するよう、航空会社に一層の奮起を期待しています。

総合的な物流施策を積極展開

鈴木　では、トラック業界など物流業界の国民経済への円滑で効率的な運輸サービスを提供していくための整備など総合的な物流施策をどう進めていく考えですか。

二階運輸相　文字通り、物流は、わが国の産業や国民生活を支える大動脈です。トラック業界など物流業界が円滑で効率的な運輸サービスを提供していくことが可能となるような環境整備を行うためには、国としても適切な対応を図る必要があると考えております。そこで運輸省としては、現在、前述の大都市圏拠点空港の整備を始め、港湾整備、鉄道貨物輸送力の増強等の物流ネットワークの整備を推進しているところです。さらに、モード横断的なデータベースを統一的に保有、提供する「物流情報センター」の整備に取り組むなど、情報化・標準化に重点を置いた施策を進めています。今後とも、関係省庁と協力しつつ、総合的な物流施策の推進に積極的に取り組んで参る所存です。

鈴木　わが国の有事に備え、海上保安庁の役割は重要となっていますが、昨年の北朝鮮工作船のわが国領海侵入事件を教訓とした新たな海上保安業務と危機管理体制については、いかがお考えですか。

二階運輸相　海上保安庁は、常に、いつ起こるか分からない不測の事態に備えるために、不断の危機管理意識の向上を全ての職員に徹底することが重要です。私は、咄嗟の時に的確に判断し、行動するためには、日常の訓練と同時に、職員一人ひとりの自覚に基づいて、崇高な使命をお互いに担っているとの誇りを持って、努力、研鑽を続けなければならないと考えております。運輸省・海上保安庁では昨年の能登半島沖不審船事案で学んだ教訓、厳しい反省の上に立って、巡視船艇・航空機の能力強化を積極的に図りたいと。同時に、自衛隊との共同訓練や整備された共同対処マニュアルの実践に努めているところです。

鈴木　あの北朝鮮工作船の速力に巡視船が対応し得なかったと指摘されましたが。

二階運輸相　ええ、今後とも不審船に十分対応しうる速力の巡視船を整備することはもちろんのこと、日常訓練を行い、常に有事に備え、再たび国民の皆さんにとっても屈辱的なことは、許さないという強い決意で全力を挙げます。

鈴木　運輸省は訪日外国人旅行者数を増やすための誘客対策を講じてきておりますが、とりわけ地域活性化に向け、地方圏への来訪を促進する対策は。

二階運輸相　訪日旅行者数は、世界的にも三十二位と非常に少ないのが現状です。今、ご指摘の地方圏の来訪促進も大きな課題と言えますね。今後、訪日旅行者数を八百万人に倍増させることを目指して、官民あげて取り組む必要があると思います。その対策の一環として、昨年十二月に観光産業関係者が結集した「観光産業振興フォーラム」や地方ブロック単位で「観光を考える百人委員会」を設立したところです。

また、七月の九州・沖縄サミット（主要国首脳会議）や、日韓で共催される二〇〇一年世界観光機関（ＷＴＯ）総会および二〇〇二年ワールドカップサッカー大会は、わが国が各地方圏の魅力をアピールする絶好の機会だと思っております。特にＷＴＯ大阪総会は世界から高官を含め、一千五百～二千人程度の参加が見込まれ、大阪の太田知事や、磯村大阪市長等にも積極的な協力を呼びかけるつもりです。地方向けツアーや各地の観光協議も準備の予定です。

私は、外国人旅行者に地方を見せることが、「真の日本を示す」と考え、この機会に各国大臣など出席者には大阪だけではなく、この際、広く日本の地方圏を見ていただくよう、強く要請するつもりでおります。

鈴木　人類の生存にかかわる地球規模での環境問題が深刻化しております。わが国政府は全省庁あげて、この問題に取り組まなければなりませんが、運輸省の対応は。

二階運輸相　そう、全省庁が取り組むべき重要課題ですね。地球環境問題の中でも最重要課題である地球温暖化については、京都議定書で、二〇一〇年前後に一九九〇年比で六％の温室効果ガス排出量削減が、わが国に義務付けられました。特に、わが国の運輸部門からの二酸化炭素排出量はわが国全体の排出量の二割を占め、とりわけ、そのうち九割を占める自動車からの排出の抑制を図ることが最も重要だと。そのため、自動車の燃費改善など個別輸送機器のエネルギー消費効率の向上を推進するとともに、昨年、低燃費自動車の普及を促進するため、自動車関係諸税の増額を燃費の良い車ほど安くし、一方、燃費の悪い車ほど高くする、いわゆる「自動車関係諸税のグリーン化」の実現を図るべく、税制改正要望を行ったところです。

　結果として、平成十二年度は残念ながら実現を見ませんでしたが、私は、引き続きこの旗を降すことなく、地球温暖化に対する運輸部門の最重要課題として推進していく考えです。

鈴木　海洋汚染防止対策では。

二階運輸相　海洋汚染の防止対策については、国際海事機関（ＩＭＯ）における世界的課題への対応や国内での流出油防除対策の推進等にも積極的に取り組んでおります。例えば、あのナホトカ号事故を教訓に、老朽船による油流出事故の再発防止を図るため、ＩＭＯに船体構造の健全性に関するポートステートコントロール（寄港による外国船舶の監督）の強化を提案し、わが国提案に基づく強化策が承認されました。さらに、船舶が積載するバラスト水に含まれる有害微生物や船底防汚塗料に含まれる有機スズ（ＴＢＴ）の問題、船舶用ディーゼル機関から排出される硫黄酸化物（ＳＯｘ）、窒素酸化物（ＮＯｘ）等の抑制対策等にも新条約案をＩＭＯに提案するなど、積極的な取り組みを行っておるところです。

解散よりまず景気回復に全力で

鈴木　東京都が打ち出した都内に乗り入れる全てのディーゼル車に対して、粒子状物質（ＰＭ）の除去装置（ＤＰＦ）導入の義務付で、関係省庁が揺れていますが、この問題に対する運輸省の対応は。

二階運輸相　自動車からの粒子状物質（ＰＭ）の排出量の太宗を占めるディーゼル車の環境対策は、重要な課題で、われわれとしても、これに真剣に取り組んでいかなければならないと考えています。先般、東京都が提起したディーゼル微粒子除去装置（ＤＰＦ）については、車種等によっては有効性が期待できる可能性もあるが、一方では様々な問題も残されていますね。運輸省は環境庁と連携して検討会を設置し、三月三日初会合を開催しましたが、ＤＰＦの効果および問題点の解決の見通しについて、さらに見極めていきたいと考えております。

鈴木　ＤＰＦの開発が進んでいないのも事実のようですが、メーカーや特にトラック業界などから、すでに反発が出ていますね。

二階運輸相　ええ、技術上の問題やコスト面の問題もありますしね。運輸省としては今後ともディーゼル車の大気汚染防止対策については関係省庁とも連携し、積極的に取り組んでいきたいと思っております。

鈴木　さて、政局問題を少々。越智通雄前金融担当相辞任と一連の警察不祥事によって衆院の解散・総選挙が遠のいたとの見方がありますが、二階氏個人として、望ましい解散の時期は。

二階運輸相　マスコミの方は誰もが、解散時期はいつか、とお聞きになります（笑）が、私は、「今、政治は何をしなければならないか」ということになれば、何よりも、まず景気回復です（強調）。株価も底固めしており、景気感も良くなりつつある。山のように横たわっている失業者を少なくして、経済の活性化を図り、国民全体が笑顔で、活気のある社会の構築に向けて、取り組まなければならない時期。今、衆院を解散して政治の空白をつくるということが、果たして国家のために、国民のためになるのか。今、景気回復に全力を挙げるというのが小渕内閣の最も重要な使命であり、われわれ閣僚も、この点に力点を置いて努力していかなければならない（強調）。

従って、早期に解散して政治に空白をつくるということは適当ではなく避けるべきだと思います。三月中に予算関連法案を成立させ、沖縄・九州サミット（主要国首脳会議）の成功に全力を尽くすことです。小渕総理も言われているように、このサミットは二〇〇〇年という節目にわが国で開催され、あの沖縄から「平和の世紀」の建設を世界に発信する重要な会議です。

鈴木　解散は沖縄サミット後が望ましい、との意見も与党内にはあるようですが。

二階運輸相　ですから、サミットが終われば、いつ（解散が）あってもおかしくない。というより、選択肢の一つとしてあるのかなと。いずれにせよ、解散は総理の専権事項ですので、小渕総理ご自身が熟慮してお決めになると思います。

「月刊国会ニュース」二〇〇〇年四月号より

インタビュー②　政局問題と地域振興対策で熱弁（「月刊国会ニュース」二〇〇〇年五月号）

有珠山：災害対策総力をあげて取り組む

鈴木　北海道の有珠山（七百三十二メートル）は現在も複数の火口から噴煙を上げ、活発な活動が続いていますが、北海道開発庁長官も兼務している二階大臣の「有珠山噴火対策」からお聞かせください。

二階運輸相　まず、北海道有珠山の噴火災害に対して、現在もなお不自由な避難生活を強いられておられる地元住民の皆様に心からお見舞を申し上げたいと思います。

今回の有珠山噴火ですが、私は地震、火山研究の先生方から長い間蓄積したデータを基に、早い時期から今日あることを予測し、再三報告を受けておりました。

鈴木　自由党の連立政権離脱問題と、これに伴う新党結成（保守党）などゴタゴタの最中、現地に赴きましたが。

二階運輸相　そうです。あの日（三月三十一日）政党（連立離脱や離党問題）の〝噴火〟を抱えておりましたからね……（笑）。四月一日に政権離脱ということになれば、私も当然、閣僚の辞表を提出するということになる訳ですから、三十一日はどうしても現地に行かなければということで向かったんです。海上保安庁のファルコンというジェット機で。そして千歳から今度はヘリコプターに乗り換えて有珠山に。有珠山に近づくと、空いっぱいに黒煙が覆い、まるで夜みたいな情景で、洞爺湖全体が煙に覆われているように見えました。その噴煙は高さ三千二百メートルに上っているとのことでした。私は噴火口が見えるところまでヘリで見て参りましたが、ものすごいエネルギーで吹き上げておりましたね。

　これは余談ですが、気象庁の幹部に聞いたところ、噴火して十分以内で大臣が災害現場に到着したというのは同庁の歴史始まって以来だというんですね。さらに世界でも例がないと。従って、これは「ギネスブックものだ」などと冷やかされましたが……（笑）。まあ、偶然ですけれど、私が大臣として一番乗りで現地入りした訳です。

鈴木　それはやはり、二階さんが「仕事師大臣」と言われる所以ですね。

二階運輸相　いやいや……。ただ、私はいつ辞めるか分かりませんでしたからね。現地で堀知事や地元の市長、市議長を始めとする関係者のご意見を聞きながら、私はあの阪神・淡路大震災を思い起こしました。現在避難を余儀なくされている住民の方々も、長い時間が経つと、やはり家へも帰りたくなり、また熱いものも食べたくなり、風呂へも入りたくなります。私は体育館などで避難されている方々に、政府として総力を挙げて対応することを強く申し上げた。政府の「有珠山噴火非常災害対策本部」（本部長・中山正暉国土庁長官）も官邸に設置され、今後とも地元関係者の皆様とも緊密な連絡のもと、運輸省・北海道開発庁としては難儀をされている避難住民の皆様のことを思い、万全の対策を講じてまいるとともに、今後とも火山活動を注意深く監視していく考えでおります、と。

鈴木　地元の経済や北海道観光の落ち込みに対する支援策については。

二階運輸相　先般、旅行事業者や交通事業者ら関係者に一堂に集まっていただき、観光面でこれ以上落ち込まないよう運輸省として、協力を要請したところです。もちろん支援策を強く進めてまいりたいと。

鈴木　分かりました。二階大臣は、有珠山噴火災害の現地視察からその日のうちに東京に戻り、小渕首相（当時）※に報告した訳ですが、病魔に倒れるという予兆みたいなものは感じられませんでしたか。

二階運輸相　小渕総理（当時）とは運輸省及び北海道開発庁幹部を伴い有珠山噴火災害の報告で三十分程度、お話した訳ですが、非常に元気だったし、顔色もよかったですね。

いいお顔だったし、素晴しくキリットしていました。で、総理（当時）は地元住民の方々の生活や、噴火災害が長期にわたった場合の対応など熱心に聞いておられました。そしてくれぐれも万全な対策を講じるよう指示も受けました。

小渕さんは何事も熱心で取り組む方ですから、その熱心さによって体調をくずされたのかな…と（しんみりする）。小渕前総理には一日も早く健康を回復され、また、政治に復帰されることを祈るばかりです。

政局：職務を全うすることが大切だ

鈴木　次に前号に続き、政局の話に移らせていただきます。森内閣がスタートし、小渕前内閣の閣僚も全員再任となりました。今回の小沢自由党の連立離脱問題が、小渕前首相が病に倒れた原因の一つとも言われております。常に政治行動を共にしてきた二階さん個人から見た小沢一郎という政治家に対する評価から。

二階運輸相　小沢一郎という政治家は、五十年か百年にいっぺんぐらい出てくるか出てこないかという、類稀な政治家と言えます。また、政治家としての資質、決断力もありますし、歴史観、国家観もしっかりしておりますね。

鈴木　二階さんは、「十年前だったら、小沢さんの行動に付いていけた」と発言しておりましたが。

二階運輸相　ええ。ともかく、優れた政治家ですよ、そういう優れたリーダーではありましたが……。今回はやはり「今、なぜ離脱なの？」という、私の支援者などから、そのような声があがりましたし。結局、（小沢さんは）結論を急ぎ過ぎたんですね。

鈴木　離脱カードを四回も出しましたね。

二階運輸相　そうですね。四回目であるだけに、今回は引っ込めなかったんですね。

鈴木　それと、二階さんが保守党結成に参加したため、衆

※編集部注：二回目のインタビュー前の二〇〇〇年四月二日未明、小渕総理が脳梗塞で緊急入院。政治的空白を避けるため同月五日に森喜朗内閣が急遽発足するという出来事があった。この時、自由党の連立離脱に際して、二階運輸相も含む連立政権にとどまるグループにより保守党が結成された。

参二十六という半数を超える議員が新党に加わりました。小沢さんの股肱（ここう）の臣と言われた、あの中西啓介さんまでもが。

二階運輸相　今、鈴木さんは私が（保守党に）参加したと言いましたが、そうではなく連れて行かれたのですよ……（笑）。私は、なかなか踏ん切りがつかなくてね。

鈴木　大臣という行政責任者ですからね、二階さんは。それにしても大臣になられてから事故（地下鉄日比谷線脱線・衝突）、災害（有珠山噴火）と相次ぎ、二、三年大臣を経験したような。

二階運輸相　それと、先程も申し上げた〝政党の噴火〟もね……（笑）。今回の私の行動（連立残留）は、後々どなたかが評価してくれるのではないでしょうか。私は、この道を選んだのはやむを得なかった、結論としては正しかったと思っております（強調）。ただ、小沢さんとは、行動を共にしたいという気は今でもありますよ。ないと言ったら嘘になります。さりとて、やはり政治というのは、一人でやっている訳じゃありませんからね。従って、私は小沢さんとも十分に話し合いましたが、結果的にはお供をすることが出来ず、党が受け入れれば、それは、離脱は回避されましたが、結果は、ご承知の通り。自民党は、首を縦にふらなかった訳です。

鈴木　結局、二階さんは小沢さんの自由党への慰留を振り切った形で保守党に参加した一番の理由は？

二階運輸相　記者会見でも述べましたが、やはり議論するが、実行しないでは政治にならないので、私は自自公連立維持を願っていました。同時に小沢さんと最後まで行動を共にしたいという衝動。このことで悩んだ訳です。有珠山の噴火や小渕総理（当時）の突然の入院。ただ、政治の安定を考えて、「自公保」の連立の方向を選んだ訳です。

鈴木　なるほど。

二階運輸相　しかし、私は自民党も政府も、やはり三党連立合意（政策で）について、始めから出来ないということをきちんと主張すればよかったのではと。今になって無理だ、飲めないではね……。ですから、その点を小沢さんは「約束しておいて、実行しないじゃないか」と言われましたね。ただ、この政策課題は三党（自公保）でしっかりと取り組まなければならない。ですから、私は政治は一人では遂行できないと先程も申し上げたのです。安全保障など難しい課題が残っておりますが、それを一挙にまとめあげるとい

脳梗塞に倒れた小渕首相の後継内閣として2000年4月5日に発足した森喜朗内閣。自由党は連立から離脱し、自民党との連立を維持した保守党へと参加した二階議員は引き続き運輸大臣として入閣した

うのと、もっと時間をかけて議論し、まとめあげるという、ここに温度差があった訳ですね。

鈴木　小沢さんの独断的で、その強引な政治手法にもう付いていけないというのが、本音では？

二階運輸相　しかし、小沢さんの、そういうエンジンというか、馬力がなければ、国会改革がここまで進んでいませんよね。例えば、閣僚を減らすとか、政府委員制度の廃止、クエスチョンタイム（党首討論）、それと衆院議員定数の二十人削減等々です。その意味では、小沢さんの功績は後世の歴史に必らず評価される時がくると。

鈴木　確かに、小沢さんの国家、国民のことを考えた決断力や判断力は評価されます。ただ、周辺の意見に耳を傾けず、独断的に事を進めるという政治手法に身内からも批判が出て、今回の離反――保守党結成になったと思いますが。

二階運輸相　小沢さんにしてみれば、安全保障や社会保障、教育問題など約束したことがなかなか進まないという苛立ちですよね。ですから、「この政策合意はどうなってるんだ」と。ところが、そのことに自民党が時間の制約などから受け入れず、「連立離脱も結構」ということに。

私は、ここではやはり連立に踏み止まって、粘り強く政策課題をじっくり時間をかけて実現していくことが大事だと考えた訳です。私は小沢さんと政治行動を共にしてきた古い仲ですから、今回の自由党離党は大変残念な思いです。ただ、私が閣僚でなかったら、今回の騒動に対して、真っ向から主張するとか、意見を述べました。

しかし、閣僚でいる間は、私が離脱しないようにしようとか、円満に解決しようとかの態度を取ると、どうしても「閣僚の地位に止どまっていたい」というふうに取られがちですよね。私としては、そういう誤解や偏見で見られることに対して（連立が壊れたら）一人の政党政治家として堂々と辞表を提出したいと思っていた訳です。しかし、北海道有珠山噴火災害という現地の、あの惨状を見て、今、国の責任を担っている行政責任者としての職務を全うすることが、大切だと。この考え方はやはり正しかったと思っております。連立離脱騒動で眠れない夜が続いたと言ってもいい程、私としても、今回ばかりは、悩みに悩んだというのが、偽らざる気持ちです。

それと、先般（四月四日）の参議院の交通情報通信委員会の質問の最後に、小渕前総理に対して、党派を超えて各党の議員から、何とか健康を回復するように——と、祈りを込めたお話しをいただき、私は閣僚の一員として、心からお礼を申し上げたところです。

鈴木　今後の保守党について、二階さんはどのように考えておられますか。

二階運輸相　これから、われわれと行動を共にしてくださる同志の皆さんと次期衆院選挙に必ず勝ち残っていくということが、まず第一です。それと、われわれ保守党と政治理念や政策に特別な差がない自由党の皆さんや小沢党首とは、やがていつか政治の中軸を担う、そういう立場でまた、共に仕事ができる日もあるだろうと、考えております。

地域振興：交通体系の整備が地域発展のポイント

鈴木　では、二十一世紀に向けた地元・和歌山の活力かつ魅力ある県づくりについての抱負を伺います。やはり発展の基盤は、運輸交通面の整備が欠かせませんが、どのように考えておりますか。

二階運輸相　その通りです。私は二十年程前から、陸・海・空にわたる交通体系の整備が、和歌山県が今後発展するかどうかの大きなポイントだと、常々主張してまいりました。

陸路は高速道路、そして新幹線と在来線の直通運転を可能にするフリーゲージトレイン（軌間可変式電車）やミニ新幹線の技術開発を進め、これを導入し、やはり速いスピードで、地方（和歌山県）から中央など大都市に連絡ができるようにしなければなりません。そういう思いから、私はフリーゲージトレインやミニ新幹線導入問題に力を注いできました。

鈴木　フリーゲージトレインと言っても、私どもではよく理解できませんが。

二階運輸相　そう、近ごろ政界でもフリーゲージトレインとは何か――ミニ新幹線とは何か――ということで、議論されるようになってきました。私も随分前からこの問題に取り組んできたのです。とくにフリーゲージトレインについては、平成九年度から本格的な技術開発を開始しております。そして昨年四月から米国コロラド州プエブロの試験場で高速耐久試験等を行い、十二年度においても引き続き、早期実用化を目指して、所要の予算措置を計上しております。で、これが実用化されれば、紀勢本線フリーゲージトレイン化が可能となる訳です。そして列車に乗れば、乗り換えなしで東京まで行けるようになります。これにより、明るい「紀伊半島新時代」の幕開けが、と私は大いに期待しているんです。

鈴木　陸に次いで、海の面では。

二階運輸相　国際、国内の物流を支える基盤施設である港湾では現在、和歌山県の下津港や日高港、新宮港において「多目的国際ターミナル」の整備が進められているところです。また、〝海の新幹線〟と言われるＴＳＬ（テクノスーパーライナーの略）については、平成十四年度をメドに、ＴＳＬの実用化を図ることにしております。その場合は和歌山県内の港湾においても、その導入を図り、超高速海上ネットワークの構築を進め、県内の港湾を整備していく必要があると考えております。

日本地図で見ますと、北海道と九州のほぼ真ん中にある紀伊半島が、わが国の物流拠点として期待される訳です（強調）。国政に参加して以来、私は、その努力を今日まで続けてまいりましたが、今後とも港湾関係の専門家の泉信也参院議員らと共に、その実現を目指して頑張っていきたいと考えております。

鈴木　空の面ですが、南紀白浜空港の滑走路が千八百メートルから二千メートルに伸び、今秋から供用開始される予定ですね。これまでの小型ジェット機（百三十四人乗り）から中型ジェット機（百六十人乗り）の離着陸が可能になり、地域活性化にも大いに貢献できると思いますが。

二階運輸相　白浜空港はすでに二千メートル滑走路への施設変更許可も行っており、来年秋の供用開始に向けて、今、鋭意工事が進められておりますが、これにより、中型ジェット機の就航が可能となり、鈴木さんご指摘の地域の活性化にも大いに貢献できると、私も考えております。それと、現在、東京―白浜間が二便ですが、これを三便にしようと、今西口知事を始め、皆さんが努力しているところです。それから、チャーター便なら東南アジアに就航できる訳です。そこで、二〇〇〇年というミレニアム記念として「日中文化観光交流使節団二〇〇〇」を催し、日中友好の新時代を拓こうと。

鈴木　この使節団二〇〇〇の具体的な事業内容は。

二階運輸相　わが国の各界を代表する人たちと一般参加者からなる二千人の使節団が五月十八日から五日間、四十人を一組にし、五十組で中国各地を訪問しようというものです。それと人民大会堂では二千人が出席して交流式典を行うなど、両国の親善と交流を深め合おうというのが、その目的です。とくに、わが和歌山県から参加される皆さんは山東省知事宛の西口知事の親書等を携え、先程の白浜空港から日本エアシステム・チャーター機で出発します。

鈴木　ところで、関西国際空港二期工事は、やはり必要ですか。和歌山県が将来に向けて発展していくためにも。

二階運輸相　これは和歌山県の発展ばかりではなく、関西圏全体の発展のためにも必要です。日本で最初の二十四時間空港です。それは和歌山県からすると、関西国際空港があるのとないのとでは、大きな違いです。今、県の和歌山市から関空まで二十分ぐらいで行けますし。

今、ご質問の関西国際空港二期工事ですが、昨年七月に現地着工し、現在は護岸築造工事と埋立部地盤改良工事が実施されているところです。平成十二年度予算で事業費一千二百五十六億円（国債四百五十億円）も認められ、二〇〇七年の平行滑走路開始を目指して、引き続き、この事業を推進していきたいと考えております。

鈴木　関西国際空港二期事業による経済波及効果は。

二階運輸相　それは計りしれません。これは関西経済連合会の調査ですが、二期事業の建設投資による経済波及効果は、近畿地区で二兆二千八百五十億円、全国で二兆七千六百億円と推定され、雇用創出効果は近畿地区で十五万人、全国で十九万人となっております。

鈴木　現在の関空の使用料が高い、との外国航空会社の指摘については。

二階運輸相　着陸料の問題ですが、外国の航空会社ばかりでなく、国会でも共産党からも厳しい質問を受けております……(笑)。ご承知のように、海上五キロのところへの埋立て空港というのは、世界最初のことですね。ですから、よく空港使用料が高い、と言われるけど、高いのが当り前ですよ。騒音公害を避けるために、五キロにも沖合に埋め立て地をつくって、空港を整備した訳ですよ。外国のようにタダみたいな土地につくったんじゃないですから。諸外国の空港と違って、こちらは海上五キロ先で、しかも若干沈んでいくというような難しいこともあり、今度はまた、さらに沖へとつくるんでしょう。あれを三キロ手前ぐらいにつくっておけば、それはずいぶん値段も違ったんですけどね。それと、関西空港の二期工事をやることによって先程も述べましたが、今後関西全体の発展のためには、大きな役割が期待される。

そこで、私は先日、関経連、それから関西国際空港㈱はもとより、大阪府に対しましても、もっとこの関西国際空港全体の地位を高めるために空航セールスというか、皆さんがもっと関西空港の発展のために協力をしてもらいたい――ということも申し上げたんです。

鈴木　世界都市関西の翼を担う地域として、関西国際空港の整備推進はやはり必要ですね。それと、関西国際空港の空港連絡南ルートについては。

二階運輸相　かねてより、和歌山・泉南地方を始めとする泉州地域の強い要望があり、地元を中心として行われてきた検討結果を踏まえて、国においては、平成九年、十年の二年間にわたり、関西国際空港を活用した交流圏整備計画調査を実施しました。その中で、「災害時の有事に際しても、空港機能を安定的に発揮させるため、選択多様性のあるアクセスの確保に努める」とされたところです。

このような状況から、南ルートも含めた関西国際空港周辺地域の交通ネットワークに関する調査を、建設省、運輸省、大阪府、和歌山県、関空会社などがメンバーとなって平成十一年度から実施しているところであり、細目について現在、関係者間で調整中です。

鈴木　紀南の地から二階大臣が誕生し、地元や地域の浮揚に対する期待が高まっていると思いますが、いかがですか。

二階運輸相　地元の皆様の私への期待に対しては、よく承知しております。近畿自動車紀勢線の海南―吉備間十キロ、田辺から新宮までの延長（四車線）の高速道路建設も、今急ピッチで進められており、これが開通すれば、観光やビジネス客も増加し、地域の浮揚に役立つものと大いに期待しているところです。

鈴木　和歌山県の、もうこれはブランド化した南高梅や完熟みかん、備長炭など地域産業の振興も大事ですね。

二階運輸相　ええ、白浜空港が三便になれたら、飛行機を使って、みかんや花きなどの農産・園芸の地場産品、あるいは情報通信機器も輸送できますし、観光やビジネス面で誘客できると思います。

鈴木　和歌山県の持つ自然、歴史、文化を生かした「観光立県」として発展させるための振興対策についての考え方は。

二階運輸相　観光は、二十一世紀において中核的な産業になりますし、観光振興は地域経済の発展、雇用の拡大に貢献するなど、その役割りはますます重要ですね。運輸省としても「ハッピーマンデー法」の施行を機に旅行キャンペーンの実施により、観光の振興に取り組んでおります。

和歌山県はご承知の通り、四季を彩る素晴しい自然景観や独自の歴史、文化、といった魅力ある観光資源を有し、わが国における優れた観光地として、さらに発展が期待できると確信しています（強調）。

去る三月二十六日に和歌山県を含む関西圏の観光振興を目的に、官民の関係者が一堂に会した「関西観光産業振興フォーラム」も開催されたところです。

私は、こうした取り組みを通じて、関係者と協力して和歌山県の観光振興に努めてまいりたいと考えております。

鈴木　和歌山県の特産でもあり、すでにブランド化した紀州「備長炭」ですが、航空機を利用して土産として持ち返りたいが、備長炭が固定燃料のため、航空法で機内の持ち込みが禁止され、たびたびトラブルが発生していると、聞いたんですが。

二階運輸相　いや、それは今度許可になりましたよ。和歌山県当局が、試験研究機関に委託して航空法に基づく「危険性試験」を実施した結果、その安全が証明され、危険物に該当しないことが判明した訳です。この試験結果はすでに航空会社にも連絡しており、これにより、紀州備長炭の航空機輸送が可能になったのです。従って、南紀白浜空港にも土産物として堂々と置かれることになりました。備長炭は、枕にもなるし、粉にして風呂に入れてもいいんです。それから炊飯器に入れるとおいしいご飯が炊けます。さらに部屋の空気の浄化にもなるなど、その効果は優れていますので、どうぞご利用ください……（笑）。

鈴木　それからユネスコの「世界遺産」の候補リストとして、高野山と熊野三山が。これは文化庁の所管ですが。

二階運輸相　採用されれば、和歌山県を世界に向けてアピールでき、観光面でも大変な貢献となりますね。

政治行動：環境問題と過疎・過密対策を

鈴木　最後に、大臣としてではなく、政治家・二階さん個人の二十一世紀に向けた政治行動をお聞かせください。

二階運輸相　新しい世紀に向けた私の政治行動としては、まず何よりも環境に取り組んでいきたいと考えております。それと二十世紀を踏え、次の世紀を見据えた教育改革問題にも真っ正面から取り組む必要があると思います。

とりわけ環境については、地球環境という観点から、これは、人類全体の問題です。もう一度原点に立ち返って取り組んでいかなければならない大きな課題。先日も、国会で答弁したんですが、やっぱり経済力のある国、それから学識、教養の高い国として、その他の国よりも責任が重いことは、私は当然だと思うんですね。その時、例えば、CO_2（二酸化炭素）を排出している国として、世界に占める割合は約五％であり、日本は世界で第四番目のCO_2の〝排出大国〟なんですよ。日本は一国だけでアフリカ諸国全体よりも多くのCO_2を排出しているのが現状です。

鈴木　確かに、環境問題は地球防衛という観点から、絶対に避けては通れない大問題ですね。

二階運輸相　私は、環境問題を考える時に、同時に過疎と過密の問題があると思うんです。これは永遠の課題ですね。過密はどんどん進んでいくし、過疎もまた、急速に進行しています。これをどこかで歯止めをかけなければいけないんです（強調）。この過疎地域というのは、また、別の角度から見ると、環境対策を進めていく上において、同時に考えなくてはならない地域なんですね。それを経済合理性だけで引っ張っていきますと、過疎地域なんか消えてなくなる恐れだってあります。

その危機感を持って私は常に政治課題は日本に二つあると。一つは高度成長。世界の経済の中でも群を抜いた立場に立って、あるいは世界と伍してやっていける日本と、ODA（政府開発援助）すら必要とするような日本の過疎地域の問題がある。ODAすら必要とするほどの、過疎で経営困難に陥っている市町村がたくさんある訳ですね。人口は減っていく、お年寄りは増えてくる。そういう悩みを抱えているところが、日本の国土面積の半分がそういう地域なんです。半分は繁栄して世界中びっくりするほどの国になっている。この二つの地域のギャップを埋めていく努力を政治は、やらなければならないと考えております。

それから、地元の話で恐縮ですが、今、那智の滝なんか、将来保水能力、周辺の山、森林、それをきちっと整備をしておかないと那智の滝の水もだんだん渇れてくる。絶対にこのようなことがあってはいけません。これは今から手を打たなければいけないと。現在調査などいろいろ勉強してもらっているんですが、これら森林対策にも政治家として対応しなければいけないと思っているんです。とくに林業の担い手が少なくなり、高齢化が進行しております。間近にせまった二十一世紀に向けて、この過疎・過密対策に、国を挙げて取り組むべきだと考えております。

鈴木　とくに森林は洪水を防ぎ、大気を浄化し、そして人々に安らぎの空間を提供してくれる、かけがえのない大事な資源ですからね。前号に引き続き長時間ありがとうございました。

二階運輸相　森林の大切さは全くその通りです。いや、こちらこそありがとうございました。

「月刊国会ニュース」二〇〇〇年五月号より

新大臣インタビュー　二階経済産業大臣に聞く

（「経済産業ジャーナル」インタビュー）

平成十七（二〇〇五）年、二階代議士は第三次小泉内閣において経済産業大臣として入閣する。「経済産業ジャーナル」誌に掲載された、経済産業大臣就任時のインタビュー。（編集部）

――二階大臣、まず、経済産業大臣に就任されての抱負を伺います。

二階　経済産業行政の本質は、私たちの国の国富を拡大発展させることにあります。グローバル化、少子高齢化など、我が国経済を取り巻く環境は大きく変化しています。民間の活力を最大限に支えるとともに、活力を引き出すための政策を進め、経済の活性化と国民生活の安定を願い、さらに、「小泉改革」の推進に全力で取り組んでまいります。

まず、我が国の将来の発展を支える競争力のある新産業の創造や地域の産業、中小企業の活性化に取り組みます。また、原油価格の高騰が続く中、石油の安定供給の確保、クリーンエネルギーの開発導入や省エネの一層の推進、原子力発電の安全性と信頼の確保など、環境と経済の両立を目指した総合的な戦略に立ったエネルギー政策を力強く推進します。さらに、我が国の国益増進を目指し、国際的には、アジア各国との経済連携交渉やWTO新ラウンド交渉を推進し、世界各国と協調して繁栄の道を進んで行きます。

いずれにしましても、経済産業大臣という重責を担うことになりまして、私自身、身の引き締まるような思いですが、しっかり頑張っていきたいと思っています。

――特に重要視して、あるいはこだわりを持って取り組んでいきたい問題や課題をお聞かせください。

二階　私はこの経済産業省の特に重要な点としては、国富の源である経済の活性化のために、何といっても産業の競争力、我が国の強みである基盤技術を担う中小企業の競争力を強化していくことが大変大事なことだと思っています。どのような大企業の仕事であっても、中小企業の存在なくして大企業だけでやっていけるわけではないわけですから、技術革新等において、中小企業の皆さんが一層奮起できるような環境をつくっていく、またそういう点で激励をしていきたいと考えています。

国全体を眺めてみるときに、大企業とか大都市とかというとらえ方でいろいろな対策を講じていかなくてはならないことは当然であるわけですが、同時に地方、あるいは中小企業、そういう比較的政治の陽が当たりにくい方面にも、そこに住む人たち、その企業に従事する人たち、経営に参画してご苦労していただいているような方々が希望を持って頑張っていこうという状況を生み出していくことが私は政治としては大事なことではないかと思っています。

――政府系金融機関の改革については、どうお考えですか。

二階　小泉改革を前進させるという基本的な方向は、一層努力して進めていかなくてはならないと思っています。同時に、中小企業の皆さんや政府系の金融機関を頼りにしている業界の皆さんに対して、これならば安心して事業を続けていくことができるという答えを見出すことができないかと私は常々思っておりました。

中小企業の方からは、いまようやく経済にほのぼのとした光が見えかけてきたような感じがしているときに、政府系金融機関が統合されて、自分たちが活用しにくい、言いかえればお世話になりにくい状況になることを極めて憂慮しているとのお話も伺いました。私はそうした問題に対して、統合して整備して、合理的にやっていくということも、一面大事なことですが、地方にとっての頼みの綱、命綱のような政府系金融機関をこれからどう改革を進めていくという一面と、そうした中小零細業を守っていくということとどこに接点を見ていくかということは、困難なことですけれども、ぜひ経済産業政策、中小企業対策において行っていかなければいけないと思います。これから関係者の皆さんのご意見を頂戴しながら、最終的には政治としての判断、決断をしなければいけないと思っています。

平成17年10月に成立した第三次小泉内閣で経済産業大臣に就任した二階議員

――日中の東シナ海のガス田協議が停滞いたしていますが、このことの現状認識と今後の進展に関してどのようにお考えですか。

二階　東シナ海の試掘の問題等を含めて、日中が友好関係を持続しながら、共同開発をしていくということが理想だと思います。中国の首脳部の方々が私のところにお見えになったときに、当然その話が出るわけですから、これはお互いに協力し合って、共同開発で行っていけるのではないかというご意見もたびたびお聞かせ願っていますので、私は私なりにまた中国との間で話し合いの場を持っていこう、いずれにしましてもこの問題は両国で協調しながら、粘り強く話し合っていくということが私は大事なことではないかと思っています。

――今後試掘に向けての手続きについてはどのようにお考えですか。

二階　これも中川前大臣の提案というのは、中国側にも当然伝わっていて、次回の協議の場で今度中国側から我々に回答を示したいということですから、私どもとしては、この回答をまず見定める、その後に我々としてはどう対応していくかということを考えればいいのではないかと思っています。

――原油価格の高騰に絡みまして、トラックなど運送業界が対策を求める声が出ていますが、経済産業大臣として何かお考えはございますか。

二階　この原油価格の高騰については、先般の総選挙においても、各地域を回って、非常に切実な声がありました。そうした皆さんから私に対して、現場で困難を極めている零細な自営業者に対して、何か慰めでもいいから言ってくれませんかという本当にまじめな、真剣なご意見がありました。また、大阪、兵庫地域のトラック、バス業者等との懇談会にも出ましたが、そこでもそのような切実な、言いかえれば悲鳴に似たような声が出ていました。これらに対して、私どもとしては、大きく見れば産油国との調整、あるいはまた協力を要請するなども必要でありますが、また政府としても備蓄の問題をも含めて、絶対量を常に確保しているという、石油高騰等を考えるような方々に対しても断固としてこの石油高騰に抑止力を持てるような、そういう努力や配慮が必要ではないか。私どもも、こうすればいま高騰しているものがすっと下がるというような妙案をいま持ち合わせているわけではありませんが、我々は産油国とも今日までの協調関係もありますし、また他の分野でも協力関係もありますから、そうしたことも駆使して、今日の状況を打開していく努力を一層活発に行っていかなくてはならないと思っています。

——環境税については、年末税調もあるかと思うのですが、大臣はどのようにお考えですか。

二階　環境税の問題については、まだ関係大臣とも話し合っていませんが、私はいまのような石油価格の高騰のときに、さらに京都議定書を推進するということで、関係者の皆さんが非常に頑張っておられるということは、理解できます。しかし、同時に私どもは日本の経済産業の体力ということも考えれば、そう簡単にはじめに税ありきということで対応していくというよりは、円満な話し合いをして、お互いに協調していくことが大切だと考えています。従って、環境税の導入については、私は慎重に行うべきだと考えています。

——経済財政諮問会議のメンバーになられますが、これまでの小泉政権の改革を政府与党全体の中でも経済財政諮問会議がリードしてきたという、この役割についてはどうお考えですか。

二階　私は、これは大変評価に値することだと思っています。いずれの学者の方々にしても、経済界の代表にしても、我が国を代表するそれぞれのトップリーダーであるわけです。しかし、また同時に私どもは広く多くの有権者の皆さんに支えられた政府側の立場で、頻繁に各地を回って、地域の声を伺うわけです。ですから、私どもの意見は意見として述べさせていただき、識者の皆さんの意見は識者の皆さんとして同時に尊重しながら、小泉改革を進めていく上において、よりすばらしい結果が得られるように、調整していきたいと思っています。何も対立して話し合う必要もなくて、それこそ協調の中で十分話し合って対応したいと思っています。

——前任の中川大臣の最後の方で、経済産業省内における不祥事が明らかになって、コンプライアンス体制の強化というのが打ち出されていましたけれども、役所のコンプライアンスの体制について、どのようにお考えですか。

二階　中川前大臣のご努力で、この不祥事問題については、積極的に取り組んでいただいているようですが、私も状況を十分伺った上で、二度とこのようなことが生ずることのないように、十分戒めて、再発防止に向けて全力を尽くしてまいりたい、これから職員の皆さんともいろいろ話し合う機会がありますが、この旨を強く指示してまいりたいと思っています。政治もそうですが、行政は特に信頼が大事でありますから、経済産業省がせっかくすばらしい提案をし、すばらしい政策を発表してこれを実行に移そうということであっても、役所の中に何となく何かもやもやしたものが残っているのではないかというのでは、これは適当でありませんから、こうしたことは職員の皆さんにも十分徹底するようにして、行政に対する信頼の回復に努力をしていきたいと思っています。

——ありがとうございました。

「経済産業ジャーナル」二〇〇五年十二月号より

幹事長在職最長特別番組【故郷と共に～政治家二階俊博】

二階俊博自民党幹事長インタビュー

平成二十八（二〇一六）年八月に自由民主党幹事長に就任した二階代議士は、令和二（二〇二〇）年九月八日に在職千四百九十八日を数え、歴代最長期間を務めた自民党幹事長となった。在職期間を更新するにあたって放送された、Ｗｂｓ和歌山放送の特別番組でのインタビュー。（編集部）

自民党史上、在職最長の幹事長に

――それでは二階幹事長にうかがっていきます（聞き手：中村栄三（和歌山放送））。

二階　こんにちは。

――さて、幹事長在職千四百九十八日で最長になったわけですけれども、どういうふうに受けとめておられますか。

二階　一日一日、今日も一日無事に終わった、また明日頑張ろうということの連続であって、最長になったとか、誰かの記録を抜かなきゃいけないとか、そんなことを考えたことは一回もありません。

――とは言いますが、これまで最長だったのが二階幹事長の政治の師とも言える田中角栄さんだったわけですよね。その期間を超えたというのはどんなお気持ちでしょう。

二階　そのころの幹事長というのは、なるのも大変なものでした。全身無傷でその地位についたかというと、そうも一概には言えないくらい、血みどろの闘いがありました。そういうことの繰り返しですから、田中先生にしても当時はそういったことの激しかった時代でありました。

それに比べて今は多くの皆さんの自民党に対する熱いご支持をいただいて、そのお蔭をもって党内も非常にまとまっておりますから、今は政策本位になっております。

派閥のことはほとんど考えません。派閥の対策に思いを致すとか気を遣うとか、派閥領袖の了解を得るために今日特別にお会いしないといけないとか、そんなことは一度もなく、今日ではまさに政策本位で競い合ってきているというのが現状です。私はだんだんと理想的な姿に進んでいると思って感謝しているところです。

――幹事長はこれで千四百九十八日の幹事長在任ということですけれども、議員活動を政治活動と考えますと、県会議員二期八年、国会議員十二期三十七年と、合わせて四十五年になるわけなんですよね。

二階　無事故で一度も休むことなく続けてこられたというのは、ひとえに地元の皆さんのお蔭です。政治というのは元々地元あってのものです。

大きな理想とか立派なことは色々と言えるんです。それよりもやっぱり地域ですよね。私は最初に出たときの気持ちが今でもまったく変わりありません。

郷里、和歌山のこと

――確かに二階幹事長の政治活動を振り返ってみると、ふるさと和歌山のためにということを絶えず仰っておりました。

二階　郷里、自分を生み育ててくれた和歌山のためにいかにそのご恩に報いるか。同時に、その地域の要望に応えるか。

　私は和歌山はもっともっと発展すべきだと思っておりました。今もその気持ちには変わりありませんが、ふるさとのことというのは片時も忘れることなく取り組んでいくと。

――そういう意味からしますと、二階さんは一貫して陸・海・空の交通体系の整備ということを仰っておられました。そのなかでも私の目から見ますと一番中心的な柱になるのが、紀伊半島一周高速道路を作ろう、実現しようということだったと思うのですが。

二階　県会議員に初めて出るときに私はそのことを申し上げたわけです。誰も聞いたことがないような話で、皆びっくりしたような顔をしてましたよね。しかしそれは私にとっては故あってのことなんです。

　東京から名古屋までの東名高速道路、これは私の政治的な恩師であります遠藤三郎代議士がやはり議員立法で成し遂げたわけです。私はその秘書としてお仕えしながら実務をやっておったんですが、こういうことを和歌山でもやらなきゃいけないと。これさえあれば遅れている紀伊半島も相当のところまでいけると。

　他はあらゆる条件が揃ってるんですから、和歌山が遅れていたのは道路問題ですよ。交通体系が遅れているわけです。これを何とかしなきゃいかんと思っておりました。このことを県会議員初当選の頃からもうそればっかり言ってきました。

――この紀伊半島一周高速道路もすべて整備計画に盛り込まれて大きく前進しましたね。

二階　高速道路を早くということで、これからは皆で一生懸命、元気な声を出しておればできるようになりました。これは地元負担金なしでやるんですから。

和歌山で何か言うと、「地元負担金がどうこう……」といってすぐに怯えて引っ込むというきらいが過去になかったとは言えない。しかし今は進めば進むほど、高速道路を引っ張れば地域が発展していく、企業が立地する。あるいは地元企業が都会のいろんな地域と競争条件を同じくしていくことができる。これはもう議論している場合じゃありません。前進、実行、やるのみです。

国土強靭化構想について

――二階先生の政治活動を振り返ってみますと、私の目からは二つの側面があって、その一つの側面はやはりなんといっても国土強靭化・防災インフラ整備。これが大きな一つの側面ですよね。

二階　やはり最大の経験をもっていますからね。以前、静岡県の伊豆半島も大きな災害にやられました。そのころに私は静岡県選出の代議士（注：遠藤三郎）の秘書になったわけです。

私の仕事は災害復旧。この要望で毎日毎日、建設省に行くわけです。建設省のある高官は「二階さん、毎日じゃないですか」と。しかし毎日といったって、昨日来た人達と、今日来る人達と、明日来る人達は別の地域の人達なんです。「昨日も来て要望を言っておいたからもうよかろう」というわけにはいかないんですよと。

昨日の人達が建設省の誰それ局長や誰それ次官に会ったとしても、「昨日来た人達が会ってるんだからもういいだろうとか、そんなこと言って帰せますか？」と言って談判したものです。まだ私が二十三か二十四歳くらいのときですから、バリバリやっつけてやりましたよ。

――そういう意味では二階さんは昭和二十八年の七・一八水害では大変厳しい体験をされたと思うのですが、そういった体験が災害対策に対する原点となってるんでしょうか。

二階　自らの経験というのはありますね。あのときはどんなつらい思いをしたか。命と交換なんですよ。それは政治がしっかりして事前防災に努めないといけない。

　町村長やいろんな人達が言っておられるのを聞いてますと、「災害が来ればこれをやってもらえるんだけど」とか、「災害で流されたら予算もつくんだけど」などと言っているのを耳にしたことがあります。そんなバカなことを言っていてどうするんだと。

　だから私は災害に先手先手を打っていく。やがて災害がやってくるのは決まっている。わかってるんですよ。それに対しての対応が、今までは予算・財政的な問題があったにせよ、私はやっぱり遅れておったと思いますよ。

――国土強靭化あるいは防災対策が政治家二階さんの大きな柱の一つなんですが、これが結局は「津波防災の日」あるいは「世界津波の日」として結実していくんですよね。

二階　「世界津波の日」のことで国連に行ったついでにも確認しておきました。この「世界津波の日」というのは大事なことだぞということをね。皆ようやくわかってきた。津波を知らない国もたくさんありますからね。

　しかしそうして発言の舞台を大きく広げていかないといけない。そして世界には財政が豊かな国もあれば、貧困にあえいでいる国もある。そういった違いはありますが、こういう災害に遭遇した場合には皆で解決しなきゃいけない問題だという認識を世界中に広げておくことが必要だというのが「世界津波の日」なんです。

　本当にさきほども申し上げたように、津波を知らない国というのもいっぱいあるんですよ。TSUNAMIといったって何のことだろうかと。そうじゃないんだと。津波では惨憺たる被害が出る、命も奪われる。こういうことに対して政治が後付けで、やられた後の復旧工事ばっかりやってるんじゃしょうがない。来るのは決まってるんだから。

　そこはやっぱり先手先手でやっていかなきゃ政治が進歩したことにはならないというのが私の主張です。

――そこが防災の一番の大きなキモの一つなんですよね。

二階　そうなんです。そこのところを大事にしないといけない。

外交への取り組み

――それから政治家二階俊博さんのもう一つの側面として、

私からはやはり中国の習近平国家主席も含めて各国の首脳と渡り合う外交家としての姿がみえるのですが。

二階　そうですね。外国の首脳とも直接いろんな意見を交わしまして、日本がやるべきことはしっかりやりましょうと。しかしあなたがたもこうしなさい、こうしてくださいということを率直に語り合ってきました。ですから、外国に大勢の友人も理解してくれる人もたくさんおられたということです。

――二階さんの外交の大きな特色の一つに、私も何回か一緒に行かせていただいたんですけれども、三千人、五千人、あるいは一万人の人達と一緒に行くという点があるかと思います。「外交はプロの外交官だけでなく一般の国民一人一人がやる」という二階さんの考えがありましたね。

二階　外交がいかに大事なことかというのは国民の一人一人が理解しなきゃならないですね。一握りの外交官にお任せしておくだけでは足りないものがあるんです。

外交官はしっかりしてますし、頭もいい。物事はよく理解している。しかし国を本当に代表しているという迫力、これに欠けていると思う。外交はもっとしっかり頑張らないといけませんね。

――外交はいま仰られたように国民一人一人がやるんだと、民間外交の大切さを強調されましたね。

二階　国民がバックアップしないとだめですよ。

これからのこと

――政局のほうもいろいろ波乱含みですけれども、これからどういう抱負で対応されるんでしょう。

二階　我々は当初、この和歌山のいち地方から手を挙げて、都会や発展している地域が優先されるような政治はおかしいじゃないかと言ってきました。もっと地方のことをしっかり振り返って、ここに力を注がなきゃだめじゃないかということを主張してきたんです。それは今も変わりません。

一貫してそういう道をずっと私は主張してきた。誰憚ることなくそう主張してきたことは正しいと今でも思っております。これからもその姿勢は変えません。

――国土の均衡ある発展、これは二階さんが絶えず仰っていた言葉ですね。

二階　そうです。私はよくいろんな役人に、「この国では、国土の均衡ある発展というのは今や死語になったんです

か？」って質問してやるんです。役人は困りますよ。「死語だ」とは言えないし、でも「生きてる」って答えると、「それじゃあなぜやらないんだ」って言われるでしょ。だから躊躇する。それを知ってて私は言ってるんですけどね。

やっぱり国民に約束したことは役人であろうが政治家であろうが体を張ってやらなきゃだめですよ。

――こうして振り返ってみて今いちばん印象に残っているのはどんなことでしょう。

二階　高速道路の紀伊半島一周、これを言い出したときには皆びっくりした顔をしてました。皆びっくりすることを知っていて、私は言っているわけです。皆がそうだそうだと気が付いたときにはもう時代は別の世界へ、別のレベルへ進んでるんですからね。ですから、そういったことは承知のうえで、高速道路の紀伊半島一周を言い続けてきたんです。

今ようやく皆がそれを理解するようになってきた。高速道路ができることに対しては誰一人県民の間で疑う者はない。大事なのはこの次ですよ。それじゃあその道路を活用して、どう次の県の発展につなげていくかということですね。

皆、道路、道路って、陳情の要望の八割は道路です。道路を作ってどこに行くんだ、何を運ぶんだ、何を通すんだって、ときどき意地悪く聞いてやるんですけどね（笑）。本当に皆さんそれでも道路って言うんです。本当によくまああなたがた同じようなことばっかり言って回るなあというくらい。

やらなければいけないところがたくさんあるんですよね。

観光立国宣言の先見性

――一つ抜けていたことに気づいたんですけれども、やはり二階さんといえば観光ですよね。観光立国宣言。

二階　以前は観光なんて政治政策ではずーっと端のほうにいたんですよ。観光なんて遊びだとか、ごく一部の人達の仕事だとか言われていたんです。しかし今はもう観光を語らない市長・村長はいない。本当に皆熱心に観光に取り組んでくれるようになりました。

　観光はある意味で過疎対策であり、過密の対策でもあるんです。あらゆる町、あらゆるレベルに合うような展開がなされていくのが観光なんです。ですから、観光が発展していないというのは自分たちが発展していないというのと同じことです。皆が奮起をすれば発展しますよ。

　それから今や日本国中隅から隅まで観光と言ってるんですから、ぼやっとしていて人が訪れてくれるわけじゃありません。人が訪れるとか人を運ぶというのは観光の基本・基礎ではあるかもしれませんけど、それは前時代的なことで、今や新しい時代に入っている。

　あの地域に行ったら何を学ぶことができるか。あるいはあそこの地域ではこういう新しいやり方で県の行政・政策が進んでるから、それを見学に行こうとか。これだって観光資源の一つになるんです。人が「行ってみよう」という気持ちにさせることが大事ですからね。

　そういう意味で我々の和歌山県にはアメリカ村というものがあって、誰もが憧れるアメリカと関係が深いわけです。こういうことも観光に大きく役立たせるくらいの迫力でやればいいと思うんですよ。

　アメリカとの交流も今盛んにやってますよね。これも年間に何百人というオーダーで行き来ができるというようなことをすべきですよ。今や日本からアメリカに行くくらいは何でもないことですからね。行ってくることによって、どれだけたくさんのことを学んでくるかということです。

　日本は国際化の面では遅れてます。遅れてますが、皆賢い。一回行ってきたら旅費の何倍ものことを頭に入れてきますから。

――今日はどうもありがとうございました。

二階　ありがとうございました。

　和歌山放送ラジオ「幹事長在職最長特別番組【故郷と共に～政治家二階俊博】」（令和二年九月）より

現在でも故郷・和歌山の応援は欠かさない！

▲平成 27 年 11 月 12 日開催の「和歌山ふるさと市場」にて

▲小泉進次郎衆院議員に和歌山のみかんや柿を勧める二階俊博代議士

▲平成 28 年 12 月 1 日に開催された「和歌山ふるさと市場」で挨拶

◀同「和歌山ふるさと市場」で海産物売り場に立つ

▼令和元年 6 月 6 日開催の「紀州材展」では和歌山の林業をPR

被災現場を見つめる二階議員

第二部　国土強靭化への取り組み

これでいいのか日本の危機管理

平成七（一九九五）年一月十七日、阪神・淡路大震災が発生、近畿地方を中心に甚大な被害をもたらした。当時新進党に所属して二階代議士は震災対応にあたると同時に、与党政府の対応の遅れや制度不備を鋭く指摘した。『日本の危機管理を問う』の冒頭に掲載された、危機感と先見性に満ちた震災対応への提言。（編集部）

一、歴史の教訓は生かされているか

①阪神・淡路大震災直前の三陸はるか沖地震

一月十七日の阪神・淡路大震災は、未曾有の、まさに悪夢のような大惨事でした。あの大震災を振り返って、私たちは果たして歴史の教訓を政治や行政が生かしてきたのかどうか、具体的に検証していく必要があると思います。

村山内閣になって、平成六年暮れの十二月二十八日に三陸はるか沖地震が発生しました。新進党は「明日の内閣」というものを作っておりまして、私は国土・交通政策担当の責任者です。これは早く言えば、建設省、国土庁、運輸省等の大臣の仕事を担当するということです。発令を受けましたのが十二月二十七日で、まさにその翌日の夜九時過ぎに三陸はるか沖地震が発生したわけです。私のもとに西岡総合調整担当（官房長官）から連絡があって、この青森の地震にどう対応するか、ということを二人で話し合いました。

早速翌日（十二月二十九日早朝）、院内に海部党首、小沢幹事長、西岡総合調整担当、国土・交通担当の私の四人が集まり、協議の上、「新進党三陸はるか沖地震対策本部」を設置しました。すでに御用納めの済んだ国土庁から有岡宏防災企画課補佐を招いて、状況報告を受けた後、直ちに現地調査を行うことになり、私が派遣されました。

年の暮れの二十九日のことですから帰省客で飛行機の切符を確保するのも大変でしたが、ようやく四席だけ確保できましたので、昼過ぎ羽田からＪＡＳで青森県の三沢空港に向かいました。あたり一面は真っ白な雪で、空港は白いシートで覆われているような姿でした。出迎えてくれた木村守男代議士（現青森県知事）、新進党青森県連の役員や田名部匡省代議士秘書などの案内で直ちに現地に向かいました。

まず最初に、八戸市役所で中里信男八戸市長さんらから状況の説明を受けました。八戸市とその周辺を若干合わせて、七百五十億円以上の被害を被った大地震でした。

半壊した市役所でも、大きな市役所の金庫がひっくり返っており、もしこれが勤務中の地震であった時のことを想うと、背筋の寒くなる思いでした。特に寒冷地だけに、市役所の中には石油ストーブがあちらこちらに置かれており、これがひっくり返り、逃げ惑う市民や市役所職員が階段に殺到する姿など、想像するだけでも恐ろしいことでした。夜中で、しかも御用納めの後の地震だったことが不幸中の幸いだったと思います。

「新進党三陸はるか沖地震対策本部」設置

県立八戸東高等学校も大きな被害を受けていました。勿論学校はすでに休みに入っており、先生にも生徒にも被害はありませんでした。正月明けの新学期の授業もやりくりすれば何とかできるという大沢憲一校長のお話を聞いて安心しました。

学校の近くのお寺の墓地もひっくり返っていました。木村代議士と、心配そうにお寺に集まっておられる檀家の人たちに、お見舞いを述べ、激励を申し上げながら、狭い墓地の中ですから、大きな機械を入れるわけにもいかず、傾いたお墓を全部元に直すのは大変なことだなと思いました。

テレビに何度も出ておりました、ぺしゃんこになってしまったパチンコ店のある商店街にも参りました。大きな銀行の支店だとか大会社の支店は、さすがに応急の復旧はできていましたが、割れたガラス戸や、傾いた家が、このままの姿で年を越して正月を迎えるのかと思うと、何とかして国が応援して一日でも早く復旧、復興を為し遂げなければならない、と木村代議士や同行のメンバーと誓い合いました。

人身事故は、確かに御用納めの後であったり、夜中であったため助かった面があります。しかし、御用納めの後であり、市も県も国も幹部が出払っており、休日や夜の緊急時の指揮、命令が十分機能していたかどうかを考えると、次々と不安な気持ちが湧いてきました。政府はもとよりですが、このような時には与党も野党も一体となって国民が安心して生活を送ることができるように早急な対策を果敢に打ち出していかなければなりません。法律や制度や過去の慣例を並べ立てるだけでは問題の解決にはならないのです。したがって、従来の政府の役人にだけ任せておくというやり方では、早急な対策が迫られている災害の場合には間に合いません。政治が前面に出て、自らの責任において指揮命令を行い任務を全うすることの重要性を、私はジャンパーと長靴に身を固め、師走の夕暮れ時の被災地を歩きながら痛感したものです。

その翌日（十二月三十日）、新進党「明日の内閣」の国土・交通政策チーム副担当の泉信也参議院議員、同政務補佐官の工藤堅太郎衆議院議員と協議し、災害復旧について新進党から政府への七項目にわたる要望事項をまとめました。

早速、海部党首、小沢幹事長、西岡総合調整担当に報告し、了承を得た上で、十二月三十日の午後四時、泉、工藤両議員と共に政府へ申し入れを行うことになりました。しかし、官邸は御用納めの後で誰も対応できるものがいませんでした。総理や官房長官が常時、官邸や東京にいる必要は当然ありません。しかし、一朝有事の際は、官邸に誰かがいて、出張先の総理や官房長官と連絡をとって、非常事態に対応できる体制ができていなければなりません。一年に一回の正月休みだということもあるでしょうが外国は日本ほど正月だといって特別な行事があるわけでもありません。正月であろうと夜であろうと、国民の生命財産を守る最も大きな義務を持つべき内閣総理大臣官邸が、年の暮れで、全く機能を停止している現実を前にして、驚くと同時に、この無責任な体制に対して大きな怒りがこみ上げてくるのを禁じえませんでした。

ようやく国土庁と連絡が取れ、私たちは国土庁を訪れ、西川防災局担当審議官に申し入れを行いました。その夜遅く、小澤潔国土庁長官より私宛に電話があり、ご要望の趣旨は十分承ったということでした。

私はここで、政府は何もしなかったというつもりはありません。政府の各省の担当者約二十二名が災害発生の翌日の夕刻、新幹線で東京を出発し青森へ向かいました。年末で飛行機の切符が取れなくて、新幹線で出かけたというわけです。

しかし、高いレベルで指揮命令できる立場の人が一人いれば、政府には専用機もあります。自衛隊にも運輸省、警察庁、消防庁にも、飛行機でもヘリコプターでもいくらでもあるのです。調査団が課長だから、課長補佐だからダメだというのではなく、的確な判断を早急に必要とする初動の現地調査において、二十二人分の飛行機の切符が確保できなかったので新幹線で行きました、そのために現地到着が夜遅くなったので調査は翌朝からにしました、というのではいかがなものでしょうか。

暮れの二十九日や三十日に急に呼び出しを受けて、青森まで出かけてくれた担当官のご苦労に文句をつけるつもりはありませんが、我々野党の議員が政府よりも早く現地調査を行い、その日のうちに帰京し、翌日対策をまとめて政府に申し入れを行う時に、まだ政府の調査団は東京に帰っていないという、全てワンポイントずつズレている対応については、非常事態に対する政府の対応がいかにも、のんびりしており、被災地の現場の皆さんの期待感との間に、説明のしようのないほどの大きな隔たりがあることを率直に感じました。

私はそれでも気がかりで、正月明けの四日に政府と新進党国土・交通政策チームとの間で会議を開くことを申し入れましたが、九日にしてもらいたいとの政府側の要望で、一月九日、新進党の国土・交通政策チームと政府の各省庁の担当者との間で、「三陸はるか沖地震」の復旧復興計画について協議を行いました。

私はその際、「特に、政府の危機管理が十分機能しているのかどうか不安でならない」ということを改めて強く指摘しておきました。政府は法律や、制度を持ち出して、万全であるかのような説明をくり返すのみで、危機管理の重要性について認識がまるでできていないことを残念に思いました。

しかし、その中でも会議の終わりの時、二、三の役人が「危機管理の問題は役人からは持ち出せない。政治の側からやってください」と私に述べて帰りました。私が後の国会審議の際、「政府の心ある役人は」と述べているのは、この人たちのことを思い出したからです。

これは、新進党が結党されて、まだ一ヵ月にもなっていない日のことでありました。

②中華航空機事故の経験

先の「三陸はるか沖地震」での新進党申し入れの七項目でも指摘していますが、過去の災害の事例を見ますと、大きな災害は皮肉にも必ずといっていいほど、休日や選挙の最中、内閣の交代期、あるいは総理やハイレベルの責任者が在京していない、つまり司令塔不在の時に発生していることが多いのです。

例えば自衛艦なだしお事故の当時は竹下内閣でした。この時も総理大臣、防衛庁長官が東京に不在で連絡を取るのにずいぶん手間取りました。北海道南西沖地震は宮沢内閣の時ですが、衆議院が解散され、選挙の真っ最中でした。中華航空機事故の時は、細川内閣が終わり、羽田内閣が出発するという、丁度狭間で発生しました。

私は細川内閣の当時、運輸政務次官としてこの中華航空機事故の対応を運輸省で指揮した一人ですが、その際、法律的に内閣総理大臣たる細川首相に連絡を取るとともに、政治的には既に羽田内閣に政権が移っているわけですから、羽田内閣総理大臣候補にも連絡を取った次第です。

いずれにしても、責任が曖昧な状況の中において中華航空機事故が発生し、これは外国と関係のある問題でもあり、特に慎重を期さなければなりませんでした。この程度の事故の場合、運輸省では対策本部の本部長を航空局長にするのが常のようですが、私は外国との関係もあることから事務次官が対応すべきだと考え、直ちに対策を講じたことを覚えています。夜間でしたが、伊藤茂運輸大臣（当時）がヘリコプターで名古屋に向かわれました。

大震災の直前に発生した三陸はるか沖地震の際も、十二月二十八日といえば御用納めの後であり、内閣総理大臣や官房長官がおいでにならずとも、せめて他の、例えば国土庁の幹部とか、責任者と思われる人たちが東京にいれば、まだ何らかの対応ができたわけですが、ほとんどの皆さんはもう既に国に帰っていて、その対応にも大変戸惑ったことを覚えています。

外国での例を挙げますと、丁度阪神・淡路大震災の一年前、アメリカのロサンゼルスのノースリッジ地区において地震が発生しました。奇しくも一月十七日、まさに阪神・淡路大震災の一年前ですが、都市のライフラインのもろさ、電気、ガス、水道が不通になった都市型の災害に対しての教訓を我々に与えてくれました。米国はこの日、故マーティン・ルーサー・キング牧師の誕生日を記念する振替休日であったために交通は通常の半分程度であったということが不幸中の幸いでしたが、交通渋滞という問題に対しても大きな教訓が示されました。しかしながら、今回の大震災においては、残念ながらこれらの教訓が全く生かされておりませんでした。

いくつかの調査団がロサンゼルスまで出かけましたが、都市型地震がライフラインや交通機関等に与える影響については「日本ならこんなことにはならない」などと報告しており、まさに一年前のアメリカでの大震災の教訓がほとんど生かされていないというのでは、政府の危機管理に対する日頃の怠慢を指摘されても弁解のしようがありません。しかしこのことは極めて残念なことです。

③関東大震災と先人達

関東大震災のことは今更説明の必要もありませんが、あの当時、実務官僚の手腕と独得の政治哲学の持主である後藤新平先生（一八五七年〜一九二九年）が、いわゆる大風呂敷といわれた復興構想を内外に明らかにし、これに対して積極的な対応をされたことは余りにも有名です。また物理学者であり、随筆家の寺田寅彦先生（一八七八年〜一九三五年）は大正九年に、「文明が進めば進むほど天然の猛威による災害がその激烈の度を増す」と書かれて、文明が進み、経済的にも発展する度に災害はより大きく、激しくなることに警鐘を鳴らしています。

関東大震災では、実は私の亡くなった母、菊枝が東京女子医専（東京女子医科大学の前身）の学生時代、丁度卒業の年に、麹町の下宿でこの大震災に遭ったようです。部屋の中の裸電球が天井の左右に何回もたたきつけられるのを見たということ、間もなく火災に襲われ、辺りが焼け野原になってしまったこと等、関東大震災の話をする度に母から聞かされており、子供心にも関東大震災がいかに大きな災害であったかを知ることができました。

焼け野原になってしまった東京の街をさまよいながら、公園で母の弟の亀麿に出会い、どちらかが持っていた二つのおむすびを一つずつ食べたと、後に兄弟たちに語っていたそうです。和歌山の郷里では、恐らく二人とも死んだかもしれないということで、近所の人も加わって、神社に無事を祈る千度参りを始めている最中に、「キク、カメブジ」という電報が届けられ、小躍りして喜んだということを、当時十二歳だった叔母から最近、聞かされました。

東京大学の地震研究所の玄関に掲げられている銅板の文章は、寺田寅彦先生が書いたものだそうですが、この「本所」というのは勿論、地震研究所のことです。

「本所永遠の使命とする所は地震に関する諸現象の研鑽研究と直接又は間接に地震に起因する災害の予防並びに軽減方策の探求とである。この使命こそは本所の門に出入りする者の日夜心肝に命じて忘れるべからざるものである。昭和十年十一月十三日地震研究所」。こう書かれています。

また、社会運動家の賀川豊彦先生（一八八八年〜一九六〇年）は、あの災害発生は大正十二年九月一日の十一時五十八分でしたが、大震災の発生を知るや当日の午後四時、既に神戸港に浮かぶ山城丸に乗り込んで、救援ボランティア活動のために、同志と共に神戸を出発して東京に向かっています。

歴史に残る先人の当時の活躍は、ボランティア活動、災害の救援救助に対して、我々に貴重なお手本を既にその当時示してくれているわけです。

しかし、こうした先人達が残してくれた崇高な教訓が、政府の危機管理や防災対策にほとんど生かされていないという現実には、全く言葉につまる思いであります。

④静岡県における地震対策と山本敬三郎知事の県議会答弁

東海地震に備え、積極的な地震対策を講ずべきであるとの信念に燃える山本敬三郎知事（昭和四十九年七月より昭和六十一年七月まで在任）は、昭和五十一年六月の県議会等において、地方行政の責任者として極めて示唆に富む発言をされております。

山本敬三郎静岡県知事答弁

「地震対策につきましては、国の地震予知連絡会は、東海地方を観測強化地域に指定いたしましたが、先般、伊豆中東部に異常現象が観測されましたことから、五月二十五日、地震予知研究推進連絡会議におきまして、今後、伊豆中東部の観測をさらに強化することといたしました。しかし、現段階においては、地震発生を正確に予知することはきわめてむずかしい問題とされております。本県は過去の地震歴、地震活動空白地域のあることからして要注意地域であるので、一昨年、地震対策基礎調査を行い、従来の地震対策、災害対策計画を修正して対処することといたしております。

　また、市町村に対しても、地震災害に対処できるよう市町村地域防災計画の整備を強力に指導いたし、万一地震の発生した場合でも、県、市町村、関係機関が一体となって対処できるように措置いたしました。御案内のとおり、五月二十四日、地震予知連絡会において、伊豆中東部の異常現象について検討し、これら異常現象が観測されたことを重視して、直ちに地震活動と結びつけることには問題があるといたしましても、将来地震の発生も考えられるという前提で、情報の迅速な伝達方法、職員の動員、配置計画、関係機関の応援計画等を検討いたしますとともに、関係市町村、防災関係機関に対しまして、以下の事項について整備点検を指示いたしたところであります。一、地震が発生した場合、通信、交通の遮断が予想されるので、情報の伝達・収集手段について検討　二、山・がけ崩れ危険個所の再点検と整備　三、住民の避難場所、避難路の再点検　四、地域自主防災組織の指導育成、避難訓練の実施と住民の心構えに対する指導等、特に、地震発生直後にあっては消防、警察、自衛隊による救援、救護の初動活動を期待することは、諸情勢からして非常に困難と思われますので、地域の隣保互助精神に基づく自主防災組織を育成することによって、被害の軽減を図るよう指導をいたしているところであります。」

「地震の際の非常の食糧その他の問題についてでございますけれども、これは現在、たとえば応急食糧については百七十四ヵ所に供託予定先を求めておりますし、給水車はどう、医療はどう、こういうようなやり方をとっておりますけれども、その応急食糧は、ミルク、蔬菜類、副食糧、米穀類等という状況でございますので、こういった点も巨大地震の場合に備えるための対策として、私は県下のスーパーなり、デパートなり、そういったところに、通常のランニング・ストックは幾ら持っているかと、そのうちひとつそういう非常の際、地域住民の要請もあるかもしれないけれども、地震対策地のためになんぼか割愛していただきたい、こういうようなことを予約することによって充足するような道を講じたい。

　また、非常な巨大地震で、県下全般ということになりました場合、静岡県でそういう体制ができれば、神奈川県、愛知県にも呼びかけて協力をしていただくということにもいたしたいと思います。また巨大地震の場合、道路交通が全く途絶する、そういう際にどういうふうに備えるかというような問題についても、対策班にひとつ十分検討させてみたいと思います。

パニック、暴動、災害時の群集心理というようなことについての御指摘でございます。こういった点にも、このたびの県議会を通じて、議員さん方の御指摘、御批判、あるいは御注意等も十分伺いまして、対策班でそういったものに備える対策をこれから十分検討してまいりたいと思っております。したがって、予備費に五千万円計上してございますけれども、もし必要あれば議会にお諮りして、さらに増額する場合があっても、事、地震に関してはいいのではないか、こういう考え方を持っている次第であります。

「地震対策における職員の動員計画、あるいは備品、医療品その他についての御指摘でございますけれども、巨大地震の場合、当然、通信、交通等が途絶することが考えられるのでありまして、職員の動員計画につきましては、職員が最寄りの県の機関に登庁し、所属長の指示により、情報の収集、救援、救出等の応急対策に従事することになっておりまして、昨年はその予行演習もやったわけでありますす。各職員一人一人がそういった場合どこへ出るということを徹底させるようにいたしてまいりたいと思います。しかし、職員といえども家族も抱えておりますので、予行演習でやったような完璧は期せられないかもしれませんが、できるだけそういった問題に対処するような訓練をも、今後対策班を通じて検討させてまいりたいと思います。

また、住民指導につきましても、自主的防災組織の育成を指導してまいってきておりますが、すでに全町的に組織されて活動を開始している市町村もありますけれども、不熱心なといいますか、消極的な市町村もございます。何よりも住民の自衛組織ということが優先いたしますので、こういった点も十分努力を重ねてまいるつもりでございます。」

「このたびの地震予知連絡会のコメント等によりまして明らかになりましたものは、伊豆の群発地震につきましては微小群発地震活動も次第に静穏化しつつある、隆起の中心付近の地下水の水位、水温、ラドン濃度等にほとんど変化が認められない等の事情から、現在のところ、今後静穏に推移する可能性が大きいと思われるけれども、簡単に結論を下せる段階ではないので、さらに諸観測を継続していくということでありまして、明日あっても不思議ではないという非常にショッキングな表現で、県民に非常な不安と動揺を来たしたわけでありますけれども、それについては、このコメントは鎮静化の方向をとらせるような結果となったわけであります。また、いわゆる東海地震にいたしましても、発生時期を推定できる前兆現象と思われるものは、現在のところ見い出されていないということでございます。したがって県としては、もう、明日というような差し迫った問題ではありませんけれども。次に日本列島に巨大地震があるとすれば、それは東海地方であるということがほとんど大半の研究者、学者の意見でもございますし、それは二、三年後であるかもしれないし、さらには二、三十年後であるかもしれないという点を考えまして、こういった時点においても地震対策は積極的にやっていくべきではないかと、二、三十年後の問題であってもやっておくべきではないかと、基本的にはこのように考えているわけであります。地震対策につきましては、十月一日、消防防災課に地震対策班を設置し、予知資料の収集、国の予知観測に対する協力、地震災害対策の再検討等を目下進めているところであります。」

今から約二十年前に、すでに、静岡県において、これだけの地震対策を検討され、有事に備えておられることに対し、あらためて敬意を表する次第であります。

最近は阪神大震災以来、各地方自治体においても「災害に強い県づくり」を目指して、防災訓練等が、ようやく、活発に行われるようになっています。

倒壊家屋からの負傷者の救助作業、消防機関と自衛隊の連携訓練、ヘリコプターによる空中活動、初動時の避難や消火、津波避難、通信訓練、仮設橋の設置訓練等がまさに真剣味を帯びて各地で、行われております。

私たちは、国、県、市町村、町内会等あらゆるレベルにおいて常に防災について積極的なチャレンジが重要なことを山本知事の議会答弁が、今も、私たちに語りかけてくれている思いであります。

二、阪神・淡路大震災の対応

①大震災と「明日の内閣」の初動

阪神・淡路の地震が起きた午前五時四十六分、丁度私は大阪の東洋ホテルで、新幹線の一番電車に乗ろうとして、十二階からエレベーターに乗る寸前でした。エレベーターが下から上がってきたのですが、途中で階段表示盤のランプが消えたのと同時に地震になり、エレベーターホールの植木鉢だとか、かなり背の高い煙草の吸い殻入れとかがひっくり返ったり転がったりする様子を見て、これはたいへんなことになったと直感しました。

とっさに私は、むしろ状況調査のために直ちに現地に赴いたほうがいいかなとも考えましたが、丁度その日、私どもの「明日の内閣」、いわゆる政権準備委員会の閣議を開く日になっていましたし、私一人が現地へ飛んでいったところで、何ほどのこともできるわけでもありませんので、やはりまず東京の新進党の同志にこのことを伝え、共に対応を協議することが重要であると思い、取り急ぎタクシーを拾って、新大阪へ走りました。しかし、新大阪に着くと新幹線は不通になっており、さらに伊丹空港にかけつけました。伊丹から羽田に飛び、モノレールを乗り継いで、国会に到着したのが九時ちょっと過ぎでした。

「明日の内閣」の閣議はすでに開かれており、新進党は直ちに現地に調査団を出そうということになりました。我々は現在（注：平成七年時点）は野党ですから、当然航空機材等も持ち合わせていません。仕方がないので、一番早い便としてまず岡山空港へ向かい、そこからあらかじめチャーターしておいた民間のヘリコプターで現地へ向かうことにしました。井上喜一代議士、土田龍司代議士、東順次代議士、新進党広報企画委員会の鈴木カメラマンらが同行してくれました。また江田五月代議士が地元岡山市の消

平成７年（1995 年）１月 17 日、阪神・淡路大震災発生。崩落した阪神電鉄の高架や倒壊した建物

防団から、防災服や長靴等を借りて、岡山空港に用意しておいてくれました。

私たち一行が現地の上空に到達したのが午後三時二十分頃で、まだその頃は報道関係のヘリコプターが何機かその周辺を回っている程度で、自衛隊の姿などはほとんど見かけませんでした。眼下ではあちこちに火災が発生していて、誰の説明も案内もなくても、すぐにここが災害現場だということが分かりました。高速道路がひっくり返る、あるいは鉄道がＶ字型に折れてしまう、新幹線や列車などはどこにも走っている影も見えない。都市全体が機能を停止している、そういう状況が上空から察知することができました。

幸い私が持っていました携帯電話で、東京の本部の西岡総合調整担当につながり、状況をそのまま伝えることができました。アメリカから成田に到着したばかりの小沢幹事長にもヘリコプターの上から自動車電話につながりました。上空からの光景、ビルと言わず住宅と言わずすべてが炎上している悲惨な状況を報告しました。小沢幹事長は、「僕がこれから現地に向かえばいいか」と言われました。私は「今から幹事長が来られてもすぐ夜になるし、新聞記者も沢山来られて大騒ぎになるので、今夜私が東京に戻るまで待っていてもらいたい」と告げました。幹事長はこれを了承され、現地からの連絡を東京で待つことになりました。

私がここで残念でならないことは、朝大阪にいて、一度東京へ戻り、東京から岡山に飛んで、さらに岡山から折り返してやってきた野党の議員のほうが、政府の対応よりも早かったということです。いかに政府の初動の遅れや、判断の誤りや、混乱があったかを物語るものであって、これはいくら言葉を費やしても弁明できる余地はありません。

私たちは空からの調査のあと、小池百合子代議士の手配で、伊丹空港から車で神戸市役所に向かうことになっていました。午前中すでに国土・交通副担当の前田武志代議士とも連絡を取り、奈良から大阪に出て、近畿地方建設局と近畿運輸局に出向いて状況を把握したあと、神戸市役所に集結することになっていたのです。政策審議会長で豊中市が自宅の中野寛成代議士とも神戸市役所で会うことにしていました。また淡路島出身の宮本一三代議士はすでに市役所に到着していました。

しかしながら、夕方の五時頃でしたが、神戸へと向かう道は大渋滞で、車は前にも進めず、後ろにも戻れないような状態になりました。救急車も警察の車も、この混雑では同じように全く身動きがとれません。この時、災害発生後十二時間をすでに経過しようとしていたのですから、総理が自らの責任で、災害対策基本法に基づいて、「緊急災害対策本部」を設置して、指揮命令系統を一本に絞り、果敢な対応をしていれば、交通規則に関しては国家公安委員会に命令できたはずです。国家公安委員会が災害の当日もその翌日も開かれず、やっと開かれたのは定例の委員会の一月二十日の日であったという事実は、驚くべき責任感の欠如と言わざるを得ません。非常事態に対応する日頃の訓練がなされていたら、もう少し臨機応変に対策を講ずることができたはずですが、上がしっかりしなければ、下は動かないのではなくて動けないのです。

②災害復旧・復興の道

災害発生以来、一月二十日の臨時国会の本会議における新進党を代表しての緊急質問を皮切りに、災害復旧について政府がとるべき措置について、今日まで、私自身、予算委員会、災害対策特別委員会等で、五回にわたって質問を行ってきました。新進党の「明日の内閣」及び党政策審議会の合同で合計十回にわたって政府に提言、申し入れなどを行いました。

政府当局も、やれるものはどんどん対処していこうということで、被災地の兵庫県神戸市をはじめ、各市町もずいぶん頑張って、それ相当の成果を挙げました。法律も十六本の特別措置法を国会で通し、予算も二兆七千五百億円を超える二次補正予算を認めたところです。特に「阪神・淡路大震災に対処するための特別の財政援助及び助成に関する法律」は、支援を受ける兵庫県や神戸市等を、査定を待つことなく対象団体に指定し、復旧事業の補助率を最大八割とし、公共事業なども対象とする、被災者の貸し付けや保険等の軽減を図ったものです。

新幹線の復旧にしても、あるいは電気、ガス、水道のライフラインの復旧にしても、まさに第一線の皆さんは命懸けで国民の期待に応えるべく頑張って頂いているということを、私も高く評価しています。自衛隊の皆さんと消防の皆さんの現地での活動等に対し、地域住民の方々がどれほど感謝し、評価しているか。自衛隊引き揚げの際に、あのような感動のシーンがしばしば見られたことでも分かります。例えば神戸市役所の前に、誰が貼ったか分かりませんが、「自衛隊の皆様ありがとう」と書いたビラが貼られているのを見かけましたが、しばらく後にその前を通った時にもう一度見てみると、やっぱりその同じビラがまだ貼られていました。これは皆がそのことを認めてくれている証拠ではないでしょうか。

しかし、私が言いたいのは、阪神・淡路地域の本来の意味での復興ということであり、別の言い方をすれば、阪神経済圏、関西経済圏が生まれ変わるようなプランニングを行い、日本経済全体におけるポテンシャルを、今回の地震をきっかけに、いかに高めていくかということです。勿論、ガレキの処理、避難所の生活をどうするのか、仮設住宅をいくつ作るのか、神戸港の復旧をどうするのか、これらの問題だけでも大変なことで、時間もかかるし、住民の協力も必要です。

しかしこれに加えて、新しい神戸や阪神をどうつくっていくかということも極めて重要なことだと考えます。一例として、わが国最大のコンテナ基地である神戸港や、空港の機能を考えてみましょう。

神戸港の復興にどのようにして速やかに対応していくか。これは日本を代表する港湾でもあり、日本経済に少なからぬ影響を与える港ですから、その復興は世界に向かって、関西はもう災害から立ち直りましたよというシグナルになるわけです。そういう意味で、この神戸港の復興というものは、非常に重大だと感じています。しかし、それらのことが仮に完成することができたとしても、これは元に戻ったというだけのことです。あのような十兆円を越すような被害、五千五百人を越す尊い生命を失ったという大災害に対して、神戸がよみがえった都市として、あるいは兵庫が改めて大きく羽ばたける県として将来への道筋が明確になったということを内外に鮮烈に示すには、さらに将来展望へと一歩踏み込んだ復興・再建計画が必要になります。たまたま災害の以前から、それぞれの地域で、地域開発プランとして進められていた計画がありましたが、今回の災害により、その経験を踏まえた上で、「神戸復興計画」「兵庫フェニックス計画」という二本立ての計画として、現在、地元で研究、研鑽を重ねられています。

私が申し上げたいのは、このような「神戸復興計画」や「兵庫フェニックス計画」は、いわば後藤新平の計画と同じようなものだということです。同じようなものというのは、スケールのことだけを言うのではなくて、このようなことを為し遂げることによって、あのような災害を再びもたらすことのないようにするとともに、このようなスケールの大きい計画を作成し、実行に移していくことによって、打ちひしがれた兵庫県や神戸の皆さんに対しても、夢を持って頂ける、希望を抱いて頂ける、そういう意味で心の底から勇気が湧いてくるような対応を政府はしていかなければならないと考えるからです。そのためには、神戸空港の計画もありますが、地震があったからということで、その計画から退却してしまうのではなく、地震があったからこそ、国際都市神戸に空港が必要だということを今日まで叫び続けてきた神戸市民、兵庫県民の声に応えて、この際、神戸空港の建設はしっかりした足取りでやっていくべきだと思います。同時に関西空港の全体構想のことも言われていますが、こんな時にこそ、関西空港の全体構想に火をつけることによって、当然、神戸市を含む関西経済圏の立ち上がりに関空を大いに役立たせるべきだと思います。この辺についても、政府が口先で協力を言うだけではなく、しっかりした支えが必要だと思います。

そこで私たち新進党としては、「神戸復興計画」三千万円、「兵庫フェニックス計画」五千万円というふうに、計画の当初の立ち上がりから国が支援するという意味で、調査費を提供してはどうかと再々提案しています。しかしいまだにこれは実行されていません。これは、役人的な感覚から言いますと、計画が出来上がってきたものについて国が相談に乗るということが筋道であって、計画が始まるところから国がこれに予算を投入するということは、過去にあまり例のないことだということになるわけです。そこでいわゆる中央官庁の壁というものにぶつかってしまうわけです。しかし私は、これは政治が判断すべき問題であると考えています。新進党としても、また私個人としても、このことが為し遂げられるまで、この主張を続けていきたいと思っています。なぜなら、このことが、「神戸復興計画」や「兵庫フェニックス計画」の具体化に、どれほど大きな役割を果たすかを十分に承知しているからです。

三、政府の対応は正しかったのか

①政府の対応の遅れ

　このことは、一般の国民の皆さんの間やマスコミ等を通じて、ずいぶん議論をされてきたことです。一月十七日の日には、「なにぶん初めてのことでもあり、早朝のことでもあり」と（村山）総理自身が一月二十日の衆議院本会議の緊急質疑の際、私の質疑に答えているように、政府の対応は確かに遅かった。政府は初めに「非常災害対策本部」というものを設置しました。これは国土庁長官が中心になり、各省の課長が集まって対応を協議する会議です。普通の地震のときでもこのような対策が講じられます。しかし現地を視察した村山総理は、これではいかにも十分でないと判断し、一月十九日になってようやく「緊急対策本部」を設置しました。しかしこの「本部」は、法律上は何の裏付けもないもので、総理大臣が中心になって閣僚が集まり、その下請けを各省庁の役人が分担するというだけのもので、こんな程度のものをこの時期に、作ったわけです。

　政府は一月二十一日になって、「現地対策本部」を設置しました。これはこれで結構なことですが、その後復興についていろいろ協議をし、検討していくための機関として「復興対策本部」を作ることになりました。政府もこれには法律の裏付けが必要と判断したようで、「阪神大震災復興法」、こういう法律の名前で検討し、提案して参りました。私はこの政府の提案に対して新進党を代表して本会議で質問することになっていましたので、はっきりと記憶しているのですが、「阪神大震災復興法」と明記するのであれば、私のほうでは政府に対して質問しなければならないことが山ほどあったのです。そしていよいよ明日、国会に提出されるという前の日の夕刻になって、政府は法律の内容は全く変えずにその名称だけを「阪神・淡路大震災復興の基本方針に関する法律」というふうに突然変えてきました。そのために私たちは質問に対するスタンスを大きく変えざるを得なくなりました。それにしても、法案提出の前の日になって法律の名称を突然変えるというのは、ずいぶん慌てているな、そう感じました。

翌日の新聞を見ると、「復興対策本部が設置され、阪神大震災復興法という、いわゆる法律に基づいた本部にしようとしたが、内容はこの程度かということをまた野党に言われるので、それでは困るということで、その内容にふさわしいような名前に法律の名称を変えた」と、こういうことが報道されていて、なるほどという感じがしました。いずれにしても、政府の対応というものは後手後手であり、また基本的な確固たる方針が貫かれているとはとても思えず、その場その場でしのいでいるだけのように思えてならないのです。

②リーダーシップと本部体制

そこで、一月十九日に設置された「緊急対策本部」についてですが、本来ならこうした大震災においては、「緊急災害対策本部」の設置ということが災害対策基本法の百五条にちゃんと明記されているわけですから、これを設置するのが当然の対応です。しかし今回の場合、政府はこの「緊急災害対策本部」を設置せずに、誰が考えたのかよく名前の似た「緊急対策本部」というものを設置しました。これは前述したように法律に基づいていませんので、責任の所在も何もないというようなあやふやな「本部」を設置したわけです。

私は「緊急災害対策本部」の設置の必要性について、本会議で二度にわたって村山さんに質問しました。一回は「情勢を見てそのような判断をしなければならん」というような前向きな答弁でした。しかし参議院では、やっぱりそこまでしなくてもいいというような答弁で、ふらふらと揺れているような感じでした。

いずれにしても、当時の対策本部設置に関する村山総理の判断は、誤りであったと今も私は考えています。そのために、失われずに済んだかもしれない尊い生命を失ってしまったのではないでしょうか。

また直ちに、間髪を入れずに被災の現地を政府として支援するなんらかの方法があったはずです。政府の対外的な説明では、一月十七日の当日、午前七時三十分頃「非常災害対策本部」を設置する手続きを開始、そして実際に設置したのは、午前十時過ぎの定例の閣議ということです。情報網を持っているはずの各省庁の責任者から的確な連絡もなく、官邸からも何の反応も示されていませんでした。

かつて神戸市職員の経験がある新進党の西村眞悟代議士から西岡武夫総合調整担当に対し、「神戸市で二百人が生き埋めになっている。自衛隊に救援要請をしてほしい」という切羽詰まった電話が、院内の「明日の内閣」の閣議を終えたところに入りました。私はこれは大変だと、他のことを中断して、西岡総合調整担当から防衛庁の幹部に電話を入れてもらいました。最高幹部の一人が電話に出ましたが、その時までその幹部は現地で生き埋めが出ているという実態を全く知りませんでした。あまりの実態把握の遅さに、私は茫然としました。本会議でも、災害対策委員会でもこのことを指摘しましたが、課長クラスが弁明するばかりで、今に至っても西岡総合調整担当や私に何の説明もできず、だんまりを決め込んでいます。

官邸だけでなく、政府全体の危機管理に対する責任感の欠如が、被害を一層大きくし、さらに一層の悲劇を呼んだことは、誰もこのことは、あまり指摘してはいませんが、私はこれは、重大な責任問題であると考えています。

政府は、地震の被害の甚大さについて十分把握しきれていなかっただけではなく、ある程度、全貌が明らかになった時点でも、「非常災害対策本部」を法律の裏付けのある「緊急災害対策本部」に格上げする姿勢が全くありませんでした。省庁の縦割りの壁を越えて、国家の非常事態に対処するために、総理は一身を捧げるくらいの決意で望むべきではなかったでしょうか。しかしながら、実際は、我が党からの「総理にすべての権限を集中して、迅速果敢に総理自身が指揮命令できるようにしよう」という提案も、「この際は党利党略を一切捨てて政府に、総理に協力しましょう」という再三の申し入れも、拒み続けました。

一月十七日、現地を調査した私は、その日の夜東京に帰り、党幹部に報告をすると同時に、国土庁を訪れ、現地の様子を報告しました。翌朝、院内の「新進党兵庫県南部地震対策本部」に海部党首、副本部長の小沢幹事長、西岡総合調整担当、中野政審会長と私が集まり、新進党として第一回目の申し入れを取りまとめ、西岡総合調整担当が党を代表して官邸に申し入れを行いました。そして私は、海部党首にともなって、再び現地へと向かいました。

一月二十日に国会が開かれ、私は新進党を代表して緊急質問を行いました。総理からは「今から振り返って考えてみまするとなにぶん初めての経験でございますし、早朝の出来事でもございますから……」という有名な答弁を頂きましたが、問題の本質の「緊急災害対策本部」の設置については「なお、災害対策基本法に基づく緊急災害対策本部の設置につきましては、今後の事態に対応できるように、緊急に判断をしながら措置をして参りたいというふうに考えておるところでございます」という答弁で、これでは一体やるのかやらないのかはっきりしません。

その夜、海部党首、西岡総合調整担当、市川政務会長、中野政審会長と私が官邸に乗り込み、「直ちに災害対策基本法に基づく緊急災害対策本部を設置して、一刻も早くこの事態を救援すべきである。新進党は全面協力する」と申し入れました。村山総理、五十嵐官房長官、園田官房副長官、石原官房副長官らが並んでいましたが、我々の主張に対し、言を左右にしながら結局は拒み続け、現状で万全の対策だと言い続けました。そして法律上は何の権限もない「緊急対策本部」（紛らわしい名称ですが、「災害」という言葉が欠けている）、これを作って、思い切った対応を怠ったのです。

「緊急災害対策本部」の背景となる災害対策基本法は、昭和三十四年の伊勢湾台風の後、池田内閣の時に制定されました。安保条約の改定をめぐって、与野党の対立が尖鋭化している政治状況の中で誕生した法律です。

現行の災害対策基本法が成立した背景について考えてみる必要があります。

現行の基本法は、昭和三十六年、池田内閣の時代に政府提案により「災害対策基本法」として、九月二十七日に国会に提出され、十月二十七日に採決され成立し、十一月十五日に公布されたものであります。

〈法案の提出に至った経緯〉

当時の災害対策に関する法制度はかなり整備されているが、法制相互の調整や関係各機関の連絡協調においてなお欠けるところが指摘されており、総合的な災害対策の基本体制を確立する必要性に迫られていました。

昭和二十七年の十勝沖地震、昭和二十八年の西日本水害、昭和三十三年の狩野川台風等に対する各方面からの要望並びに原因の究明の結果、早くからこれらに対する対策の確立を急がれながら、官庁のセクショナリズムやその地の困難な事情に災いされて、ついに死者四千七百余名、まれに見る長期湛水、物的損害額は数千億円（当時）に達する甚大な被害をもたらした伊勢湾台風を昭和三十四年に迎えました。

この伊勢湾台風を機に世論が一致して防災に関する強力な総合調整機関の設置、各種災害の科学的研究の推進及びその防止に対する適切な措置について災害対策論議が強まっていました。

当時の災害関係法は百五十にのぼり、それぞれ所管官庁を異にするため相互に関連がなく、重複し、現実の災害に直面した場合、空白や間隙が発見されるのが実情でありました。これらの関係法の問題点を総ざらいして、空白を埋め、脈絡をつけて一連の法体系を打ち立てようとするのが「災害対策基本法」の狙いで、百二十条にも及ぶ大法案となっています。

〈法律の目的〉

国土及び国民の生命及び財産を災害から保護するため「防災行政」の総合化、計画化を図り、「社会秩序の保全」と「公共の福祉の確保」に役立てようとしています。

防災行政の総合化、計画化の見地から国及び地方を通じた一貫した体制の確立、責任の明確化を図るとともに防災計画の作成、災害予防、災害応急対策、災害復旧及び防災に関する財政金融措置など、防災行政全般に関してその基本を定めようとしたものでした。

〈提案理由〉

池田内閣の安井謙自治大臣は本会議において、提案理由の説明を致しております。

「災害対策基本法案の趣旨の説明を求めます」

――清瀬一郎議長の声が議場に響きわたる中を安井自治大臣が登壇され、その提案理由及び概要を次のように説明されています。

「頻発する災害に対しこれを未然に予防し、災害に臨んでは警戒防御、応急の策を講じて被害を防止し、これを最小限度にとどめ、また不幸にして被害が発生したときは、民生を安定するため必要なあらゆる施策を適切に講ずることはきわめて緊要なことであります」

～略～

「国の経済及び社会秩序の維持に重大な影響を及ぼすべき

異常かつ激甚な非常災害が発生した場合においては、内閣総理大臣は、災害緊急事態の布告を発し、緊急災害対策本部を設置することができるものとし、なお、緊急の必要がある場合において、国会が閉会中で臨時会を召集するいとまがない等のときは、特に政令で一定の緊急措置を講ずることができることとしたのであります。すなわち、一、物質の配給、譲渡、引き渡しの制限または禁止、二、賃金及び価格等の最高額の決定、三、金銭債務の支払い延期及び権利の保存期間の延長について、政令で緊急措置を講ずることができるものとし、現行憲法の範囲内において必要最小限度の措置を講じ、もって公共の福利の確保に遺憾なからしめることとしたのであります」

～略～

「この法律案により災害対策に関する基本的体制は整備され、わが国の災害対策が強力に推進されることになるものと確信いたしておるものでございます」

以上のような提案理由が述べられております。

しかし、この提案理由の説明を正確に読むと、何も戒厳令がどうだ、物価統制令がどうだ、交通規制がどうだというような議論は今回の大災害で、あれ程の大規模な犠牲者を出したとき、内閣総理大臣が一刻も早く、迅速果敢な号令を現場に発し、一人でも多くの人を救出するということが大切で、経済統制はしなくても済む状態ならば、それはそれで結構なことで、オウムの事件で破防法の適用を躊躇するのと同様の論理であります。緊急災害対策本部の設置を官邸が拒み続けた理由も次第に明確になってくるのであります。

今少し当時の様子を調べてみると、水田三喜男大蔵大臣、園田直地方行政委員長という時代で、当時の衆議院の委員で現役で活躍しておられるのは、宇野宗佑元総理、山口鶴男前総務長官のみとなっています。出席の政府委員の顔ぶれは、鈴木琢三消防庁長官、藤井貞夫自治省行政局長、奥野誠亮同財政局長、鬼丸勝之建設省官房長、説明員としては、橋口収（大蔵省銀行局特別金融課長）、翁久次郎（厚生省社会局生活課長）、志村清一（建設省計画局参事官）、八塚陽介（経済企画庁総合開発局総合開発課長）、岸昌（自治省行政局行政課長）等の懐かしい顔ぶれが並んでいます。

これに対し、亀岡高夫議員（自民）は、

「災害に限って戒厳令のようなものではない。人心を抑圧したり、自由を束縛したりするような点はないと言われるが、詳しく説明を願いたい」

さらに、二宮武夫議員（社会）は、

「災害緊急事態というのはどういう事態を想定しておられるか」

「私が心配しますのは、警察、自衛隊の発動がこの非常事態布告によって行われる。戦前における戒厳令式なものが行われるということによって、それにそむく者は百六十条以下の罰則の適用がやられる。こういう事態を想定しなくていいのですか」

「こういう非常事態の布告をすることによって、自衛隊が当然なものであるというような印象を国民に与えたり、私どもは基本的に憲法論で食い違う問題ですけれども、こういう事態の際、これらの働きも合法化するような方向に内閣総理大臣が閣議に諮ってやるということになりますと、二十日間そういう事態が起こるという状態になるのじゃないかと思うのです」

松井誠委員（社会）は

「緊急政令という形態の法令を今の憲法が許すのかどうかという問題が基本的な問題ではないかと思う」

「緊急事態に処する方法は憲法自体は予想していなかったのじゃないかと思う」

以上のような国会の論議の中で、政府は答弁に立って

「関東大震災というような大災害の際に、特に限定して、経済活動の面等について最小限度の規制措置を講じていく、現行の法律で補い得ない点、あらかじめ立法措置を講じておけないというような点について、臨機の措置に応じて政令で必要な事項を規定することは公共の福祉を確保していく上に最小限度必要な措置であるとの観点に立ち、本法令の規定を置いた」

「経済的行為というものは最小限度限っておるということ、これは既存の法律についてそれを改廃したり効力を停止したりするような機能を持たせようとするものではございません」

「この程度のことが憲法に違反する、あるいは憲法の予想しておらないところであるというふうには考えておりません」

「五十年に一回起こりますか、百年に一回起こるかあるいは起こらないかもしれないような場合、しかもこれも起こ

り得る可能性もある。そういうきわめてまれな場合を想定している」

等、当時の第三十九国会の地方行政委員会議録を読んでみると、安保条約の改定をめぐって国が混乱に陥っていた時代に、野党の社会党や共産党が、警察や自衛隊の活動に極度に神経をとがらせている時代に「災害対策基本法」が国会で審議されようやく成立した時代背景が浮き彫りになっています。

したがって、総理の権限などはできるだけ抑制的に書かなければ、当時の野党の社会党や共産党の猛反対で法律は成立しにくい状況でした。そんな政治情勢の中で生まれた法律に基づいた「緊急災害対策本部」の設置については、村山政権では、総理官邸が最初から極めて臆病で消極的でありました。五十年に一回か百年に一回起こるか起こらないか分からないような大災害が現に起こっているのです。

多くの人々が災害の現場で、助けを求めて悲鳴をあげている時に、過去のイデオロギーや憲法論議にとらわれて、大局的な判断ができなかった。

それでも一時、村山総理自身は法律に基づいた「緊急災害対策本部」の設置の必要性を理解されたようですが、「緊急対策本部」等という、恐らく役人が考えそうなずる賢いやり方を用いたために、事態の解決に、初動の対応に、決定的な過ちを犯してしまいました。

国家の非常事態——危機が迫っている状況に対して、客観的な判断を怠り、希望的な観測に立って、問題を小さく処理しようとしたために、初動のボタンのカケ違いというより、着る服自体を間違えて、全く場違いなものを着て出てきたというような状況にしてしまったのです。村山総理が陣頭指揮を執る、本当の意味でリーダーシップを発揮する、国民にも野党にも協力を要請する、被災者を激励する——そのような、非常事態に対する国の最高責任者としての毅然とした姿を見ることは、ついに一度もありませんでした。

我々の考えは、総理に権限を集中して、経済統制を含めた緊急事態に対しての対応を総理大臣が指揮監督、命令できるようにして、実効が上がるようにしようということですから、野党としてはこんなことを主張するのは、本来の立場からすればおかしいわけです。社会党が野党だった時代ではとてもありえなかったことです。この際、総理に権限を集中して、災害の復旧復興に、てきぱきした行動、行為がとれるようにしよう。これは何も村山さんのためではなく、人命の救助に、国民のために、また災害で悲惨な状態に陥っておられる皆さんに対して、せめて総理が諸般の複雑な手続きを経て不必要な時間をかけて、何かを為すというのではなくて、内閣総理大臣その人の権限によって対応できるようにしようということを我々は主張してきました。

災害対策基本法制定時には、当時の野党、社会党や共産党は総理に権限が集中することに極度に抵抗をしております。そうした方々の中から登場された村山総理ですから、この「緊急災害対策本部」の設置に大変躊躇すると同時に、最後まで逡巡し、ついにこの「緊急災害対策本部」を設置できなかったことが、今回の災害における決定的な対応の遅れのもっとも大きな原因となったのです。したがって、今後「災害対策基本法」の見直しをする際には、私は「緊急災害対策本部」等の設置についての要件というものをもっと緩やかにし、常識的に誰が見ても阪神大震災のような規模の災害が起こったときには、「緊急災害対策本部」を設置すべきだと、議論の余地のないようにしておかなければならないのではないか、言い換えれば、どんな内閣であっても、如何なる立場の人が総理大臣であっても、国家や国民の危機的状況に対し、政府が迅速に対応できるような状況をつくっておくということの必要性を痛感しています。そのために、災害対策基本法の積極的な見直しを必要とします。

③災害対策予算と復旧・復興について

震災後、九四年度予算の二次補正が必要になり、円高対策、災害復旧に関するものだということで、政府は二兆七千二百六十一億円の補正予算を二月二十四日に提出しました。私たち新進党としては、災害対策にもっと積極的に対応すると同時に、円高対策等について、十三兆円必要とすることを提案しました。秋に十兆円プラスしようということを、与党の大幹部がアメリカにいって発言して来られたが、それならば、今日のこのような状況のときに思い切った対策を講じ、秋にはその調整を図るということのほうが筋道であって、二兆七千億円というのは、災害対策だけでもこれくらいは必要であり、円高対策と合わせてこの程度の小手先の対応をするというのでは、円高対策に対する政府の確固たる姿勢というものを、災害対策に対すると同様、やる気があるのかないのか、疑わざるを得ないのです。

自衛隊の出動については、初日に二千三百人程度を動員、後に一万人、一万五千人というふうにだんだん増やしていったわけですが、私はこの円高対策についても、政府が自衛隊の出動と同じような手法をとるのではないかと思っています。私は、自衛隊の出動については、初日に三万人、二日目に五万人というふうに思い切った対応をして、後に減らしていくのが常識的な対応であって、最初に二千三百人程度の自衛隊を出動させるということは、今回の地震災害の規模に対する当初の実態の把握が、政府自身が、的確でなかったと言わざるを得ないのです。

④今後の政府及び連立与党の対応

⑴初動対応の改善

震災後これまでに、また今後、政府及び連立与党が災害対策にどのように取り組み、これからどう対応していくのか。

初動期の対応は、我が党が十回にわたる申し入れ、度重なる国会論戦によって主張を重ねてきましたが、政府としても部分的な法律改正や運用の見直しを進めています。これ自体は遅ればせながら、内容的に評価してよいと考えています。

一つは、一番最初の初動の情報の収集体制について、航空機、ヘリコプター等による画像情報システムの整備です。各種の機器を導入、数値的な情報にとらわれず、全体的な情報把握のための体制を作る。官邸にも三十分程度で、幹部が緊急に集合できるようになりました。

二つは、防災基本計画が七月十八日に改定されたことです。昭和三十八年以来ほとんど見直しもせずに過ごされてきたものが、今回、大幅に修正が加えられました。我々が主張しているように、抽象的であったものをより実践的、具体的な計画にしています。時間の経過にしたがって、誰がなにをすべきか明記し、災害ごとに活用しやすい計画にしています。これを基に自治体や企業がさらに詳細なマニュアル化を行い、防災基本計画の地域版や団体版的なものを作ることが必要になります。

旧計画が狩野川台風、直前の伊勢湾台風やチリ地震津波等、どちらかというと水害が念頭にあり、前にも述べた通り、安保改定等の政治的混乱もあって、災害予防が中心で、自衛隊の位置づけもはっきりしないままでした。自衛隊の存在を認めたくない社会党や共産党の強い反対の前に、自衛隊の位置づけを明確にできないままに今回の大災害に遭遇し、しかも国民にとって不幸なことに、その社会党の委員長が内閣総理大臣であったことが、問題を一層複雑にし、全ての対策が後手後手になり、不幸な結果を招いてしまったのです。政府の心ある役人は、この事実を承知しています。今回の防災計画は、大地震の悲惨な体験から、初期の情報、災害予測の重要性、国家の指導力の強化等が前面に出ているとも言えます。

官邸中枢への情報伝達、意思決定体制の強化、自衛隊と自治体との連携や自治体間の広域支援の確立、住民ボランティアや国際的な救助支援の受け入れ態勢の整備、自らの身の安全は自らの手で守るという国民防災思想の強調が主要な項目として挙げられています。

量的にも旧計画の十倍を超えた詳細なものになっています。しかし、あえて注文をつければ、まだ現行の法体系を基に作った計画であり、省庁のタテ割りの中でお互いに顔を立て合って、明らかに妥協した内容の部分もあり、積極性に欠けています。仏を作って魂を入れることが重要で、関係者の一層の奮起を望むとともに、国民に対する公僕としての義務であることを決して忘れないでほしい。

三つ目は災害対策基本法の一部を改正するということです。本来なら、今回の災害の重大な反省の上に立って、何と何と何をやっていかなければならないかと、いろいろ広範囲に検討した結果を、法律の改正案に盛り込むべきです。しかし残念ながら、今回の改正は交通規制に関するもののみです。災害の初期に交通規制がきっちりとなされていなかったために、必要のない車、不要とは言いませんが自家用車等がなだれ込んだために、救急車も自衛隊の車も消防自動車も、もっと緊急を要する車も、この中に入っていくことが事実上できませんでした。私もヘリコプターで現地を調査した後に、伊丹空港に着陸しました。新進党関係議員は神戸市役所に集合してもらいたいということを、既に朝から連絡していましたので、私も神戸市に向かったわけですが、全く駐車場の中に止まっているのも同然で、前にも進めなければ、後ろにも戻れません。Uターンもできない。そういう状況でじっと車が停滞したままになっていたということからすれば、警察官が現地で交通規制を自らの判断できる、あるいは同時に、その中に入っている車を強制的に撤去することができる、その時、車に被害を与えた場合に後で補償する手立ても用意する、こういった対応策を考えておくことが重要であります。

現場における教訓では、広域的な統制を果敢に実行すれば、緊急時の交通規制も可能ではないかという気がします。規制方法を災害発生の直後、近接区域、ゾーンによる拡大を図るほか、ドライバーへの義務づけ、国家公安委員会の指示権等、災害時の緊急交通規制に関しては一歩前進であることは確かです。あのような災害は、いつまた起こるか分かりません。現に最近、北海道で震度5というのがありましたし、サハリンでも地震が発生しました。我々のところにサハリンのようなことがまた起こらない保証は全くないわけですから、交通規制に関する基本法の一部改正に対して、私個人としては賛成です。

しかし今、政府がやらなければならないことはもっとたくさんあります。にもかかわらず、警察の交通規制だけを持ち出して災害対策基本法の一部の改正だというのでは、災害対策に対する行動の遅れといい、その後の対応といい、いかにも熱心さに欠けるのではないかという議論が党内外でありました。しかしながら、私自身はこの法案に対して、たとえ消極的であるという批判があっても、政府から提案があれば、法案として真摯に審議をし、賛成すべきであると考えていました。そして結論として、そのような決着に党内も落ち着くことになりました。

(2)国民の生命財産を守るための特別立法

地震対策特別措置法は、自民党の後藤田正晴代議士や原田昇左右代議士ら「日本を地震から守る国会議員の会」が中心となって進められました。これは早く言えば、静岡県を中心とする東海地震に対応するための「大規模地震対策特別措置法」をあまねく日本国中に適用できるようにしようというもので、この法律そのものも、大震災の経験から、ともかく、災害発生直後から数日間は家庭から避難所に安全に難を逃れていられるようにするもので、そのために学校や防災拠点センター、社会福祉施設、病院、僻地の診療所などの耐震性を補強し、それに必要な財政上及び金融上の支援を行うというものであります。

この法案を立案する段階で、まず原田代議士から「できれば新進党も加わって、議員立法の形で、委員長提案にして、今国会で成立させたい」との申し入れがありました。早速、党幹部とも協議しましたが、今私たち新進党の「新災害対策プロジェクトチーム」で私が座長を命ぜられ、全国の知事や市町村長にアンケート調査等を行い、積極的な新災害対策を打ち出そうとして準備中でもあり、連立側との話し合いは、私に任せて頂くということになりました。地震対策特別措置法について、与党だとか野党だとかいうことで論ずるべきではないというのが、私の基本的な考え方でした。しかし、各県に一〜二ヵ所の防災センターの建設、対象施設の拡大や補助率のかさ上げと充実等、細部にわたって検討した結果を原田代議士に回答しました。連立三党はそれぞれの財政部会が賛成しないので、原案は譲れないということでした。国会用語でいう「これでのんでくれ」ということです。私たち新進党は災害発生以来、党を挙げて復旧復興に真剣に取り組んできただけに、この程度の連立与党案にはにわかに賛成はできない。「ならば、三党だけで成立させる」と、例によって強行採決で進めるのがこのところ連立側のお家芸で、これが連立側の意向だということになりました。「我々は徹底的に論戦を挑み、この法律は成立させない」ということを重ねて原田代議士に通告しました。しばらくして、顧問の後藤田正晴先生の登場となり、「オレは詳しいことは分からんが、何とか原田君たちと話し合って、できれば新進党にも賛成してもらって、この国会で成立させたい」とのことでした。私は、「基本的には全くその通りです。しかし新進党に賛成させようとするなら、新進党の意見も入れるべきです。それを一言半句も譲れないということであれば、こちらも今、もっと幅の広い厚みのある新災害対策基本法を検討中であり、この程度の連立側の案では、とても賛成はできません」と申し上げました。後藤田先生も「それはその通りで、私からも原田君たちに言っておきますのでよろしく頼みます」とのことでした。

さらに、浦野烋興災害対策特別委の与党筆頭理事（現科学技術庁長官）や相沢英之代議士らと、新進党の側から、泉信也国土・交通副担当、小坂憲次代議士（新進党災害特筆頭理事）と私との間で、何回か議論を重ね、大蔵省とも折衝の結果、地域防災センターを一県に一〜二ヵ所建設する、補助対象額を一件五億円として、二分の一の補助とするという新進党案で決着を見て、自治体が効果的に活用できる法律にして、六月十六日に公布されました。

私は議員立法で、連立三党と新進党が共同提案する中で、大蔵省が反対する、あるいは法制局が賛成しないといった理由で引き下がってはならないと思っていました。今回のような災害では、政治が前面に出て、国民に対する責任を果たすべきだと考えているからです。

(3) 防災問題懇談会と抜本改革

今後の基本的な災害対策、今回の阪神大震災の大きな教訓に基づいて、我々は今何を為すべきかということを考えるときに、この災害対策基本法の一部改正といい、地震防災対策特別措置法といい、これらはいかにも、その場を糊塗したにすぎないという感じがしてなりません。そういうふうに政府に指摘すると、政府は防災問題懇談会に一応お願いして、九月頃に政府としての考えをまとめるというわけです。政府は「防災問題懇談会」を総理の私的諮問機関として作り、四月以来、国と地方の防災体制、情報収集方式、ボランティア、自衛隊、警察、消防等、協働システムなどの検討を行っています。

新進党が秋の臨時国会に法案を提出するというスピーディーな対応を示したことで、政府のほうも当初十月頃と言っていた結論を九月に早めようと、今急いでいます。既に我が党は「災害対策基本法の抜本改正の政策大綱」を参院選の公示前に海部党首と私が記者会見（於平成七年七月三日和歌山県御坊市・御坊商工会議所）で内外に公表しました。

自治体の意見も反映させて、政府に先立ち、党の基本的な考えを明らかにしたものです。ポイントは、総理をトップに全閣僚がメンバーとなる、法律に根拠のある即断即決型の危機管理体制を作ることです。

昭和三十六年、安保騒動、自社対決、冷戦構造の下で、しかも伊勢湾台風の被害を背景にして作られたのが、現在の災害対策基本法です。それが長い間改正もされず、現実的に災害時に役に立つよう見直されてもなかった。まさに五五年体制の自社が、慣れ合いの中で、相手の痛いところには手を触れないという政治姿勢をとり、そのために役人がこれに積極的に手を出すことを控えていたとすれば、与野党ともに、政治家の責任感の欠如と怠慢が今回の阪神・淡路大震災の初動の遅れに繋がったということであり、厳しく反省しなければなりません。

しかし、現行制度でできることをしないで、決断ができないで、なお法律の改正も、災害発生以来既に八ヵ月を経過しようとしている今日、なお遅れている状況は、今の政府の、村山内閣の責任感の欠如であると断ぜざるを得ません。「火事は最初の五分間」という言葉がありますが、災害が発生して、一番急を要する数時間、半日間というのは、やはりそれぞれの機動力を持った部門が、それぞれの持ち場で得た情報をもとに、自らのマンパワーと機械力を使って全力を挙げて人を救出することが災害対策の要諦です。医学的には、最初の四十八時間が勝負だともいわれています。あの大震災では、一つ一つのセクションで、少しずつ判断力の不足と出動、実行への逡巡が重なり、さらに困ったことには、最高指揮官の危機管理に対する自信のなさ、「リーダーの一声」がなかったために、ずるずると被害が拡大してしまったということを、我々は決して忘れてはならないのです。

米国のＦＥＭＡ（緊急事態管理庁）を参考にして、防災体制を強化すべしとの声も官邸等にあったようです。しかし、日本との国情の違いや、平時も戦時もまとめて考える米国と我が国では、あまりにも社会環境が異なっています。ただ、防災の第一次責任は地方自治体にあり、国は支援をする立場という理念は日米共通のようです。日本のシステムの良さを生かして、防災体制の強化を考えていかなければなりません。すでに実務面では、地震の被害規模を早期に概括的に把握するコンピューターシステムの導入、消防と警察の広域的な緊急救助隊の創設を決めていますが、今後、これらを大いに推進していくべきだと考えています。

咄嗟の判断を必要とする災害、法律や予算や慣行を乗り越えてより高度な決断を必要とする災害対策については、いかに経験豊かな政府の審議会委員、あるいは役所のそれぞれの問題に精通している官僚の皆さんであっても、この際、我々は、これらの人たちにだけ任せておけるような問題ではないと考えています。この防災対策については、阪神大震災の当時に、少なくとも現職の国会議員としてこの地震に直面したものの責任において、私は役人にだけ任せておくのではなく、国会議員そのものの責任において法案を作成し、与党も案を作る、野党も案を作る、そしてそれを国民の皆さんの注視の下に議論をして、国民的な合意に基づいて、歴史の批判に堪えうるような災害対策基本法の改正を行うべきだと考えています。

四、新進党の今後の災害対策

私は阪神・淡路大震災発生以来、新進党兵庫県南部地震復旧復興対策本部次長を命ぜられ、さらに神戸市の兵庫共済会館内に設置した「阪神大震災復旧復興支援現地対策本部長」として十回にわたって兵庫県及び神戸市を訪れ、貝原兵庫県知事、芦尾副知事、溜水副知事、さらに笹山神戸市長、田渕助役（当時）、小川助役、市議会の堺議長（当時）、旧知の吉本元議長（神戸市復興委員長）と現場において再三再四協議を重ねました。現地の被災者の立場に立って、本会議における緊急質問（一月二十日）、衆議院予算委員会における阪神地震の集中審議（一月二十六日）、本会議における復興本部設置に関する質疑（二月十七日）、災害発生二ヵ月後の衆議院災害対策特別委員会における復旧復興に関する要望の質疑（三月十七日）、さらに同委員会における災害対策基本法の一部改正に対する質疑（六月一日）等において、私は新進党としての主張を続けてきました。

その間、新進党としての被災地の救援、復旧のための申し入れや予算編成をめぐっての要請を行い、そのフォローを政府に強く求めてきました。その結果、提言の相当部分が補正予算や法律改正において実現しました。各時点での国会の質疑や党の主張などについては、巻末の資料（注：本書には未掲載）を一読願いたいと思いますが、これだけではまだ問題解決とはいえません。

特に今後の危機管理のあり方について、新進党としては「新災害プロジェクトチーム」を作り、約二百数十時間にわたって検討を続けてきました。去る三月三十日に中間報告として新災害対策基本政策（5―UP作戦）を、国民の皆さんに分かりやすい形で公表しています。さらに各自治体の首長の皆さんの意見も重要ですから、これをお聞きしました。さらに七月三日には災害対策基本法の抜本的改正の立法化を目指すための政策大綱を公にしています。政府

平成７年(1995年)１月26日、衆院予算委の阪神大震災集中審議で質問する新進党時代の二階俊博議員。村山政権の震災対応の遅れを厳しく指摘した

はこの提言に真剣に耳を傾け、与野党共同で立派な災害対策基本政策を作るくらいの気持ちで、来るべき臨時国会における対応を急ぐべきだと考えています。

⑮――UP作戦

これは、私が命ぜられて座長を務めております「新進党新災害対策基本政策検討プロジェクトチーム」においてまとめたものです。私たちのほうには、ご承知のように後ろに政府の役人がついているわけではありません。新進党もまだ生まれてわずかの状況ですから、スタッフも揃っているわけでもありません。したがって、国会議員自らが六法全書をめくったり、議論をしたりしてまとめたものです。この中には、例えば問題になっている自衛隊の出動要請の問題もあります。現行法では知事が要請を行い、その要請に基づいて自衛隊が出動を判断するとなっていますが、今回のような大震災において、果たしてこのような規定が適切であるか、疑問が残ります。

私は地震のあった初日に神戸の上空に行き、翌日には海部党首と一緒に関西空港から淡路島の震源地に船で向かいました。たまたまそこに兵庫県の貝原知事もお見えになっていて、いろいろな問題を話し合いました。例えば避難所に届ける食事ですが、報道では三十万食といわれていましたが、避難所ではなく周辺の建物の中にもライフラインが回復していないために食事を作れないという人がたくさんいるわけで、その数は避難所にいる人の倍だということでした。そしてその倍の数に対して朝昼晩と三食必要なわけですから、それはもう気の遠くなるような数字でした。そういう話を知事から伺いました。

　私は、交通や通信が途絶している状況の中で、果たして淡路の状況が災害発生の直後にどのようにして神戸市の中にある兵庫県庁へ伝わったかということについて、未だに疑問を抱いております。そういう場合には、たとえ離島であっても、たとえ山間僻地であっても、そこの市町村長がボタンを押せば、内閣総理大臣、あるいは防衛庁、国土庁、さらには県知事に、異常事態が発生していることを伝達することができるようなシステムを設置すると同時に、法律には、市町村長も知事と同じように自衛隊の出動を要請することができることにしてはどうかと我々は考えています。このことは、災害発生間もない二月六日、「明日の内閣」海部党首以下全員が兵庫県神戸市を訪ね、さらに、「新進党現地対策本部」に関係市町村長を招いて要望を直接承った際、被災地の複数の市長さん達からも「私たちにも自衛隊の出動を直接要請できる法改正をしてもらいたい」との強い意見が出されました。それだけにこれは、ぜひ法の改正により実現したいと願っています。

②知事、市町村長へのアンケート

　このように、被災地の市町村長の立場を法律案の中に書き込んでいくうちに、新進党としては、その重要な任務を担っている全国の知事や市町村長の意見をこの際承っておく必要があるのではないかと考え、五月の連休を活用して、三千三百四の市町村長と四十七の都道府県知事に対して、私たちの「5―UP作戦」に対する考え、あるいは法律のどこをどう直すべきか、そういった意見を聞くためにアンケートを実施しました。アンケートの結果は、五月二十八日に岐阜で開いた新進党「明日の内閣」政策対話フォーラムの後の記者会見で発表しました。このことはすでに新聞にも報道されました。

全国から寄せられたアンケートの答えの中で、ベストテンに入っているもの、あるいはベスト5に入っているようなものは、全て私たちも極めて重要だなと日頃から考えていることばかりでした。

災害発生時の救助、復旧活動のために、新たな法律に一般的な私権の制限の規定が必要かという問いに対して、八七%の知事や市町村長がこのことの必要性を考えていました。まだ未回答の地域の方々もたくさんいますが、普通アンケートは、四割近い回答があればいいそうですが、私は人命にかかわる災害基本法という重要な法律の改正に関与することだけに、もっとたくさんの回答を、これからも積極的に知事や市町村長に呼びかけていくつもりです。

また私たちは、防災の記念日等を設けて、市町村における訓練、あるいはさらにもっと広い範囲に広げて、隣県及びブロック単位で訓練を行うことが必要だと考えています。毎年阪神大震災の一月十七日と、そして従来からの関東大震災の九月一日のこの両日を記念日として、それぞれ県、市町村、さらに広域の防災訓練地域の各企業、また団体、学校や家庭が防災に対しての意識を集中させるべき日として、防災訓練を行ってはどうかと政府に提案しています。

③安全国家と首都機能の移転

首都機能の移転論は昔からありました。国土計画では、三全総（昭和五十二年）、四全総（昭和六十二年）でも抽象的レベルの問題として取り上げられています。平成に入って特に活発化し、平成二年十一月には国会移転に関する国会決議、平成四年十二月には「国会等移転に関する法律」が成立しています。私も衆議院の国会等の移転に関する特別委員会に携わっていましたが、大体の必要性は、官民共に認めているようです。

当時、連合の山岸会長が参考人として出席し、「首都移転というような国の重要な問題については、国会で決めればそれでいいということではなく、広く国民の皆さんのご理解やご協力がなければ」と私が申し上げたところ、「連合の家族を合わせて、この問題に砂煙を上げて協力する」と力強く言っていただいたことを記憶しています。

法律に基づく「国会移転調査会（宇野收会長）」の審議状況は、平成六年に入って課題ごとの中間報告を出して、平成八年の春に取りまとめをする予定になっていたのを、平成七年中に早める動きになっています。新進党も「新政治首都建設特別措置法（仮称）」を七月の参議院選挙前に提唱しており、二年以内に建設地を決定するよう考えています。政治的にも経済的にも大きな行き詰まりのような状態の我が国の現状を見るにつけても、やはり時代の節目に当たって、新しい政治、行政のシステムのための皮袋を作り、国土構造を根本から改革する絶好のタイミングだと思います。

防災の観点から見れば、いつか必ず起こるであろう東京大地震の際、危機管理を行うべき首都東京の中枢機能がマヒし、日本全体が混乱とパニックの坩堝と化す状況が長く続く可能性があり、これを思うと新首都の建設はのんびり考えている場合ではありません。もちろん、その新首都は政経分離の新しい制度や新しい技術を駆使したモデル都市でなければなりません。近代的な国際文化都市でなければなりません。と同時に、赤ちょうちんの居酒屋も並ぶような温かい心が通う都市でもありたい。大規模な地震が現在の首都東京を襲ったとしても、東京と一緒に被災しないような場所を求め、夢のある、日本人が世界に誇れるような国家的国民的プロジェクトとして推進することが基本となります。

しかし、今日までの国会の空気は、首都移転なんかすぐできるものではない、いずれにしても二十年か三十年先のことではないか、ならば今急に反対する必要もない、こんな空気の中で、この首都移転問題が推移していることも事実です。同時に首都移転の問題を大きく取り上げますと、東京都の方から苦情が出てきます。東京都の方は一体どうなるんだという話になるわけです。私個人としては、首都移転に十四兆円かかるという試算がありますが、首都移転にかけるのと同じくらいの費用を東京都の跡地の整備にかけるべきだと考えています。防災用の公園を作るとか、もっと素晴らしい、もっと文化的な香りのする、日本のかつての首都として立派な都市に再生するという考えには、国民全体にも異論はないと思います。そういうことに私たちはもっと積極的に対応すべきだと基本的には考えています。二十年も三十年も先にというような問題ではなく、私は今回の災害の教訓を受けて、首都移転の問題に対しても可及的速やかに対処できるような方向に、もう一度我々の考えを改めなければならないと思います。「新政治首都建設法（仮称）」の成立に力を結集する必要を痛切に感じています。

④今後の課題の地震保険

今後の課題として、引き続きあのような仮設住宅をたくさん作って対応していますが、仮設住宅にも限度があります。いつまでも仮設住宅のようなところで、被害を受けた人たちが満足するわけがありません。また直ちに新たな対応を考えていかなければなりません。その際にはやはり今後の課題として、地震保険等についても国が加わって対応を考えていく必要があるのではないでしょうか。

地震による直接間接の火災は、火災保険に入っていても免責で支払いの対象外となっています。地震保険であればカバーされますが、加入率も低く、保険が出ても限度額があり、査定も厳しいなどの問題があります。したがっていかに普及率を上げて、さらに本当の救済が得られるように改善するかがポイントになります。全労災などでは既にこれらの問題に対する対応に努力していますし、農協などでも地震保険が進んでいます。当然損保業界でも積極的に検討を加えて頂いているでしょう。いずれにしても地震によりこれだけの被害を受け、改めて国民の皆さんの間に災害に対する認識が徹底しましたので、国としても新しい地震保険制度の積極的な導入を考えなくてはなりません。

五、安全国家・安心社会をめざす宣言と「非常事態に対する日本の政治の責任を考える会」について

①安全国家・安心社会をめざす宣言

新進党の新災害基本政策プロジェクトチームの座長として私は次のような安全国家宣言をまとめ、「明日の内閣」「新進党政策審議会」「党役員会」の承認を得て、宣言を発表しました。

西岡総合調整担当と私が記者会見でこのことを明らかにしました。

さらに一月十九日新宿駅頭において海部党首、江田五月広報委員長を先頭に、私たち約十名の国会議員が勢揃いして安全国家・安心社会をめざす宣言をアピールしました。

安全国家宣言

新進党は、日本の二十一世紀に向けて、経済大国、軍事大国をめざすのではなく、国民が自由で豊かな文化を育み安心して生き生きと生活のできる「安全国家・安心社会」をめざすべきであるという理念に立って行動します。

テロや災害を予防し、生命・財産・健康等についての不安におびえることのない安全（安心）国家の再構築を目標とすることを提言します。

終戦後五十年目をむかえた今日、過去の教訓を生かし、世界各国と協調しつつ、平和な「安全国家・安心社会」をめざすため、私たちは国民と共に、その先頭に立って積極的に推進することを宣言します。

⑴安全国家・安心社会推進のための国民運動の展開

政治・経済・社会生活において、重大な事件が起きてからの対策ではなく、テロや犯罪、経済不安を予防するため

の安全の死角をなくすことが重要です。そのために必要な法律の整備、システムの整備、研究機関の整備を推進するとともに、自由で活発な国民の意見に耳を傾けながら、安全に対する理解を求め意識の啓発を図るため「安全国家・安心社会推進のための国民運動」を国民一般・産業界・学界・官界とともに積極的に展開します。

(2)予算編成にキーワード「安全」を

国民の税金を国民の生命・財産・生活の安全を保障するため、予算編成にあたってはキーワード「安全」を加えて編成します。

(3)安全総合大学の創設

来る二十一世紀に向けて、各分野で広範な角度から安全についての実践的研究、提言を行う「安全総合大学」「安全国家・安心社会フォーラム」の創設をめざします。

(4)安全対策ネットワークの構築を図る

情報化社会において、安全対策におけるネットワークの整備充実を図り、あらゆる危機に対応できる、国民一般・産業界・学界・官界で構成する安全対策ネットワーク（安全対策国民会議）を構築します。

(5)消防力・警察力の充実増強を

大災害や広範囲な犯罪に対し、消防力や警察力は手薄です。消防力についていえば、その充足率は六〇％（消防組織法）にすぎません。

消防力・警察力の整備を検討し、国民が安心して日常生活を営めるよう、その充実、増強を図るべきです。

(6)首都機能の移転推進

東京一極集中により様々な問題が発生していますが、テロや震災の側面でも危機管理を著しく困難にしている現状です。東京を安全な都市とするためにも、緊急に首都機能の一部を移転することが極めて重要であり、すでに国会決議がなされていますが、さらに国民的合意を得て、積極的に首都機能の移転を推進すべきです。

(7)ボランティア活動の積極的推進

大震災や火山爆発などの大災害後の復旧・復興において、

新進党の「非常事態に対する日本の政治の責任を考える会」で世話人代表に選ばれ、あいさつする二階俊博代議士（1995年5月19日、東京永田町の憲政記念館にて）

ボランティア活動に頼るところは小さくありません。ボランティアの様々な問題点を検討しつつ、災害時のボランティア活動が活発に行われる環境づくりを積極的に推進します。

(8)危機に直面した際にリーダーシップを発揮できる首相を

大地震発生などの国の危機事態に際しては、行政の長たる首相に国民の生命と財産を守る強いリーダーシップが求められる。政治改革、行政改革を一層推進し、国の緊急重要課題についてリーダーシップを発揮できる人材が首相となる政治的環境をつくります。

②「非常事態に対する日本の政治の責任を考える会」について

新進党所属国会議員の有志（百六十二名）が相集い、国家の危機管理や続発する社会不安、金融システムの信用回復措置などについて積極的に発言し、行動を起こすことを目的にこの会が発足しました。まさに国家の非常事態とも言える重大時に、政党や政治家が物も言わなければ、行動も起こさない。そんなことが許されるかという思いが、若い国会議員の間に澎湃としておこり、期せずして同志が相集い次のような趣意書をまとめました。

非常事態に対する日本の政治の責任を考える会趣意書

観測史上最大規模の大地震に対する危機管理体制の不備、国家転覆を狙う異常事件の続発による社会不安、我が国社会の崩壊につながる未曾有の円高、信用不安、産業の空洞化など経済危機が一体となって、国家の根幹が揺らいでいる。

この現象に対して、我が国の政治は適切な対応をなし得ず、国民から厳しい不信感を持たれ、諸外国からも我が国の行方が懸念されている。

この非常事態に、国会議員並びに政党は自己の利益のみにとらわれ、全く責任ある対応を為していないとの厳しい指弾を国民から受けている。

私達は、まさしくこのような国家の危機的事態に、迅速かつ的確な意思決定と対応が為しうる政治システムの構築を目指し、政治改革の断行に取り組んできた。

今、新進党の立党の精神に立ち返り、国民本位の政治を行うという政治改革の趣旨に沿う政党政治を再生するためにも、各々の利益を捨て、国家の緊急課題に対応することこそが、国民に対する国会議員としての責任であることを認識し、併せて、今後の日本の国家と政治の在り方を明確にし、安全で真に安定した活力ある日本を創ろうとするものである。

当面、次の事項を緊急課題として実現に全力を尽くすべきである。

一、サリンなど異常事件は、我が国の憲法体制に対する挑戦であり、我が国の法制度は市民社会に対する攻撃に対して極めて不備である。国民の生命、財産を守るため、特別立法を含め国会の総力を挙げ対策を樹立すべきである。

二、大震災対策は、冷戦時代に制定された災害対策基本法を全面的に見直し、首相の指揮権確立、自衛隊の役割明確化など災害即応体制を整備すべきである。

これら危機管理のための情報機能及び官邸を含む国

家行政機関の有機的な機能を拡充するための体制を整備しなければならない。

三、非常事態の日本経済を救うため、既に新進党が打ち出している景気回復をはじめとする「緊急経済対策」、「円急騰に関する当面の緊急措置」等を実現すること。

次の事項について、第一次補正予算等で緊急に措置すべきである。

(1)総額十兆円を超える財政出動
(2)規制緩和五ヵ年計画の本年度内実施
(3)金融の一層の緩和と金融システムの信用回復措置
(4)証券市場の活性化等
(5)土地税制の大幅緩和措置

四、アジア政策の重視、取り分け我が国の安全保障にとって、北東アジア、特に朝鮮半島の定は重要である。北朝鮮の核開発問題についてあらゆる懸念が完全に払拭されることを目標に、米国と韓国との協力を進めなければならない。そのための対応策を検討する。

五、食糧、エネルギー資源等の確保に関する来たるべき地球規模的危機に対する、我が国の国際平和貢献策について早急に体制を整備すべきである。

六、平和国家に向け、時代に即応した憲法についての論議を行う。また、心や人間味を伴った安定経済や安定社会の再構築に積極的に取り組む。

「非常事態に対する日本の政治の責任を考える会」、略称「責任の会」は平成七年五月二十五日憲政記念館においてスタートしました。早速、有識者を招いての早朝、党本部における勉強会、講師にはすでに早坂茂三先生（政治評論家）、西沢潤一先生（東北大学総長）、森田実先生（政治評論家）、岸井成格（毎日新聞政治部長）らをお招きし、近くは小沢一郎先生（新進党幹事長）、綿谷孝二先生（東京芸大教授）さらに石川元慶応義塾大学長、芦田甚之助連合会長らにもご指導を頂きました。また国会議員の意見発表の場として「これでいいのか日本の政治」というタイトルで、憲政記念館講堂において通称「弁論大会」も聴衆の中から、「この次の開催はいつか」という問い合わせを頂戴するほど、盛況に運営させて頂いています。政治家は発言することと、行動し実践することが何よりも大切でありま す。改革をめざす私たちはたとえ地道であっても、信ずるところをたゆまなく前進を続けることであります。発足当初は私が世話人代表ということですが、これは名前を出させて頂いているだけで、多くの同志が真摯に改革の旗手たらんとして取り組んで下さっている姿に敬意を表するのみです。中選挙区制度法の復活に関する党内外の意見や活動や思惑に対して反省を求めるアピールも全国会議員に配布し、力強い賛同の意思表示を他党の方々からも頂いております。国家の危機管理、国の将来を憂える国会議員の同志が、意見を交わし力を合わせ政治家としての本来の使命に向かって前進することは意義のあることであり、また当然のことでもあります。

六、防災の心得

①国民の自助・自立

阪神・淡路大震災の後、立て続けに海外でもロシア・サハリンでの地震（死者約二千人）、ギリシャ西部の地震、人災とも言える韓国ソウルのデパート崩壊など、災害の発生と一刻を争う救助についての政府の対応について、考えさせられる機会が続きました。

最近は特に敏感になっているからかもしれませんが、日本周辺でも地震が多い感じで、七月三十日には地球の裏側のチリでの地震による津波が、遠く日本の沿岸にまで再び押し寄せてきました。政府や地方自治体や企業等が、安全に対する確固とした責任とモラルを保持し、しっかりした体制を整備することが何よりも大切なことだと思います。

また一方で、国民の一人一人の危機に対する心得の有無が、いざというときに大きな力になると思います。不断の心構えが重要となって来るのです。

一番安全な筈の家庭の中で、大部分の人たちが一瞬のうちに命を失いました。大災害のときには、自らを守り、家族を助け、近所同士、町内会の人々が協力し合うことが、防災の原点となるのです。これだけ近代化された経済大国といわれる我が国において、国民が、災害は突然襲ってくるもの、そして過ぎ去っていくものとしてあきらめるようなことがあってはならないのです。危機にも強い国民、勇敢な住民――日頃からの防災の教育、訓練を通じて、不断の地道な努力の積み重ねが重要になってくるような気がしてなりません。そのようなことを日頃から考えて行動しているような人たちが、阪神・淡路大震災でもずいぶん活躍したという実話を伺っています。

国民が最初の三日間くらいは自らの命を守れるようなシェルターや備蓄、住宅の補強、通信網の確立などについて、新進党は立法化の準備を急いでいます。自主的な防災活動に対する金融や税制、さらに企業の地域社会への貢献の努力などによって、防災に対する理想的な環境整備を図ることが、何にもまして重要なことになっています。災害発生の後で、必ず国や県や市町村の対応が問われるのは当然ですし、責任の所在はいろいろあると思いますが、しかしことは日本人に関することですから、他人の責任を追及していく前に、自分が生き続け、生き残っていかなければならないということを思えば、それぞれの個人、家庭において、災害は人任せではなくて自分たちで対応するものだという認識が、まず最初に必要ではないかと思うのです。

災害は原則として個人の責任で対処することが当然であり、そのことが重要ですが、今回の阪神大震災のように個人の力ではどうにもならないような場合、さらに国の責任を考えるとき、私は少なくとも防衛庁の防衛局長や、厚生省の保健医療局長、自治省の消防庁長官、運輸省の気象庁長官等が定期的に防災対策を協議することが当然だと思います。この当たり前のことが、過去一回もなされていないということは問題です。役所の縦割り行政に阻まれて、このような簡単でしかも極めて大事なことが行われていないという事実に、私は驚いています。阪神大震災は私たちに多くの教訓をもたらしましたが、行政改革、規制緩和についても、尊い人命の救助、災害復旧、復興の見地からも、国民の皆さんと共にこれらのテーマについて、今こそ真剣に見直してみる必要を痛感しています。

一月十七日を新防災の日（仮称）と定め、国民総参加の防災訓練の実施を提言する所以のものであります。

②耐震度のボトムアップ

我が党が「5―UP作戦」でも指摘していますが、今日、文明の高度化、都市の巨大化が進み、また自然環境も大きく変わり、大災害の危険性が高くなってきています。今こそ、災害に強い都市づくりに向けて地道な対策ではありますがボトムアップを図らなくてはなりません。各省が既に取り組み、一部では実行もしているようですが、建築物の防災基準を見直して、安全性という観点から総点検をして、少々の地震ではビクともしない、大地震でも屋台骨だけは揺るがないような考え方で、耐震性の改善を急ぎ進めるべきです。避難拠点や指揮所となる学校、病院、福祉施設、庁舎等は建物の強さに余裕が必要です。新幹線、高速道路、ライフライン等、特に重要なインフラも震度7には耐え得ることが前提となることは当然です。

建築基準法では、昭和五十六年以前に造られた建物は、新しい基準に適合していなくても法に反しないことになっています。神戸でつぶれた地域は、大半がこうした家屋です。これをこのまま放置しておくわけにはいかないと思います。家屋の危険度を診断する手立てを考え、耐震性を強化するための改良、改善に対して、なんらかの誘導策を政治としてもこの際大いに考える必要があります。

③原子力発電所等の耐震の総点検について

耐震性の問題に関して、災害対策特別委でも質問の際に申し上げましたが、地震発生以来、巷では原子力発電所の強度は大丈夫か、地震による原子力災害に備えるべきだ、大震災を踏まえての安全性のチェックが必要だという地方の声が強くなっています。耐震安全を主張する側は、原発は活断層を避けて立地しているから絶対安全だと言います。最大級の地震も想定して余裕も見せています。原子炉や周辺施設には地震感知の自動停止機能等が装備されているとも主張しています。しかしこういう大地震が現にあったわけであり、絶対に安全だという神話は、今度の大地震でもう通用しなくなっており、耐震等の情報も、機会があるごとにもっと知らせるべきだし、防災訓練もその必要なしというわけにはまいりません。通産省などは原子力発電所の安全性の確保のために、より慎重により謙虚に対処してほしいと思います。災害が起こってからこんなはずではなかったのにというようなことがないよう、心してもらいたいと思います。危ない、危ないと必要以上に騒ぐ人は別として、原子力施設だけが何か特別に安全であると安易に考えるような時代ではありません。

若いころ私はドイツやフランスの原子力発電所を見学したことがあります。ドイツのフランクフルトから車で一時間くらい走ったところにある西ドイツ最大の電力会社「ＲＷＥ」を見学したとき、ドイツの若い科学者パフナー博士が安全性について説明をしてくれました。私が「一〇〇％安全と言えるか」と尋ねると、「原子力発電でも何でも世の中のものに一〇〇％安全かと言われれば、私は科学者として、軽々しく『絶対に』とか、『一〇〇％だ』とかという言葉を使うわけにはいかない。しかし、予測されうる問題については、二重、三重の安全策を追求していることを一般の住民の方々に正しく理解していただけるよう努力している。そうすることが私たちの責任である」と答えてくれました。今でもあの若いドイツ人科学者の姿を思い起こすことがあります。

通産省資源エネルギー庁と科学技術庁では、これらの指針制定前のプラントを含め全国の運転中の原子力発電所や再処理工場の耐震性の総点検を行なっており、間もなく報告書がまとめられるようになっているようです。

原子力安全委員会はすでに耐震指針の見直しの作業を行っており、九月中にも、報告書をまとめることになっています。

現在運転中の商業用の原発四十九基のうちの二十八基は現行指針の制定前に設計されたものですが、政府や電力会社は想定される最大級の地震にも耐えることができる十分な強度を持っているかをこの際、念には念を入れて確かめることは極めて重要なことであり、原子力発電に従事する人々の当然の責務であります。

原子力発電の安全性の神話をより確実なものにする努力は、このような大災害に遭遇した今日、あらためて原発の耐震性について総点検、再点検をすることの意義は大きい。

近頃は、北信越の水害のような自然的な災害に加えて、あっちで爆発、こっちで毒ガス、飛行機のハイジャックというふうに、人間が介在した大災害が頻発しています。自然は人間にとって母なる懐ではありますが、一方で極めて非情な猛威をふるう場合もあり、我々はこの両面を受け入れながら自然と対処しなければなりません。しかし、人為的災害、人間が故意につくったものや、ミスや不注意によるものや、無知、無責任に起因するものなどは、自然災害とは違って、これを根絶し、防御する不断の努力を、私たちは、怠ってはならないのです。新しい防災計画では、「人為的災害」には言及、改定がなされておらず、これはこれからの課題となります。災害に特に責任のある省庁の幹部は、この点に既に気がついているはずであり、勇気をもって良心に従い、もうひと踏んばり頑張って全体を立派な形に仕上げてもらいたいと願っています。

④官邸の機能

歴代の総理大臣の秘書官に、あの「なだしお」のとき、中華航空機のとき、また宮沢内閣の当時のあの北海道南西沖地震のとき、官邸の機能はどうであったかということについて、お互いに反省し、意見を述べ合おうということでいろいろと話を聞きました。官邸というのは、形はあのように立派な建物になっていますが、あの中には国民が期待するような災害に対応する機能は全くないのです。今までは留守番もおりませんでした。電話も夜は繋がらないという状態でしたが、この頃は電話番だけでなく、通信システムも出来上がっていると聞いています。

これは村山内閣のときにどうだこうだというのではなく、これからも国家は永遠に存在するわけですから、そのための官邸の機能のあり方というものに関しては、例えば首都移転をする、国会移転をする、そんな議論があるときに、官邸をいじってどうするんですかという意見もありますが、五千人からの人が亡くなったような、こんな事態を目の前にしてそんなことを言っている場合ではありません。大災害を前にして憲法論議を繰り返しているようなものです。私はとりあえず早急に官邸の機能を整備することは、極めて重要だと思います。もし自衛隊の出動要請を全国の三千三百四の市町村長にも与えるということになると、電話でどんどんやってこられたときには対応が、できないではないかといって、早速、政府の一部には、今からそのことに対する予防線を張っている様子も見受けられますが、私は今のこの世の中で、マルチメディア、情報機能がこんなにも発達した時代に、そんなことぐらい技術的にできないわけがないと思います。私は既に何社か、具体的に専門の会社に、一体いくらぐらいあれば実現可能か検討してもらっています。総理官邸や国土庁や防衛庁や県庁等に受信ボードを設置し、災害の起こった市町村長がボタンを押せば災害状況を告知してピーピーと鳴る。ここでも鳴るし、あそこでも鳴る。これはおかしいなということになると、いくらぼんやりした対応の指導者であっても、官邸でも、防衛庁でも、国土庁でもこれはおかしいということになる。こういうふうにしておけば、いくらなんでも、朝五時四十六分に起こった大災害に対して、自衛隊が夕方に出かけていくというようなことにはならないはずです。

また私が直に身体に地震を感じたのは、新大阪の近くのホテルの十二階でした。私よりもっと災害地、発生地に近いところに自衛隊が駐屯しています。身体でも、もう五時四十六分には地震を感じているわけです。そして例えば防衛庁長官に対して、秘書官が朝六時にこのことを連絡しています。これは当然のことです。地震は五時四十六分に起こっているのですから。しかし、それでは六時にその知らせを受けたのに、防衛庁長官が防衛庁に着いたのは午前九時です。そして閣議が十時です。この十時の閣議は緊急ではなく前々から設定されていた定例の閣議です。私は閣議など総理大臣が独自の判断で開いたっていいと思っています。大きな地震や災害があれば、大臣は官邸に直ちに集結するという、そういう対応が必要だということを改めて痛感しました。

確かに最近の官邸は二十四時間体制が確立していると宣伝していますが、去る七月十四日、参議院選挙の最中のことですが、「北信越地方の大水害で、床上浸水や家屋が次々に流されている。なんとか助けてもらいたい」という地元の村井仁代議士からの電話が新進党本部に寄せられました。新進党では直ちに対策本部を設置し、政府に対し、緊急対策の申し入れをすることになり、官邸に連絡を取りました。総理も官房長官も選挙応援で留守だということは分かっていましたが、当然、誰か代わるべきものが留守を守ってくれているものと思い込んでいました。阪神・淡路大震災の発生以来、あれほど官邸の危機管理能力が問われているときに、七月十四日午後七時、官邸に私と泉信也参議院議員が尋ねましたが、対応できるものは誰もいませんでした。申入書を受け取っていいかどうかも判断できかねるという職員が一人いるだけで、こんなことでは、今夜もし大きな地震でもあればまた大変なことになるなと思い、官邸を後にし、さらに、私たちは、建設省と国土庁に向かいました。官邸の二十四時間体制は、あれは見せかけだけのものかと、あらためて国民を守る立場からあえて苦言を呈しておきたいと思います。

新進党ではその翌日、羽田副党首が、選挙遊説のスケジュールを変更して、党代表として現地入りされました。

⑤いなむらの火

おそらく年輩の方々は、尋常小学校時代の教科書を思い出されるかもしれません。これは私たち和歌山県の広川町というところで、安政元年（一八五四年）大きな津波が発生した時の話です。そこに五兵衛（注：濱口梧陵がモデル）

という庄屋の主人がおりました。ある日、五兵衛が山の上の田んぼのお米を収穫していたとき、沖のほうに津波を発見しました。そこで五兵衛は山の上の自分の田んぼに火をつけました。その火を見て、これはただごとではないということで村人たち、みんなが山にかけつけて火を消そうとする。これは凄い、これは大変だということで山寺の鐘を打つ。そして間もなく、村のみんなが山の上の広場に集まった頃に津波が押し寄せ、堤防は崩壊し、家も屋敷も跡形もなく流されてしまう。しかし村の人はみんな上に上がっていたので助かった、という話です。

濱口梧陵（写真提供：広川町）

　これは昭和十二年から十年間、小学校五年生の教科書、尋常科の小学校の教科書に書かれていました。後にこの人は初代和歌山県議会議長にもなるわけですが、今でも地震、津波の神様だと仰がれています。

　私はやはり、どんな法律やマニュアルやシステムを作り、近代的な防災通信の機能を備えても、指導者に国民を守るという責任感、国民に対する深い愛情、そうしたものがあってこそ初めてこのような献身的な行動にでられるのであって、今の時代と違って、あの頃の米というのは今よりはるかに価値が高く、それに火をつけるというのはとても普通の感覚ではできないことです。しかしこの人は、自ら村の長という立場にいる自覚と責任感によってそういう行動をとることができました。私はこの教科書を読んで改めてリーダーとなる人の資質を考えていかなくてはならないと思います。東北大学の西澤潤一総長は、今年三月の東北大学の卒業式に際し、三千名の学生の前で次のような告辞を述べられました。去る六月一日の衆議院災害特別委でも引用させていただきましたが、西澤学長は卒業生達を前にして、「阪神大震災のように、何を為すべきか咄嗟に判断、実行しなければならないことが世の中では起こるが、平素どこまで考えていたかによって、対応できる人と対応できない人が出てくる。試練を糧として大を成すよう期待します」とはなむけの言葉を贈られました。私たちもこの「咄嗟の判断」ができるよう、あらゆる事態を想定し、日常から考えて行動しなければならないという教訓を、改めて噛み締めなくてはなりません。

『日本の危機管理を問う―阪神大震災の現場から―』
（新政経研究会発行、プレジデント社発売、一九九五年）
より

どうなる国会移転

平成七年の阪神・淡路大震災を契機として首都移転・国会移転に関する議論が活発になったが、それに先立つ平成五年四月二十一日に開催された栃木県土地問題研究会での講演において、現在でも日本の懸案の一つであり続けているこの問題について語ったもの。（編集部）

阪神大震災は我が国の危機管理の盲点を衝くと同時に多くの反省と教訓を私たちにもたらしてくれました。なかでも、この地震が東京を襲っていた場合はどうなるのか！国の機能はマヒしてしまい、我が国の政治、経済、文化にさらに重大な影響を及ぼすことが予想されるのは当然であります。

今、あらためて「首都機能の移転」「国会移転」が論じられるようになりました。阪神災害における私たちの体験に基づき、国家の危機管理を検討していく上で、避けては通れない問題として、クローズアップされて参りました。

新進党の「明日の内閣」の国土交通政策担当の私に対して、国会移転についてしばしば意見を求められました。そこで、平成五年四月二十一日栃木県・総合文化センターにおいて、平成五年度栃木県土地問題研究会で講演させて頂いたものを掲載させて頂きました。

国会移転の問題は与野党の境を超えた国の将来にとって重要な問題であります。

ご意見をお寄せ頂ければ幸いです。

首都機能移転の必要性

国民の間に国会移転問題について様々な議論が出始めております。この問題は、各界各層の国民の間に共通の課題であるとともに、次の世代にとってもたいへん重要な問題であります。ここ栃木県ではこの問題に対して熱心な研究が進められていると伺っておりますが、私もこの問題に多少なりとも関与しているものとして、皆様の声をお聞かせ頂くとともに、早期に解決を迫られている問題として真剣に取り組んで参りたいと思っております。また、「国会等の移転に関する法律」に基づいてできた調査会の第一回の会合が、昨日東京で開かれました。国会移転問題に関する初めての会合のまさに次の日に、ここでこうして国会移転についてお話をさせていただいているというのは、私にとってとても感慨深いものがあります。

首都機能移転の必要性が議論される背景には、東京一極集中により生じる社会的、経済的な様々な弊害があります。現在の日本では、全国土面積の三・六％にすぎない東京圏にあらゆる機能が集中してしまっています。このため人口が集中し、事業所も集中しております。資本金百億円以上

の企業の六割は東京に本社をおいておりますし、手形交換高のシェアもその大部分を東京が占めているような状態であります。その結果、通勤難の問題が生まれ、東京のラッシュアワーは今や殺人的な混雑ぶりになっております。

私は今、自民党の交通部会長を担当していますが、先般の景気対策を論じる場において私は「首都圏の殺人的な通勤難を解消せずして、どうして生活大国とか経済大国とかを語ることができるだろうか。また同時に、この経済社会を担って立つ大きな役割を果たしているサラリーマンの人達や次の時代を担う学生達を、この通勤地獄の中に放置しておくことはできない。通勤難の解消を目指し、相当の対応を図っていかなければならない」こう申し上げたわけでございますが、しかしながら住宅対策、住宅難の問題とも考えあわせてみますと、通勤難を解消することはこのままでは不可能に近い問題であります。

東京の地価が高いという問題については、栃木県で新たに首都機能の移転を受け入れてもよいという地域を先ほどヘリコプターで視察して参りましたが、そうした地域と東京の土地の価格比は一対一〇だと伺いました。今日の東京周辺の地価高騰は大きな社会問題となっております。

道路の混雑も首都圏では大きな問題であります。東京では車で動く場合には時間の約束はできません。道路が混んでいたから約束の時間に遅れたというのは、東京では言い訳にならないわけです。

また水不足や廃棄物処理の問題も深刻です。首都圏のゴミ処理能力はもはや限界に近づいており、このままでは東京はゴミに埋もれてしまいます。このゴミ問題を解決しないでは、都政を語ることはできないというところまで追い込まれているのです。

東京に資本金百億円以上の企業が六割以上集まってきているという事実がある反面、地方は置き去りにされてしまっています。平成元年から五年までの数値を取ってみても、全国で十六県に及ぶ県が人口減少に頭を悩ませている状況にあります。人口減少の中身も、若者が流出し、高齢化社会が平均よりも進んでしまうという構造になっており、その結果地方圏におけるあらゆる機能がそのシェアを低下している状況にあります。

また首都機能移転を考える時に、どうしても無視できないのが大規模な災害がやがて起こるのではないかということであります。学者等専門家の意見を聞いてみますと、大正十二年の関東大震災程度のものがやがて再び東京に来ないとも限らないと指摘しており、これは無視できない問題であります。首都移転を考える場合には、災害にも強い新しい社会、文化都市を実現していく必要があります。

東京が抱えている様々な問題の解決を図っていくなかで、首都機能だけを移転してぽっかり穴があいたような東京にしても構わないというわけではありません。今日まで東京を中心に発展してきた姿を思えば、東京が今以上に発展していくように配慮していくのが当然であります。専門家の意見では、首都機能の移転には十四兆円くらいの予算が必要であるといわれていますが、それに匹敵するくらいの予算を投入して世界に誇れる都市東京の姿を維持して行く必要があります。

二十一世紀に相応しい国土の構築と新しい政治、行政機構の実現を考えていくには、国土軸、今までは第二国土軸という限られた範囲での提唱でありましたが、これからは新しい視点に立って、国土軸、交通情報ネットワークを首都機能の移転とあわせて考えていく時代に入っております。首都機能を移転するということは、ハードの面での地方分権を意味するものであり、ハードの面での地方主権の第一歩とも言えると思います。また同時にソフトの面でも規制緩和や行財政改革のことを考えあわせた上で、地方への各種の権限の委譲、配分、再配分を明確にし、積極的にそれらの推進を図っていく必要があります。首都機能移転の議論の根底にはこうした考え方もあったわけであります。

首都移転問題論議の経緯

我が国における遷都問題についての議論は、昭和三十年代の半ば三十五年頃、東京都立大学の磯村英一教授を中心として富士山麓における遷都案が熱気を帯びて語られたのが最初であります。このとき東京の過密対策として富士山麓に政府機関を移転してはどうかという提案がありました。また、昭和三十九年頃には当時の、河野一郎建設大臣より富士山を中心とした浜名湖周辺への遷都論が提案されました。暫く時をおいて、第二次の遷都論のブームは四十年代後半にあり、この時は早稲田大学の二十一世紀研究会が北上京の遷都構想を提案し議論を呼びました。今は第三次の遷都ブームと言えると思いますが、この問題に熱心な栃木県で遷都論をテーマにして会議が催されたことで、地方で遷都論の火がついていくことを実感しております。

次に国会での議論について申しますと、昭和五十年の二月に首都問題懇談会が超党派で結成されております。二十数回会議が開かれ、共産党を除き国会議員二百名を超すメンバーが超党派で参加し、国会移転、首都機能移転の問題について、「このまま東京を放置するわけにはいかない」というコンセンサスを得ました。そして平成二年十一月七日に国会等の移転に関する決議が第百十九回国会に提出され、衆、参両院本会議において共産党を除く全会一致で議決されました。「国会等の移転の決議」に関してフォローアップするために、第百二十一回国会において、国会等の移転に関する特別委員会が衆、参両院に設置され、私も委員会の理事として参画して参りましたが、百二十四国会に至るまでの間、十一人の参考人の先生方を招いて意見を聞かせていただきました。参考人の質疑の内容について、将来栃木県に首都移転が本当にできるかどうか、専門家はどのような意見を持っているのか、参考になるかと思いますので、印象的な部分だけをピックアップして報告しておきたいと思います。

先ほど申し上げた磯村英一先生は、遷都問題、首都移転問題の元祖のような人であり、最初にお話を伺うに相応しいということで、お招きしてお話を伺いました。その際、今回の国会の決議が遷都問題に大きな一石を投じただけでなく、大きな課題を国民の前に提示したということで敬意を表したいとのお褒めの言葉を磯村氏より頂きました。磯村氏からはまた「日本において遷都問題があったのは、過去には戦争の時か災害があった時だけであります。大正十二年の関東大震災の後、天皇の詔勅、つまり『東京は首都としての地位に変わりはない』というお言葉によって、首都移転の問題は立ち消えになりましたが、移転の問題は、今後、具体的なプランをどういうイメージで持っていくか、どういう形にすればいいか、どんなデザインが良いのか、仮に日本のある所、例えば栃木県が移転を受け入れようとするならどのようなプランが考えられるのか、移転後の東京の繁栄がどうなるのか、等について考えておく必要があります。日本が国際的な舞台でその役割を果たすためには、二十一世紀の国会、二十一世紀の政治はどういう姿になるべきであるかということに十分配慮した上で議論をしていくべきではないでしょうか」という提言がありました。

次に、総合研究開発機構理事長の下河辺氏は、官庁エコノミストといいますか、地域開発計画のわが国における第一人者と言ってもよい方ですが、かつて経済企画庁の事務次官もされた方であります。この人も四十年間にわたって首都移転を考え、提言をし、研究に関わってこられました。そうしたことから「国会が自らの意見を明確にした首都機能移転という考え方は、二十一世紀のわが国の政治を支える国の在り方を問うている。単に国会の建物を移転するというだけでなく、二十一世紀のわが国の政治の在り方が根本から問い直されている」という認識を表明されました。つまり、国会を中心とした都市づくりをイメージして検討を始めてはどうか、国会都市というもののヴィジョンやイメージを作ろう、土地に対しても何か事前の予防策を講じておかなければならないのではないか、ということを述べられたわけであります。

今日主催されている不動産関係の皆様は専門家でありますから、こうしたことのあらかじめの対応については念頭に置いておられると思いますが、土地問題をどう処理していくか、これも重要な課題の一つであります。また「国会移転と人口が分散することはまったく関係がないのではないか」とも述べられていますが、これには私もまったく同感であります。例えば、六十万ないし百万人が今の東京から移転したところで、あの大東京のラッシュも、住宅難も、諸々の東京の抱えている今日の問題を解決するには、すぐには役に立たないのではないか。これはこれで、ひとつの刺激的な発言をされていると私は認識しています。

次に、早稲田大学理工学部の戸沼教授は、先ほど申し上げた北上京遷都論を提唱されているわけですが、東京に政治の中心があること自体が諸悪の根源だと指摘しており、「新首都立地の条件は、過密地域や東海道メガロポリスを外れた所で、現在過疎地域と見做されているところが望ましい」という発言をされております。日本の首都は歴史的に九州から近畿そして関東へと北上してきた。今度は東北の番だ、というわけです。

また、作家、経済評論家としてご活躍中の堺屋太一氏は、東京の土地の高騰と通勤距離の問題は先ほどから申し上げた通りであるが、「今や東京は単に過密都市というだけではなく、過大都市になっている。そして地方の衰退、特に文化の面での地方の衰退というか、東京と地方の差異が大きく開いてしまっている」という指摘をされております。また「日本の経済効率がこれによって著しく悪化している。東京一極集中が情報の分野にも大きな問題を投げ掛けている。つまり一ヵ所に情報が集中するため、それが他の地域との経済の効率あるいは文化の面で大きな差を生じさせてきている」という指摘もされました。「災害時の被害が大きいという事は今から予想されるのではないか。国会等の機能を移転するために、国会移転に関する基本法を制定すべき」ということでありますが、こうした学者等の法律を早く作れという要望が、私達が国政の場において基本法の制定を進める大きなバネになったことは確かであります。

次に、連合の会長である山岸参考人は、「労働者を代表する立場から国会決議を高く評価したい。都道府県別の豊かさの指標では、首都圏の各都県は、最下位に位置しているではないか。遷都ではなくて政治行政機能を体系的な形で地方に移転する。これは遷都ということだけではなくて、地方分権というものを明確にしていく必要があるのではないか。二十年くらいの時間が必要であろう」、この年限については今後議論のあるところでありますが、このように時間を区切ってお話をされたのが特徴的でした。地方分権を推進し、新都を新しく移転したところでは、スマートで小さな政府を作ることが大事だという主張でありました。

次は、関西経済連合会長の宇野参考人ですが、昨日新しくできた国会移転に関する調査会の会長に就任されました。地方分権を大変熱心に主張される立場から、「形の上でのハードの面での遷都に対して、目に見えないソフトの部分での見えざる遷都というものもある。これは地方への機能の移転、すなわち地方分権を推進するということである」ということを強く主張されました。「そろそろ国と地方との役割の分担を明確にしていく必要があるのではないか。二十一世紀初頭の日本の姿は、道州制あるいは遷都ということにすべきではないか」ということを、関経連会長の立場から明確に表明されたものであります。

地震予知連絡会長の茂木先生は、「日本は先進国の中で最も地震災害を受けやすい国であり、国会が先頭に立って東京を移転しようということを決議したことには賛成だ。残された東京には防災のための空間が必要だ。したがって、国会等、あるいは官庁等を移転した後に何かを作るのではなく、そこは防災空間として残しておく必要がある」というご指摘をされました。「地震の危険性に国の心臓部がさらされているのは我が国だけだ。特別の対策が必要だ」という専門家の立場からのご指摘であります。

武蔵大学の小沢辰男教授は、国会にも大臣を何回もおやりになった同姓の私どもの大先輩がおられますが、共産党の推薦であります。「首都機能の移転で一極集中問題は解決できない」という意見でありましたが、特にいつものように共産党が徹底して反対して回るというふうな姿勢ではありませんでした。委員会においても常に共産党代表がオブザーバーとして理事会に出席され、開かれた理事会として共産党にも積極的に発言していただき、また審議にも加わってもらい、私達の側の意見も聞いてもらいたいということで小沢先生に出馬願ったわけです。

首都機能移転問題に関する懇談会の座長の八十島先生は帝京技術科学大学学長でありますが、地域開発に関して大変権威のある方で、今後の首都機能移転の必要性と目的について「二十一世紀に相応しい国土構造の実現、真の豊かさが実感できる新しい社会の実現、及び現存の東京が抱えている過密問題の解決に寄与するバランスのある都市機能の発展と都市整備の進路をこれから考えていく必要がある。同様に、大規模な震災に見舞われた際の国内外への影響を抑制していくために、今から配慮していくべきだ。また政治行政機能と経済機能との分離を図るべきだ。新しい首都が政治行政機能に常に純化していく方式を首都機能の実現の上において配慮していくべきである」というご発言でありました。

クラスター方式は、共同通信社がこうした意見を考えていくなかでクラスター型の開発イメージというのはこういう物だということで出されたものであり、参考になると思いましたのでコピーさせて頂きました。これは葡萄の房のように国会のクラスター、行政のクラスター等を作っていくもので、この他に住居のクラスター、外交国際のクラスター、医療のクラスター、商業のクラスター等を作っていってはどうかというものであります。これは現在の東京のように一ヵ所にゴチャゴチャと集まってくるというのではない進出の姿を描いています。

島根県の出雲市長の岩国哲人さんは、「一極集中の是正は地方の声だ。これが地方の活力の減退に繋がっている。情報の公開も含めて、地方の活力あるいは日本の新しい時代を呼び起こすために推進すべきだ」という主張でありました。

首都機能移転問題を考える有識者会議というのが、内閣総理大臣の諮問機関として作られておりますが、平岩経団連会長の意見は首都機能移転問題を考える有識者懇談会を代表する意見であり、「首都機能移転に必要なことは、一極集中の弊害を除去する必要があるという事で、大半の意見がここにあった」ということでした。平岩会長の意見の中で注目すべきことは「基本法を早く制定すべきだ」と述べられていることで、これについてはいよいよ基本法が制定されたわけで、また「首都建設計画を策定し、国民投票で決めたらどうか」という有識者会議の座長としての立場からのご発言がありましたことは、注目すべきことであります。首都機能を移転するということは、大改革をやるわけですから、広く多くの国民の理解や協力がなくてはできません。したがって、国民の合理的なコンセンサスを得るということで、国民投票で決めるということは私も大いに意義のあることだと考えております。

こうしたことを委員会で進めております最中に、国土庁長官の諮問機関である首都機能移転に関する懇談会でありますとか、首都機能移転を考える有識者会議が、それぞれに検討を進めまして、懇談会は懇談会として、有識者会議は有識者会議として、それぞれの意見を取りまとめました。それによりますと、新首都というものが少なくとも東京圏六十キロより外に建設すること、また首都機能は段階的、計画的に緩やかに移転すること、新首都の人口は約六十万人、面積は約九千ヘクタール、費用は十四兆円くらいと試算しております。今の六十万人の人口の内訳は、移転に従事する民間からの人が十万人くらい、立法府の国会議員とその秘書、司法関係の最高裁判所、研修所、中央省庁の内部の部局等を合わせると五万四千人くらい、そして特殊法人、大使館、政党本部、各県の新首都の事務所を合わせると二万人くらい、その方々の家族が二十万人くらい、合わせてサービス産業に従事する人達、教育、文化、医療、商業、飲食店等三十万人くらい加わり六十万人という数字になります。各種の世論調査が行われておりますが、幸に国土庁が有識者及び東京圏在住者に対して行ったアンケートによれば、七〇%以上の賛成者が出ております。総理府が行った調査でも六〇%が首都機能移転に賛成しています。国家公務員等のアンケート調査は、まだどういう形になって自分の身分がどうなっていくのかということが明確になっていませんので、アンケートに答えた人が大変少なく、躊躇している感じがいたしますが、東京都民を含めて全体的には賛成者が増えている状況であります。

「国会等の移転に関する法律」の制定

次に、国会等の移転に関する法律でありますが、東京圏における人口の過密や地方の停滞など、東京一極集中に伴う諸問題が深刻化していることから、これについては各党共に円満に協議相談し、国会等の移転のために積極的な検討を行うことになっております。そのため、国の責務、国民の合意の形成、行財政の改革との関連づけを有する検討指針を決めていこうということで、国会議員や学識経験者三十二名で構成する国会等移転調査会が昨日発足し、宮沢首相もこれに対して積極的な発言をしておられます。これを進めていくことが地方の活性化にも繋がり、またそれぞれの企業の対応も変わってくるのではないかという発言をされていますが、国会の移転というものを一つの起爆剤として、あらゆる日本の問題点を改革する突破口にしていこうという機運が内外に醸成されていることを高く評価すると同時に、その方向に努力を惜しんではならないと思います。国会等の移転に関する法律に基づいてできた調査会がいろいろとこれから必要な調査に対する事項をまとめていくわけでありますが、問題の移転先の選定に関する事項、新都市の建設計画に関する事項、事業主体に関する事項、地価高騰の防止や土地取得、土地利用等について定めている土地に関する事項、財源をどうするか、都市経営に関する事項などについて、それぞれ考えがまとまっていくと、これに基づいて法律を作成する必要があるのではないかと思われます。これらについて、国会における委員会の審議と調査会における審議と、双方相まって問題の進展に努力していきたいと思っております。

移転先として新しい都市に求められている条件は、これから調査会で検討されますが、例えば、栃木県なら栃木県、東北なら東北という地域を一つの候補地として考えていく場合、次のようなことを考えて頂きたいと思います。地震、火山等に関する災害の危険性の少ない地域であるかどうか。新都市の建設が容易な良好な地形かどうか。水の安定供給が確保されるかどうか。高速道路、空港等の利便性に優れているか。土地取得が容易であって、かつ土地利用にかかる誘導規制等が容易であるか。

最近の新聞によれば、栃木県の渡辺知事は、答申にいわれている程度のことであれば、本県はすべてのことをクリアできるという自信のほどを語られておりました。私も、それらを念頭に置いてヘリコプターで現地を拝見して参りましたが、日本にも首都移転に相応しいところがあるのだなあと感じました。船田長官から「現地に行ってこなくてもいいが、有力な地域であるということを言い切ってここが一番だということを言ってこい」と命令がありました。昨日、福島の渡部前通産大臣とも話し合う機会がありましたが、須賀川の空港を利用すれば首都移転に対するすべての条件を満たすことができるのではないか、つまり、福島と栃木が一緒になって行動すれば、そういうことも不可能ではないという話をされていました。同時に海からのアプローチという事も、首都という場合には考えなくてはなりませんので、先ほど控室で海からのアプローチはどうかと聞きましたら、茨城県を念頭に置けば考えられるということなので、これは問題点が段々浮き彫りになってくるのかなということで話を伺っておりました。

移転先の新しい都市の姿について、国会移転調査会がこれから調査を行っていくわけでありますが、今言ったのは自然条件等動かすことのできない具体的な要件であります。これにつきましては、知事がそれぞれにクリアできるとおっしゃっており、私もそうだろうなとうなずくことができます。しかしこれから先が問題でありまして、これは将来のことですが、新首都については全国民に開かれ、魅力ある賑わいがあり、新しい文化を創造する都市、世界に開かれた日本に相応しい国際外交機能を持つ都市をつくらなければなりません。したがって、少なくとも国際空港を必要とするという条件の中で議論をしてきましたのは、外国の賓客等がやってくる場合に、今の羽田や成田では十分に対応できないからであります。国会の庭先からでもヘリコプターや飛行機が飛び交うことができるようでなければ、一刻を争う現在の国際情勢の中では間に合わないのではないかといわれているほどであり、新しい道路等の整備も含めてこういうことも念頭においておく必要があります。

また新首都は自然と伝統を生かしながら、移転先の環境とも調和し、高度な生活の文化水準を実現した我が国の顔となるべき風格を備えた象徴的な役割を担う都市でもなければなりません。新首都に移ってくる人達の生活文化の水準も、今までの東京では為し得なかったものとなるように考えていかなくてはなりません。そしてそこに住み、働く人々が楽しく過ごすことができる都市でなくてはなりません。各方面の高度開発技術を生かした都市でなくてはならないということを、私どもは常に念頭に置いております。

首都機能の移転は国家百年の大計を決める大事であります。したがって国民的議論と理解を求め、国民の合意を得つつ進めていく必要があります。

以上が私どもが今日まで考えております問題点といいますか、問題認識であります。私は国会等の移転に関する特別委員会の理事に就任する前は、運輸政務次官をやっておりました関係から、東京都以外の所に首都機能を移転する場合、大事な事はたくさんありますが、ことに通信と交通の問題、これを的確に将来を見通して今から検討していかなければならないと考えております。これらはいずれも予算がついたからといって明日からできるわけではなく、将来を見つめて今から対応を考えていかなくてはいけない問題であります。運輸省の中に、国会等の移転における運輸政策上の問題を検討するワーキンググループを作りまして、担当者にいろんな意見を求めましたところ、交通通信体系の整備によって、世界及び我が国がそれぞれの地域と容易に交流できるということが重要であり、交通の利便性、災害に対する安全性等を配慮していかなければならない。また同時に、東京都内の機能をきちんと整備し、東京との連携を考えなければならないとのことでした。これについては、東京都というのは大変大きな力を持った都市であるということであります。

先般、この問題に関しまして委員会でも、私のほうから山岸参考人、宇野参考人、八十島参考人等に質問させて頂きました。国会の特別委員会の議事録及び首都機能移転に関する法律の国会審議において、自民、社会、公明、民社の各党を代表して私が賛成討論をさせていただきました資料を参照してください。この中で山岸氏に申し上げましたが、国会の議論、あるいは、国会の議決も大事でありますが、これからの時代の政治は国会で何を決めたから良いというのではなく、さらに一歩踏み込んで国民の理解と協力を得られる政治をやっていかなければならない。そういう意味で連合の会長としての山岸氏の立場は極めて重要であります。それだけに我々は地方議会においても、これから議決をしていただくことをお願いしていきたいと思いますが、連合の立場からも党派を超えて、国民各界各層に及ぶ有識者に呼びかけていただかなくてはならないということで、山岸氏に協力を呼びかけた次第であります。山岸氏は私に対する答弁の中で、そういうことに対して全面的に賛成だ、同時に我々のグループ、連合には八百万人の組合員がいる、配偶者一人としても千六百万人いるということになる。一人がもう一人に働きかければ大変な数になる。自分達のおかれている立場を自覚して、前向きに国民的コンセンサスが得られるよう、砂煙を立てて地域で頑張りたいという積極的な発言を山岸氏から頂きました。そういう意味で、地方議会における議決が大事だということで、私も若い時、和歌山県の県会議員をしておりましたので、当時の仲間にお願いして、全国で最初の国会移転に関する県議会の決議をして頂いたことを覚えております。

栃木県の議会においても、すでに賛成の議決を頂いております。現在、七つの県で賛成の議決をもらっておりますが、問題は、東京の議会であります。この問題に関しては、都議会の選挙が近く行われるので、選挙までは暫く静かにしておいてくれという話もありましたが、結局反対の決議がなされました。しかし、今や、東京都民の皆さんも含めて賛成の意見が大変多くなってきております。しかし、前の都知事選の状況を見ましても、マスコミによって動かされるという部分がかなりありますので、慎重に世論の形成を図っていく必要があります。立場を変えれば、茨城、栃木または福島において、自分の県が持っている何かをどこかに持っていくということになれば、例えば、保健所一つ動かすのでも、地域にとっては大変なことであります。それを、国会を持っていくということになれば、これはとんでもないことだという意見を持つ人もたくさんいるわけで、これは当然のことであります。その人達に対して、どの程度の理解を得られるようにしていくかということについては、移転の跡地に対し十分配慮していくということを言っておりますが、それ以外にも、移っていく先が将来どのようになっていくのか、そのことによって、現在日本が抱えている諸問題、国際的な立場や二十一世紀における政治のあるべき姿等、今日行き詰まっている政治の状況を打破していくのに大きな影響を与えるのだということを、理解して頂けるよう努めなければなりません。またこのようにして、国会移転により、国全体がもう一度生まれ変わったようなつもりで、新生日本のために未来を開いていこうではないか、という国民的コンセンサスが得られるならば、この問題は、二十年も先だというような悠長な事を考えなくても、解決の道筋ができるのではないかと思っております。

栃木県に伺ったからといってサービスをするわけではありませんが、こうしたことで先鞭を切って、栃木県知事をはじめ関係者の皆さんが国会移転に対する熱意を内外に示してくださることにより、他の候補地も手を挙げてきます。そしてそのなかで良いものが築き上げられていくことになるわけです。しかし、私は、私の県で国会移転に関する議決をした時のことでありますが、まさか和歌山県に国会を持っていこうというわけではないだろうなと冷やかされました。和歌山県は、人口減少による定数是正により、九増一〇減で議席が一つ減るようなところであります。国会を持ってきてくれということは、状況に応じて物事を考えていかなければなりません。少なくとも和歌山県より栃木県に持ってくるほうが、正しい判断であるということをヘリコプターの中で実感して参りました。今はまだ始まったばかりではありますが、皆様にも議論を重ねて頂き、また県民が盛り上がるような形で、新しい時代に対応して、我が県は、我が地域はどうあるべきかを研鑽して頂きたい。そして日本の国全体の新しい時代を呼び起こす牽引車の役割を果たして頂きたいと思います。

昨日、船田長官が、「渡辺前外相とも話して来たが、この問題に対してはまったく同じ考えを持っている。渡辺前副総理の力も得て、自分も懸命の努力をして、この新首都問題に取り組んでいく決意だ」と言っておられました。私は、新聞で渡辺前副総理の元気な写真を拝見致しましたが、七転び八起き、必ず自らの時代をつくっていくという決意の程が表明されておりました。渡辺先生の一日も早い全快を祈ると共に、有力な先生方が中心となって、これからのこの地域の発展のために首都移転に対する議論を白熱させ、この問題の解決に栃木県が大きな役割を果たして頂きたいと思います。そのことを全国の皆さんがじっと見つめておりますす。そして私は、この国会移転問題は、自ずから落ち着くところに落ち着いていくのではないかと考えております。

今朝、東京から電車に乗って宇都宮にやってきましたが、あっという間に着いた感じがしました。私は今、全国旅行業協会の会長をさせて頂いておりますが、この本部が人形町にあります。車に乗って新宿方面に出て、この本部まで行くのに約一時間かかります。十分挨拶して帰ってくるのに二時間三十分ほどもかかってしまう。これなら宇都宮に来るほうが近いなと感じて参りました。

これからこの移転問題について、皆様の間で、県知事は県知事、県会議員の皆さんは県議会で、国会議員は国会で発言の場所があると思いますので、そこで発言を頂き議論をして頂きたいと思います。本県では青年会議所、あるいは漁業組合等色々な人がこの問題に関心を持っているということも伺っております。首都機能移転の調査会は、重要な調査会であるにもかかわらず、新聞では小さく扱われていますが、ここ栃木では、地元紙で大きく扱われています。これを見ましても、栃木県がこの問題に関していかに進んでいるかということを、敬意を表しながら承った次第であります。

国会移転は、まさに二十一世紀の日本がなすべき大事業であります。そして一方では道州制の問題、地方活力、地方分権、地方主義の問題とも結び付いており、そういう本当の意味での地方の時代を築いていくことを、日本国中が期待しております。私の県では、大東京の中心部を引っ張ってくるような力は今のところ残念ながらありませんが、地方分権は可能であります。そういう意味で、国会移転の問題は地方分権をも含めた形で日本の津々浦々が期待しております。この問題に対する皆様のご理解とご協力をお願いいたしまして、私の話を終わらせて頂きます。ありがとうございました。

第百二十二回国会衆議院
国会等の移転に関する特別委員会

平成三年十二月三日（火曜日）

午後二時五十六分開議

出席委員

委員長　金丸　信

委員長　村田敬次郎

理事　粕谷　茂　　理事　谷川　和穂

理事　二階　俊博　　理事　西田　司

理事　山口　敏夫　　理事　五十嵐広三

理事　山口　鶴男　　理事　鳥居　一雄

塩谷　立　　杉浦　正健

原田昇左右　　木間　章

和田　貞夫　　平田　米男

金子　満広　　米沢　隆

出席政府委員

内閣官房内閣内政審議室長
兼内閣総理大臣官房内政審議室長　伊藤　博行

国土庁長官官房長　藤原　良一

国土庁計画・調整局長　田中　章介

国土庁大都市圏整備局長　西谷　剛

委員外の出席者

参考人
（日本労働組合総連合会会長）　山岸　章

国会等の移転に関する
特別委員会調査室長　杉本　康人

二階委員　きょうは山岸先生から大変積極的な御意見を伺ったわけですが、特に先ほどからお話しの、新都基本法の制定を急げ、次期通常国会という御指摘をいただいておるわけでございますが、これは私どもとしては、これに対して真剣に勉強し、対処していかなくてはならないというふうに思うわけです。何よりも国会決議を重く見るといいますか、大変高く評価する、そこからこの新都問題が出発するというお話もございますが、最近は、この国会決議だけでも国民的合意を得るためには、もう一つ党派を超えて、さらに国民の各界各層に及ぶ有識者に対して呼びかけて、国民的議論といいますか国民運動のようなものに盛り上げていかなくてはならないと思うわけであります。

そういう意味で、山岸会長のお立場というのは大変重要な役割にあるわけでございますが、どうぞこれから、そういう有識者懇の御意見等も大変重要なことでありますが、一極集中の弊害にいらいらしている国民に対して共感を呼ぶようなアピールをしながら、政党、党派を超えて、また労使の立場を超えてこういうものに対処していく、それにつきまして山岸先生の御意見がございましたら、承っておきたいと思います。

山岸参考人　新都構想については、連合の中では意見の食い違いはありません。先ほど私が申し上げたのは、連合の全体の総意でございます。ＰＫＯ協力法案に対してどう考えるかという議論もしたのですが、ああいうのはなかなか意見が一致しませんが、新都構想はずばっと決まっております。

それで、二階先生おっしゃるように、やはりこれは国民各層全体のものとして定着させていかなければ、実行はなかなか難しいと思いますから、私たちは私たちの立場で、先ほど申し上げましたような前向きの青写真をやはり前面に押し立てて国民の皆さん方には訴えていきたい、そう思っております。

それで、連合には八百万人組合員かおるのですから、配偶者一人としても千六百万人ということになりますから、これは日本の人口の十何％いきます。一人がもう一人に働きかければ大変な数字になりますね。ですから、私たちも自分たちの置かれているそういった位置というものを自覚しまして、前向きに国民的コンセンサスが形成できるように、砂ぼこりを立てて地域で頑張りたい、そう思っております。

第百二十二回国会衆議院
国会等の移転に関する特別委員会

平成三年十二月十八日（水曜日）
午後三時開議
出席委員
委員長　村田敬次郎

理事　谷川　和穂　　理事　二階　俊博
理事　西田　司　　理事　五十嵐広三
理事　山口　鶴男　　理事　鳥居　一雄
金丸　信　　塩谷　立
杉浦　正健　　浜野　剛
原田昇左右　　木間　章
斉藤　一雄　　和田　貞夫
平田　米男　　金子　満広

出席政府委員

内閣官房内閣内政審議室長
兼内閣総理大臣官房内政審議室長　伊藤　博行
国土庁計画・調整局長　田中　章介
国土庁大都市圏整備局長　西谷　剛

委員外の出席者

参考人
（関西経済連合会会長）　宇野　收
国会等の移転に関する
特別委員会調査室長　杉本　康人

宇野参考人　手順の問題になりますと、先ほど私が冒頭申しましたが、この特別委員会の方で大変精力的にお詰めになっておられると思うのですけれども、やはり一般論として考えられますことは、今二十一世紀の問題を随分私ども議論をしておりますけれども、一体今から残っている九年間に世の中どれだけ変わるのかというのは本当に分からないぐらい変化が今出ておりますですね。したがって、少なくとも一九九五年ぐらいのところでどこまで進むかなというようなことが当面の目標ではないか。それでもし果たせないとしたら二〇〇〇年だなというぐらいのところの問題を議論をしていくということになりますと、国会等の移転の問題も、そして府県連合の問題も、これは同時に出発しないと、うまくいったらそこそこできますよ、なんていうことじゃとてもこれは間に合わない。そのころに日本は一体どうなっているのですか、というある種の危機感を私は非常に感じておるわけでございます。ですから、同時出発ということでいかがでしょうかというふうに私は申し上げたいと思います。

二階委員　この日本の過密都市の問題、繁栄を誇っておる、世界の中のいわゆる経済大国としてのその名にふさわしいような都市と、もう全くそれと無関係のような荒れ果てていきつつある過疎地域、これは二つの日本があるような感じがしてならないわけですけれども、これを同時に解決していくには、やはり先ほど御提言の府県の連合体をつくっていくとか市町村の連合体をつくっていって、開発の遅れているような地域ともう進み過ぎているようなところと一緒になって解決していくというこの手法はとてもいいお考えだと私は思うのです。それに対して促進法でもつくって、パイロット制度等積極的にやったらどうかという御提言はまことに時宜を得ていると私は思いますので、我々もこれは積極的に勉強させていただきたいと思うのですが、先ほど国会移転に対する基本法の問題にもお触れになりましたが、この前おいでになりました連合の山岸会長もこのことを大変強調して言っておられました。基本法制定等について関経連の下部組織といいますか、それぞれに向かって基本法制定の積極的な動きを今後なさるお考えをお持ちかどうかということを最初にまず一点お尋ねしたいと思います。

宇野参考人　今、二階先生からお話がございました基本法は、これは先ほど申し上げましたようにぜひひとつ早く進めていただきたいという気持ちでございます。

ただ、もう一つ補足して申し上げると、私どもは、やはり「見えざる遷都」という意味での分権も大事でありますから、その分権を促進する手続きとして府県の連合体あるいは市町村の連合体の形成促進の法律についても、この際、同時に御配慮いただきたいというふうに思います。

それから、ちょっと今御質問の中には入っておりませんでしたが、連合体ができればその中での格差が解消されて発展の方向へ行くという御指摘がありましたのですが、私どももそれを願っておりますけれども、それは関西だけがそんなことをやって、後いいのかという問題がありまして、これは別の言葉で言うとナショナルミニマムの問題なんですね。みんなが平等に生活できるという中で、ある地域だけうまいことして、後どうなるというような反論のようなものがあることも事実でありますけれども、私は、これだけ日本がある程度のレベルに達した中でこれから先もっとよくなろうと思ったら、お互いにそういう中で競争しながらよくするということの方が大事であって、みんな仲よくあるレベルで一緒に行こうなんていう形はこの際避けるべきで、形式的なナショナルミニマム論というのは言わない方がいいのであろうというふうに思っております。ちょっと補足でございますが、申し上げます。

二階委員　基本法のことで今ちょっとお尋ねしたのは、確かに国会移転についてはもう既に国会の決議がなされておるわけですが、このごろは、国会で決議したからすぐそれが実行できるかというと、なかなか難しい問題にぶつかる場合も多いわけですから、これはもっと国民の世論を結集していかなきゃいけない。そういう意味で、大変有力な団体である関経連が、地域に友好団体も多いわけですから、そうしたところに呼びかけて、それぞれの議会とかそれぞれの地方のあらゆる分野において有力な御発言の立場をお持ちなんですから、その辺の御協力といいますか、積極的な呼びかけを期待して今申し上げたわけでございます。

それで、この前、山岸会長のお話の中で、地方議会等の決議が必要だというか重要だということをおっしゃられましたので、私は試みに、この間、和歌山県議会の関係者が上京した際に国会移転の決議についての説明をして、県議会でも決議をしてもらったらどうだろうかということを提案しましたら、あす和歌山県議会で決議をするという返事をきょうはいただいたわけでございまして、だから、これはこれからずっと全国のそれぞれの議会等の決議をやっていく、あるいは市町村の決議あるいは商工会議所、そうしたいろいろな団体からその決議をとっていって、やはり国民みんなが納得して理解して協力しようという気持ちにしないとこの問題は成功しないと思いますが、その点、今後一層ひとつ関経連の会長としてよろしくお願いを申し上げておきたいと思います。

宇野参考人　はい。御趣旨を承りますし、十分に私どもも理解をしておりますから、その方向で運動を展開してまいります。

第百二十三回国会衆議院
国会等の移転に関する特別委員会

平成四年三月十日（火曜日）

午後三時開議

出席委員

委員長　村田敬次郎

理事　谷川　和穂　　**理事　二階　俊博**

理事　西田　司　　理事　山口　敏夫
理事　山口　鶴男　　理事　渡辺　嘉藏
理事　鳥居　一雄
塩谷　立　　杉浦　正健
浜野　剛　　原田昇左右
五十嵐広三　　木間　章
渋谷　修　　中村　正男
平田　米男　　金子　満広

出席政府委員

内閣官房内閣内政審議室長
兼内閣総理大臣官房内政審議室長　伊藤　博行
国土庁長官官房長　藤原　良一
国土庁計画・調整局長　田中　章介
国土庁大都市圏整備局長　西谷　剛

委員外の出席者

参考人〔首都機能移転問題に関する懇談会座長（帝京技術科学大学学長）〕　八十島義之助
国会等の移転に関する特別委員会調査室長　杉本　康人

二階委員　首都機能移転問題に関する懇談会の「中間とりまとめ」を拝見して、よくこの短い期間に立派な「中間とりまとめ」をしていただいたということを感謝しておる一人でございます。

この新首都の規模の想定、六十万人で筑波の三倍、さらに投資額が十四兆円、これだけで東京一極集中の歯どめになるのかというと、私は、誰もがこれだけでそうしたことすべてが解決することになるとは考えていないと思います。思いますが、このことをきっかけにして首都機能移転現象のようなものが民間企業、さらには地方都市にも及んでくる、そういう現象があらわれてくることを当然期待されておると私は思うわけでありますが、また、そうならないと効果が上がらないわけでありますが、それらにつきまして、つまり、地方でも東京一極集中はけしからぬということはだれもが言うわけでありますけれども、その言われておるそれぞれの地域の県庁所在地、いわゆる県都に一極集中の現象がずっとあらわれておるわけでありますから、こうした首都機能移転をきっかけにして、つまり引き金にして、民間企業の地方への移転と、それぞれの県の中の県都の地方分散というものを誘導していくべきだというふうに思いますが、それらにつきまして先生のお考えを承りたい。

もう一点は、残されたいわゆる跡地でありますが、これらにつきまして、既に東京創生ということでお述べになっております。東京がこれからどうなっていくであろうかということも、この首都機能移転に関しての重大な問題だと思うわけであります。新首都に機能を移転するためには十四兆円という規模を数字ではじいておるわけでありますが、今後、先生の私見で結構でございますから、東京創生を為し得るためにはどの程度の投資規模を考えておられるか。東京創生につきまして、新しい東京をつくっていく……。

村田委員長　よみがえるということですね。

二階委員　はい。そういうために、こちらには十四兆円というはっきりした数字が出ておるわけでありますが、この残された東京に対して、東京を、今委員長のお話のようによみがえらせていくためにはどのような規模の投資を必要と想定されておられるか、これは私見で結構ですから、お答えいただければ幸いです。

八十島参考人　二つの御指摘があったと思います。

一つは、一極集中問題は東京ばかりじゃなくてほかの大都市圏あるいは県都にまで及んでいるということでございますが、私も、確かにそれは事実だと思います。ただ、これを解決するには県の周辺がどうなっているかの問題がありまして、それがありますので、一つ一つ県都の性格がはっきりしないと、今の集中はいけない集中なのか、無理のない集中なのかということがなかなか突きとめられないのじゃないか、そういう感じがしておりますので、一概にちょっと何とも申し上げかねると思います。

それから、東京創生にどうしたらいいか。そういう東京をよくする戦略としては、首都機能移転に伴って跡地をうまく利用するということまでを私どもは触れておりまして、どういうふうにするかというところまでは触れておりませんが、既に国土庁にしろ東京都にしろいろいろ施策を出しておられます。業務核都市育成とか、さっき臨海副都心問題もありましたけれども、東京都の中ではむしろ副都心、丸の内都心よりも副都心を育成するというようなお話もありましたし、そういうことを軸として進んでいくのではないかと思います。

それで、そういうことをやって質を変えていく。というのは、これは私見をちょっと申させていただきますが、世界都市東京というようなことを言いましても、世界の大企業の本社が、東京が一番いいから移ろうというところまでは来ていないわけなのです。それで、いずれ本当にいい東京というのは、世界都市東京というのは、そんなこともあり得るような東京じゃないかということを考えておりまして、それに対してどうしたらそうなるかというところまで、東京中心の細かい議論までは私ども、やっておりません。

二階委員　今のお答えの中で、民間企業がどのような形で、今後首都機能が移転をしていくというようなことをきっかけにして、民間企業の地方分散をもっと大いに促進すべきだという見地からお尋ねしているわけですが、民間企業についてどのような現象があらわれてくるのであろうかということを先生がどう期待されておるか。これをもう一度お答え願いたいのと、そして今、東京をどうするかという将来像についてどの程度のものをやるかということを明確にしない限り、どれだけの投資を必要とするかということは、今即答いただくことは難しいかと思いますが、私は、首都機能問題に関して、ここに十四兆円の投資を必要とするときに、ある程度の、十四兆円のほかに相当部分の投資をこの残された東京にやるべきだということを、今後どこかのところで明確にしていかなければならないというふうに考えておりますからお尋ねしたわけです。

八十島参考人　初めの方は御意見として伺わせていただきます。

民間企業はどうなるかということですが、これは、実は新首都も民間企業を全く排除しているわけではないので、企業の中の政府に直結する、そういう部分が入る余地は当然つくっておくわけですが、東京の場合は、先ほどの副都心強化とか業務核都市強化とかいうようなことをしながら、民間企業の適正配置ということが進んでいくのではないかというふうに私、個人的には考えております。

第百二十五回国会衆議院
国会等の移転に関する特別委員会
平成四年十一月二十七日（金曜日）

午前十時開議

出席委員

委員長　村田敬次郎

理事　越智　伊平　　理事　谷川　和穂
理事　二階　俊博　　理事　西田　司
理事　山口　鶴男　　理事　渡辺　嘉藏
理事　鳥居　一雄

佐藤謙一郎　　塩谷　立
杉浦　正健　　谷　洋一
中村喜四郎　　浜野　剛
五十嵐広三　　井上　普方
石井　智　　渋谷　修
中村　正男　　平田　米男
金子　満広　　米沢　隆

出席国務大臣

国務大臣（国土庁長官）　東家　嘉幸

出席政府委員

国土庁長官官房長　藤原　和人
国土庁大都市圏整備局長　内藤　勲

委員外の出席者

国会等の移転に関する特別委員会調査室長　杉本　康人

村田委員長　これより討論に入ります。

討論の申し出がありますので、順次これを許します。二階俊博君。

二階委員　私は、自由民主党、日本社会党・護憲民主連合、公明党・国民会議及び民社党を代表いたしまして、ただいま議題になりました国会等の移転に関する法律案につきまして、賛成の意向を表明するものであります。

我が国は、明治以来近代化を為し遂げ、今や世界の経済大国と言われるほどの繁栄を築き上げてまいりました。

しかしながら、その一方で、政治、経済、文化等の中枢機能が東京圏に過度に集中したことにより、国土形成の面からは、人口の過密、地価の高騰、生活環境の悪化、大規模災害に対する問題が深刻化するとともに、地方においては、過疎化の進行、経済の停滞などによる活力の低下が問題となっております。

加えて、我が国経済社会を取り巻く環境を見ると、国際化、情報化、技術革新の進展、国民ニーズの多様化などとともに、国際社会における我が国の責任も今まで以上に重くなることが予想されます。

こうした状況の中で、我が国が、二十一世紀に向けて世界に貢献しつつ、国民が真に豊かな生活を送れる社会を実現するためには、国会等を移転することにより、東京一極集中を是正し、新しい時代にふさわしい国土構造の実現を図るとともに、あわせて我が国の経済的な豊かさに見合った、自由度の高い新しい社会を実現することが必要であります。

そうした意味からは、国会等の東京圏外への移転を目指して、その具体化のために積極的な検討を行うべきことを明らかにし、そのための国の責務、検討指針、検討体制等について定めようとする本法律案の趣旨は、まことに時宜に適したものと考えるものであります。

もとより、国会等が移転するだけでこうした問題が直ちに解決するものではなく、地方分権、規制緩和等の行財政改革をあわせて推進することにより、初めて二十一世紀にふさわしい社会、国土を実現することが可能になると考えますが、国会等の移転がこうした諸課題解決のための大きな契機となるものと確信いたします。

最後に、この問題に対する政府の今後の一層の御努力を期待いたしまして、賛成討論を終わります。（拍手）

『日本の危機管理を問う─阪神大震災の現場から─』（新政経研究会発行、プレジデント社発売、一九九五年）より

「国土強靭化宣言」

平成二十三（二〇一一）年三月十一日に東日本大震災が発生、同年九月には紀伊半島を豪雨が襲った。相次ぐ大災害から根本的・体系的な対策の必要性を感じた二階代議士を会長として、同年十月に自民党国土強靭化総合調査会が設立された。国土強靭化を推進する中で発表した、「国土強靭化宣言」三本の長編論考を掲載。（編集部）

「国土強靱化宣言」

序章、国土強靱化が日本を救う
——備えあれば憂いなし

私は自由民主党の国土強靱化総合調査会会長をしています衆議院議員の二階俊博です。一九八三（昭和五十八）年の衆議院議員総選挙で初当選してから今日まで二十八年三ヵ月衆議院議員を務めてまいりました。それ以前は二期八年間和歌山県議会議員を、さらにそれ以前は静岡県出身の衆議院議員の遠藤三郎先生の議員秘書をしていました。一九五八（昭和三十三）年の狩野川台風では死者一千二百六十九名という大災害で、その災害復旧のお手伝いが当時の私の毎日の仕事でした。被災地の皆さんとともに当時の建設省や大蔵省に足を運びました。

その当時お世話になった役人の方々等はすでに鬼籍に入ってしまわれましたが、災害復旧へ熱心に取り組んでいただいた様子は今も忘れることができません。

私の出身地は和歌山県御坊市です。安珍清姫の物語の舞台、日高川のほとりです。一九五三（昭和二十八）年、私が中学生のころ、死者一千十五名を出す大災害を経験しました。

十年以上の国会議員秘書、八年の県議会議員時代を含めますと、政治に取り組んできた期間は五十年以上になりますが、この間の政治活動を振り返りますと、防災対策の仕事が多かったと思います。

政府では経済産業大臣、運輸大臣、北海道開発庁長官などを、党では総務会長、国会対策委員長などを務めました。また社団法人全国旅行業協会会長の職にも就き、日本の観光産業の発展に、ライフワークとして取り組んできました。

「政治は、国家、国民のためにある。政治家は国民とともに歩まなければならない」。先輩の教えに従い、その信念に立っていささか努力を重ねてまいりました。

もちろん国政全般に取り組み、外交、経済、運輸、福祉、その他の国政全般に取り組み国会議員としての立法活動にも忘れることはありませんでしたが、その中でも防災の仕事が印象的です。災害が起こるとすぐに被災の現地に赴き、現場で行動してきました。人命救助、生活支援、復旧復興など、あらゆることに関与してきました。二〇一一（平成二十三）年三月十一日の東日本大震災の時も、三陸はるか沖地震の時も、阪神・淡路大震災の時も、北海道の有珠山噴火の時も、すぐに現地に飛びました。一九九五（平成七）年一月十七日の阪神・淡路大震災の時は、その日のうちに現地に入りました。有珠山の噴火の際は、運輸大臣と北海道開発庁長官を兼務しておりました。連日のように、気象庁の瀧川雄壮長官（当時）や山本孝二次長等の報告を受けておりました。噴火の二日前、爆発の危険を察知し、気象庁を通じて、付近の住民一万八千名の皆さんに避難勧告を出しました。そして二日後、参議院で所管の法案が成立するのを見届けて、北海道へ向かいました。千歳空港でヘリコプターに乗り換え、有珠山山頂に差し掛かった時、操縦士と地上とのやり取りが激しくなっていました。その瞬間、有珠山が爆発しました。「二日前に住民の皆さんに避難をお願いしておいてよかった」と、胸をなで下ろす気持ちでした。ヘリコプターは噴火口に近づきました。噴火口はまるで善哉（ぜんざい）を強火で煮ているような様子でした。この中に何を入れても、すぐに溶けてしまいそうな勢いでした。間もなく官邸で災害対策関係閣僚会議が招集されました。この時に備え、私は当時の中馬弘毅総括政務次官に、閣議に出席していただきたいので一日中待機してくれるように頼んでおきました。私は官邸への報告のため、ヘリコプターを降りることにしました。頂上から五㎞くらい離れたところに着陸し、官邸への報告の要点をメモにして、青木（幹雄）官房長官、額賀（福志郎）副長官（当時）に読み上げようとしたところ、真っ黒な火山灰でメモは覆われ、読めなくなってしまったことを覚えています。頂上からヘリで降りてくる途中、伊達市の上空から町がよく見えましたが、猫の子一匹姿はなく、一万八千名の人々は全員避難に成功している様子を確認することができました。避難所となっている伊達市の大きな体育館二ヵ所を訪問しました。三月の北海道はまだ寒く、「床に毛布を敷いただけではとても寝られない」と特にお年寄りに言われました。私は直ちに、運輸省北海道局や北海道開発局にその晩のうちに畳を入れてもらえるように強く要請しました。この際、値段なんて言っておれない。東京に帰るため千歳空港に到着した時、小渕（恵三）総理から電話があり、「羽田へ着いたら直ちに官邸に来てもらいたい」「外国からの客といるが、運輸大臣が入るころ官邸へすぐに戻るから」とのことでした。私たち一行は災害の際の運輸省のユニフォーム、長靴姿のまま、総理大臣執務室へうかがいました。さっそく現地の状況を報告するとともに、総理からは災害復旧に対するお考えをうかがいました。有珠山担当の運輸省関係の人たちは、古川俊隆総理秘書官、小渕優子総理秘書（現衆議院議員）の案内で控室へ移り、総理と私は二人きりになりました。「災害復旧に万全を期してもらいたい」という指示の後、私は「党内（自由党）の事情により、もうすぐ大臣を辞めることになる。後のことは、この時に備えて直ちに引き継げるよう、誰が後任になっていただいても仕事に支障がないよう、前々から準備しておりました」と正直に申しあげました。総理は直ちに「そんなことを聞いているのではない。あなたに残ってやってもらいたい」と、強い口調で言われました。私は、自由党内の複雑な事情もあり、「よく考えさせていただきます」とお答えしました。私は当時、親しい友人たちに「最近、私は二つの活火山と向き合っている。一つは北海道の有珠山であり、もう一つは、自由党がいつ爆発して分裂するかわからない」と話しておりました。その時はそんな状態が続いており、政治的経験の深い総理が、私の胸中を見抜いておられる様子でした。私は初当選以来、田中（角栄）派の大先輩として、総理のご指導をいただいて参りました。そして、官邸において総理より指示をお受けしたこの時が、私にとって小渕総理との、この世での最後の機会となってしまいました。今でも残念なことだと思っています。

昨年（二〇一一年）三月十一日の東日本大震災の時も、すぐに現地に入りました。また、九月の台風十二号による紀伊半島大災害の時も、直ちに被災の現場へまいりました。災害時の救助活動と防災・復興のための活動は政治家の責務である、と常々考えて生きてきました。

このような政治活動を通じて、私は、何よりも大切なのは人命を守ることだと考えています。生命だけは絶対に取り戻すことはできません。人命救助がすべてに優先する責務です。私は多くの人々と悲しみをともにしてきました。政治は国民の生命と財産を守ることを優先しなければなりませんが、最後に一つだけ取らなければならないものは、それは「生命」です。

災害から生命を守るためには「備えあれば憂いなし」の立場に立つことが特に大切だと思うのです。たしかに、巨大地震の力の前では人間の力は小さいと思いますが、それでも「備えあれば憂いなし」を信じて努力するのが人の道であり、政治家の責務だと思います。

最近、国民の皆さんの間で「国土強靱化」という言葉がよく使われるようになりました。最初にこの言葉を使われたのは京都大学教授の藤井聡先生ではなかったかと思いますが、この言葉が、多くの国民の皆さんに使われるようになったことは、防災・減災への意識が高まっている結果だと思います。大地震や巨大津波に襲われても、人々が生きていけるような社会環境をつくりたいという考えが、藤井聡教授がお考えの国土強靱化の基礎にあると思います。しかし、それだけではないと思います。災害に負けない国づくりだけでなく、災害に負けない強い社会をつくろう、人間の精神を強く鍛えよう、という意味も含んでいると思います。現代風の言い方をすれば、ハードとソフトの両方の日本の強靱化ということだと思います。

少し広い視野に立って考えてみましょう。

私たち人類は、自然の中で自然と共生しながら生きてきました。自然と人類の共生という考え方は古くからある思想です。自然は人類に無限の恵みをもたらします。人類の生存に必要な太陽の光と空気と水を与えてくれます。輝く太陽によって農作物は育てられます。静かな川や海は人類の生存に必要なものを与えてくれます。大いなる大地の恵みは、人類にとってはかり知れないほど大きなものです。しかし、ひとたび自然が猛威を振るった時は、人類にとっては大きな試練です。人間がどんなに努力しても大自然の力には及びません。しかし、私たちは、人間の力を信じて「備えあれば憂いなし」の信念をもって今後も大きな試練に立ち向かわなければならないと思います。

私たち日本人が生活する日本列島と島々は地球上でもすばらしいところです。美しい自然があり、きれいでおいしい水があり、豊かな山林があり、そして海には豊富な魚介類が生息しています。しかし、同時に、周期的に繰り返される地震、津波、台風、豪雨などによる災害があります。私たち日本人の祖先はこの過酷な自然災害に耐えて生き抜いてきたのです。現代に生きる私たちも自然の恵みに感謝しつつ、自然災害の猛威には耐え、克服していかなければならないのです。これが防災であり減災です。

災害は自然災害だけではありません。人為的な災害もあるのです。人災の最たるものは戦争です。平和を守ることは政治の責任なのです。原子力発電所の事故による放射性物質の拡散も「人災」です。この人災も、政治が果敢に取り組むべき重要な課題です。

二〇一一（平成二十三）年三月十一日の東日本大震災においては三つの大災害が発生しました。「地震」と「津波」と「原子力発電事故」による放射性物質の拡散です。このうち地震と津波は自然災害ですが、原子力発電所事故は人為的災害です。いかなる災害であろうとも、災害から人々の生命を守ることは政治の最大の責務だと思います。

最近、東京都民や関東地方の人々の間で大きな話題になっている問題があります。首都直下型地震の起きる確率が高いことが問題になっています。ある学者はM7・9程度の地震が四年間で起こる確率は「七〇％」と言い、また他の学者は「二八％」と言っています。政府は「三十年間で七〇％」との見方を発表していますが、私は時期がいつになるかわかりませんが、間違いなく大地震はくると思います。これに備える必要があります。

また、東海、東南海、南海の三連動地震が発生する可能性が高いことが話題になっています。東京、関東地方だけではなく名古屋市、静岡県、和歌山県、高知県などでも、大地震の襲来のことが話題となっています。

大事なことは、決してあきらめてはならないということです。人類の力を信じ、人類は生存を続けることができるとの強い信念を持ち続けなければならないと思います。日本国民も、巨大な自然災害に耐え、災害を克服して、この美しい日本列島で生き続けることに自信を持って、「国土強靱化」にみんなで取り組まなければならないのです。「備えあれば憂いなし」を信じて、私たちは前へ進みます。私たち政治家は国民のみなさんが安心して、希望を持って、安全な生活ができるような社会を築くために全身全霊をかけて努力します。しかし、私たちだけでは微力です。国民の皆さまの深いご理解と力強いご支援をお願いします。

第一章　防災の哲学――人事を尽くして天命を待つ

この一年間だけでも、私たち日本人は数多くの災害を経験してきました。最大の災害は昨年（二〇一一年）三月十一日に発生した東日本大震災です。大地震のあと巨大津波が東日本を襲いました。一万数千名の尊い人命が奪われました。一年が過ぎましたが、いまだ数千名の方が行方不明です。広範な地域の市、町、村が地震と津波で潰滅しました。そのうえ、原発事故が起きました。原発事故は人災ですが、発生した放射性物質の悪影響を除去するには数十年、数百年かかります。

九月には、台風十二号による豪雨が西日本を襲いました。紀伊半島で巨大な洪水が発生し、いくつかの市町村を飲み込みました。深層崩壊が起き、森林が大きく崩されました。山津波が多くの人々と家々を襲いました。多数の尊い人命が奪われました。

今年（二〇一二年）になりますと、雪国は記録的豪雪に見舞われました。各地で悲劇が起きています。

数々の自然災害の中で特に恐ろしいのが大地震と巨大津波です。私たちが高校生の時に学んだ鴨長明の『方丈記』

平成23年3月11日の東日本大震災で津波にのまれていく宮城県南三陸町

の中に「恐れの中に恐るべかりけるは、只地震なりけり」「地震ほどおそろしいものはない」との言葉があります。『平家物語』の中にも同じような表現があります。平家物語には「鳥や竜でないから逃げられない」との記述もあります。昔から地震、津波ほど恐ろしいものはないと言われてきました。「悲しかりけるは大地震なり。鳥にあらざれば空をも翔りがたく、竜にあらざれば雲にも又上がりがたし」（平家物語）

九月一日は防災の日です。どうして九月一日かといいますと死者・行方不明者約二十万人という大災害（関東大震災）が起きたのが大正十二（一九二三）年九月一日だったからです。

この関東大震災では、まず大地震が発生し、続いて巨大津波が発生しました。さらに大火災が起き多くの人命が奪われました。体験者の話を聞いたことがあります。大火災で家族を失い、自分自身火災の中で九死に一生を得た体験者は、「火災が一番恐ろしい」と言っていました。地震で倒れた家の下敷きになったり、いつまでも続く余震におびえ続けた体験者たちは、「地震ほど恐ろしいものはない」と言い伝えております。巨大津波で家族と家を流され、自身は危機一髪で逃げ延びた津波の体験者は「津波が一番恐ろしかった」と語っていました。それぞれの体験によって、見方に差はありますが、すべて大地震にともなうものです。

関東大震災のことは誰もが知ることで、いまさら説明の必要もありませんが、あの当時、優れた実務官僚の手腕と独特の政治哲学の持主である後藤新平先生（一八五七年～一九二九年）が、いわゆる大風呂敷といわれた復興構想を内外に明らかにし、積極的な対応をされたことは余りにも有名です。また物理学者であり、随筆家の寺田寅彦先生（一八七八年～一九三五年）は大正九（一九二〇）年に、「文明が進めば進むほど天然の猛威による災害がその激烈の度を増す」と書かれて、文明が進み、経済的にも発展する度に災害はより大きく、激しくなることを指摘され、警鐘を鳴らしています。

余談ですが、私の亡くなった母、菊枝は東京女子医専（東京女子医科大学の前身）の学生時代、ちょうど卒業の年に、麹町の下宿で関東大震災に遭ったようです。「部屋の中の裸電球が左右に何回も天井にたたきつけられ、間もなく火災に襲われ、辺りが焼け野原になってしまった」等、子供の頃に母から聞かされており、関東大震災がいかに大きな災害であったかを知ることができました。

焼け野原になってしまった東京の街をさまよいながら、公園で母の弟に出会い、どちらかが持っていた二つのおむすびを一つずつ食べたと、後に兄弟たちに語っていたそうです。和歌山の郷里では、二人の無事を祈って、近所の人も加わって、神社に千度参りをしている最中に、無事を知らせる電報が届けられ、みんなで小躍りして喜んだということを、近く百歳になる叔母から最近聞かされました。

東京大学の地震研究所の玄関に掲げられている銅版の文章は、寺田寅彦先生が書かれたものだそうですが、この「本所」というのはもちろん、地震研究所のことです。

「本所永遠の使命とする所は地震に関する諸現象の研鑽研究と直接又は間接に地震に起因する災害の予防並びに軽減方策の探求とである。この使命こそは本所の門に出入りする者の日夜心肝に命じて忘れるべからざるものである。昭和十年十一月十三日地震研究所」と書かれています。

また、社会運動家の賀川豊彦先生（一八八八年〜一九六〇年）は、あの災害発生は大正十二（一九二三）年九月一日の十一時五十八分でしたが、大震災の発生を知るや当日の午後四時には、すでに神戸港に浮かぶ山城丸に乗り込んで、救援ボランティア活動のために、同志とともに神戸を出発して東京に向かっています。

歴史に残る先人の当時の活躍は、ボランティア活動、災害の救援救助に対して、われわれに貴重なお手本をすでにその当時に示してくれています。

しかし、こうした先人達が残してくれた崇高な教訓が、政府の危機管理や防災対策にほとんど生かされていないという現実を十七年前の阪神淡路地震の際、痛切に感じさせられたものですが、今また東北の大災害に際しても、紀伊半島の大災害に直面しても、教訓がどこまで生かされているかを思う時、まったく言葉につまる思いであります。

人類は自然災害から逃れることはできませんが、被害を最小限にすることは可能です。人類の歴史は防災・減災のための努力の歴史だったといっても過言ではないと思います。

人類は自然災害の中で生命を守り、社会を守る知恵を磨き、社会の力を高めてきたのです。人類は自然の恵みを最大限生かすとともに、自然災害による被害を最小化するために科学・技術を発展させ、自然災害に耐えうる社会制度を構築するため努力してきました。さらに防災施設を築いてきたのです。しかし、人間の知恵と知識は主として過去の体験に基づくものです。過去の災害を大きく超えるような大災害が発生した時に厳しい試練を受け、そのつど、その体験を通じて人類はさらに知恵を磨いてきたはずです。人類はこうしたことを繰り返して生きてきました。

二〇一一（平成二十三）年三月十一日の東日本大震災では、日本国民が過去に体験したことのない大災害を体験しました。巨大津波と原子力発電所の事故です。

原子力発電所の事故、これは人災です。原子力発電所を建設したのも人間です。巨大津波に襲われて崩壊した原子力施設を設計、建設したのも人間です。水で冷やし続けるしか核燃料棒を制御する方法がないのであれば、いかなることがあっても水の供給を継続する水道施設が必要ですが、それをしていませんでした。これも人間のしたことです。すべての罪は人間自身にあるのです。今後、原子力発電、原子力発電所の事故を根絶しなければ人類の未来はありません。

防災・減災は人類が生存し続けるために必要不可欠な事業です。

「人事を尽くして天命を待つ」という言葉があります。人事を尽くすことが最も大切なことです。これこそが防災・減災に取り組む姿勢でなければならないと思います。

第二章　歴史に学ぶ――政は民を養うに在り

文字に書かれた人類の歴史は、人類の全歴史の一部です。人類が文字を発明したのは、長い人類の歴史からみれば、最近のことと考えて良いでしょう。現在の私たちが知りうる防災・減災の歴史は、数千年までしか遡ることができません。

文字で記録された歴史で最も古い記録は四千年前の中国です。中国の伝説の中に三人の理想的な王が登場します。堯（ぎょう）と舜（しゅん）と禹（う）です。この三人の名君は、中国人だけでなく日本人の間でも尊敬されています。親は子が人格的に優れた人間に育つことを願い、息子や娘に「堯」「舜」の名をつけた人も少なくありません。この大名君の堯と舜の後継者が禹でした。

禹は、堯、舜の時代に、主として防災の仕事を担当し業績を上げ、堯、舜から認められて後継者の王となりました。禹は、氾濫をくり返す黄河の治水に成果を上げ、黄河流域の人間社会を安定させたのです。後継の王となった禹は「夏（か）」という国を創設し、初代の王となりました。これが今から約四千年前のことです。

　数十年前までは禹は神話の世界の王でしたが、最近の歴史研究によって夏の国が現実に存在したことが立証されました。禹の言葉は中国古代の歴史書『書教』の中にも出ていますから、禹の存在は昔から知られていましたが、歴史研究の結果、禹も実在の人物だったことが証明されました。

　禹が行った黄河の治水の技術と防災の精神は、その後中国各地にとどまらず、日本にも伝えられました。日本では、鎌倉時代以後の治水事業の際、禹を治水神として祀る記念碑が建造されました。それ以前の奈良時代、平安時代につくられたかどうかは不明です。

　人類の生存にとって最も必要なものは水です。地球上には水は大量にありますが、大部分は海水です。海水は飲料水にはなりません。飲料水になるのは真水です。真水は天から降ってくるものです。天から降った雨は地中に蓄積されるものもありますが、大部分は河川を経て海に流れて海水となります。この海水の中から太陽光によって蒸発した水蒸気が雲となり、雨となって、再び地上に戻り、河川を経て海に至る循環を繰り返すのです。この真水は地球上の水のほんの数パーセントに過ぎませんが、人類の生存はこの水によって支えられてきたのです。人類は、雨・雪の形で天から降ってきた水を地上を流れる間利用して生きてきたのです。このため河川は人間の生命力の源でした。このため人間社会の大部分は河川の近くにつくられたのです。

　河川は人類に多大の恵みをもたらしましたが、時に大被害をもたらしました。大氾濫が起こると、人間社会と農耕地を押し流してしまいました。人間社会と農耕地を守るために、禹は治水事業に取り組んだのです。堤防を築き、水の流れを制御する手段を講じました。この禹の高い見識と技術は、河川の氾濫で苦しんでいる人々に希望を与えました。

　日本では鎌倉時代、室町時代、江戸時代、明治時代を通じて、治水事業を行った地域で、治水神「禹王」を祀り、碑を建てました。そして治水を祈ったのです。今もこの禹王碑は、香川県高松市の香東川（こうとうがわ）に残っています（今は栗林公園に移されている）。神奈川県の酒匂川（さかわがわ）流域などにも残っています。京都の鴨川でも建造されたとの記録がありますが、碑そのものは今は残っていません。昨年（二〇一一年）秋、神奈川県開成町で、禹王まつりが開催され、禹王の偉大な功績を顕彰し、新聞、テレビでも報道されました。

このような文化事業は、国民の防災意識を高めるとともに、今日の社会の基盤が先人の努力の結果であることを学ぶために行われているのです。

日本では仁徳天皇の治水の業績が古くから伝えられています。今年は古事記と日本書紀の千三百年記念事業が行われますが、古事記の中に仁徳天皇の治水のための業績が記されています。奈良時代の高僧の行基（ぎょうき）の業績も語り継がれています。当時の土木技術の先進国の中国の技術を学び、日本で治水事業に取り組みました。行基の業績は多方面にわたり、港湾の建造、大寺院の建築の面で歴史に残る大きな仕事をしました。日本の土木技術の元祖的な人物です。行基は「行基菩薩」とも呼ばれています。

日本の政治家がよく使ってきた政治に関する有名な格言があります。

「政（まつりごと）は民を養うに在り」という格言です。これは『書教』の中の言葉です。これは禹の言葉です。政治の目的は国民生活を安定させることにある、という意味です。国民が経済的に不幸になる恐れのある時は、政治の力によって、何としてもこの状況をたださなくてはならないのです。

禹の言葉として今日に伝えられているもう一つの格言があります。政治に必要なのは政府が正しい徳をもつこと、国民の力を政治に生かすこと、政府が国民のために行う福祉の三つであり、この三つを調和させることが大切だ、という意味の言葉です。現代風に言えば、「政府と国民の間の正しい信頼関係」と「国民の負担・義務」と「政府による社会福祉」の三つを調和させることがよい政治だということです。政府による防災・減災は「政府による社会福祉」の中に含まれていると考えてよいと思います。四千年も前に「調和の政治」を説いた偉人がいたのです。現在の政治家の多くは「調和」を考えなくなっています。残念なことです。調和の政治を回復する必要があります。

「稲むらの火」も歴史の大きな教訓です。昨年（二〇一一年）津波対策推進法の制定により十一月五日が正式に「津波防災の日」になりました。この日、各地で巨大津波にどう対処すべきかを考える集会が開かれました。

安政元（一八五四）年の大震災の時、津波が和歌山県広村を襲いました。この時、庄屋の濱口梧陵（儀兵衛）は、村民を高台へ避難させるため、大切な稲むらに火をつけ、村民が、高台の稲むらのある所に来るように仕向け、村民

稲むらの火を掲げる濱口梧陵の銅像（写真提供：広川町）

を大津波から救ったのです。この「稲むらの火」は戦前は教科書で有名なお話で、しばらく教科書の表舞台から消えてしまいましたが、今日、再び教科書に登場するようになりました。梧陵は大きな醤油屋の跡継ぎで濱口家の七代目にあたり、今日、千葉県銚子で、わが国の代表的な醤油製造業を営んでいるヤマサ醤油の社長の濱口道雄氏は、十二代目です。濱口梧陵は村民を津波から救っただけでなく、自費を投じて防災のための防波堤を造成したのです。この大事業に、津波で財産と職を失った人々に仕事を与え、賃金を支払ったのです。「稲むらの火」の教訓は多くの人々に人間への希望の火を灯すとともに、指導者が生き方を教えたのです。私たちは、今あらためて、濱口梧陵の自己犠牲と奉仕の生き方を学び、政治に生かしていきたいと思います。

第三章　津波対策推進法成立の意義
――義を見てせざるは勇なきなり

津波対策推進に関する法律案を、議員立法として国会に提出したのは、平成二十二（二〇一〇）年六月十一日でした。私と林幹雄、石田真敏、小野寺五典、谷公一、長島忠美（以上自由民主党）、石田祝稔（公明党）の七名の衆議院の津波対策議員連盟のメンバーで提出しました。この法律案にはさらに次の五十九名の衆議院議員が賛同者として名を連ねてくれました。

【賛同者】

逢沢一郎、赤澤亮正、秋葉賢也、甘利明、伊東良孝、井上信治、江渡聡徳、遠藤利明、大島理森、大野功統、大村秀章、小里泰弘、梶山弘志、金子恭之、鴨下一郎、河村建夫、岸田文雄、北村茂男、北村誠吾、小池百合子、小泉進次郎、近藤三津枝、佐田玄一郎、塩谷立、新藤義孝、高木毅、竹下亘、田中和徳、武部勤、橘慶一郎、棚橋泰文、谷垣禎一、中谷元、中村喜四郎、長勢甚遠、野田毅、浜田靖一、福井照、古川禎久、保利耕輔、細田博之、町村信孝、松野博一、松本純、三ツ矢憲生、森英介、森山裕、柳本卓治、山口俊一、山本公一、山本有二、吉野正芳、西博義、赤松正雄、稲津久、大口善徳、高木美智代、竹内譲、古屋範子

実は、私が津波対策推進に関する法案をつくらなければならないと決意したのは、この年の二月末のチリ津波の襲来に備えて避難指示が出されたその日でした。ちょうど自民党の全国一斉の街頭演説の日で、宣伝カーで一生懸命避難を呼びかけましたが、ほんの数パーセントの人しか避難してくれませんでした。この様子を見て、私は「これでは、本当に大きな津波が来た時は駄目だ」と思い、「どうするか？」と考えました。そして、「これは法律をつくるしか道はないのではないか」と考え、同志の皆さんに相談して議員立法をすることにしたのです。しかし､時の菅（直人）内閣と民主党は話にまったく応じませんでした。この法案は無視され続けたのです。一生懸命に民主党に働きかけてみましたが、ノレンに腕押しの状況でした。

同法案提出から九ヵ月後の二〇一一（平成二十三）年三月十一日に東日本大震災が発生し、多くの尊い人命が奪われました。家や会社や工場が流されました。平和な東日本の社会は一瞬のうちに地獄と化したのです。東日本大震災が起きた直後、私は報道機関の取材に答えて次のように語りました。

《長い間、津波のことを考えてきて、いつか、このような

大津波が来るのではないかと心配していました。津波研究者も警告していました。それがこの三月十一日に、しかも、まさかこれほど巨大な、世界と日本の歴史上、最大の大災害に遭遇するとは…！　私は、東南海地震、南海地震の襲来に備えて、常に何らかの対策をとらなければならないと考えて、同志の皆さんとともに津波対策議員連盟を結成して勉強してきました。津波対策を研究し始めた年（二〇一〇年）の六月、自由民主党と公明党の議員七名の共同で「津波対策の推進に関する法律案」を国会に提出しましたが、ほとんど審議されずに今日に至ったことは大変残念なことです。

この法律の目的を、次のように第一案に明記しました。『この法律は、津波による被害から国民の生命、身体及び財産を保護するため津波対策を推進するにあたっての基本認識を明らかにするとともに、津波の観測態勢の強化及び調査研究の推進、津波に関する防災上必要な教育及び訓練の実施、津波対策のために必要な施設の整備その他の津波対策を統合的かつ効果的に推進し、もって社会の秩序の維持と公共の福祉の礎にして資することを目的とする』というのが基本的な考え方です。

今回の恐ろしいほどの巨大な地震と津波により、甚大な被害が発生しました。今後も日本の各地で地震と津波は発生します。今こそ国民を津波から守るため、超党派で『津波対策』の法律をつくりたい。与野党共同して早期成立を図りたい。今回の巨大災害を通じ、政府の速やかな対応の必要性を痛感しています。

私たちは、同法案の中で「津波防災の日」を、「稲むらの火」の故事にちなんで、十一月五日とするよう提案しました。もしも、同法案を直ちに国会審議にかけることができたら、この法案は提案した年の十一月五日以前に成立していたでしょう。そうであれば、東日本を含めて、十一月五日の津波防災の日に全国的に避難訓練を実施することができたはずです。そうすれば、徹底的に避難することができたでしょう。津波から身を守るためには、残念ながら今のところは「高台避難」しかないのです。あらかじめ訓練していれば、多くの人は避難することができたと思います。これによって多くの人命が救われたと思います。同法の成立が遅れたことは大変残念なことでした。

十数年前の阪神・淡路大震災に際して、日本国民はここで負けてはならぬ、との決意を持って必死に努力して阪神・

淡路を、そして日本を再建しました。今回の東日本大震災にあたっても、不屈の精神をもってこの苦難に挑戦をしなければなりません。この大震災を乗り越えることによって、より強い、新しい東日本を創り出さなければなりません。全力を尽くしましょう!》

その後、私たちは多くの民主党の幹部を訪ね、津波対策推進法案の審議入りを強く要請し続けました。「津波対策には与党も野党もありません。民主党から修正案があればどんどん出していただきたい。超党派でやりましょう!」と訴え続けました。そしてようやく、与党の民主党が重い腰をあげたのです。

津波対策推進法は二〇一一(平成二十三)年六月十七日に、成立しました。私は、衆議院災害特別委員会の総括討論で「残念なことに、法案はその後(提出後)一年も審議されることなく、日時は無為に過ぎ去りました。その間に三月十一日、東日本大震災が発生し、津波にともない多くの人命、財産を奪い、被災地は壊滅的な惨状と化しました。われわれの提案した法案が成立しておれば、多くの人命を救い、被害を未然に軽減できたのではないかと思うと、ま

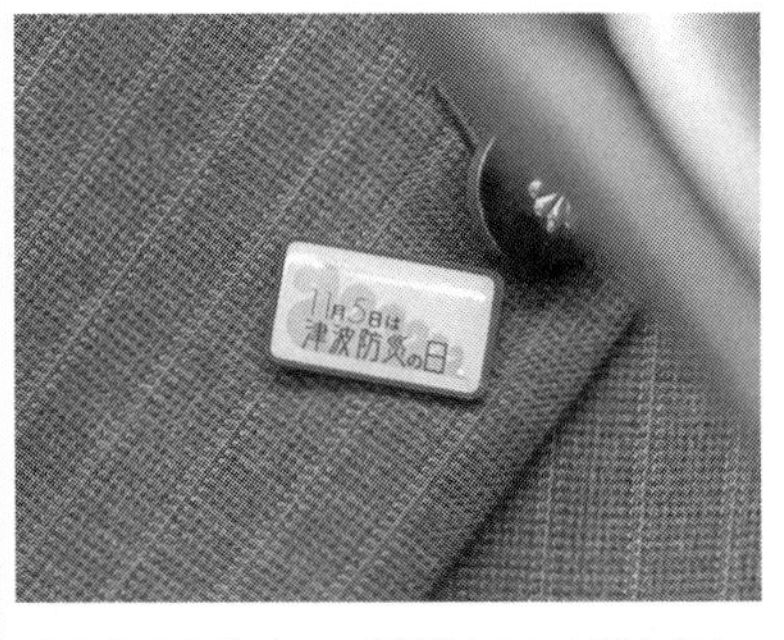

平成22年に二階議員らが提出していた「津波対策の推進に関する法律」であったが、当時の与党民主党が本格審議に入らないまま平成23年3月11日を迎えた。東日本大震災の発生後の平成23年6月にようやく法案は成立し、11月5日が「津波防災の日」と定められた

さに法案成立の遅れは痛恨の極みであり、まことに残念でなりません。今思うことは、賛成したくなければ、せめて国会の委員会審議だけでもやってくれておれば、津波対策の必要性を一人でも多くの国民の皆さんに伝えることができたはずです」と訴えました。

二〇一一（平成二十三）年十一月五日、全国各地で「津波防災の日」の式典や催しが行われ、津波に対する国民の関心が高まりました。津波が襲来した時は、高台へ避難することの必要性について、国民の皆さんの理解が深まりました。自らの最も大切な稲むらに火をつけて村民を救っただけでなく、自らの費用で堤防を建設し、仕事を失った人々に仕事を与え、給与を支払い地元の人々の生活を助けた濱口梧陵の生き方を学びました。

津波対策で最も重要なことは教育だと考えています。

岩手県釜石市の釜石中学校の生徒たちが、小学校の児童などを引率して高台に避難して、同地区の小中学生約三千人が助かったニュースほど人々を感動させたものはありません。多くの人々に希望を与えました。

この防災教育を推進された群馬大学の片田敏孝教授に深く敬意を表します。片田教授は生徒たちに「避難の三原則」を繰り返し繰り返し教えたそうです。その三原則とは「想定にとらわれるな」「いかなる時でも最善を尽くせ」「率先避難者になろう」です。

津波の多い東北地方は昔から「てんでんこ」という言葉があるそうです。「てんでん」は一人で逃げるという意味です。この考え方を国民の中に徹底的に注入する必要があると思います。

宮城県石巻市に巨大な魚市場があります。この石巻魚市場株式会社の社長の須能邦雄さんは、大地震と巨大津波の中で奇跡的に生き抜き、今は東北水産業の復興のために働いている水産業界の指導者です。著名な方です。この須能邦雄社長が雑誌『区画整理』二〇一二・一号に次のように述べています。

《被災から九ヵ月以上が過ぎた現在、この震災と津波の影響による被害のありさまを目の当たりにして、現在は、これまでの歴史の教訓に生かすことを怠ってはいけないということを深く思う。今の私の気持ちの中には、皆さんに伝えたい津波に対する三つほどの大切なことがある。

まず、津波の防御に構築物は副次的には必要なのだろう。が、やはり「高台避難が第一」ということである。そのために、過去の地形や旧町名の由来を知り、浸水域の到達地点を日常的に把握しておくこと、それを地域の人々が十分理解しておくことが大切であると強く感じる。

教育面では、日頃から自宅、勤務先、通学、通勤途上で津波から避難する経路を複数にわたって考えておくことなど、時間をかけてでも防災教育につながる実際の訓練が重要である。

そして最後に、地震・津波に関する先人の言い伝えを知ることである。長い時間の揺れには津波の襲来を警戒し、逃げる場合は自己判断で、テンデンバラバラ（テンデンコ）に逃げることである。》

私たちは、自然と共生するためには、歴史の教訓を生かす必要があると思います。

「津波対策推進法」を生かすため、全力を尽くさなければならないと思います。

第四章　防災の心構え

――行を省みる者は其の過ちを引かず

二〇一一（平成二十三）年三月十一日の東日本大震災が起きてから、一年以上が経過しました。これから新たな国土強靭化という大事業に取り組むにあたって、政治家はこの一年間の総括から出発すべきだと思います。東日本大震災からの復興の責任は政府にあります。同時に私は、野党を含めた政治家全員にその責任があると思います。

震災発生からの政府の活動を振り返りますと、国民の中に厳しい批判があります。特に政府の行動が遅いことに国民の中からは強い批判の声があります。政治家は常に謙虚に国民の声に耳を傾けなければなりません。そして謙虚に反省しなければなりません。

たしかに三・一一大震災は、予想・予測をはるかに超えた大災害でした。災害の規模が深刻なほど大きいものとなりました。したがって災害復旧に関して、国民の中からさまざまの批判が出てきていることは当然のことですが、しかし、大震災の被災地の人々は、忍耐強く、自らの精神力を発揮しました。被災地の人々は偉大な人間性を示されました。

しかし、それにしても発生以来、政府の対応はあまりにも遅く、鈍感でした。例えば瓦礫の処理などは、あれこれ考える前に、公の機関が、それぞれの機関の責任において撤去すべきでした。内閣、知事、市長が、その責任において直ちに処理すべきでした。やろうと思えば直ちにできることでした。しかし、関係者が瓦礫処理を誰がやるか、などと初歩的な議論をし始めました。このため瓦礫撤去が遅れてしまいました。被災地の人々は瓦礫の山の前で立ち尽くしてしまいました。政府、県当局、市当局がやる気になればできることなのです。とくに政府は責任ある対応をすべきでした。救助・復興・復旧の活動は敏速でなければならないのです。敏速でなければ意味がないのです。

民主党政府の官僚、副大臣、政務官らはほとんどが経験不足の人たちばかりでした。あまりにも経験が不足していました。こういう時、行政機関の中の経験者を活用すべきでした。しかし、民主党政府はそれをしませんでした。この原因は民主党官僚や幹部が陥った非現実的で空想的な政治主導にありました。民主党政府は役所の中の経験者の力を生かすべきでした。すべて最終の判断は大臣と総理大臣がする。最終責任は大臣・総理大臣がとることを明らかとし、その上で役所の専門家の力を活用することが大事でした。一部では行われましたが、全体としてはなされませんでした。残念なことです。

十七年前の一九九五（平成七）年の阪神大震災の時、私は野党・新進党の「防災担当チーム」の責任者の立場にいました。われわれは、阪神・淡路大震災が起きた時、村山富市内閣の対応が遅いと言って国会で痛烈に批判しました。村山内閣の初動はあまりにも遅かったのです。

阪神・淡路大震災が起きた時、私は大阪のホテルの十二階のエレベーターホールにいました。すさまじい揺れでした。急いで新大阪駅へ向いました。新大阪駅の天井が壊れていました。新幹線が動くかどうか見通しが立たないため伊丹空港へ向いました。大変混んでいるかと思っていましたが、キャンセルで乗客は少なく、すぐに飛行機に乗ることができました。私は、羽田へ到着すると、直ちに院内の新進党の会議に向いました。東京では新進党の政策決定機関の「明日の内閣」が開かれ、私は神戸の現地に入ることになりました。すぐに岡山空港へ飛び、そこでヘリコプターをチャーターして現地へ入りました。東京から行った政治家の中では私たちが一番乗りでした。岡山で江田五月先生（元参議院議長）にお願いして消防用のユニフォームや長靴を拝借して、燃え盛っている被災の現場に飛びました。

何ごとも行動が先です。現場主義こそが防災活動の基本です。ヘリコプターの機上から西岡武夫幹事長（当時）に電話しました。西岡先生は「二階さんは行動が早い」と言ってくださいました。政治家の道を選んだ以上、当然のことだと私は思います。西岡先生は最近お亡くなりになられましたが、本当に惜しい大先輩を失いました。

西岡先生はあの時、私と一緒に行動してくれた新進党の頼れるリーダーでした。第一日目、ヘリコプターで現地に向った第一陣のメンバーは、私と、東順二、土田龍二、そしてカメラマンの鈴木氏、現地合流は前田武志（現国土交通大臣）、小池百合子氏等でした。出発の際、「国会議員を一人降ろしてでもカメラマンを同行するように」と助言をいただいたのは、公明党幹部の市川雄一議員でした。

非常時には「非常災害対策本部」と「緊急災害対策本部」のどちらかを設置するものですが、村山内閣は「緊急災害対策本部」ではなく「非常災害対策本部」を設置しました。本当は、「緊急災害対策本部」を設置すべきでした。なぜなら「緊急災害対策本部」は、内閣総理大臣にすべての権限が集まります。法律上総理大臣の指示で何でもできることになっているからです。私は、本会議、予算委、災害対策特別委等で再三そのことを指摘しました。ところが村山内閣はなぜか「緊急災害対策本部」を設置しませんでした。このため緊急対策の実行が何もかも大幅に遅れました。

三・一一東日本大震災で、政府は「緊急災害対策本部」を設置しました。誰もそのことは語りませんが、これはよいことでした。これは大事なことで、私は評価できると思います。誰がやろうと、いいことはいいのです。「是は是、非は非」。

東日本大震災のような大災害の時は、与党も野党もないと思います。人命救助、復旧、復興のためでしたら、与党も野党も力を合わせなければなりません。

津波対策推進法は、時間がかかりすぎました。一年以上かけて、与野党全会一致で成立しました。みんなで考え、みんなで自覚して、みんなで議論してつくりました。

津波対策は避難が第一です。津波が襲来するとわかったらすぐに高いところに避難しなければなりません。津波からは、逃げる以外に助かる道はないのです。

前にもふれましたが私が津波対策推進法をつくろうと考えたのは、二〇一〇（平成二十二）年二月末のチリ地震による津波が日本の沿岸に押し寄せて来た日です。私はこの日、和歌山県で街頭演説をしていました。その頃、県庁では知事を含めて津波の緊急対策を議論していました。各市町村でも市長、町長、村長を含めて議論していました。この結果、高台へ避難するよう、県民、市民に、あらゆる手段で通報することを決めたようでした。

私は街頭演説を短くして「皆さん直ちに逃げてください」と皆さんに避難を呼びかけたのですが、ほとんどの人が逃げようとしないのです。皆さん過去の経験で判断しているのです。ここまでは津波は来ない、と考えているのです。元気象庁長官の山本孝二氏の話によると、津波（災害）警報を発する場合、「直ちに避難しなさい」と厳しい命令口調で放送したところは、ほとんど逃げることに成功している。「津波です。避難してください」とゆるやかな口調では、逃げ遅れているのだそうです。この時、私は、津波対策の法律をつくらなければならない、と決意しました。それから一年、時間はかかりましたが、法律はできました。

大切なのは、すぐに行動することだと思います。

防災対策、特に津波対策では、子どもたちの教育が大切です。子どもは敏感で素直です。教えれば素直に対応します。三・一一東日本大震災でも小中学生は、一部に悲劇が起きましたが、ほとんど助かりました。和歌山でも、小中学生の避難訓練を行っています。和歌山市に紀三井寺という有名なお寺がありますが、この裏山が避難場所です。すでに繰り返し訓練が行われているようです。

防災は政治の中心的な責務です。防災活動に必要なのは現場主義とスピードと協調、協力の精神です。この精神を基礎にしておくことが大切だと思います。

私たち政治家は、あらため、三・一一東日本大震災への政府の対応をきちんと総括すべきです。今後のために反省すべき点は意地を張らずに謙虚に反省すべきです。政治家は意味のない無用な対立や抗争はやめて、大震災からの復旧・復興のために協力すべきだと思います。防災に限るものではありませんが、政治家は、常に謙虚な姿勢で政治に取り組まなければならないと思います。

防災において最も有害なのは、政治家が党利党略で行動することです。「自分さえよければ主義」で行動することほど有害なことはありません。被災地の人々は二〇一二（平成二十四）年を「復興元年」と呼んでいます。「復興元年」を成功させるためには、政府と政治家は、まず第一、謙虚な反省から始めるべきだと思います。そして協力すべきことは積極的に互に協力を惜しんではならないと思います。

第五章　国土強靱化について国民的議論を始めよう！——広く会議を興し万機公論に決すべし

「強靱」の言葉を辞典でみますと「強くてねばりのあること。しなやかで強いこと」（岩波書店『広辞苑』）とあります。また別の辞書には「しなやかで丈夫であるようす。ねばり強く困難などによくたえるようす」（学研『国語大辞典』）、また別の辞書には「強くしなやかで粘りのあること。また、そのさま」（三省堂『大辞林』）とあります。この最後の「強くしなやかで粘りのある」というのが最適な解釈といえると思います。「国土強靱化」というのは、ハード面だけではなく、ソフト面でも「強靱な日本」をつくりたいという意味です。国土強靱化というと、固い感じを持って見ておられる方もいるかもしれませんが、しなやかで粘りのある忍耐強い国土をつくるということです。これは、極めて大事なことです。これは、誰かがやらなければいけないことです。政府がやるのが最良ですが、国土強靱化に国会は政党政派を超えて、各党が協力し合って実現に向けて努力すべきです。自由民主党は最善の努力を惜しんではなりません。

何ごとも、スタートが大切です。謙虚で無心な姿勢で、国民の声に耳を傾け、真の代弁者として責務を果たすべきです。

言論の自由は大切なものです。言論の自由というのは、誰もが自由に勝手なことを言うことではなくて、世の中を一歩でもよくするためにあらゆる人に知恵を出してもらい、みんなで考え、みんなで決めていくために必要なのです。言論の自由はみんなの知恵を総結集するために使うべきです。

古代ギリシャの哲学者のディオゲネスは「世に最も美しいものは、言論の自由である」という言葉を残してくれています。ディオゲネスは樽の中に住んでいた哲学者として知られています。ディオゲネスは、アレキサンダー大王から「何かしてほしいことはないか」と問われて、「日陰にならないようわきにいて下さい」と答えたという逸話が語り伝えられていることでも有名です。この「美しい言論の自由」とは、世の中をよくするためにみんなで知恵を出し合うことです。このことを保障することが、言論の自由の保障の真の意味です。

国土強靱化の大事業を達成するために、私たちは、「広く会議を興し万機公論に決すべし」という明治以来の日本の国家運営の基本に従って、まず、国民的議論を起こすことから出発しなければならないと思います。

五ヵ条の御誓文は慶応四（一八六八年）年三月十四日、明治天皇が宣布した明治新政府の五ヵ条の基本政策です。この第一項目が「広く会議を興し万機公論に決すべし」です。以下、次の四項目が続きます。

一、上下心を一つにして、盛に経綸を行ふべし。
一、官武一途庶民に至る迄、各其志を遂げ、人心をして倦まざらしめんことを要す。
一、旧来の陋習を破り、天地の公道に基くべし。
一、智識を世界に求め、大に皇基を振起すべし。

これは、明治天皇が宣言したものですが、明治維新期を代表する知識人の由利公正と福岡孝弟が作成したものだと言われています。

この五ヵ条御誓文は今日の民主主義の時代においても十分に通用するものです。さらに言えば、これは民主政治の宣言です。決して古いものではありません。今も十分通用する考え方です。今、私たちは、この五ヵ条の御誓文の考え方を基本として、国土強靱化に取り組みます。

私たち自由民主党の国土強靱化総合調査会の役割は、まず、国民の中にある諸々の考えを総結集することから始めます。すでに、約二十名の学者、評論家、官庁ＯＢなど数々の自然災害と社会災害を体験してこられた先輩の考えを聞いてきました。今後、さらに多くの有識者の考えをお聞かせ願い、国民的な大討論を起していきたいと考えています。

大切なことは、みんなで努力しよう、という気持ちを固めることです。国民が、心を一つにすれば、大きな力を発揮することが可能になります。

私たちは国土強靱化に取り組むにあたって、歪んだ固定観念を排し、あらゆる優れた知恵と知識を総結集することに努めます。柔軟な思考をもってのぞみたいと思います。与党だ野党だ、A派だB派だ、というような狭い縄張り意識はこの際、捨て去って、国家国民のために大同団結する必要があるのです。

とりわけ、国土強靱化にあたって危険なのが、幼稚な思考です。民主党は鳩山由紀夫政権以来「コンクリートから

国土強靭化総合調査会初役員会（平成 23 年 10 月）

人へ」を民主党の政治スローガンにしています。この政治スローガンは三・一一東日本大震災によって無意味で有害な考え方に基づいていることが証明されました。このスローガンをその後の菅政権も野田政権も見直そうとしていません。民主党はいまだに「コンクリートから人へ」を言い続けています。困ったことです。頭が固すぎます。

国土強靱化のためには、社会資本の整備が必要です。必要な公共事業はやらなければいけません。民主党は「コンクリートから人へ」という政治スローガンを掲げて、高速道路等の道路整備に反対してきました。ところが、三・一一東日本大震災で、一番早く復旧させなければならなかったのは基幹道路でした。基幹道路が早く整備されたおかげで、自衛隊車、救急車、消防車、パトカーが通ることができるようになり、人命救助ができたのです。

大震災は、道路の大切さを教えました。道路なしには人命救助もできなかったのです。三・一一の直後、国土交通省東北地方整備局は、徳山日出男局長の指揮のもと、自衛隊車、救急車を通すために、基幹道路の「啓開」（道を開くこと）に全力を尽くし、短時間で達成しました。これによって多くの人命が救われました。この道は、被災地の人々から「命の道」と言われています。道路は大切な社会資本です。

昨年（二〇一一年）九月の紀伊半島の豪雨災害の時は、基幹道路があったからこそ、自衛隊車、救急車、消防車、パトカーが被災現場に到着し、救助活動を行うことができたのです。さらにコンクリートでつくられた砂防堤防が土砂崩れを止めて、多くの人命を救ったのです。防災には、コンクリートは、必要不可欠な必需品なのです。災害の現場には、記念碑や場合によって、砂防研究所のようなものを設置してはどうかと提案されていますが、いずれも前向きに防災への決意を込めて取り組むべきことです。

昨年（二〇一一年）九月の台風十二号による大水害と土砂崩れは大災害でした。紀伊半島では、東京ドーム百杯分の大量の土砂が流れ出しました。土砂を止めたのはコンクリート製の砂防堤でした。それでも、「『コンクリートから人へ』と言い続けられますか！」と問いたい。

コンクリートは、人間社会の安全を守る技術として、長い歴史を経て開発された人間を助ける技術です。私たちは、この優れた科学技術の成果を、人間社会の安心、安全のために活用する必要があるのです。コンクリートへの偏見は、もうそろそろ改めてもらわなければなりません。非現実的な空理空論は、政治においては極めて有害です。災害時においては、百害あって一利なしです。

第六章　政治は国民に希望を与えるものでなければならない――希望は強い勇気であり新たな意思である

今の日本、よくないことが重なっています。最大のものは、二〇一一年の三月十一日の東日本大震災と九月の台風十二号による紀伊半島の豪雨災害と今年（二〇一二年）の冬の豪雪災害などの大災害ですが、それだけではありません。超円高、欧州金融危機、タイの大水害により日本経済は大打撃を受けています。長期のデフレ不況の結果、国民の生活水準は低下しています。連日繰り返される財政危機のニュースによって、日本国家への国民の信頼は崩れつつあります。若い夫婦の中には、こんな世の中では子どもは幸せになれないから産まない、と考える傾向が強まり、少子化の一つの原因になっています。超円高で大企業の経営すら危うい状況になってきています。多くの大企業の工場が閉鎖されています。このため、いくつかの市町村では、失業問題が深刻化しています。非正規雇用が増加し、若年層の生活水準の低下は著しくなっています。

国民の内に政治不信が蔓延してきています。社会全体に強いフラストレーションが蓄積されてきており、これが選挙にも反映されるようになりました。

最近、生活保護の受給者の増加が目立っています。二〇一一年はついに史上最高の数字になりました。生活保護受給者の低年齢化が進行しているともいわれています。生活保護費を下回る人々が増えてきています。このため、低所得の若者が働くのをやめて無収入になることによって生活保護申請資格を得ようとする者が増えてきているといわれています。大変なことです。困ったものです。

私たちの社会は、健全なる常識と道徳と法によって成り立っています。健全なる常識と道徳は、社会の構成員である成人が働くことによって成り立っているのです。働く意思と能力を持つすべての成人が自らの労働によって得た収入によって自らの生活を支え、家族を養うのです。人々は働くことによって、自らの生きがいをまっとうしているだけではありません。働くことによって社会とつながり、社会的人間として生きることができるのです。

この世の中には、働く意思を持ちながら、身体的なハンデのために働くことができない人々がいます。この場合には、政府・地方公共団体による社会福祉が必要になります。しかし社会の中で圧倒的多数者である働く意思と能力を持つ人々は、働かなければなりません。

しかし、現実はどうでしょうか。生活保護申請者が急増してきているのです。これは、多くの若者たちが、正規の職を得られなくなっており、そのうえ、非正規雇用者の賃金が極めて低い水準にあるからです。そして、自らが得る賃金よりも高額の生活保護費を受給する資格を得るために労働することをやめてしまおうとしているのです。

ここには希望がありません。人間は希望なしに生きることはできません。

政治は何をなすべきでしょうか。政治は、国民に希望を与えるものでなければなりません。社会全体が希望を持つためには、希望を持つことを妨げている要因を取り除かなければなりません。

まず、取り除くべきは、雇用が不安定な状況です。失業が若者たちから希望を奪っているのです。雇用の改善が必要です。完全雇用の状況に近づける必要があるのです。

この雇用の改善のためには、景気をよくしなければなりません。デフレ不況を脱却し、景気の回復を図ることが必要です。

国民の多くが日本の将来に絶望している原因の一つは、デフレが長期化し、日本経済が成長していないからです。この十年間の名目ＧＤＰは低下しています。資本主義国で長期的にマイナス成長下にあるのは日本だけです。

かつて、一九八〇年代前半、一人あたりＧＤＰは、アメリカを抜いて世界第一位になったことがありましたが、その後、低下の一途をたどっています。最近の統計では、日本の一人あたりのＧＤＰは、二十位台まで低下してしまっているのです。ＧＤＰはアメリカ、中国に続いて三位とはいえ、一人あたりＧＤＰは先進国首脳会議参加国では最下位になってしまっています。

しかも、そのうえ、政府の人口調査によると、これから日本の人口は急減するとのことです。五十年後には現在の人口の三分の二にまで減少するというのです。日本は人口減少社会になってしまっているのです。子どもが急減し、高齢者が増加していきます。また、日本国民の大多数は、日本は急激に縮小しつつあり、これを止めるのは、ほとんど不可能だと考えるようになってきているのです。

かつて、日本国民は、今よりもずっと苦難な体験をしたことがありました。第二次大戦末期の日本は悲惨でした。米軍機の頻繁な空襲の結果、大都市も中都市も焼かれました。多くの人々が戦争で命を失いました。生き残った人々は、戦争で死去した家族のことを悲しみながら、ひたすら生活苦に耐えたのです。そして終戦後の食料不足、貧困の時代を耐えながら生き抜いたのです。

しかし、当時の日本人は、今と比べて、強い希望を持っていました。日本人の希望に基づく強い意志が、戦後復興の原動力となったのです。日本国民は力強く、戦災から復興し、復活したのです。

今の日本はどうでしょうか？　希望の火が弱くなっていることを認めざるを得ません。

私は、今日の政治の最大の役割は、日本国民の心に希望の火をともすことにあると思います。政治家はこの先頭に立たなければなりません。しかし、残念なのは、政治家自身が希望を失ってしまっているのです。政党の指導者も、ややもすると、すぐ悲観論ばかりを口にするしまつです。

　私は、政治家というのは、不屈の楽天主義者でなければならないと考えています。この暗い世の中を明るくする存在でなければならないと思うのです。

　政治家は今、国民の心に希望の灯をともすことに真剣に取り組まなければならないのです。雇用状況を改善するために必要なことを行うことが何よりも重要であります。景気を回復し、民間企業が雇用を増やす方向に経済を導くことです。国民経済の成長力を高め、経済の成長を実現するのです。失業者に仕事を与えるために、国民が希望する社会資本を充実させる公共事業を興し、そこに失業者を雇用するのです。戦後には「失業対策事業」が盛んでした。学校のグラウンドの一角に、「失業対策小屋」が建てられていました。

　防災面でもなすべきことは多いのです。公共事業は必要です。そのうえ、公共事業は雇用の改善に大いに役立ちます。公共事業を否定することは大きな過ちです。このことは民主党だけではなく、自民党も反省する必要があります。

　私は、三・一一東日本大震災以来、同志とともに全国各地にヒマワリや菜種を植える運動を起こしました。今度は朝顔の花キャンペーンを自民党として取り組みます。かつて、チェルノブイリ原発事故のとき、ヒマワリを植えたところ、放射能を減らす効果があったことが報告されました。ヒマワリはセシウムを吸収するともいわれてきました。ヒマワリを福島原発の被災地に植えることによって、放射性物質を少しでも減らしたい、という強い願いがありました。しかし、それだけではないのです。ヒマワリの花は大きいものですと直径十センチ以上にもなります。私は、ヒマワリを被災地全体に咲かせれば、人々の気持ちが明るくなり、元気が出るのではないか、と期待して、この運動を始めたのです。幸い多くの人々が喜んで参加してくれました。ある幼稚園の園長さんから「うちの園に植えたヒマワリを見に来てください」と言われ、その幼稚園に行きました。私の背丈よりはるかに高いところに大きな黄色の花が咲いていました。ヒマワリの大きな花はこの幼稚園を明るくしていました。私自身、ヒマワリの花の効力の大きなことをあらためて認識しました。

　ヒマワリの種は、千葉のアタリヤ農園という種屋さんから十万袋を寄付していただきました。このあと菜種の時期になりましたので、今は菜種を植える運動をしています。

二〇一二年は「朝顔」をやります。みどりのカーテンを期待しています。これ自体は小さな運動ですが、国民の皆さんの心を明るくしたい、元気にしたい一心で取り組んでいるのです。

エネルギー問題にしても、悲観論ばかりではダメだと思います。たしかに再生可能エネルギーの開発にはいろいろな困難があります。試行錯誤が続いています。私は、経済産業省でエネルギーを担当した時代に「新エネルギーパーク」を最初の年に十ヵ所に建設し、今では全国四十一ヵ所に建設されています。それぞれの地域でエネルギーを創造することに取り組みました。エネルギー政策に取り組むためには、地域の人々の理解を得ること、協力いただくことが必要です。この四十一ヵ所の中には、エネルギーの地産地消に成功しつつある地方都市もあります。低学年の子供たちにも、理解を深めさせる努力が必要です。したがって、県および市町村、さらに民間のご理解をいただいて、入場料は基本的に全国で無料にしていただいています。風力発電やソーラー発電によって市の八五％の電力をまかなえるようになった北海道の稚内市の事例もあります。

最近、メタンハイドレートというものが、石油、天然ガスに代わる次世代資源として脚光を浴びていますが、実は、これは無限といっていいほどあるのです。紀伊半島の熊野灘で百年分ほどの埋蔵量があるといわれています。ある専門家は、二百年分あると言っています。メタンハイドレートを実用化できれば、電力問題はほとんど解決できるでしょう。

代替エネルギーとしては「地熱発電」もあります。最近、民主党からの呼びかけで民主党と自民党と公明党を中心にして、議員連盟が誕生しました。これから他の政党にも協力を呼び掛けます。民主党から増子輝彦参議院議員（前経産省副大臣）と自由民主党から私の二人が共同代表に選ばれました。よいことは与野党が協力して取り組むべきです。すでに福島県で地熱発電のシンポジウムを開催しました。地熱先進県の大分県にも二〇一一年末現地視察に行って来ました。二〇一二年からは海外にも足をのばし、地熱先進国のアイスランドに民主党の増子氏を団長とする超党派で四人の議員を派遣しました。

観光事業も大切です。中国や韓国は、災害以来、福島県を渡航禁止区域に指定していますが、これをいかにして解決していくか、中韓両国にどう理解してもらうか、今、知恵を絞っているところです。私は、まず日本側から中国、韓国へチャーター便を出す。やがて両国からもともにチャーター便を出していただくよう努力していきます。

二〇一二年は、日中国交四十周年です。五月十二日には韓国の麗水（よす）で世界博覧会が盛大に開催されます。それぞれ、大イベントが計画されています。中国は、日本から多くの観光客が訪れることを期待しています。韓国も同じであります。日・中・韓で観光交流のトライアングルをしっかりと形成する今年は大きなチャンスだと思います。

原発の風評被害を一日も早く払拭する努力を、政府が緊急に、しかも力強く行うべきです。国際的に観光交流が活発化し、東日本の被災地に世界から観光者が来るようにするために努力したいと思います。そのことが復興のシグナルとなるのです。

大切なのは、政治が国民に希望を与えるものとなり、この際、政治家が率先して国民に希望をもたらすよう一生懸命に働くことです。政治は国民にとっての希望でなければならないのです。今こそ、すべての国民の皆さんとともに日本が「日はまた昇る」を信じ、力強く、前進しようではありませんか！

第七章　日本社会の強靭化の基礎は地域社会の強い人間の絆にある

——健全なる精神は健全なる肉体に宿る

私たちがこれから取りかかる日本の国土強靭化は、自分自身以上に自分以外の人々の生命を尊重し、大切にする政治を行うことです。これは、今までも健全な日本人がしてきたことです。この誇り高き生き方を全日本社会に再びゆきわたらせて、より強い自覚とより強い絆で結ばれた社会を築くとともに、巨大な自然災害の中で人類の生命を守り抜く社会資本を整備することなのです。

昨年（二〇一一年）三月十一日に、大地震、巨大津波、原発事故に見舞われた時、被災地の人々は自己犠牲と他人を思う気持ちの強さを示しました。自らの生命が危険にさらされている極限状況の中で、被災された人々は、他人のことを自分以上に大切にし、高潔な助け合いの精神を示したのです。これは、われわれ日本人にとっては、特別のことではありません。私たちの祖先も、同じように生きてきました。被災地の人々は祖先と同じことをされたのです。

この姿は、世界の各地で「偉大なる日本人」として報道されました。「日本人は、自らの命の危機の中でも、見知らぬ他人を自分以上に大切にする人々である。日本人は食べるものがない極限的空腹状態におかれても、たった一つのおむすびを五人で分けて食べていた。自らが寒さにふるえながら、自分の衣類を見知らぬ人の体にかけていた。これは奇跡だ」と述べた外国人記者がいました。大震災報道のために被災地に飛び込んだ外国人記者の目に入った光景は、美しい人間愛を発揮する尊い被災民の姿だったのです。私たち日本人は、災害を直接受けた東北の人々や紀伊半島の人たちは多くの人命とともに大切な財産や思い出を失いました。しかし、被災された地域の皆さんのおかげで素晴らしい「日本人」という高い評価を得て、失ったものは計り知れないほど大きいが、新たな国際的な評価も得ることができました。

私たちがこれから取り掛かる国土強靱化の基礎は、ここにあります。すでに存在している日本の地域社会にある人道主義に基づいた強い人間的絆をさらに強くて、しなやかで粘り強いものにすることにあります。より具体的に言えば、日本の伝統的社会の中に根付いていた隣組のような草の根の連帯した関係を復活させ、固めることです。

第二次世界大戦後に行われた米占領軍のもとでの「戦後改革」は日本の政治制度を民主主義的制度に変えました。私たち日本人は、この戦後改革を受け入れ、日本社会の民主主義的発展に努めてきました。これは高く評価されるべきことだと思いますが、しかし、やや行き過ぎた改革もなかったわけではありません。日本の地域社会に根づいていた強い人間的絆を古い封建的人間関係だと誤解し、隣組という地域連携システムを解体したのは、米占領軍の行き過ぎだったのではないでしょうか。これらは、日本の伝統と素晴らしい風土が生み出した一種の防災システムだったとも言えるのです。このような日本に伝統的に存在した助け合いの素晴しいシステムを、今こそ再評価し積極的に復活させる必要があると思います。

また、日本の農村と里山を支える人間と自然との伝統的な関係も、再認識し、再評価する必要があると思います。日本人は、伝統的に自然の中で、自然を愛し、自然と共生する生き方をしてきましたが、社会の近代化の中で、こうした伝統的生き方を軽視する傾向が強まっていました。このことは素直に反省する必要があると思います。私たちは日本の優れた伝統・風習は、堂々と自信を持って守り育てるべきです。

国土強靱化のためになすべきことは多々あります。その一つは、地震に対する備えをさらに強める必要があることです。個人の家、集合住宅、会社工場の建物、公共施設、橋、道路、港湾、空港などの社会資本の耐震化に取り組むことが必要です。

第二は、巨大津波に備えることです。この根本は「稲むらの火」の濱口梧陵の教訓にあります。また「てんでんこ」にあります。とにかく津波が届かない高地に、それぞれが避難することです。逃げることです。これには日ごろの訓練が必要です。災害は夜中にやってくる場合がありま す。冷たい雨の日にやってくる場合もあります。避難場所、避難する道に関する知識をあらかじめ確認しておく必要があります。津波対策の根本はやはり教育です。特に幼児教育、学校教育、社会教育が重要です。

第三は、日本の社会経済を強靱化することです。「健全なる精神は健全なる肉体に宿る」という考え方は、社会経済にもあてはまると思います。健全なる社会とは働く意思と能力を持つすべての人々が働くことのできる社会です。言いかえれば、完全雇用社会をつくることです。少なくとも完全雇用社会を目指す努力は防災のためにも必要です。

働く意思と能力を持つすべての国民が希望を持って働き、この希望によって、自らの生きがいを確認し、実行することです。労働することによって、個人と社会の健全な絆をつくることが可能になります。自らの労働によって得た所得によって、自分自身と家族の生活を支えることです。これが、健全な社会の第一の条件です。

現在は資本主義社会です。企業は経済社会の活力の源泉です。企業が活力を持ち、経済社会のエネルギーを新たにつくり出すのです。これによって、経済社会全体が成長するとともに、個人の所得の向上を図るのです。このためには、政府の経済政策を「成長」路線に変える必要があります。長期のデフレ経済は、日本社会の劣悪化を招いています。政府は具体的な新・新経済成長戦略を立て、実行する必要があります。経済社会を成長軌道に乗せるとともに、個人所得が向上する経済システムを整備することが必要です。

第四に、原発事故の解決です。このためには、日本国民の中にある知恵と工夫を総動員するとともに、国際社会の協力を得る必要があります。原発事故の解決は、世界的課題です。菅（直人）前政権のように「他国の関与を認めない」というような偏狭な考え方は間違っていると思います。内外のすべての知恵と知識と科学技術を総結集する必要があるのです。

第五は、農業、林業、水産業などを含む自然産業の再生と農村、漁村、里山の復興です。

以上の五つの課題の達成こそが、国土強靱化の基本目標です。この基本目標を実現する基礎は、地域社会の強い人間関係にあります。この地域社会の人間の絆こそ、強くしなやかな社会の土台となるのです。この土台づくりの「転ばぬ先の杖」として、農林業・水産業の回復に、予算を惜しんではなりません。強靱化予算を思い切って投入すべきです。

第八章　災害から人命を守るため国土強靱化基本法の制定を

――一利を興すは一害を除くに若かず

自然災害・社会災害から国民の生命と財産を守ることは政治の第一義的な責務です。このためには、災害に対して強靱な社会をつくる必要があります。同時に、日本国としての基本姿勢を示すことが必要です。ハード面、ソフト面の両面で強靱な国土をつくることです。この目的を実現する第一歩として、「国土強靱化基本法」の制定が必要です。

この基本法と並行して、新たな災害への対策を立て実行する必要があります。首都直下型地震、東海・東南海・南海の連動型地震対策のための予算措置が必要です。このため二〇一二（平成二十四）年からの十年間を国土強靱化のための重点投資期間として設定し、国土と社会を強靱化するための社会資本の整備を進めなければなりません。このための新たな財政措置が必要です。この際、国土強靱化のための特別国債の発行を考えるべきです。

国土強靱化基本法の制定と並行して、行政機関の横断的協調、協力体制を確立するとともに、社会資本を整備するための「国土強靱化関連施設整備促進法」の制定を行う必要があります。

さらに道路の整備に取り組まなくてはなりません。特に高規格道路のミッシングリンク（未連結区間）を解消するための促進法を制定する必要があります。東日本大震災は、人命救助、復旧、復興の作業において道路の重要性をあらためて私たちに教えました。道路こそは、災害時において「命の道」なのです。このために、「ミッシングリンク（未連結区間）解消促進法」（仮称）を制定すべきです。ミッシングリンク解消のための公共事業は必要なのです。いつ、高速道路のミッシングリンク（未連結区間）の解消ができるのか、乏しい予算でボツボツやっていたのでは国土発展の均衡は実現できません。先に高速道路が実現、完成している地域は、日常この道路からどれほどの恩恵を受けているか、考えるまでもありません。その分だけ未連結区間に位置する人々は政治の力を待っているのです。四十年も五十年も待ち続けているのです。

さらに、防災教育を重視し拡充する必要があります。防災教育こそが、最大の防災なのです。日本民族のしなやかな粘り強い精神、知恵、地域、連帯、助け合いシステムに学び、ソフト面での国土強靭化を進めることが大切です。広報活動も必要です。

このようなソフト、ハード両面から国土の強靭化を進める必要があると思います。

最後に強調したいことは、政治の改革です。国民の生命と財産を守ることのできる政治を創造しなければなりません。新しい国土強靭化のための政治を創造するためには、与野党ともに、「今われわれは何をなすべきか」を国民の皆さんと一緒に真剣に考えるべき時であります。

第九章　「国土の強靭化」は日本再生の基本戦略である ——新たなる酒は新たなる皮袋へ

日本国民は今歴史的な大試練の時にいます。三・一一の東日本大震災の被災地復興は、震災から一年以上経って、ようやく出発点に立ったというのが現実です。二〇一二（平成二十四）年が復興元年です。今こそ、全力をあげて被災地の復興に取り組まなければならない時です。今年（二〇一二年）、日本の各地が寒さに震えていました。しかし、この寒さの日、東北の被災地の皆さんはどうしておられるだろうかと想像するたびに胸が痛みます。誰もが同じ気持ちだろうと思います。被災地の復興とともに日本全体の強靭化を達成のために、みんなで立ち上がるべきだと考えます。

今また、新しい自然大災害の危機が迫っていると見なければなりません。

「天災は忘れられたころに来る」は、物理学者の寺田寅彦先生の言葉とされています。高知市の旧寺田寅彦邸址にある記念碑に刻まれています。しかし、三・一一の東日本大震災で、国民全体が目を覚ましました。新たな自然災害に備える強い意志が、国民の中に形成されつつあります。

繰り返しますが、私たちは新たな自然災害の危険が日本列島に迫っていることを強く意識しなければなりません。最近、東京都民は、首都直下型地震を非常に心配しています。何人かの地震学者が、自らの研究に基づいて、近い将来の大地震到来を予想しています。このことが大きく報道されました。

首都直下型地震だけでなく、東海地震、東南海地震、南海地震も予想されています。東海、東南海、南海の連動型地震も予想されています。和歌山県沖には巨大なトラフが発見されました。いつ起きるのかの予想は困難ですが、しかし、遠くない将来、いつかは起きると考えて、地震・津波対策を立てる必要があります。

首都直下型大地震に備えて、東京都は防災計画を作成し、発表しました。建造物の耐震化を進めるとともに、道路整備、港湾整備、津波発生時の避難路の整備、防災教育など、全般にわたる防災計画を発表しています。防災計画には、他の地域も取り組んでいます。これらの地方ごとの防災計画を統合する役割を担うのが政府です。

東京都だけでなく、各都道府県がそれぞれ、防災計画を立案しています。いまだ立案していないところも、今、急いで取り組んでいます。

ソフト、ハード両面にわたるしっかりとした防災計画を立案し、これを国民全体に理解していただくためには、家庭、学校、地域社会における防災教育の徹底が必要です。

防災のための社会資本整備にも取り掛かる必要があります。特に道路、港湾、上下水道、通信の整備が必要です。道路は大災害時には、「命の道」となります。港湾は「命の港」となります。通信も大事です。水は「命の水」です。道路、港湾、通信、水道は、大災害の時にこそ、役立たなくてはなりません。食料や飲料水の備蓄も必要です。そのほか、日常生活に必要な品々も住民の皆さんと近いところに常備しておく必要があります。

これらの災害対策には財源が必要です。これは当分の間、防災のための特別国債によってまかなうべきだと思います。

それ以上に大事なことは、充実した防災対策、雇用促進・景気回復の経済成長に連動させることです。これは十分に可能です。雇用が促進され失業者が減少すれば、若年層に希望が生まれます。景気が回復し、日本経済が成長軌道に乗れば、企業は成長します。雇用は拡大します。人々の所得は上がります。大多数の労働者の賃金が上昇すれば、社会全体に活力が生まれます。

大切なことは、政府の政策によって、この方向へ経済社会を動かすことです。

ここに希望が生まれます。希望は社会に活力をもたらします。政治は国民に希望を与える役割を果たすべきです。

国土強靱化とは狭義の意味では、国民の生命を守る防災国家をつくることです。巨大な自然災害に負けない国をつくることです。広義の意味では、日本を世界で最も安定した美しい国に仕上げることです。

国土強靱化は、日本再生の基本戦略です。最近の日本の政治は、日本の国土を弱体化させる方向に動いている、との批判が国民の中にあります。国民の皆さんの声です。私たちは、この批判に率直に耳を傾けるべきです。国の弱体化を止めなければなりません。

国民は、三・一一東日本大震災によって、目を覚ましました。国民は日本の国土が弱体化・脆弱化していることを思い知らされたのです。そして、国土の強靱化が必要であることを自覚したのです。

私たちは、今までの政治について反省すべきことについてはしっかりと反省し、政治の出直しを図ることが必要です。これが国土強靱化への歩むべき道だと思います。

第十章　防災において大切なのは敏速な行動である ——断じて行なえば鬼神も之を避く

三・一一東日本大震災に関して数多くの出版物が発行されています。その中で注目されている書物の一つに、麻生幾著『前へ！東日本大震災と戦った無名戦士たちの記録』（新潮社）があります。本書の表紙の帯の文字は「悪夢の中、彼らはただ、突き進んだ。一人でも多くの命を助けるために——」。このような活躍をした「無名戦士たち」の記録です。

第一章は「福島第一原発、戦士たちの知られざる戦争」

第二章は「道路を啓け！　未曾有の津波被害と戦う猛者たち」

第三章は「省庁の壁を越え命を救った勇者たち」

大災害が起きた時、最も大切なのは人命救助です。人命救助活動において大切なのは、スピードです。敏速な行動が必要なのです。阪神淡路の地震の際、自衛隊がもう一日早く到着していれば助かったのにという言葉が今でも私は忘れられません。自衛隊と県市町村の行政との日ごろからの連携も極めて重要であります。阪神淡路の時は自衛隊は早くから出動の準備をしていても出動命令が出なくて、それで救出が遅れてしまいました。

三・一一東日本大震災時における政府・行政機関・地方自治体などの公的機関の中で、高い評価を受けているのが、国土交通省東北地方整備局です。

東北地方整備局は、大地震が発生するや、すぐに行動を開始しました。直ちに被災状況を調査しました。地震と津波と瓦礫によって、各地の基幹道路が分断されていることを知ると、直ちに啓開（道を開く）作業を開始しました。人命救助隊を被災地に送り込むための道路の「啓開」を行

東日本大震災で津波がひいた後の気仙沼市。流されてきた瓦礫や車両などによりいたるところが通行不能となった

うことを最優先に取り組んだのです。余震が続く中、津波に襲われる恐れが続いているさなか、東北地方整備局職員と建設業者は、何日間も休むことなく働いて、瓦礫によって分断された基幹道路を「啓開」したのです。人命救助に向かう自衛隊は、この啓開された道を通って被災地に入り、人命救助活動に取り組んだのです。救急車もパトカーも、啓開された道を通って被災地に突入したのでした。この啓開作業を指揮した東北地方整備局の徳山局長は、長年の防災研究の結果「啓開」が最優先課題であることを知っていたのです。道が開かれなければ、救急車もパトカーも、緊急出動する自衛隊車も、復旧工事のための国土交通省と建設業者の車も通行できないのです。報道関係の車も啓開された道を通って被災地に入り、災害報道をしたのです。

最初に、瓦礫に埋まった道路を開くことに成功したことによって初めて、自衛隊車だけでなく、救急車も消防車もパトカーも報道の車までも、国交省東北地方整備局が啓開した道を通って、被災地の現場に入ることができたのでした。何よりもスピードが大切なのです。

東北地方整備局には「みちのく号」という名のヘリコプターがあります。東北地方整備局の女性の防災課長の決断で、地震発生後すぐに調査のための飛行を指示しました。この結果、地震と津波の実態をつかむことができました。みちのく号が仙台空港を離陸した直後に、仙台空港は津波に襲われました。間一髪でした。ここにおいても、敏速な行動がヘリコプターを活用して、被災地の調査を可能にしたのです。

食糧の届かない地域へは、ヘリコプターの活用が重要です。それには許可が必要です。応急に必要に応じて知事が許可できるように、しかも手続きも簡素にして、食べ物を早く被災者の方々の手に渡るよう考えるのが政府の役割で、大きな災害を経験した後は、一歩でも進歩の足跡が見えるよう努めるべきだと考えています。

災害救助で最も大切なことは、政府・行政機関の敏速な行動です。一部の政治家と一部の官僚は敏速に行動しましたが、政府中枢部の動きが鈍かったことは残念なことでした。

政府の行動に敏速さが欠けていたことにより、多くの生命を救済することができなかったとの批判が国民の中にあります。政府は、このような国民の批判を真摯に受け止め、大いに反省すべきです。そして、再びこのようなことを繰り返さないよう反省すべきです。

繰り返しますが、災害において最優先すべきことは、「人命救助」です。このためには、敏速な行動が必要です。政治家は率先して、被災の現場に行き、行動すべきです。

瓦礫の処分が遅れている。進んでいないとの声が聞こえていましたが、今年（二〇一二年）に入って二月二十一日の報道には驚かされました。読売には『がれき処分五％の み被災三県』、日経には『がれき処分五％どまり　被災三県　環境相「進捗厳しい」』、毎日には『被災三県がれき処理まだ五％　十四年三月完了　環境相「厳しい」』、朝日には『がれき処理済み五％　広域受け入れ進まず被災三県』、東京には『がれき処理五％止まり　環境省集計十四年三月末完了困難』と異口同音にがれき処理の困難さが報道されています。対策の遅れがこれほどまでに遅れているとは理解できない多くの国民は一様に驚いています。

第十一章　原子力発電、二度と同じ過ちによる悲劇を繰り返さぬために

知恵と工夫と技術進歩で乗り切る
——天道は盈（み）つる虧（か）いて謙譲に益（ま）す

今回の福島第一原子力発電所における爆発事故の発生と、それにともなう福島県民の皆さんの避難生活、特に、自宅、田畑や家畜などを置き去りにせざるを得なかった、その過酷な状況に思いを馳せる時、まさに痛恨の極みであります。

まずは、福島県のお子さんたちに将来にわたり、絶対に健康の被害が出ないように、そして現場で日々頑張っておられる皆さんに被害が出ないように、万全の処置を心しなければなりません。

また除染作業の進捗と汚染された廃棄物の中間貯蔵施設の進展に、努力することが重要です。東京電力あるいは関連会社の皆さんは、さまざまな批判の声にも接しておられると思いますが、自らからの健康も顧みる暇もないほど、日々ご努力されていると思います。現場で苦労している人、誰も見ていないところで懸命な対策を積み重ねている専門家たちに、私たちは敬意を忘れてはならないと思います。

実は、阪神淡路大震災の経験を踏まえて著した拙著『日

本の危機管理を問う――阪神大震災の現場から』（プレジデント社）の中で、私は以下のように記しています。

《耐震性の問題に関して、災害対策特別委員会でも質問の際に申しあげましたが、地震発生以来、巷では原子力発電所の強度は大丈夫か、地震による原子力災害に備えるべきだ、大震災を踏まえての安全性のチェックが必要だという地方の声が強くなっています。耐震安全を主張する側は、原発は活断層を避けて立地しているから絶対安全だと言います。最大級の地震も想定して余裕を見せています。原子炉や周辺施設には地震感知の自動停止機能等が装備されているとも主張しています。しかしこういう大地震が現にあったわけであり、絶対に安全だという神話は、今度の大地震でもう通用しなくなっており、耐震等の情報も、機会があるごとにもっと知らせるべきだし、防災訓練もその必要なしというわけにはまいりません。通産省（当時）などは原子力発電所の安全性の確保のために、より慎重に、より謙虚に対処してほしいと思います。災害が起こってからこんなはずではなかったのにというようなことがないよう、心してもらいたいと思います。危ない、危ないと必要以上に騒ぐ人は別として、原子力施設だけが何か特別に安全であると安易に考えるような時代ではありません》（原文）

今から十七年前の、この文章を読み返す時、なぜ、今回のような事態が起きてしまったのか、あれほど何重にも安全を守るための装置が設けられ、どんな大地震が来ても万全だ、と地域の住民の皆さんをはじめ国民の皆さんに説明を重ねてきた原子力発電所が、どうしてこれほど脆く、住民の皆さんに避難生活を強い、お子さんたちの健康に対して不安を招くような事態になってしまったのか、本当に残念であり、悔しい気持ちでいっぱいであります。大津波は確かに想定外のような規模だったかも知れませんが、それを「想定外」の一言で片づけるには、あまりに大きな被害の規模であり、影響する範囲が大であると言わざるを得ません。

今回こそ、二度と悲劇が起きぬよう、全国に存在するすべての原子力発電所の安全性、耐震性について、徹底的に総点検を行うことが必要であります。一方で、今回の事故がどうして起こったのか、こうした点を徹底的に究明することは、将来への備えとして極めて重要であります。現在、国会に設置された「東京電力福島原子力発電所事故調査委員会」において、今回の事故にかかわる経緯・原因の究明を行うとともに、今後の原子力発電所の事故の防止、事故にともない発生する被害の軽減のための施策や措置について提言を行うべく、作業が進められています。この調査委員会の作業もしっかりと見守り、今後、何をすべきかきちんと議論をしていかねばなりません。

国の将来を考える時、原子力発電をどうとらえるのか、この問題も避けては通れない重大な問題であります。今回の事故を契機にして、原子力発電から脱するべき、といった「脱原発」の意見も強くなってきています。確かに、現在、福島県民の皆さんが強いられている状況を考えれば、そうした意見も十分理解できます。他方で原子力に替わるエネルギーが期待されるほどに普及しておらず、経済界には大きな不安を持つ方々もいます。賛否両論真っ二つ、と言ってもよいのかもしれません。それだけ国民の皆さんの重大関心事項となっております。

私はここで一度立ち止まって、冷静に事態を認識し、エネルギーという国民の生活や企業活動にとって不可欠な、ある意味で、国の安全保障という問題にも密接に関連する課題の将来について、しっかりと国民的な議論をすべきだと思います。

決して、感情的に、拙速に決めるべき問題ではありません。もちろん、「安全」は何よりも優先する課題です。現在、原子力発電所が立地している自治体の住民の方々の意見、首長の方々の意見などには、誠心誠意、最大限、耳を傾けていくことは当然のことであります。それでも、国の経済の基盤でもあり、また、国民の生活の基盤である「電力」をどう確保していくのか、この点は、逃げてはいられない重要課題です。実際には、なかなか国民的な合意を得るのは容易なことではありません。政治の責任は重大であります。

わが国の持てる技術の総力をあげて再検討をすると同時に、経営者側のもっと真剣な態度がちまたでは求められています。あえて苦言を呈するならば、経済産業省、資源エネルギー庁、原子力安全・保安院の官僚（役人）の皆さんも、電力会社、原子力関係者との間で、ともすれば緊張感を欠いていたのではないかと反省してみる必要があるのかもしれません。今後、電力の供給体制のあり方など、電力会社の経営そのものにかかわる内容を含めて議論をしていく際には、国民の皆さんのためにどうあるべきか、真摯な態度でのぞむことが重要であり、国民の理解なしに何ごとも前に進めるような状態ではありません。関係者が厳しい反省のうえ、道を拓く努力を続けることが何よりも重要であることを痛感しています。

政府は原子力発電所の再稼働等を判断する際に地元等関係者の賛否を問う方針をようやく示しました。原発の再稼働の判断には何よりも安全を第一として内閣総理大臣や経済産業大臣等、国の最高責任者が熟慮に熟慮を重ねたうえでご判断を願うことが重要であります。

第十二章　強靭な経済は明確な成長戦略の上に築かれる

——窮すれば即ち変じ、変ずれば即ち通ず

国の強靭化を考える時、経済の強さを取り戻すことが重要であります。新しい「成長戦略」で日本に豊かな富が満ちるようにしなければならないと思っています。大震災からの復興の道のりは長く険しいかもしれませんが、日本の歴史はいつも廃墟から立ち上がってきました。日本人は強靭な精神で、経済を発展させてきたのです。今、ここで私たちは奮起しなければなりません。

私は、小泉（純一郎）政権で、最初に経済産業大臣を務めた二〇〇六年の六月、人口減少化においても成長を実現するための「経済成長戦略」を策定しました。その中では、日本の成長とアジアの成長の好循環をつくり、地域においてイノベーションと需要の好循環をつくることができれば、主要先進国で戦後初めて継続的に人口が減少するという逆風の中でも、これら二つの好循環が成長に貢献していける、という戦略を示しました。そして、資源価格の高騰が続く二〇〇八年八月、福田（康夫）政権で再び経済産業大臣を拝命しました。早速、経済の状況の変化を踏まえた改訂作業を行うよう指示を出し、夏休み返上で約五十日間の作業を経て、九月には「新経済成長戦略二〇〇八改訂版」をつくり上げ、その戦略を閣議決定に持ち込みました。

その後、三度目の経済産業大臣を務めた麻生（太郎）内閣でも、この新経済成長戦略二〇〇八改訂版はしっかりと受け継がれ、リーマンショックの後の世界金融危機を受けた経済対策の中でも、省エネルギーや新エネルギーといっ

た地球温暖化対策を中心とした「低炭素革命」、医療・介護や少子化対策などの「健康長寿」、植物工場の全国展開やソフトパワー発揮、それに「観光大国」の実現といった「魅力発揮」プロジェクトから成る「未来開拓戦略」につながりました。

二〇〇九年九月に政権交代がありましたが、当初「成長戦略」不在と批判された民主党政権は、二〇一〇年六月に「新経済成長戦略」をまとめました。「新」とは銘打ってありますが、「グリーンイノベーション」にしろ、「ライフイノベーション」にしろ、カタカナを使っているだけで、中身は、自民党政権当時の経済戦略の中から、「低炭素革命」や「健康長寿」を踏襲したもので、残念ながら特に新しいものは見あたりません。目新しいものは、二〇二〇年までのCO2の削減目標を一九九〇年比で二五%に設定した、といったようなことですが、これは省エネがすでに進んでいた日本にとっては、とても実現不可能な絵空事です。また、「製造業への派遣労働の禁止」も、工場での雇用現場の実態を無視した提案でした。これらはいずれも、「成長戦略」というよりも、「成長制約戦略」とでもいうべき話であって、経済界から猛反発を受けたことは誰もがご存じのとおりです。

今、日本経済は、デフレ経済の真っただ中にあります。円高が進む中で、工場の海外移転が加速され、それにともなう国内工場の閉鎖といったような残念な状況が続いております。まずは、この国内産業の空洞化の危機を食い止める必要があります。さらに今回の大震災で日本人が学習したことは、生産拠点を分散化させないといけないということです。サプライチェーン（供給網）を強化しなければなりません。私は、経済産業省に立地環境整備課を残してきました。新たに分散させる企業の新たな立地について補助金を準備しています。企業立地、工場立地などは、経済の本質なのです。国土とモノづくりの場所とは切っても切れない関係なのです。

国土の災害常襲を逆手にとって、多極分散の国土づくりのきっかけとして、企業の分散立地を考えなくてはなりません。まさに「ピンチをチャンスに」を地でいくような話です。

ただ、内を守るだけでは、経済の成長も難しいし、国土の強靱化も実現できません。外に向けて攻めることが大事です。攻めるには、二の矢、三の矢が重要です。強靱な経済のためには、〝ため〟とか〝余裕〟が必要です。「この品物には決して欠品はありません。だからどうか買ってください」といったようなモノの売り方の戦略が有効です。今、キヤノンのデジカメがその戦略に出ています。今までの経済学の常識に反して在庫を増やす必要がある場合もあります。グローバルなし烈なコスト競争にさらされている業界は、血のにじむようなたたき合いをしている状態なので、ますますのコスト競争に生き残ってもらえるよう、円高是正、金融緩和をはじめ、政策を総動員して、少なくとも、競争環境を整えなくてはなりません。強靱化には、内と外の両面作戦が有用です。

ここでも重要になってくるのが、新しい「真」の「成長戦略」であります。二百兆円を特別国債で手当てするとしても、それが国の財政破綻につながらない、という確信を市場関係者に与えていかねばなりません。そのためには、この国の経済が、何を拠り所に成長を続けていけるのか、将来像を明確にする必要があります。東北の大震災、欧州金融危機、そして円高など、日本経済を取り巻く環境は厳しさを増しています。人口が減少していくことも避けがたい事実です。私は、最初の「経済成長戦略」で明らかにしたとおり、アジアの経済成長を取り込んでいくこと、そして、イノベーションと需要との間に好循環をつくっていくこと、こうした戦略は、今なお堅持すべき正鵠を得た戦略であると信じています。

これからは、付加価値の高いところに日本の持つ資源を集中させていくことが、日本経済の強靱化につながります。また、二の矢、三の矢という意味では、水、インフラに関するパッケージ協力から、資源をめぐる外交をはじめとする総力戦が必要とされる分野に至るまで、プロジェクトの初期の段階からコミットする等、官民あげての戦略的な取り組みが求められます。

新しい「真」の「成長戦略」としての取り組みから、あえて強調するとすれば、二つあると思っています。

一つは、アジアのマーケットをいかに獲得していくかということです。日本の人口は減少していきますが、アジアの人口は増え続けます。それとともに、経済の規模も拡大していきます。今は、所得が小さい国々も、いずれ経済が成長していきます。そのために私は中国をはじめとして〝人脈〟を築いてきました。やはり最後は人と人の信頼関係がものを言うからです。二〇一二年五月十二日開幕の、韓国・

麗水世界万国博覧会への、懸命な協力も、日本経済の躍進を図るためには、隣国が大事だからであります。万博も二〇〇五年愛知万博、二〇一〇年の中国上海万博、そして二〇一二年の韓国麗水万博と、このアジアで連続して開かれます。万博でも、アジアの日・中・韓のトライアングルが形成されています。このアジアのトライアングルを重視することが大切です。人間関係をもとにして、アジア各国との多角的な経済連携、クールジャパンの売り込み、対日投資の促進、円高メリットを生かした海外M&Aの促進、そして海外の資源確保を図ることができれば、日本はこれからも雄々しく成長して、「日はまた昇る」を実現することができると思います。

二つ目は、世界で通用する、将来を支える日本人の育成です。防災教育はもちろん、新たな産業の芽をつくる人材、画期的な技術を開発する人材、全世界を飛び回りビジネスをまとめていく人材、こうした新時代のもとで活躍できる人材を一人でも多く育てていくことが重要です。日本に留学生がたくさんいれば、揉まれて今まで以上に海外で通用する人材が生まれる可能性が高まります。東大の秋入学も同様の発想です。教育のプラットフォームを世界に合わせることにより、世界的な競争に生き残れる強靱な日本人をつくり上げることができると思います。もちろん、海外の優秀な人材を招き入れる努力と同時に、日本の優秀な若者に海外での豊富な経験を積ませる努力も重要になってきます。幸い、私が小泉内閣の時代に提唱したERIA（東アジア・ASEAN経済研究センター）は、日本発OECDの東アジア版です。現在、インドネシアのジャカルタに本拠を置き、日本からの百億円の資金の提供により、東アジアやASEANの経済発展のため、積極的な活動を本格化させています。

今、ERIAはアジア発展のため、アジア自身の躍動を図るための新しい芽として、日本の若い人たちが堂々と活躍してくれています。ERIA圏内にいくつかの観光見学ルート等も設定して、若い人たちや学生たちの目が大きくアジアを見つめることができるよう、体験型観光産業政策として、取り組むべきと考えています。とにかく未来の若者たちにチャンスを与えることが、大人や社会の責任ではないでしょうか。これは、国土強靱化時代の若者たちの、武者修行教育とも言えるでしょう。

終章　国民的合意を求めて——和を以て貴しと為す

政治の目的は、国民が安心して生活することができる安全な社会をつくることです。同時に、美しく強靱な国土を構築することです。また、政治の目的は、善がとおりやすく悪がはびこりにくい社会をつくることです。要するに、国民を守ることが、政治の目的なのです。私たちは、このためにこそ、国をあげて国土の強靱化に取り組むことが重要であります。

政治には外交と内政があります。外交政策の基本は、世界平和の実現であり、諸外国との善隣的な友好関係を維持することにあります。いかなることがあろうとも、わが国は平和の国家として生きていかなければなりません。このためには、世界各国との絶えざる経済的、文化的、社会的国際交流が大切です。

内政の基本は、国民にとって安心、安全の社会をつくることです。

このような政治の課題の中で、二十一世紀には特に重点的な課題があります。観光です。

二十一世紀の日本において、観光は最も大切な基幹産業に成長しつつあります。今こそ日本国民の力で、観光産業を日本の代表的産業に育成することが必要です。

国内政策の最重点を、国土強靱化におかなくてはなりません。迫り来る大災害から、日本列島を守り抜き、国民の命と生活を守ることなしに、日本の未来はありません。国民の命と生活を守ること、これが国土強靱化の目的です。

国土強靱化を進めるにあたり、基本精神は「和」だと思います。「和」には二つの意味があります。一つは世界平和、あらゆる場面において「調和」を実現することです。

世代間協力のためには、高齢者と中年層と若年層の調和と協力が必要です。同時に性による差別をなくす必要があります。階層間の格差を縮小することが必要です。

社会経済のためには、都市と農村との調和が必要です。大都市中心の銀行、製造業などの資本主義的産業と農業、林業、漁業などの自然産業との調和を図ることが、日本経済全体の発展のために必要です。

中央（東京）と地方との調和も大切なことです。今、地方を重視すべき時です。「国家の実力は地方に存する」のです。断然、地方を大事にする政治を行うべきです。

経済の運営においては、モノと通貨の量のバランスをとることが必要です。長期デフレの基礎にあるのは通貨の不足です。デフレを克服するためには通貨の発行量を増やすことが必要です。インフレの時は、これが逆転します。とにかく今大切なことは、デフレ経済を克服することです。バランスの回復のために通貨供給量の増大をはかるべきです。

民間経済と公共経済の調和が必要です。最近は、このバランスが崩れています。混合経済体制が、現在においては最も強靭な経済社会体制だと思います。民と官が協調し、協力して国土強靭化を実現する必要があります。

政治においても、調和の思考が大切です。政治は国民に希望をもたらすものでなければなりません。災害から一年以上たった今日も、特に福島県の人々は復興に「道筋がついていない」と九二%の方が答えています。異常なことです。政治は国民の期待に応えなければなりません。政治において大切なことは、大局的判断を誤らないことです。些細な問題にこだわってはなりません。いつまでも些細な問題で国会がもめているようでは、到底国民の信頼を保つことは不可能です。政府与党と野党は国会の場において、真剣に大局的な議論をすべきだと思います。そのうえで、協力すべき時は協力しなければなりません。調和社会をつくることが、国民生活安定の道だと思います。

国土強靭化の目的は、国民の生命と財産を守ることにあります。

国土強靭化の課題は、多方面にわたります。この課題に、国民の皆さんとともに急いで取り組まなくてはなりません。私たちは「広く会議を興し万機公論に決すべし」を基本にして、これから全国民の皆さまのところへ参ります。全国各地で「国土強靭化の議論」を起こしましょう。そして、強く、美しく、しなやかで粘り強い日本をつくり、私たちの先の時代へバトンを継ぐために、今こそ小異を捨て明るい未来を信じてみんなで立ち上がりましょう。重ねてご指導、多くの国民の皆さんのご協力を切にお願い申し上げます。

自由民主党国土強靭化総合調査会編『日本を強くしなやかに
—国土強靭化』（国土強靭化総合研究所、二〇一二年）より

「国土強靭化宣言」その2 爛頭（らんとう）の急務

第一章 「国土強靭化」の精神と国民的関心の拡大

自由民主党国土強靭化総合調査会が発足してから十ヵ月が経過しました。私が国土強靭化宣言その1において、「国土強靭化が日本を救う―備えあれば憂いなし」を宣言してから半年が経過しました。

この間、国土強靭化、防災・減災について国民的議論が展開され、国民の間に国土強靭化の必要性についての認識が各方面において高まりました。

自由民主党内においても国土強靭化について活発な議論が行われました。この結果、国土強靭化は自由民主党の基本政策の主たる柱となり、来たるべき総選挙における公約とすることを決定しました。自由民主党が総選挙で勝利し政権へ復帰すれば、国土強靭化計画はわが国の主要政策になり実行されます。他党においても国土強靭化計画や防災・減災計画が議論されるようになりました。

自由民主党が主張する「国土強靭化」は、ハード、ソフトの両面において、わが国を「強くしなやかに」することを目的としています。自由民主党の国土強靭化計画は、防災・減災のための社会資本整備だけでなく、教育、社会科学、文化、伝統重視などの課題も含まれています。

災害には自然災害と人為的災害とがあります。

人為的災害の最大のものは世界的戦争です。これに対する最良の対抗策は平和を守り、維持することです。

日本国民が体験した最大の人為的災害は第二次世界大戦でした。私たち日本国民の同胞三百十万人の尊い生命が奪われました。日本国民の財産の大部分が失われました。

第二次世界大戦が終わってから六十七年が経ちました。六十七年前の第二次世界大戦末期の昭和二十（一九四五）年八月六日、広島に原子爆弾が落とされました。瞬時にして約二十万人の生命が奪われました。その直後の八月九日には二つ目の原子爆弾が長崎に落とされました。これまた瞬時にして数万の生命が奪われました。このような巨大な人為的災害を再び繰り返してはなりません。

私たちの先輩は、第二次大戦が終わった時、今後、日本は平和国家として生きていくことを決意しました。

ヒロシマとナガサキに落とされた原子爆弾による災害は、多くの人命を奪うとともに被爆者の健康に深刻な後遺症をもたらしました。核爆発によって発生した放射能による人体への障害は長期にわたって被災者やその家族に甚大な苦痛をもたらしました。

平成二十三（二〇一一）年三月十一日、福島県において、ヒロシマ、ナガサキに続く二度目の放射能による災害が発生しました。東京電力福島第一原子力発電所において災害が発生したのです。直接の原因については地震説と津波説がありますが、東京電力福島第一原子力発電所の事故は深刻な被害をもたらしました。広大な地域が放射能に汚染されました。この地域の住民は避難を余儀なくされました。避難した十数万人の人々は、再び故郷に戻ることを切望していますが、楽観できない状況にあります。

世界においては、原子力発電所の大きな事故は、過去において二度起きました。一九七〇年代アメリカにおけるスリーマイル島原子力発電所と一九八〇年代旧ソ連のウクライナにおけるチェルノブイリ原子力発電所の事故です。二〇一一年フクシマは三番目の大事故となりました。

平成二十三（二〇一一）年三月十一日の東日本大震災による大災害からの復旧・復興は、今日の最大の政治課題です。同時に、このような大悲劇を再び繰り返さないようにすることは政治の最大の責任です。このために国土の強靱化が急がれるのです。

東日本大震災において、私たちは三つの大災害を体験しました。「地震」と「津波」と「原発事故」です。この大災害によって二万人近い尊い生命が失われました。直接的原因は巨大地震により発生した大津波でした。犠牲者のほとんどが巨大な津波で被災しました。

津波から身を守る最も有効な手段は津波が到達しない高台へ避難することです。もちろん防波堤も必要です。防波堤によって津波を防いだところもありました。また、防波堤が津波の到来を遅らせる効果もありました。しかし、基本は避難です。大災害が発生したとき、混乱なく避難を可能にするのは、日頃からの訓練であり、教育です。

防災・減災の基本は「備えあれば憂いなし」だと私は思います。国民の皆さんが安心して安全な生活を営むことができるようにするのは政治の責任です。人類が今日までつくり上げた科学技術等の知識を駆使して災害研究を行い、最悪事態に対処できる対策を立案し、これを実行するのは政治の大きな責任です。たとえどんなに厳しい予測であろうとも、逃げることなく真正面からそれを直視し、対策を立て実行することは政治の役割です。

過去を振り返りますと、災害についての厳しい予測は敬遠される傾向にありました。「いたずらに世の中を不安にしてはならない」との理屈で、厳しい予測を語る研究者は政界の主流やマスメディアによって排撃されました。しかし、平成二十三（二〇一一）年三月十一日の東日本大震災の後は政界、マスメディア、学界の空気が一変しました。厳しい予測を排撃しない空気になっています。

災害対策の基本は最悪事態に備えることにあります。地震研究者たちは、首都直下型地震、東海・東南海・南海・日向灘の四連動地震についても、最悪事態の予測を国民に向かって率直に公表することができるようになりました。よいことだと思います。

また、近年は気候変動による影響で、世界的に豪雨による洪水、土砂災害が増加しています。平成二十三（二〇一一）年の台風十二号がもたらした記録的豪雨による紀伊半島大水害では、和歌山県田辺市、奈良県五條市、十津川村等で大規模な深層崩壊が発生し、十七ヵ所で天然ダムができました。また、この時、和歌山県那智勝浦町では世界遺産熊野那智大社周辺のほとんどの渓流から土石流が発生し、二十名に及ぶ尊い命が失われました。しかしながら、事前に砂防堰堤が設置されていたたった一つの渓流では土石流が止められ、人的被害はありませんでした。隣接する渓流で砂防堰堤の有無が明確に生死を分けたのです。

本年（二〇一二年）七月の九州北部豪雨災害等でも、土砂災害により二十名を超える多くの尊い生命が無残にも失われましたが、大分県由布市や熊本県阿蘇市などの事前に砂防堰堤が設置されていた渓流においても土石流が止められ、人命を守ることができました。このことは日本中どこでも同じなのです。

現在、紀伊半島では、国や県による緊急工事により地域の安全を確保する取り組みが着々と続けられています。本年発生した九州北部の土砂災害等に対しても緊急工事の準備が進められていますが、被害を受ける前に整備がすんでさえいればと悔しく思うところです。一方において、人命を守るため土砂災害が発生する前に避難することも大切であり、そのためにも、日頃の避難訓練や防災教育などの取り組みが重要で、このように両方の施策によって強くしなやかな国土をつくっていくことができるのです。

首都直下型大地震、東海・東南海・南海・日向灘連動型大地震に備え、日本国民の生命を守り抜くには、国会、政府、各政党とも、強い決意を持ってこの難局に立ち向かわなければなりません。

ところが、マスコミや政界の一部に「最悪事態に備えるといっても今の国の財政状況では無理であり、防災・減災・国土強靱化のための社会資本整備は現実には不可能であり、断念すべきだ」という考えがあります。簡単に言えば、「政府にはもうカネがない。大災害に備えての社会資本整備はあきらめざるをえない」ということです。

しかし、自由民主党大多数は、このような敗北主義は拒否します。いかなる困難があろうとも、国民の生命を守るため、なすべきことを実行します。

現在の政治家には、日本の国土を後世の人々に残す責任があります。私たちの先輩は、第二次大戦のような過ちを犯したことはありましたが、しかし長い日本の歴史のなかで、健全な日本の国土を後世に残すために努力を重ねてきました。現在の私たちには、今の日本の国土を健全な状況にして後世に残す責任があるのです。これは現代に生きる私たちの義務なのです。

自由民主党国土強靱化総合調査会は数多くの学者、有識者に協力していただきました。財源に関する委員会、成長戦略についての委員会、研究会を重ねながら党内議論を集約してまいりました。第一回研究会は平成二十三（二〇一一）年十月二十七日に行われ、（注：本原稿執筆時点での）最後は平成二十四（二〇一二）年九月六日でした。講師の数は約四十名になります。

最初の講師は藤井聡京都大学大学院土木工学科教授でした。「国土強靱化」という言葉は、藤井聡教授の著書『列島強靱化論』によって国民の間に普及しました。藤井聡教授は「強靱」の言葉を「強くしなやか」という意味で使ったと述べています。われわれも同じ解釈に立っています。藤井聡教授は「国土強靱化」の思想を広めるうえで大きな役割を果たしました。藤井聡教授の考えは、基本的にわれわれの考えと共通しています。藤井聡教授は第一回の講演において次の諸点を強調されました。第一は、超巨大連動地震すなわち首都直下地震と東海・西日本大地震の危機が存在すること。第二は、もし抜本的対策がとられなければわが国は五百兆―六百兆円規模の被害を受ける危険性があり、これに対処するためには二百兆円規模の財政上の対策が必要になること。第三は、今、二百兆円規模の財政出動をすると、国の財政状況が悪化する恐れがあるとの危惧があるが、国土強靱化計画を実施すれば日本のＧＤＰはかなり拡大する可能性があること。第四は、強靱化によって、わが国は精神的にも強い国になること。

私たちは、この藤井聡教授の提言を一つの重要な参考意見として、国土強靱化対策の議論を進め、自由民主党としての国土強靱化政策を作成しました。

藤井聡教授だけではなく、すべての講師の提言を参考にさせていただきました。

「国土強靱化」に関する国民的議論が広がるにつれて、政界においても大きな変化が起きました。「税と社会保障の一体改革」に関する政府・民主党と自由民主党と公明党の三者協議を通じて、政府・民主党は、自由民主党の国土強靱化の主張を受け入れざるを得なくなりました。

平成二十四（二〇一二）年六月二十六日に衆議院本会議で採択されて衆議院を通過した「社会保障の安定財源の確保策を図る税制の抜本的な改革を行うための消費税法の一部を改正する法律案」の「附則第十八条の二項」は注目すべき条項です。こう記してあります。

「税制の抜本的な改革の実施等により、財政による機動的対応が可能となる中で、我が国経済の需要と供給の状況、消費税率の引き上げによる経済への影響等を踏まえ、経済戦略並びに事前防災及び減災害に資する分野に資金を重点的に配分することなど、我が国経済の成長等に向けた施策を検討する」

この法律案は参議院を通過すれば法律になり、政府の施策を拘束します。本項のなかの「成長戦略並びに事前防災および減災等に資する分野に資金を重点的に配分する」の意味するところは、野田（佳彦）政権と民主党が、自由民主党の「国土強靱化」計画に基づく成長戦略と公明党の「防災・減災ニューディール」を受け入れたということを意味しています。これは民主党政権が従来の政策を変更したことを意味しています。

民主党政権の方向転換により、自由民主党の「国土強靱化」の成長戦略と公明党の「防災・減災ニューディール」を民主党は受け入れたことを意味します。自由民主党の「国土強靱化論」と公明党の「防災・減災ニューディール」は、政治哲学において一致しています。自由民主党の経済成長重視の政策と公明党の防災重視の政策が、今後の政治の中心課題になるのです。一歩大きく前進したと私は思っています。

ここで自民党、公明党、民主党の三党協議をリードした自民党筆頭理事の伊吹文明元幹事長を招いて十八条の二のいきさつについて詳しく述べてもらった（注：本書には非掲載）。

第二章　国土強靱化計画の展開

今政治に必要なのは敏速な行動力だと思います。国土強靱化計画を実現するための第一歩は法的整備を行うことです。私たちはまず「国土強靱化基本法」の制定をめざしています。この法律が成立すれば政治の方向が定まります。役人も堂々と働くことができます。

第二が南海トラフ巨大地震対策特別措置法案です。

第三が首都直下地震特別措置法案です。

1　国土強靱化基本法の制定へ向けて

この法律の目標は「長期間にわたって持続可能な国家機能、ゆるぎない日本社会の構築を図ること」にあります。国土強靱化の基本理念は次の三つです。

第一は、経済などにおける過度の効率性の追求の結果として生まれた一極集中、国土の脆弱性を是正することです。目標とするところは多極分散型の国土の形成です。必要なのは一極集中の見直しと分散です。

第二は、地域間の交流、連携の促進、特性を生かした地域振興、地域社会の活性化、定住の促進です。国土の保全、国土の均衡ある発展のためには複数の国土軸をつくる必要があります。これも、わかりやすく言えば、地方・地域の発展を図る、ということです。

第三は、大規模災害を未然に防止し、発生時の被害の拡大を防ぎ、国家社会の機能を代替するものを確保することです。これも、わかりやすく言えば、事前防災に取り組むということです。事前防災の成功事例は今日までも枚挙にいとまのないほど実績があります。

以上の三つの基本理念に基づいて、国、地方ごとの「国土強靱化基本計画」などを策定しなければなりません。第一は国レベルの「国土強靱化基本計画」の策定です。第二は「広域地方国土強靱化計画」の策定です。特に三大都市圏の広域圏単位での計画が必要です。第三は「都道府県国土強靱化計画」「市町村国土強靱化計画」を策定することです。

これからの三年間を国土強靱化集中期（第一段階）とし、十五兆円を追加投資します。

国土強靱化を進めるために国としてなすべき基本施策は十二あります。

第一は、東日本大震災からの復興の推進です。

第二は、大規模災害発生後の円滑・迅速な避難、救助の確保です。

第三は、大災害に耐え得る強靱な社会基盤を整備することです。

第四は、大規模災害発生時の保健医療・福祉の確保です。

第五は、大規模災害時のエネルギーの安定供給の確保です。

第六は、大規模災害発生時の情報通信の確保です。

第七は、大規模災害発生時の物資等の供給の確保です。

第八は、地域間交流、連携の促進です。

第九は、わが国全体の経済力の維持・向上です。

第十は、農山漁村、農林水産業の振興です。

第十一は、離島の保全です。

第十二は、地域共同体の維持・活性化です。

地方公共団体においても、それぞれの地域の特性を考え、独自の視点から国土強靱化の施策を検討し、地方におかれても必要に応じて条例化することを期待いたします。

大切なことは、すべての国民が防災・減災のための国土強靭化に取り組むことです。

2 南海トラフ巨大地震対策特別措置法案

南海トラフ巨大地震の範囲は広大です。駿河湾（静岡県沿岸）から九州に至る広い地域です。しかも発生する確率は極めて高いのです。

この法案の目的は、南海トラフ巨大地震による災害からの国民の生活、身体および財産を保護するため、緊急対策区域の指定、地震観測体制の整備、各種計画の作成および計画に係る特別の措置などについて定めることにより、既存の地震防災対策に関する法律と相まって、南海トラフ巨大地震に係る地震防災対策の推進を図ることです

「南海トラフ巨大地震」の法律上の定義は、駿河湾から遠州灘、熊野灘、紀伊半島の南側の海域および土佐湾を経て日向灘沖までの地域で、その周辺の地域における地殻の境界における極めて広い地域を震源とする大規模な地震であって、科学的に想定し得る最大規模の被害をもたらす恐れのある地震のことです。

南海トラフ巨大地震対策特別措置法案は、内閣総理大臣に緊急対策推進基本計画の作成を義務づけています。さらに基本計画に基づく緊急対策実施計画の作成を義務づけています。緊急対策実施計画は、第一に施設（避難路、避難施設、消防団施設、緊急輸送のための道路・港湾・漁港施設、病院・社会福祉施設、学校等々）の整備、第二に土地改良事業、第三に集団移転促進事業、第四に宅地等、第五に被災者の救難・救助、災害時の医療提供、などについて計画を作成し、そのうえで実行しなければならないのです。

防災対策の基本は「備えあれば憂いなし」「人事を尽くして天命を待つ」です。私たちは、「稲むらの火」などの過去の尊い教訓に学びつつ、自らを信じ、来たるべき大災害の襲来に備えなければならないのです。政治の役割は大きいと思います。何が起きようと国民の生命だけは守らなければいけないのです。

3 首都直下地震対策特別措置法（案）

首都直下地震が発生すれば、その被害は甚大なものになるでしょう。政治も経済もマスコミも、すべての分野で東京一極集中が起きています。首都直下地震が起きて東京が壊滅的打撃を受けたら大変なことになります。

この法律は、首都直下地震が発生した場合に、首都中枢機能の維持を図り、この大災害から国民の生命、身体、財産を保護することを目的とするものです。

このため首都直下地震緊急対策地域の指定、地震予測体制の整備、緊急対策推進計画の策定などの法的手続きを定めるものです。

法律上の「首都直下地震」とは、東京圏（東京都、埼玉県、千葉県、神奈川県、茨城県の一部）と、その周辺の地域における地殻の境界またはその内部を震源とする大規模な地震のことです。

首都の中枢機能維持のための基盤整備についても、この法律で規定しています。具体的に言いますと、

（1）電気、ガス、水道等の供給体制に係る基盤整備、

（2）同じく情報通信システム、

（3）道路、公園、広場など公共的、公益的施設などの整備、を行うことです。

さらに、滞在者の安全の確保などについても法律で定めています。避難路、避難場所、避難施設、消防団施設、緊急輸送のための道路、ヘリポート、港湾、漁港さらに病院についても緊急整備の必要性を法で定めています。

第二次大戦後のわが国における経済復興とそれに続く高度経済成長の過程で、特に経済面において大都市圏への集中が進行してきました。さらに、一九九〇年代以後、今日に至る長期のデフレ不況の過程で、東京一極集中が急速に進みました。政治、経済だけでなく、あらゆる面で東京一極集中が実現しました。

この状況のもとで、首都直下大地震が起こる恐れが高いのです。私たちは首都直下大地震が起こる前に、政治行政の指導者は先見性を持って、可能な限り首都機能の地方への分散を考え、実行を急がなければならないのです。この際、当然、事前防災が必要です。減災の考えを持って対処することが必要です。首都機能の分散は時に急いで行うべきです。

4　国土強靱化のための行動計画

多くの地震学者が、日本列島の地下の地震活動が活発になっているという見方をしています。政治家は、この地震学者の分析を重視しなければならないと私は思っています。

日本は、太平洋プレート、北アメリカプレート、ユーラシアプレート、フィリピン海プレートの四つのプレートの

境界上に存在する世界有数の地震、火山大国です。

首都圏で、巨大な直下地震に襲われましたら、わが国の政治、経済の中枢機能が崩壊する恐れ大です。一日も早く対策を講ずる必要があると思います。

東海地震、東南海・南海地震が起きれば、津波も発生すると考えなければなりません。そうなると、わが国の経済・産業地帯が大打撃を受ける恐れが大きいと思います。

災害は地震、津波だけではありません。集中豪雨による大洪水が各所で起きています。土砂災害も急増しています。

これらの災害から国民の生命を守ることは政治の最優先課題です。強くしなやかな国土をつくり上げるためには強力な防災対策を実行することが必要です。このためには防災のための社会資本の整備が必要なのです。

地震による新たな原子力発電所の事故の恐れもあります。再び原発事故が起きたら大変なことになります。原子力発電所の再稼働問題は、当然、安全性を最重要視しながら慎重な対応が必要です。

5　二百兆円の公共投資による防災・減災のためのインフラ整備

国土強靱化基本法（案）の考えに従って、防災・減災を実行するためには、一年間で二十兆円、十年間で二百兆円規模の公共投資が必要だと、自由民主党は主張します。この投資は、防災体制を整えるとともに日本国民の未来をつくる国土強靱化に役立ちます。同時に、十年間で二百兆円規模の積極的投資は、デフレ不況から日本経済を救い出す効果があると思います。十年間二百兆円の財政出動は新たな有効需要を生み出すでしょう。長期デフレ不況からの脱却のためには一年間二十兆円、十年間二百兆円の新たな投資が必要です。

防災インフラとして必要とされる具体的な社会資本の整備の対象は、津波に備えた海岸堤防や防潮堤、河川部の河川堤防の強化、橋梁や公共建造物等の耐震化、液状化対策、津波や洪水で水をかぶった際に備えた耐水化、港湾の岸壁の耐震化などです。この仕事は急がなければなりません。台風、豪雨、土砂災害等への備えも必要です。堤防やダム、砂防堰堤の整備も進めなくてはなりません。特に将来を担う子どもたちの通う小中学校の耐震化を急ぐ必要があります。避難路の建設にも投資を惜しむべきではありません。

6　経済成長戦略の推進

今わが国はデフレスパイラルの悪循環に陥ってしまっています。長期デフレ不況のなかで国民生活は苦しくなっています。貧困化が深刻化しています。経済に歪みが生じています。雇用は改善していません。中小企業の倒産も増加しています。

今日本に必要なのは、デフレ不況からの脱却です。デフレを克服するためには経済成長政策をとり、雇用を促進し、失業者を減らすことが大切です。

各地の特色を生かす観光産業は、地域経済の柱となるものです。しかし、ひとたび災害が発生すると、風評被害もありなかなか観光客が戻りません。このためには、防災・減災工事によって地域の安全を確保することが必要です。さらに、防災を生かした観光も考えられるでしょう。

例えば、富山県立山町にある白岩砂防堰堤は、世界遺産の登録に向けた準備が進められていますし、白岩砂防堰堤の麓にある立山砂防カルデラ博物館は、研究機関として活動するとともに、地域の観光拠点ともなっています。台風十二号で甚大な被害が発生した紀伊半島にも、このような災害を研究する施設があれば、防災対策の研究が進み、さらに住民や観光客の学習と気づきの場として活用されることで、災害の記憶・教訓が後世に残り、次世代に向け安全で強靱な国土がつくられるものと確信しています。

一方、高齢化、過疎化、森林経営の衰退等により、山に人が入らなくなりました。私たちの親しみやすい場であったはずの人家周辺の里山も、今は手入れがされず、林産資源、観光資源としての活用はされていません。兵庫県神戸市を中心とした六甲山山麓では、グリーンベルト構想が立てられ、市民や企業の方々の参加により、防災機能の強化と、自然豊かな環境を確保するための樹林帯を守り育てる取り組みが行われています。

このように、土砂災害の危険が高まっている個所や、実際に発生した個所で、災害を防ぐ防災・減災工事を行ない、あわせて里山の整備を行えば、地域住民や、観光などで訪れる都会の住民の活動の場として、憩いの場としての利用が見込まれます。

また、石川県白山市の白山では、砂防工事のために整備された道路が、「砂防新道」として白山登山の定番コースとなりました。現在では年間三万人の登山・観光客に利用され、白山が内外に広く親しまれるようになってきています。工事を行うために整備した道路や山道が、地域の生活、観光、防災用に使われるなど、一つの工事によりいくつもの効果があらわれています。

これらを実施していくためには公共投資が必要です。これによって有効需要をつくり出すことができますし、雇用を創出します。防災・減災のための国土強靱化であれば、国民は政府が公共事業に取り組むことの必要性を理解し納得されるでしょう。いや、むしろ国民の大多数がデフレ不況からの脱却が先という考え方に積極的に同調してくれると確信しています。さらに、ご理解を深めるためのキャンペーンに労力を惜しんではなりません。

第三章　二十一世紀日本における「国土強靱化」の意義・長期的課題・国土強靱化の精神

1　国土強靱化は今日の日本における「爛頭の急務」

国土強靱化計画は、狭い意味では、日本列島を襲うであろう巨大地震に耐えうる日本社会を構築し、日本国民が生存できる環境を整備しようという計画ですが、それにとどまるものではありません。日本社会を劣化させ弱体化させている要因を一つひとつ除去し、精神面でも環境面でも日本を強くしなやかな国にしようという壮大な計画です。直接的には、大震災に耐えうる国土づくりを通じて、今日の日本社会を蝕んでいる原因である長期のデフレ不況を終わらせ、日本経済を成長軌道に乗せることです。さらに言いますと、日本社会を劣化させる重要な原因となっているのが国民の貧困化と社会的格差の拡大と若年層の就職難と学校教育の荒廃です。これらの問題の解決も「急務」です。単なる「急務」ではありません。政治が最優先に取り組むべき急務です。

今から五十八年前の春、「急務」を強調するため「爛頭の急務」という言葉を使った声明がありました。昭和二十九（一九五四）年四月十三日の自由党声明です。当時は吉田茂内閣の時代でした。「爛頭の急務」という言葉を使ったのは当時の自由党のナンバー2で吉田茂首相の後継者といわれていた緒方竹虎先生だといわれました。「頭がただれるほどの急務」という意味だと思います。

当時の政局は不安定そのもので、抗争が繰り返されていました。自由党と改進党（後の民主党）の二大保守政党が激しく争い、キャスティングボートを握る少数党に振り回されるような政治状況を克服するため、保守二大政党の大合同を提唱されたものでした。自由党の解党をも提唱する大胆な声明でした。

この「爛頭の急務」といわれた自由党声明が発せられた八ヵ月後に吉田茂内閣は総辞職し、鳩山一郎民主党内閣が発足しました。さらに、この声明から一年半後に保守合同が行われ、自由民主党が結成されたのです。自由民主党結党寸前に左右に分裂していた社会党が統一し、いわゆる「一九五五年体制」が発足したのです。

今日の政治状況は五十八年前と似ていると思います。政局は不安定で、政治が乱れています。

今こそ、総選挙による政治の出直しが急務です。当然、総選挙の結果次第でもありますが、総選挙後には大きな政界再編成が行われる可能性があります。

日本の政治は新たな政治の大編成の可能性をはらんでいるのです。総選挙後には政権交代が起こる可能性は大であると思います。新しい政権が登場します。自由民主党の私たちが中心になって国民に信頼される新しい政権をつくり、立派に運営しなければなりません。

二〇〇九年夏の総選挙における政権交代は無残な失敗に終わりました。最大の原因は政権党となった民主党のすべての点での経験不足にありました。政治的経験のあまりにもたりない政治家たちに政権を運営する能力はありませんでした。

政権はオトナの政党が担わなければならないのです。

2 国土強靱化―八つの誓

一、日本は国の目的として、日本の歴史、伝統、文化を守り抜く決意である。そして、後世に伝えてゆくことをここに宣言する。

二、自由と平等の包摂（ほうせつ）、自然と一体の村落共同体の生活形態、神々への帰依（きえ）、足るを知るの経済等において、日本人はその気高さを自身で認めるとともに世界にその本質を伝えることを国家及び外交の根本と定める。

三、地域毎の個性と特色のある産業は、それぞれを国家の基本とする。その維持は国家の責任とする。

四、日本国の政治指導者は、徳と勇気をもって国家の意志を示す。このことについては、躊躇（ちゅうちょ）することがあってはならない。そして国家の意志について、これを国民は尊重する。

五、ひとりひとりの希望については、これを国家の目的とする。

六、すべての国民はふるさと及び現在生活している地域への責任を持つ。一方いきすぎた金融資本主義等グローバルで地域破壊的ないかなる行為についてもこれを新たな敵ととらえる。

七、我々日本人は、生活全般にわたり政府機関に対して依存しすぎることを厳につつしむ。公的部門の運営を委託しているにすぎないものと考える。

八、強くしなやかで互いにいつくしみあい互いにやさしい日本人社会をつくりあげることを日本人はここに確認する。助け合うのが〝ヒト〟の進化論的原点であり地球規模で究極の水準にあることを自覚する。

上記の「国土強靭化」は国土強靭化総合調査会事務総長を務める福井照氏が、同調査会の指針としてまとめた一文です。

私たち自由民主党国土強靭化総合調査会が目指しているのは、日本社会を来たるべき甚大な自然災害から守り抜き、巨大な自然災害に耐えられる強くしなやかな国土を守り、維持していくことだけではないということです。私たちは、国土強靭化計画を推進することは、同時に日本の優れた伝統と文化、日本的精神を守り抜くことだと考えているのです。これこそが国土強靭化の基礎にある私たちの精神なのです。「国土強靭化」の根底にあるのは、自立と調和と中庸の精神です。私たちは、国土強靭化への努力を通じて、「自立・調和・中庸」の精神を確立していきたいと考えています。「国土強靭化」は、今や大きな国民運動となりつつあります。この国民運動の大河の中に国民にとって役立つすべての善意の心を取り入れていきたいと私は考えています。

3　国土強靭化と日本の伝統的精神の再生

私たちの国土強靭化国民運動の根底にあるのは、今日までの日本の土台となってきた思想であり哲学です。憲法十七条と五箇条の誓文です。国土強靭化の思想的原点はここにあります。

一「和を以て貴しと為す」（憲法十七条）

日本の歴史を振り返ってみましょう。現代に至る千数百年の間に、日本国と日本国民の生き方の規範を記した文書がいくつかあります。最初の代表的文書の一つが『日本書紀』第二十二巻「推古天皇」の項のなかに記されている憲法十七条です。その、はじめの部分を現代文に訳したものを引用します（『古典の事典』〈1〉、河出書房新社刊）。

憲法十七条（巻第二十二　推古天皇記より）

　十二年四月三日、聖徳太子は、みずから初めて憲法十七条をお作りになった。

　第一条、人びとと協調することが一番大切なことであり、これにもとることのないのが肝要である。人は誰しも身内の仲間をもっている。この身内だけで固まって輪を作り、他に広げることの大切さに思いいたる人は少ない。これでは仕えるべき君にも家父長にも背くことになる。あるいは近隣の人びととも仲違いする。それではいけないのであり、上司は下士になごみ、下士は上司に親しみをもって、何事も協調し相談し合うならば、ことの道理は自然と理解できるであろう。そうすれば何事もうまくいかないことはないだろう。

　憲法十七条の第一条は「和を以て貴しと為す」です。この精神が日本民族の原点です。日本の政治の原点でもあります。日本国民は争いを憎み、平和を愛する国民です。調和を大切にする国民です。この和の精神の再確認が、今大切だと思います。

　憲法十七条は次のようなものです。現代語に訳して紹介します。

一、和をもって貴(とうと)しとなせ
二、あつく三宝（仏、法、僧）を敬(うやま)え
三、詔(みことのり)をうけたまわれば必ずつつしめ
四、礼をもって本(もと)とせよ
五、むさぼりを絶ち、欲をすてよ
六、悪を懲(こ)らし善を勧(すす)めよ
七、人それぞれの任を守れ
八、役人は早くまいり遅くまでつとめよ
九、信(まこと)をたいせつにせよ
十、心の怒り、おもての怒りをすてて違う考えを持った人をうけ入れよ
十一、功過(こうか)を明らかにみて正しい賞罰を行え

十二、国司・国造は、百姓に苛政をしいてはならない
十三、役人は自分の職掌についてよくわきまえよ
十四、役人たちよ、嫉妬をするな
十五、私欲をすててみんなのためにつとめよ
十六、民を使うときは民のつごうを考えよ
十七、大事の決定は独断でせずに多くの人の知恵をあつめて行え

憲法十七条の中には、現在の常識と合致しない条項もないことはありませんが、総合的にみると尊重すべきものだと思います。私たちはおおらかな姿勢で過去を受け入れることが必要だと思います。憲法十七条の中の現代にも有効な教えは、現在に生きる私たち自身が守り、そして後世に伝えていくべきだと思います。

憲法十七条は現代人にとっても汲めども尽きぬ教訓の宝庫です。

二「広く会議を興し万機公論に決すべし」（五箇条の誓文）

『広辞苑』（第五版）の「ごかじょうの―せいもん」（五箇条の誓文）を引用します。

慶応四年（一八六八）三月十四日、明治天皇が宣布した明治新政府の五ヵ条の基本政策。
一、広く会議を興し万機公論に決すべし。
一、上下心を一にして、盛に経綸を行ふべし。
一、官武一途庶民に至る迄、各其志を遂げ、人身をして倦まざらしめん事を要す。
一、旧来の陋習を破り、天地の公道に基くべし。
一、智識を世界に求め、大に皇基を振起すべし。
五箇条御誓文。→由利公正・福岡孝弟

この解説の最後に「由利公正・福岡孝弟」とあるのは、この二人が執筆したことを示したものです。

この文書を、明治政府発足の時、明治天皇が「五箇条の誓文」としたことによって、その後の日本国民の生き方を示す文書となったことは、有名であります。大変優れた日本国民の生きる道を示した歴史的文書です。この五箇条に示された規範は現代においても有効です。

憲法十七条と五箇条の誓文は、日本人の生き方の基本となるべき規範を示したものです。

今日、わが日本国は大きな試練に直面しています。この試練を克服するため、すべての政治家は、心を新たにして、難局に臨まなければなりません。この時、先人の教えは、現在を生きる私たちに勇気を与えます。日本のよき伝統を守りつつ新たな時代を築くために努力いたします。国土強靱化は日本が再生する道です。

自由民主党国土強靱化総合調査会編『日本を強くしなやかに〈その2〉―国土強靱化』(国土強靱化総合研究所、二〇一二年)より

国土強靱化とも関連し、自然環境保護や里山保全・獣害対策にも尽力してきた二階議員。写真は令和2年1月29日に開催された第4回「自然と農山村を守る狩猟のつどい ジビエを食べて中山間地を守ろう！」での挨拶

「国土強靱化宣言」その3　強くしなやかな国づくりに向けて

一章　国土強靱化（災害に強い国土づくり）活動の始動

自由民主党国土強靱化総合調査会会長をしています衆議院議員の二階俊博です。国土強靱化総合調査会は、東日本大震災のあった平成二十三（二〇一一）年の十月に立ち上がって、ちょうど二年になります。この間、実に六十二回にわたる会合を精力的に重ね、延べ人員二千名を超える国会議員がこの討論に参加しました。社会資本や防災に関する分野のみならず、外交、防衛、農業や林業、エネルギー、物流、通信、バイオ、ゲノム、宇宙、医療、経済、歴史・文化、離島等々、実に多岐に渡る六十もの分野のわが国の第一人者の方々に、わが国の行く末について貴重なご示唆を戴いたことになります。一つひとつが意味のあった会議でした。ただ、いつまでも勉強だけを続けていくわけにもいきません。われわれは政治家として、ここで得られた知見を生かして、明日の国民の幸せのために、強靱な日本の姿を実現していかなければならないのです。「強靱」という言葉には、単に強いというだけではなく、「しなやか」との意味も含まれています。強さと同時に、試練や変化に柔軟に対応できるしなやかさをもった国土が調査会の目指す強靱な国土です。財政が厳しさを増すなかで、道路、鉄道、港湾、河川などの社会資本整備について近頃は、わが国ではやや遠慮していたところがありました。しかし、東日本大震災の甚大な被害を目の当たりにし、防災、減災のための社会資本整備の重要性をあらためて認識しました。自然災害はいつくるかわかりません。国民の生命を守ることは政府の最大の課題です。財政再建は重要ですが、政治は、どんな事態が起きようとも、国民の生命を守るために、人知の限りを尽くし、自信をもってなすべきことを果たさなければなりません。

このような議論を経て、平成二十五（二〇一三）年五月二十日には、私が提案者となり、議員立法というかたちで「防災・減災等に資する国土強靱化基本法案」と「東南海、南海地震に係る地震防災対策の推進に関する特別措置法の一部を改正する法律案（南海トラフ対策特別措置法案）」、「首都直下地震対策特別措置法案」を衆議院・鬼塚誠事務総長に提出し、六月二十五日に審議入りしました。二〇一三年の七月の参議院選挙では、多くの自由民主党参議院議員が当選し、六年ぶりにいわゆる「ねじれ国会」が解消されました。これまでにも増して強靱な国土づくりの必要性を訴えていくことはもとより、人と自然との共生を前提として、具体的な防災・減災の取り組みを加速していかなければなりません。

考えれば、わが国の歴史は災害との闘いの歴史であったと思います。東日本大震災は、私たち日本人がいかに地震災害と身近に生活しているかをあらためて知らしめました。わが国は、もともと、世界有数の火山・地震国であり、台風、梅雨等洪水が発生しやすいアジアモンスーン地域に位置しており、急峻な山地で水害・土砂災害が多いうえ、高潮や津波の来襲の頻度も多い国土です。東日本大震災の大災害も不運にもたまたま起こったことではなく、日本列島は大規模な地震の活動期に入ったというふうにいわれています。千年の歴史を振り返れば、東海、東南海・南海地震、首都直下型地震、さらにはこのたび世界遺産となった富士山を含め大規模な火山爆発も、それほど遠い将来の出来事ではありません。一方で、自然の猛威や災害を身近に生活をしてきたことが、日本人の普段の生活のなかで「お互い様」、「お蔭様」、「勿体（もったい）ない」などというふうな自省や謙譲の心を培ってきたのだろうと思います。高度経済成長を経て、国の経済力が世界有数の規模に拡大したとしても、また、政治や社会のあり様がずいぶん変わってきたとしても、日本に暮らす者として国民一人ひとりが、先人から脈々と受け継がれてきた自然と共生することの知恵を、あらためて認識することが求められているのではないかと思います。平時の延長線上に、災害に備える危機管理があります。日常に安住して危機管理を先送りしたり、自然のなすがままにしていたりすれば、国民生活はある日突然になり立たなくなってしまいます。そのような悲惨な状況を作り出さないために、平時からの事前の備えを考えておくことが重要なのです。よく公共事業を考えるときに引き合いにだされる道路についてですが、東日本大震災では、被災直後に立案された「くしの歯作戦」のもと、道路の「啓開（けいかい）」が実施されました。啓開とは、切り開くことです。県職員、陸上自衛隊、地元建設会社、国土交通省東北地方整備局職員の方々が一丸となって、余震が続き、津波警報がだされているなか、瓦礫のなかを不眠不休で懸命の作業を続けました。これにより、災害が発生した翌日の三月十二日には十一ルート、十五日には十五ルートが開かれ、救急車や警察、自衛隊などの緊急車両が通行可能になりました。医療チームや支援物資なども被災地に入ることができました。このときの「くしの歯作戦啓開チーム」・「航路啓開チーム」は、天皇皇后両陛下の御接見をたまわるなか、「平成二十四年度人事院総裁賞」を受賞しました。まさに国民の生命を守る受賞にふさわしい活躍です。東北地方整備局を中心とした普段からの情報収集や地域との連携、それぞれの関係者の使命感によるものだと思います。一方で、国土強靱化の視点では、さらに事前の備えが求められます。総合調査会では、東京から青森まで移動する場合の道路の多重性（何通りの道路のルートを選択できるか）について提起がありました。東京から青森までの高規格道路は計画の七五％、二千五百二十三㎞が整備されています（二〇一一年三月末現在）。この際に二十四のルートを選択することができます。もし、残りの二五％が整備され、全三千三百六十一㎞の道路ネットワークの整備延長が完成すると、一万四千二百四十ルートが選択可能となり、実に現在の五百九十三倍の道路の多重性が確保されるのです。つまり、東北のどこかで災害等が発生した場合に、支援のためのより多くの選択肢を得ることになります。「たら」・「れば」の話をしてもしかたないのですが、繰り返し発生してきた大災害に対して、防災・減災の事前の備えとして三陸自動車道がさらに整備されていたとすれば、より多くの人命を救うことができた可能性があったと思います。われわれは同じ後悔をしないため早急に、東南海・南海や首都圏直下などといった想定されている大災害の対策に目を向けなければならないのです。

「防災・減災等に資する国土強靱化基本法案」の基本理念には、「必要な事前防災・減災、迅速な復旧復興に資する施策を実施するとともに、大規模災害などからの国民の生命、身体、財産の保護ならびに国民生活と国民経済に及ぼす影響の最小化に関する分野について現状の評価を行う」と定めています。この法案では内閣総理大臣を本部長とする「国土強靱化推進本部」を内閣に設置します。大規模災害などに対する脆弱性評価を行い、その結果を踏まえて、「国土強靱化基本計画」を策定することになっています。二〇一三年、「国土強靱化の推進に関する関係府省庁連絡会議」が設置され、精力的に猛スピードで産学官連携のもと、国土の脆弱性評価作業が進められています。まずは自然災害対策について、いますぐに対応しなければいけない施策を省庁間の壁を超えた機能的な整理がされ、実際的な対策がねられていくことになります。この「防災・減災等に資する国土強靱化基本法案」に加え、同時に提出した「東南海・南海地震に係る地震防災対策の推進に関する特別措置法の一部を改正する法律案」、「首都直下地震対策特別措置法案」の成立にまい進するほか、社会インフラの老朽化対策、耐震化の加速、避難路・津波避難施設や救援体制の整備等、国土強靱化に関して強力に推進していかなければいけない課題はまだたくさんあります。国土強靱化の基本法の成立が政治家としての終着点ではなく、これからがまさに国民の皆さんと政治、行政がともに取り組んでいく強くしなやかな国づくりのはじまりです。

二章　国家百年の大計としての強靱な国づくり（自由民主党が主張する国土強靱化）

国土強靱化総合調査会の発足前には、「強靱化」という名称のままではダメだと考えたこともありました。強靱化などといっても字も書けないし、読むのも難しい。こんな言葉でいいのかと思いました。政治評論家やさまざまな立場の人から「こんな難しい字を使って大丈夫か」という助言もいただきました。三日ばかり悩んだのですが、せっかく執行部の皆さんが考えた名前ですし、「強靱化とは何か」

から入っていくのも一つの方法ですから、この名称のままでいくことにしました。二〇一二年十二月の衆議院選挙に引き続き、七月の参議院選挙でも自由民主党は「事前防災を重視した国土強靱化」を選挙公約として挑みましたし、新聞・雑誌・インターネットなどでも多くとり上げられるようになっています。また、政府での検討が進んできたことから、最近では、「強靱化」という言葉は国民の間に深く浸透してきたと感じています。

国土の強靱化には、狭い意味での防災対策を超えて、産業政策や文化政策も含めた国家百年の大計に基づく国づくりが必要です。国民が安心・安全に暮らすことのできる災害に強くしなやかな国土を形成していくために、必要な社会資本は早急に整備されなければなりませんが、それだけで実現するものではありません。最新の科学技術やこれまでの長い歴史のなかで積み重ねられてきた知恵に学ぶことが必要です。江戸時代を例にとれば、官民連携による災害対応と町民の共助を中心とするコミュニティの力が防災・減災に大きな役割を果たしたといわれます。江戸幕府は、藩のことは藩の自治に委ねていましたが、江戸の安全は国家事案であるとして直轄で対応しただけではなく、地方に関することであっても、国家戦略上重要な案件には直営で取り組むというメリハリをつけていたそうです。江戸時代には、大きな災害後、官も民も、復興を単なる「立て直し」（復旧）ではなく「世直し」ととらえ、教訓を踏まえて、社会構造自体の見直しにつなげています。例えば、宝永四（一七〇七）年に起きた宝永地震と巨大津波で、各地で新田開発によって広がっていた低平地は津波による大きな被害を受け、人々は高台に移転しました。この後、高台の畑での商品作物の栽培など、「量的な拡大から質的な充実を求める社会」への転換が図られたといわれています。官民連携の事例としては十一月五日の「津波の日」のもととなった「稲むらの火」によく示されています。「稲むらの火」の濱口梧陵は大津波の襲来に対し、高台の田にあった稲むらに火をつけ目印とし、全村民を速やかに高台の八幡神社へ避難誘導をしたことは有名ですが、それだけではありません。震災後の復興対策として、濱口は村民にただお金をあげても自立できなくなってしまうと考え、高さ五メートル、全長七百メートルにも及ぶ堤防を自費負担で建設することで雇用創出を図りました。その結果、村民は得られた日銭により農具の購入や漁網の修復などができ、村は活気を取り戻しました。昭和二十一（一九四六）年の大地震の津波ではその堤防内の地域は被害はありませんでした。さらに、濱口は、農家や漁師の子供などを対象とした塾を開き、後進の育成にも力を注いでいます。

いまでこそ「国土強靱化」の言葉は広く国民から知られるようになりました。しかし、その過程では、「国土強靱化は建設業界に仕事を渡すためだ」という批判のための批判もこれまでずいぶん受けました。GDPの二倍にも積み上がった国の借金を減らしていくためにも、われわれは、安全・安心が基盤となった、魅力的で持続可能な社会をつくっていく必要があります。予算の無駄を省くことはもちろん必要ですし、普段のなかで最大限の努力を払って続けていかなければいけません。一方で、日本を魅力的な国にするために、必要な投資は続けていく必要があります。例えば、不況が続いて百貨店の業績が不振になってしまったからといって、経営者がその状況に恐れ思考停止に陥りコスト削減ばかりに血眼となって、お店に必要な安全対策や魅力を高めるための投資を怠ってしまっては、その百貨店はいつか致命的な事故を起こしてしまうか、縮小均衡をしていって最後には倒産してしまうでしょう。投資が必要といってもなんにでもお金を使えばよいというものではないことは誰にでもわかります。また、業績回復のために無駄があれば省くことも当然です。しかし、百貨店が業績を回復し持続的な発展の軌道へと戻すには、お客さまが安全・安心に買い物ができる場を提供し、利便であって、継続的にわくわくするような魅力を提供できなければいけないこともまた自明の理であると思います。国の場合を考えても、防災・減災等国家・国民の安全・安心を確保したうえで、みんなで知恵をだし合って、日本をわくわくする魅力的な国にしていくことで持続的な経済成長の軌道に乗せていくことが必要であると思います。魅力的な国づくりには、財政赤字の削減、債務のGDP比率の低下、日本経済とグローバル経済との結びつきの強化、競争力の強化、労働市場の改革、環境にやさしいイノベーションへの一層のインセンティブ付与など、重要な構造改革を引き続き実施することが必要です。もちろん、グローバル社会のなかで、単に国内だけに目を向けるのではなく、国際競争力に資する国土づくりも考えていかなければなりません。なかでも、成長著しいアジアの成長をわが国に取り込むための産業基盤整備は早急に取り組むべき課題の一つであると考えています。

最後に、司馬遼太郎氏の「土と石と木の詩」という小文の紹介を調査会で受けたのですが、その一部を紹介しますと『人類は、そのながい歴史を通じ、コトバを越えた詩を語りつづけてきた。ここでいう詩とは、石と木でつくられた土木のことである。それが荘厳であることは、主として、食うために、生き継いでゆくためにおこなわれたということにある。（後段略）』とあります。司馬遼太郎氏の歴史観をもってしても、世界の文明の長い歴史は、食や生きていくために行われてきた美しく厳かな土木の歴史だと書かれています。時代が変わろうとも、自然災害に備えつつ自然との共生を図りながら、持続可能な社会全体を包摂する経済の構築に勇気をもって取り組み続け、誰もが社会の一員として居場所のある社会を子孫へ引き継ぐことは、われわれ政治家を含め、いまを暮らす国民全体の責務なのであろうと思います。自由民主党は二回の国政選挙に「国土強靱化」を掲げ挑み、多くのご信託をいただきました。これまでのさまざまな検討を通して、わが国が今後の持続的な成長を果たしていくうえで、「強くしなやかな国づくり」は、最も重要なキーワードであると結論づけています。自由民主党が主張する「国土強靱化」は、ハード、ソフトの

和歌山県広川町では「稲むらの火祭り」が毎年開催され、濱口梧陵の功績を後世に伝えると共に防災意識を高める取り組みが行われている（写真提供：広川町）

両面において、わが国を「強くしなやかに」することを目的としています。防災・減災のための社会資本整備だけでなく、教育、社会科学、文化、伝統重視などの課題も含まれています。国内に資源が乏しく、石油をはじめ海外からの輸入に依存しているわが国にとって、いまある日本の危機をチャンスとし、森林や海洋といった新しい命と環境の総合科学を基礎にして今後わが国が発展出来るかを世界は注目しています。

自由民主党国土強靱化総合調査会編『日本を強くしなやかに〈その3〉—国土強靱化』（国土強靱化総合研究所、二〇一三年）より

平成26年12月27日、国土強靱化総合調査会総理申し入れ

「国土強靭化」という〈思想〉

「国土強靭化宣言」の発表後、強靭化計画の推進をさらに確かなものにするために寄稿した、国土強靭化の「思想性」を論じた一編。すべてを今一度問い直すことから始まるとする、より根源的な国土強靭化論。(編集部)

「国土強靱化」という〈思想〉Ⅰ
～神が時代に埋め込んだ隠喩～

私は先日、経済協力開発機構（ＯＥＣＤ）発足五十周年の記念イベントに参加してきました。テーマは「国土強靱化」と「アジア」でした。まさに私がライフワークとして取り組んできたテーマがそのままＯＥＣＤの全体討議のテーマとあって、わが意を得たりの気持ちでした。

二〇一三年十二月四日成立させました「国土強靱化基本法」の精神にのっとり、「国土強靱化」は国際的な平和と持続的発展にも寄与しています。なぜなら、この国土強靱化という政治思想は、災害に強い国土をつくりあげるだけでなく、現在、世界中の人々が必要とするエネルギーや水が決して不足することがないような redundant な国土をつくりあげるということが含まれているからです。私は、世界の国がこのように強くしなやかな国になれば、世界中から争いごとがなくなると信じています。このように二十一世紀の国際関係に関するポリシー、基本的考え方の根幹となるべき「国土強靱化」という政治思想を幅広く、海外にも広める活動を地道に続けています。そうなのです、「国土強靱化」はまさに〈思想〉なのです。

「国土強靱化」というとすぐ、公共事業だけとか、道路や堤防を造るだけとかという印象をもつ方がいますが、全然違います。このことについてこれから、三回にわたってご説明させていただきます。

国土強靱化の神髄・真髄・心髄

「国土強靱化」とは、行政のあらゆる分野で一致協力して国家を、国民を、国土を、強靱なものにするという行政の目標のことをいいます。国民運動にもしたいと、私は考えています。

「国土強靱化」とは、文明のデザイン、文化のデザイン、くにのかたちのデザイン、国土構造のデザイン、社会のデザイン、まちのデザイン、コミュニティーのデザイン、人生のデザインを支援していくということです。つまり多段階・多層の政策群です。したがって「国土強靱化」という旗は、安倍政権のみならず新時代の日本という物語の標題といえると考えています。

ひるがえって、「強靱化」を英訳すれば、robust（頑強性・

強靱性・堅牢性）とresilience（しなやかさ）、二つの言葉を当てることができます。robustは自然現象のさま、すなわちnatureを示しますが、今回はまさに人間の所作のことを指しますので、resilienceを採用しました。したがって、内閣官房国土強靱化推進室の英記もnational resilience（国家的強靱性）を採用しています。ちなみに、二〇一三年に開催された世界経済フォーラム年次総会（ダボス会議）のテーマは「resilient dynamism（しなやかな活力）」であったことは皆さまもご記憶に新しいところであると思います。このことは、まさに神が時代に埋め込んだメタファー（隠喩）であると実感しているところです。世界経済も地球規模の防災も同じ文脈で語られています。

さて、二〇一一年の東日本大震災から四年間の私どもの活動を駆け足で思い起こしてみましょう。二〇一二年十二月の衆議院選挙に始まり、安倍政権誕生、国土強靱化担当大臣設置、内閣官房国土強靱化推進室設置、脆弱性評価、国土強靱化基本計画（二〇一四年六月三日、閣議決定）、国土強靱化アクションプラン（同年同日、安倍首相を本部長とし全大臣が本部員である国土強靱化推進本部決定）、国土強靱化地域計画策定ガイドライン（「強靱な地域」をつくるために）、全国二十都市でモデル的に調査および計画立案。このように、まさに怒濤の勢いで行政行為がなされています。

特に、脆弱性評価という行政行為は日本国政府が初めて行ったものです。いままでは、起こってほしくないことには目をつぶってきました。答えのない事態からはわざと目をそらしていました。しかし、今回はそれを許しませんでした。答えがなくとも当然起こりうる事態を想定し、それに真正面からぶつかっていく。これが今回の真髄です。起こしてはならない事態と、行政分野ごとの対策とのマトリックスを作ってチェックしました。その結果、日本の現状はあまりにも脆弱だということに気がついたわけです。

そもそも世の中には、絶対に費用対効果で考えてはならないことが三つあると思います。「最先端技術」、「教育」、そして「安心・安全」。このことを日本に根づかせるためには、特にメディア対策が重要だと実感しています。いままで必ずしもメディアの受けがよくなかったのは、われわれの訴え方に思想性が足らなかったのではないかと反省しているところです。

「どんな日本をつくっていくのかという思想」、「どんな歴史伝統文化を残していくのかという思想」、「どんな日本人として未来の若者に日本を支えてもらうのかという思想」。そういった〈思想〉から説き起こしていかなければ、決して心の底からの理解と協力は生まれないと考えています。ですので、本稿も『国土強靱化』という思想」なのです。そんなコミュニケーションを造成していくために、まずは小・中学生のための国土強靱化の副読本を作成しようと考えています。副読本には narrative、つまり物語が必要です。その基本は「強い日本、負けない日本、折れない日本を再生し、つなげていこう」「あなたの名は『希望』」です。千年に一回しか起こらない東日本大震災は、逆に、立ち上がる・立ち直る日本人に自らを自覚させ、励ましているとさえ感じています。「古事記」にも大災害を克服する日本人の様子が克明に記述されています。

もちろん東北の復興が最優先課題ですが、日本全国を強靱化するために国土強靱化基本法にのっとり、日本で初めて位置づけられた事前の防災・減災事業を駆使したいと思っています。経済と防災の両立、防災施設の日常時の利用など従前の公共事業にはなかった工夫はしなければならないとは考えていますが、奇をてらうことなく真正面から、この時代とこの国の未来が必要としていることは、いま、やり遂げなければならない。そんな思いです。いま、私たちがやらなければ一体全体、誰がこの難題に取り組むのか。そんな責任感で国土強靱化を進めているところです。

「国土強靱化」という〈思想〉Ⅱ
～「一人も命を失わない」とはどういうことか～

1．「生き抜く」という政治思想

私の盟友に西川太一郎・荒川区長がいます。きわめて優秀な政治家です。ひたひたと迫っている首都直下地震の危険に対して、彼は区長として「一人も命を失わない」と高らかに宣言しています。荒川区では木造密集市街地の全面的な解消にはまだまだ時間がかかります。まちづくりの完成には程遠いのです。しかし、その現実を踏まえてもなお「一人も命を失わない」と区民に宣言しているのです。いままでの政治の常識からでは考えられなかったことです。彼は、バケツに水を張って玄関の両脇に置いておく、という昔ながらのことを区民の協力を得て義務づけています。路地のあちこちに昔ながらの防火用水も備えています。消防車が入ってこられない、二項道路（建築基準法四十二条第二項に定められている幅員四メートル未満の道路）しかないような木造密集市街地でも、まず自ら命を守り、火事の発生を防ぎ、延焼を防止するという義務を区民に課しているのです。そして、一人ひとりは絶対に生き抜いていくんだぞ」という決意を互いに区民の皆さんに確認しているのです。西川区長の深い政治思想がそこに現れていると思います。

2. 神戸市のまちづくり

「ワシら年寄りやから、もう放っといてくれ。いまさらまちづくりなんかに協力できるか」といわれて、神戸市役所が土地区画整理事業をあきらめた地区、地区、地区。それらがすべて阪神・淡路大震災で烏有に帰してしまいました。古い木造家屋の下敷きになって、そして延焼してきた炎にのみこまれて六千四百三十四人の尊い命を失いました。

　もし、神戸市役所にいまの国土強靱化の思想を徹底していればこのようなことはなかったと考えています。神戸市を責めているのではありません。この経験を踏まえて、われわれは国土強靱化という思想を練り上げてきたからです。つまり参加住民のいうことを聞くという優しさだけでとどまらず、もっと深い愛情をもって、もっと深い思想哲学を援用して「私たちは生きる義務がある」「皆さんがなんといおうと、首に縄をつけてでもまちづくりに協力させます」という政治のリーダーシップが必要だったのではないかと思っています。

　いまでは、事後の土地区画整理事業で家もトイレも台所もすべて新しくなって、登録免許税も無料の公共事業で新しいまちができあがりました。

「事前にやっていれば……」という思い。悔しい思い。事前にやっていれば新しい建築基準法に則して建てられた耐震力のある家に住むことになり、自分の家に押しつぶされる人はいないのです。四メートル、六メートルの区画道路が確保されていれば消防車は入ってこられます。「事前に防災減災事業をやる」。これが国土強靱化の真髄です。

3. 東北復興の現場

高台に移転するのか、盛土して元の居住地に残るのか……。たいへん辛い判断を被災された皆さまにお願いしています。私が許せないのは、当時の政権が地元の皆さまにすべての判断を最初から最後まで丸投げしたことです。これ、「残酷民主主義」と言ってもいいと思っています。自分やいまの家族の人生だけでなく、将来生まれてくる子どもたちの人生を大きく左右するような大きな判断を、「どうぞ皆さまの好きなようにしてください」と放り出すように、ただ投げ出されたのでは被災者の皆さまはさぞかし戸惑われたことと思います。孤独感も味わったことだと思います。プライバシーの侵害と言われようが、強権的と言われようが、ぐいぐいと引っ張っていって素早く決着させる。このことのほうがどれだけ愛に満ちているかと思います。修羅場での本当の優しさとは何なのか。これは「国土強靱化」という思想からしか生まれてこないものだと考えています。

4. 政治的キュビスム

いまでこそ少しおさまりましたが、「国土強靱化とはバラマキである」「古い自民党への先祖返りにしかすぎない」といった批判がありました。これはあまりにも浅薄です。公共事業をミクロ経済学のB／Cでしか考えられない人たちの誤謬であると思います。

国土強靱化は政治、経済、社会、文化、あらゆる次元をそのまま捉え、多次元・多層の価値観を同時に援用しながら一歩一歩、解決策を見出していく手法をとっています。

いまあなたが見ているものは、いや見ていると勝手に思い込んでいるものは何なのか。絵に表せば、「本質はこんなもんだ」というピカソの絵のような〈衝撃〉を私たちは政治の世界でもぶつけているのです。

いまや「政治的キュビスムの時代」に入ったと、私は思っています。国土強靱化の思想がその裏打ちとなっています。見て見ぬふり、怖いから、恐ろしいから見ないようにしていること。これらを私は排除します。つねに本質を見つめること。これが国土強靱化の思想です。

5.「国土強靱化」という思想が浸透するために

災害は人間に修羅場を見せます。そして自分自身の生き方の根源まで見つめることを強要します。国土強靱化は、何が人間にとって最も大切なことなのかを問い続けることから作業が始まりました。だから国土強靱化は〈思想〉だと思います。国土レベルでも国土のあり方は何が最善かを問い続けなければなりません。歴史認識、時代認識、宗教観、すべてから考えないといけません。だからこそ国土強靭化は〈思想〉なのです。

私はこの問い続ける作業を、ラヴェルの「ボレロ」の規則正しく刻まれる小太鼓のリズムのように、つねに警鐘を鳴らしながら続けていかなければならないと考えています。

6．国土強靭化における命の意味

「一人ひとりの命の大切さ」は、いうまでもありません。私は一人ひとりの命の火が燃え続けているかぎり生きる義務、生き残る義務があると考えています。生かされているという感謝の気持ちを最後の瞬間まで互いに確かめ合い、神や仏に伝えることは生きていることの、また生かされていることに対する義務であり、そのことで初めて、一人ひとりの尊厳が確保されると思います。いま属している共同体での絆も、そして過去と未来の日本人とを結ぶ絆も当然、命の一部なのです。だからこそ「一人の命も失わない」という国土強靭化の思想が生まれてくるのです。

「国土強靭化」という〈思想〉Ⅲ
～日本をこれから支える皆さんへのメッセージ～

ヨハネの黙示録

ヨハネの黙示録には、ベスビオス火山の爆発で一瞬にしてポンペイのまち全体が壊滅したこと、多くの市民が火山灰に埋まってしまったことが書かれています。

日本にも火山の爆発でそのままの姿で人いきれが失われた文明都市の遺跡が見つかっています。神話も宗教も人間を考えるうえで、大きな災害と生きる意味との関係から始まっているように思えます。「国土強靭化」は、神話からの読み解きも政策を考えるうえでの条件にしたいと考えています。そして、千年後、国土強靭化という旗の下に日本人が日本を強くしなやかにしたこと、その後の災害に耐え抜いてきたことがひそかに新しい神話となることを期待して、運動を始めています。だからこそ国土強靭化を考えるうえで最初に皆さんに訴えたのは聖徳太子の「和」の政治であり、明治天皇の五箇条の御誓文だったのです。

千年に一回の災害を教訓とする政治の思想は、千年に一回の品格をもっていないといけないと考えたからです。

人間の限界

「1／100は完全に対応する、1／1000は逃げて命を救う、1／10000は犠牲を上回る活力で即復活する」。これが国土強靱化の議論の積み重ねからのポリシーです。プレートテクトニクスでオーストラリア大陸が日本に五千万年後にぶつかってきます。アメリカ大陸も一億五千万年後にはぶつかってきます。非現実的と思われるかもしれませんが、地球史四十六億年をふり返ればもともと大陸は一つでした。また、何回も全地球が凍結しました。もちろん地上の生命は途絶えました。地球は決して生命に甘くはないのです。ひるがえって私たちは、自然と一体となって生かされています。今日生きていることに感謝しなければなりません。偉大なるものに救いを求めることも必要だと思います。なぜ私たちは生きているのか。生きる意味とは何か。なぜ愛し合うのか。宇宙とはいったいどうやって創造されたのか、神に教えを乞わなければなりません。このように生きるということは、疑問を突き詰めていくことであり、わかるということは、わからないことを発見することでもあり、永遠に続く知的生命体のパラドックスの体現です。しかし、だからこそ、いままでわかってきたことを伝えるのが私たちの役目です。一人ひとりはちっぽけな私たちの大きな役目です。

日本をこれから支える皆さんへのメッセージ

今は二〇一五年です。人間の行ってきたことの正確な過去の記録をいまさら期待することはできませんが、地層のなかに情報は埋まっています。千年前、二千年前に起こったことは地層を調べれば正確にわかります。私たちはそれに加えて電子媒体なり、千年、二千年劣化しないような方法で情報を残していくことが必要だと思っています。このように伝えること、伝えていくことの重要さの認識を皆さんと共有したいと思います。

自民党国土強靱化総合調査会に宇宙飛行士・若田光一さんにお越しいただきました。若田さんが「宇宙は危険な場所です」と述べられたとおり、実際に七十回に一回はスペースシャトルの事故が起こっています。しかし、そのリスクを前提として、そしてそのリスクを乗り越えてこそ、人類

平成 27 年 11 月に 100 回目を迎えた国土強靭化総合調査会

や産業・経済・文化にとって大きなプラスのことがあります。宇宙開発は人類全体の夢です。宇宙開発には多くの人々がかかわっていて、一緒に一つのことに向かっていくことで平和を感じたり、リスク以上に享受できるものがあると実感します。若田さんは、「これからも宇宙飛行士として広く世界中の人々に対して地球上の生命の大切さやかけがえのない環境を守ることを伝えていきたい。また、一人ひとりが自分の目標に向かってたゆまぬ努力をしていってほしい」とつねづねお話しされています。調査会での席上、「宇宙から地球を見て人間にとっていちばん大切なものは、生命であると強く感じたので、繰り返し伝えていきたいと思う」とおっしゃっていました。若田さんから皆さんへのメッセージとして、そのまま本稿でも紹介しておきたいと思います。

国土強靭化の思想は、bird's eye ではなく astronaut's eye であり、百三十八億年を俯瞰するスケールだと思います。そして、祈りの大切さ。そして幸せとは、心と心が抱きしめ合うということを実感すること。決して一人ぼっちでは幸せにはなれないこと。これらを伝えていきたいと思います。生かされていることに、そして国土強靭化に携われていることの幸せに感謝して、本稿を閉じさせていただきます。ありがとうございました。

appendix（追記）

日本の歴史が証明しているんです。大災害空白期間と大災害集中期間が繰り返し交互に来ているということを。明らかに二〇一一年から日本は大災害集中期間に突入したと考えるべきでしょう。貞観年間（八五九～八七七）には大きな地震が三回、大きな風水害が八回起きています。慶長年間（一五九六～一六一五）には大きな地震が六回、大きな風水害が三回起きています。この他にも元禄・宝永年間（一六八八～一七一一）や安政年間（一八五四～一八六〇）なども大災害集中期間でした。

平成二十六年八月下旬にも広島で土砂崩れによりたくさんの方が亡くなる大災害がありました。明らかに大災害集中期間が始まったのです。避難勧告の遅れ、きめの細かな住民支援の欠如、土砂災害防止法の特別警戒区域指定の遅れ等、さまざまな指摘がなされていますが、いずれに対しても住民説明会が煩雑だとか、時間がかかるだとか言い訳が横行しています。これこそ国土強靭化の思想に反するものです。

「命がいちばん大事、一人の命も失わない」という強く、しなやかな国土づくりには、国土強靱化という思想に裏打ちされたリーダーシップが必要です。強力な規制つきの都市計画も必要でしょう。家屋の財産価値よりも命を守ることの方が大事という価値観を強要する民主主義も必要でしょう。

担当者には申し訳ないが、担当者に言わせれば警戒区域の指定にはいまのペースでいくと二十年かかるとか。そんなことを言い放つことなんてどうして許されるのでしょうか。砂防の専門家の増員、危険性を説明する体制の強化、対策事業のための財源の確保など、すぐにでも取りかからないといけません。本稿が世の中に出ます。このことをお約束して追記といたします。

国土強靭化総合研究所編著『国土強靱化―日本を強くしなやかに―2015年版』（中央公論新社、二〇一五年）

十一月五日の「世界津波の日」に考える
災害に強い国づくり

平成二十七（二〇一五）年の国連総会において、十一月五日を「世界津波の日」と定める決議が採択された。「世界津波の日」の制定に尽力してきた二階代議士の、二〇一六年に行われた自民党幹事長時代の『りぶる』誌によるインタビュー。（編集部）

津波の脅威と対策を全世界で共有
「世界津波の日」を制定

——十一月五日は「世界津波の日」ですね。

二階　はい、国連が定めた記念日の一つです。昨年（平成二十七年）三月に宮城県仙台市で開かれた国連防災世界会議で私が提唱しました。その後、仲間の国会議員の皆さまと手分けして、東京にある世界各国の大使館を直接訪問し支持を訴えました。その結果百四十二ヵ国が共同提案国となり、同年十二月の国連総会委員会において全会一致で採択されました。

また、わが国は東日本大震災の発生から三ヵ月後の平成二十三年六月、津波対策の推進に関する法律を制定し、毎年十一月五日を「津波防災の日」に定めています。実は、この十一月五日は、安政元年（一八五四）に起きた安政南海地震の発生日でもあるのです。その日、大きな揺れが紀州有田郡湯浅廣村（現・和歌山県有田郡広川町）を襲った際、庄屋の濱口梧陵は直後に大津波がやって来ることを予測しました。そして、収穫したばかりの稲わらに火をつけ、多くの村民を高台に誘導して生命を救ったのです。

この「稲むらの火」の実話にちなみ、十一月五日を「世界津波の日」として記念日にすることを、日本が提唱していたのです。

——「世界津波の日」制定の意義は。

二階　国民の安全・安心、そして生命と財産を守るには、過去の自然災害から得た経験やノウハウを、世界と共有し合うことが不可欠です。その意味では、日本の提唱に百四十二ヵ国が賛同し、記念日を制定できた意義は大きいと思います。

私は先日、インドネシアの友人の結婚式に出席してきました。そこで話題になったのが、「世界津波の日」についてです。インドネシアは二〇〇四年のスマトラ島沖地震によって約二十万人以上の尊い生命が奪われ、自然災害に対する関心がとても高い国です。「世界津波の日」は、こうした人類共通の課題から一人でも多くの生命を守るという、百四十二ヵ国の思いが込められた記念日と言えるのです。

制定後初となる今年は、十一月五日の前後に、津波防災

「世界津波の日」制定に関するインタビューに答える二階俊博自民党幹事長

への啓発活動が世界各地で展開される予定です。これを機に、日本だけでなく世界中の人々が津波の脅威や防災の重要性を考えるきっかけになることを期待しています。

将来を担う防災リーダーを育成
黒潮町で高校生サミット開催

――日本での具体的な取り組みは。

二階　十一月二十五日と二十六日の二日間、高知県黒潮町で「世界津波の日　高校生サミットin黒潮」を開催します。

このサミットには、世界二十九ヵ国から二百四十七人の高校生が参加します。また、ホスト国の日本からは、東日本大震災で被災した岩手県と宮城県を含む三十八校百十七人の高校生が参加し、将来を担う若き防災リーダーたちが津波について学び、交流を深め合います。

――どのような内容ですか。

二階　「自然災害から生きぬくために、次世代を担う私たちができること」をテーマに、身に付けておくべきことや備え、迅速な復旧・復興などについての分科会を行います。

これらの説明やディスカッションは、すべて英語で行われ、最後にサミット宣言を採択する予定です。

私は先日、このサミットに参加する予定の四ヵ国の高校生と直接会って、意見交換をしてきました。何しろ国の代表ですから、その選考はどの国も大変厳しく、すばらしい人材が選ばれていました。皆さん自然災害への関心が高く、高校生の将来に大きな可能性を感じました。また、学校の先生方の意気込みも熱く、私はこのサミットが大成功すると確信しています。どのようなサミットになるか、今から楽しみです。

サミットの舞台となる黒潮町は、南海トラフ巨大地震で約三十四メートルの津波が想定されています。この町では、「地震津波で一人の犠牲者も出さない」を合言葉に、インフラ整備や防災教育などの様々な取り組みが行われています。また、サミットに先駆け、海外の高校生たちは十一月二十三日と二十四日に東日本大震災の被災地や、私の地元・和歌山県で「稲むらの火の館」などを視察する予定です。

これらのプログラムを通じ、海外の高校生たちには、日本が一生懸命、防災・減災に取り組んでいることを知ってもらいたい。そして帰国後は、日本で学んだことや経験したことをそれぞれの国で発信する「津波防災大使」として、活躍してほしいと思います。

――災害に強い国づくりについてお考えは。

二階　これまでわが国は、多くの大規模自然災害に見舞われ、そのたびに尊い生命が失われてきました。今年に入ってからも熊本地震をはじめ、集中豪雨や大型台風による水害が各地で相次ぎ、日本の国土は自然災害に対し、とても脆弱になっています。なんとしても、これを立て直さなければいけません。

国民の生命を守ることは国土強靱化政策の基本理念であり、政治家としての使命です。私は、自民党の国土強靱化対策本部長として、「強く、しなやかな国づくり」を目指してきました。自然災害に耐え、人命を守る強さと、被災時には経済社会システムが迅速に回復するしなやかさ。これらを平時から構築していくことが、災害に強い国づくりにつながります。

自然災害の発生を防ぐことは非常に困難です。しかし、国土強靱化を推進することによって、その被害は最小限に抑えることができるのです。

平成 28 年 11 月 25 ～ 26 日に高知県黒潮町で開催された「世界津波の日高校生サミット in 黒潮」には世界 30 ヵ国から多くの高校生が参加した

とっさの判断や行動ができない自然災害備え、訓練、教育で被害を最小限に

——災害に強い国づくりに向けて、国民一人ひとりにできることは何でしょう。

二階　日頃からの備えや訓練を積み重ねることです。被災経験のない人は「自分が自然災害に遭うことはないだろう」と考えがちです。しかし、それは大きな間違いです。自然災害は、いつ、どこで起こるか分かりません。こうしている間にも、次の瞬間、ここで大きな地震があるかもしれません。しかも、それに遭遇した時、とっさの判断や行動ができないのが自然災害の恐ろしさなのです。

私自身、小学生の頃に南海地震（昭和二十一年）を経験しました。ものすごい揺れで、すぐに家から逃げ出さなければいけないのに、寝ぼけていてタンスに上ろうとしたことを記憶しています。いざという時、慌てずに避難できるよう、まずは備えと訓練が大切ですね。

——その他に重要なのは。

二階　教育です。どんなに備えや訓練が万全でも、自然災害そのものを理解していなければ、災害に強くはなれません。

例えば、皆さんは津波のことを、どのくらいご存じでしょうか。津波は、人の想像を絶する規模と速さがあります。また、予期せぬ場所からやってきます。そして、さらに脅威なのは、二度、三度と繰り返し襲ってくることです。

東日本大震災では、いったん高台に避難した人たちが第一波の水が引いた後に家に戻り、第二波にのみこまれ、大勢の人が犠牲になりました。その中に、一人でも津波の特性を知っている人がいたら、そして第二波が来る前に「津波が来るぞ、高いところに逃げろ！」と叫ぶ人がいたらと思うと、残念でたまりません。

こうした悲劇を二度と繰り返さないためにも、自然災害について正しい知識を身に付ける教育が大切なのです。

――女性力に期待することはありますか。

二階　家庭の中で、リーダーシップを発揮していただくことです。緊急避難グッズや非常食等の準備、いざ自然災害が起こった時にどのように行動するか……。その備えや訓練、話し合いの中心になってほしいのです。家族の命を救うため、積極的に取り組んでいただければと思います。

女性の力で党勢拡大
十月の衆議院議員補欠選挙の勝利を目指す

――八月に幹事長に就任され、党運営をどのように進めていますか。

二階　国民の皆さんからの支持をさらに広く受けるには、どうすればよいか。そして、選挙に勝つ政党として、どのような政策を立案すべきか。これらの二つを常に念頭に置き、党運営に努めています。

十月二十三日は、東京都第十区と福岡県第六区で、衆議院議員補欠選挙の投開票が行われます。この補選は、絶対に勝たなければいけません。そのための方策を練っています。

――今ある課題は何ですか。

二階　女性の皆さんからの支持を、いかに獲得していくか。それが、これからの政策づくり、政権を維持していく上で、とても重要だと考えています。その意味で、日頃の女性局の活躍、女性誌『りぶる』の役割は、幹事長として大変ありがたく思っています。

今、自民党は大きな岐路に立たされています。これから上り坂になるのか、あるいは下り坂になるのか。その命運は、『りぶる』読者が握っていると言っても過言ではありません。

自民党は四十七都道府県すべてに地方組織がありますが、とりわけきめ細やかな活動をしている女性の皆さんは、地域の人からの信頼が厚い。その強みを生かし、党本部と女性がしっかりと手を組み、党勢を拡大することができれば、自民党はさらに選挙に強い政党になります。

選挙の勝敗を決するのは、「女性の力」です。女性から見向きもされない候補者を公認したり、女性から評価を受けない政策を立案したりするようでは、国民の皆さんからの信頼など得られる道理はありません。

私は『りぶる』の愛読者です。女性ならではの、しなやかな発想で世の中を見つめ、日常の身近な話題を取り上げている記事を読むと、我々は今何を考えなければいけないのか、そのヒントが見えてくるのです。

こうした視点を、党内の女性議員はもちろん、男性議員にも大切にしてほしいと思っています。議員は『りぶる』の記事を参考に政策を訴え、女性の支持を広げていけば、自民党の足腰はさらに強くなるのではないでしょうか。

――これからの抱負を。

二階　幹事長としては、選挙を勝ち抜くことに尽きます。それを実現するため、自民党の英知を総動員して、優れた政策を訴えていきます。国民の皆さんの審判はかなり厳しいと思いますが、覚悟して臨み、国民の皆さんと共に、強く、しなやかな国づくりに邁進します。

そして、国際社会から日本がさらに信頼されていくように、政権与党として安倍晋三内閣をしっかりサポートしていきたいと思います。

――最後に、『りぶる』読者にメッセージを。

二階　『りぶる』読者の皆さんには、被災者、あるいは被災地の市町村長などの話に耳を傾けていただきたいと思います。そうした生の声を聞くことで、自然災害の恐ろしさや防災の大切さを肌で感じることができるのです。その意

味でも、冒頭で述べました「稲むらの火」の実話や、被災者たちの災害体験を後世にきちんと語り継いでいくことも極めて重要だと考えています。

自然災害から身を守るには、日頃からの備えや訓練、そして教育が必要です。しかし、自分一人や家族にできることは、限界があることも事実です。また、皆さんの周りには、乳幼児や子供、妊婦、高齢者、外国人、病気や障害のある人など、災害に弱い人たちもいます。

『りぶる』読者の皆さんには、ぜひ地域でも中心的な存在になっていただき、災害に強いまちづくりを進めていただきたいと思います。自然災害から一人でも多くの人の生命を守り、強く、しなやかな国をつくるため、皆さんのご協力をよろしくお願いいたします。

「りぶる」二〇一六年十一月号より

災害現場に直接足を運び続ける

▲平成 28 年 4 月 14 日、熊本地震が発生。支援物資輸送車の前で出陣式（平成 28 年 4 月）

▲平成 28 年 12 月 22 日に発生した新潟県糸魚川市大規模火災の現場を視察（平成 28 年 12 月 31 日）

◀令和元年 10 月 31 日に発生した沖縄県首里城火災の現場で説明を受ける（令和元年 12 月 30 日）

▶令和３年７月３日に静岡県熱海市伊豆山で発生した土石流災害(令和３年８月６日)

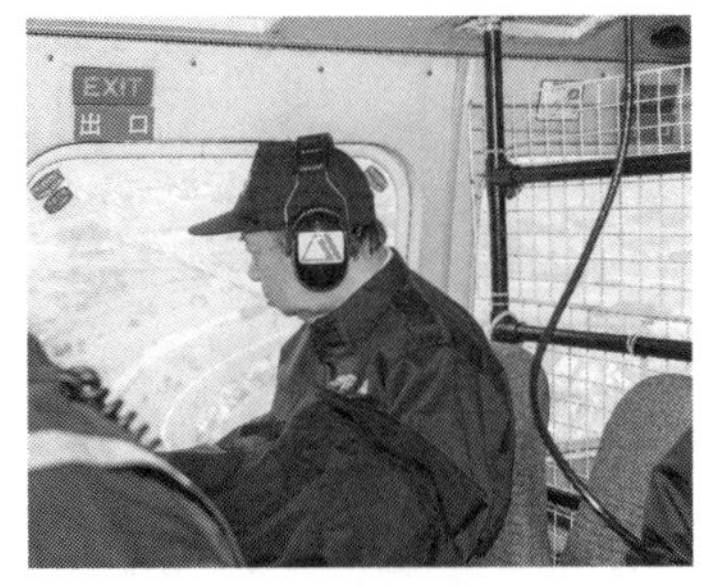

▲令和元年 10 月に台風 19 号（令和元年東日本台風）が日本を直撃し、100 名を超える死者を含む甚大な被害が出た。その際、治水に大きな効果があったとされた群馬県の八ッ場ダムを視察（令和元年 10 月 17 日）

▶同じく台風 19 号で決壊したた栃木県さくら市向溜のため池を訪問（令和元年 12 月 20 日）

▼同台風 19 号で被害を受けた栃木県思川の堤防決壊現場（令和元年 12 月 20 日）

2002 年、観光産業の振興について語る二階議員

第三部　観光立国

観光立国への道

国土強靭化・災害対策と並ぶ二階代議士のライフワークが、今では日本経済の大きな柱の一つとなった観光産業の振興である。平成五（一九九三）年十二月二日に開催された、石川県旅行業協会・福井県旅行業協会合同総会における二階俊博運輸政務次官の記念講演。（編集部）

ご紹介をいただきました運輸政務次官の二階俊博でございます。この会に参りますと､運輸政務次官というよりも､つい先頃まで全国旅行業協会の会長として皆さんのお仲間としていろいろご指導頂き、またご厚誼を頂いてまいりましたことの方が強く感じられます。

過ぐる総選挙におきましては、全国旅行業協会の皆さんが各地から応援にかけつけてくださいまして、私も大変厳しい選挙ではありましたが、あれだけ観光関係の皆さんから御支援、御声援をいただいて何としても全国旅行業協会の会長の名誉にかけても選挙戦を勝ち抜かなければならない、このように心に誓った次第でございます。

お蔭をもちまして当選後新たに発足致しました細川内閣におきまして、もう一度運輸政務次官をやれ、ということでございまして、このことが全国旅行業協会の発展にいささかでもお役に立つならば、こんな気持ちで今しばらくは旅行業協会の会長の職を引かせていただいておりますが、片時も全国旅行業協会の発展を忘れてはならないと自らに言い聞かせておるところでございます。今日は、全国旅行業協会のみならず、旅行のエージェントの皆さんが日頃お世話になっております旅行関係、観光関係の広範囲にわたる有力者の皆さんが、しかも全国各地からおいでいただいておるということを伺っておりますが、頂戴しました時間の中で「観光立国への道」、このようなタイトルでしばらくお話をさせていただきたいと思います。

お話に入る前に石川県出身で全国旅行業協会の副会長としてご活躍をいただきました中西博茂副会長、全旅協のために大変御尽力をいただきましたが、先ほど皆さんで黙禱を捧げていただきましたが誠に残念なことをいたしました。私は常に彼のこの全国旅行業協会の発展にかけた熱意を受け継いでやっていかなければならないと思うのでありますが、彼のご冥福を改めて心からお祈り申し上げる次第であります。

観光産業の将来性

今、世界中の国際観光の旅行者というのはどのような数字になっているのか。ＷＴＯといいまして世界観光機関の推計によるデータでございますが、一九五五年、つまり昭和三十年頃、これは世界の観光客で、まだあの頃は世相も厳しい状況でして、二千五百万人となっております。これは、世界でありますが、それが平成四年には四億七千五百六十万人となり、約十九倍の発展ぶりであります。それでは日本人の海外旅行者の数はといいますと、これは法務省の出入国の統計で答えているわけでありますが、昭和三十九年の頃で十三万人。先ほどご紹介いただきましたが、私は大学を出まして昭和三十六年に国会議員の秘書になりましたが、だいたいあの頃だなという感じがあるわけです。これは余談になりますが、私は静岡県選出の建設大臣などをおやりになりました遠藤三郎という代議士の秘書をやらせていただきましたが、当時の藤山外務大臣の特使として世界各国をまわってこられた代議士が私にこういうことを言われました。「英国に行って驚いたんだがバカンスということが国民の重大な関心事になっておる。バカンスだとか余暇だとかレジャーだということが選挙の争点になっておる」。驚きの思い、眼差しをもって私にこう語ってくれたことを今思い起こすわけでございます。今でこそ、余暇や、休暇をどうするかということは政治の大きな課題の一つになっておりますが、昭和三十九年頃の日本ではとても海外旅行だとかあるいはバカンスをどうするかといったことを言っておるような時代ではなかった。しかしヨーロッパ先進国ではすでにそのことが選挙の争点になっていた。こういうことを今思い起こすわけでありますが、昭和三十九年に海外旅行をなさった方は十三万人ですから、アメリカへ行ってきたというようなことでも経歴の中にみんなが洋行何回などと言っておった時代なのであります。それから今日の平成四年のデータを見ますと、千百七十九万人と、もう既に千二百万人近くの人が毎年海外旅行に出られるようになりました。比較しますと約九十一倍と驚くような成長発展ぶりでございます。

次に、日本の観光産業市場規模というのはどの程度のものかということですが、国内旅行に関しましては若干伸びておりまして七兆円、海外旅行で五兆円、関連産業で四兆円、計十六兆円がいわゆる観光産業の市場だということが推定できるわけであります。

それでは、その観光産業というのは日本の諸般の産業の中でどのような位置づけがなされているのか。資料の中に日本の観光産業と他産業の比較というのを記しておりますが、観光産業の十六兆円に対しましてあの鉄鋼業が十八兆円、そして繊維が十三兆円であります。これを見ますといかに観光産業というものが日本の産業の中で大きな位置を占めているかということがご理解いただけると思います。

世界の観光産業の市場規模についてですが、これは世界旅行の産業会議の報告による資料でございますが、約三兆ドル、円換算で三百三十兆円、世界の軍事費の約三倍にあたる額が観光産業の世界市場として発展しているわけであります。そして世界において勤労意欲を持つ人たち、もう何もやる気がなくてぶらぶら木にでも登っている人たちは別として、働きたいという気持ちを持っている人たちのうち、十五人に一人は観光産業に従事している。

私はこのことを先般カナダに参りました折に申し上げましたら、「カナダでは十人に一人が観光産業に従事していると申し上げても過言ではありません」というふうな返事が返ってまいりました。また、ＩＬＯ（国際労働機関）によりますと、「二十一世紀の人類社会の基幹産業は観光産業である」、このようにはっきりと認めているわけであります。

日本の観光産業の将来、これは昨今よく議論されることでありますが、私はこれについては極めて楽観的に見ております。今日の不況問題をどうとらえるかということは別にいたしまして、日本の観光産業そのものにとりまして今後どのような展望が開けるかということでありますが、日本の観光産業は国家のＧＮＰに比較いたしまして約三％となっております。これに比べて欧米諸国では、観光産業がそれぞれの国のＧＮＰに占める割合というのはだいたい六％くらいまでいっているわけでございます。そうしますと、日本人もやがて欧米型のレジャーやバカンスを楽しむ傾向へと進むとすれば、さらにまだ天井まで十六兆円ある。つまり成長の余力を持っている産業だというふうに位置づけすることができるわけであります。

平和産業としての観光産業

そして観光産業の特徴は何といっても平和産業であるということであります。私は、自らも経験があるわけでありますが、先ほどご紹介にもありましたように以前は自由民主党の国会議員でありました。当時、竹下登総理が中国との間でお話し合いをなさって、日本の青年と中国の青年との交流を十年間連続して行うという青年交流計画を推進しておられました。つまり日本の青年が中国を訪れ中国の青年たちとスポーツや文化の交流を通じてお互いに友好親善を図っていこう、そのプログラムを十年間連続してやっていこうというもので、これに「長城計画」という名前をつけておりました。この計画が、お隣の石川県の出身で運輸大臣をなさいました奥田敬和先生に受け継がれまして、奥田先生はさらに「なんとか十年間この交流計画がうまくいくよう考えてもらいたい」とこれを私に降ろしてまいりました。私は早速計画にかかりまして、日本から中国への文化交流の青年親善使節団を送ろうとしましたところ、不幸にして天安門事件が勃発いたしました。あの血塗られた天安門広場の様子をテレビや新聞が毎日のように報じる中で、中国へ行こうなどという人はだれもいなくなってしまいました。しかし私はこの時ふと考えました。もしここで、この天安門事件のために私たちの「長城計画」が最初のスタートでつまずいてしまったということになれば、これはもう何と言い訳をしても中国と日本の間にひとつの溝ができてしまうのではないか。ここはぜひともこの計画を実行すべきだ。そして彼らに平和ということがいかに大事であるか、国内に民主主義を進めていくことが、世界の中で中国が受け入れられる道であるということを、我々もまた側面から中国の人たちに友人として論すことができるのではないか、こういうふうに考えたわけであります。そしてこの計画だけは、どうしても実行しようということを決意いたしまして、天安門事件の後に奥田元運輸大臣を団長に、私が秘書長として百五十人の使節団が訪問いたしました。このことに対しまして、中国政府は大変高い評価をしてくれまして、それ以後この計画は経世会から新生党に受け継がれて今年で五年続いているわけでございますが、少々こちらが日程上無理なことを申しましても、あの天安門事件の時に来てくれた日本人との交流計画だからということで、格別の扱いを今だにしてくれております。私が今申し上げておりますことは、観光産業というものはそういう平和な世の中が続くことによって初めて成り立つものであって、戦争だとかあるいは暴動だとか革命だとか、そんなことが繰り返されるような国に観光事業、観光産業などというものはありえないし、発展のしようもないということであります。中東戦争の頃でありますが、ほとんど海外への旅行というものが足踏みしてしまったということは専門家の皆さまがご承知の通りであります。私はちょうど、中東戦争で大騒ぎしております頃、熱海に伺ったことがあります。その時のことでありますが、地元のタクシーの運転手さんとこういうやりとりがありました。

「この頃、熱海は景気がいいんです」

「どうしてですか」

「海外旅行へみんないかなくなった分、国内の旅行に切り替えてくれたので、熱海のホテルも少し高いところまで満員というふうな状況なんです」

こんな説明を聞いたわけであります。そういう意味から、観光産業は国の平和ということに関しましても極めて関係の深い産業であるということを私たちは認識しておく必要があると思うわけであります。

観光とは「国の光を観る」

観光という言葉は大変軽いといいますか、軽薄といいますか、「遊び」というふうな感じで受け取られがちなところがままあって、皆さんもこの仕事に従事していらっしゃいますから、そういうことに対して残念な思い、悔しい思いをなさったご経験がしばしばおありなのではないかと思いますが、もともとこの「観光」という言葉は実はたいへん意味の深い言葉であります。


中国の儒教の古典の易経の中に「観光」とは「国の光を観る」ことである、というふうにきっちりと語源が存在するわけでありますが、この言葉の意味するところは、一国の王たるものは諸国の輝かしい文物を視察してまわるべし、あるいは王たるものは自国の威光を顕示するべしということであり、またこれらの行為をさして「観光」と称するわけであります。

また「国の光を観るは王に賓たるによし」という言葉もありまして、これは一国の風俗の美を観ることによってその君主、その指導者の徳というものがもっともよく察知される。そして輝くばかりに徳の盛んな国を見ては、その君主に仕えることを願わずにはいられない。こういう意味であります。

このようにして、古く中国の古典の中に「観光」という言葉の位置づけがなされているわけでありますが、私たちはこの「観光」という言葉の持つ意味をもう一度深くかみしめて、新たな決意をもって観光産業の進展に努めてまいらなければなりません。運輸省としましても、今しっかりとこのことを再認識していこうとしているところであります。

　私が前に運輸政務次官をやらせていただきました時に、観光立県推進会議でこの北陸、つまり富山、福井、石川を訪問させていただいたことがあります。その際、観光立県推進会議の中央会議というのがありますが、その議長をしていただいておりますのが有名な瀬島龍三先生であります。瀬島先生には今政府の観光政策審議会の会長もしていただいておりますし、先般石川で行われました地域伝統芸能全国フェスティバルの中心であります地域伝統芸能センターの会長もしていただいております。私はもうずいぶんと瀬島先生と観光問題について議論したり、行動をともにさせていただいたりしてご指導を頂いて参りましたが、常々瀬島先生がおっしゃられておられることは、「観光というのは景色を楽しむとともにその地域の文化や歴史を学ぶことである。つまり観光ということは学ぶという重要な要素が存在する、そしてまた観光というのは多くの人々に触れることができる」ということであります。

「観光産業を考える上でまず問題となるのは観光資源であります。観光資源というものにはそれぞれの地域の歴史的な資源とともに、人の手が入っていない自然的な資源があります。次に重要な課題として交通アクセスの問題、さらには宿泊施設の問題があります。そして今申し上げたような、観光資源、交通アクセス、宿泊施設の三つが非常に立派であっても、ＰＲがなされなければ観光の発展ということにはつながらない。このＰＲというものも大きな課題として存在します」これも瀬島先生がいつもおっしゃられておられることであります。

　また私は残念ながらお目にかかったことはございませんが、九州の宮崎交通の社長の岩切章太郎さんという方が私の郷里の和歌山県に講演にお見えになられてお話なさったことを、私はパンフレットで後に拝見したことがありますが、その時にたいへん記憶に残りましたことは、「観光の秘訣というものはまず知らせること、いわゆるＰＲということでございましょうか、さらには見せること、お客さんをそこに引っ張ってきてまず見せること、そしてそのお客さんにまた来たいと思わせること、自分は素晴らしいこの観光地に来ることができたけれどこの次に来るときには家族も誘って来よう、友達も誘って来よう、こう思わせることが大事ではないか」ということを言われておったわけであります。今だに私は、ああ、観光ということはそういうことを重点においてやっていかなければならないんだなぁと感心させられるわけであります。前に宮崎に参りましたが、九州の端の方ではありますがフェニックスのきれいな街並みが整然とそろっており、観光に対して非常に力を尽くしておられる姿が、我々旅行をしている者の目にもしばしば映るわけでございますが、私はこの今は亡き岩切章太郎さんという方が九州の観光、宮崎の観光にきわめて大きく御尽力されたということで、今だに記憶をいたしておるのであります。

観光産業の経済波及効果について

次に生活大国ということについてでありますが、これはもう皆さんご承知の通り四泊五日の旅行に対する非課税措置の実現のことであります。これは私たち全国旅行業協会だけではなく、ＪＡＴＡの方としても強く希望しておりまして、私も景気対策の問題、あるいは労働問題、雇用問題等を考える場合にも、年に一回くらいは少しゆったりとした社員旅行があってもいいのではないか、というふうな思いからこの問題に取り組んでまいりました。これに対して大蔵省はきわめて厳しい態度でありまして、四泊五日の旅行というのはこれはもう贅沢なのではないか、そんな人のためになぜ減税しなきゃならないのか、とこんな感じであります。しかしながらこのことは旅行業振興のためにだけ減税措置をやるわけではありません。以前、老人福祉の関係で郵便貯金の問題がございましたが、この時もずいぶんと大蔵当局と私ども政治家との間で激しい議論が戦わされたわけですが、あの問題よりも今回のはさらに性質がよくないということで、大蔵省はかなり強い反対を示しておりました。私はもう運輸省にだけこの問題を頼んでおいたのではとてもじゃないが理屈の上でもやられてしまう、これは広く政治問題としてとらえて、当時は私は自民党であったわけでありますが、また野党各党とも協議をしてこの問題を大きな政治問題として取り上げて実現を図ろうということで、先輩の政治家の皆さんのご理解で今年の春の景気対策の際にこれを実現させたわけであります。

景気がよくなって上昇気流にある時ならば、三泊四日を四泊五日にしたことによって日本の航空会社をはじめ旅行関係の各業界にとって二千億円程度の売上増があると言われておったわけでありますが、ちょうどこれが実現された頃不景気の風がだんだんと忍び寄ってくる状況でございまして、まだこのことの大きな成果は見えていませんが、これから景気が安定し上向きになってきた場合に、四泊五日非課税の措置というのは旅行業にとってたいへん大きな役割を果たすであろうということが期待されるわけであります。

そこで私はここで皆さんに申し上げておきたいことは、四泊五日非課税措置が適用されるようになっているということを日本国中の人がみんな知っているわけではありません。このことに対するＰＲを私は旅行業の皆さんがそれぞれのお得意さまに対して徹底されることが望ましいと思うものであります。

先般、ＪＡＴＡの方々のご厚意で、全国旅行業協会も一緒にということで、日経新聞に大きな一面の広告を載せていただきました。私はその時はもう会長を引いておりましたので、運輸政務次官という立場でこれに対してコメントを掲載させていただきました。ＪＡＴＡが今あのような積極的な宣伝をなさっておられるわけでありますから、私ども運輸省といたしましてもこのことのＰＲをしっかり行って定着を図っていきたいと思っております。またこの非課税措置は労働省からも、労働団体からもたいへん期待されております。

私はこの観光問題というものを考える場合に、これはまぁ皆さんそれぞれお感じになっておられると思いますが、あらゆる業界、あらゆるお得意さまといいますか、関係先が非常に広いわけでございまして、行政で申しましてもひとり運輸省だけではなくて、いろんな省庁の協力、連携が必要なわけでありますし、産業としてはまさに総合産業であり、きわめて広い分野、広い視野でこれに取り組んでいかなければならない。またある意味では観光産業は情報産業の最たるものであると申し上げても過言ではない、このようにさえ思っておるのであります。

そこで私は前々から思っていたことがありまして、今年の一月でありましたか、大阪における旅行業関係の皆さんの新年会にお招きをいただきまして、そこで申し上げたわけでございますが、まず皆さん、不景気だ不景気だという話をなさるわけでありますが、私はこの旅行関係、観光関係の皆さんが不景気の太鼓を一緒になって叩いて回っていたのでは誰も旅行にでも行こうかという気分になれない、それよりも旅行産業にお金が回った場合にどれだけ経済を浮揚する効果があるかということを私はやはり世に問う必要があるのではないか、とこう申し上げたわけであります。申し上げました以上、言い放しにもできませんので、私は早速当時の船田元経済企画庁長官に直訴いたしまして、今減税をやった場合にその減税効果がどのくらいあるかということがよく議論されているが、旅行産業にお金が回った場合にどのような経済波及効果がもたらされるか試算できないものだろうかと申し上げました。この話を奥田敬和先生に申し上げましたところ、「そら二階君、旅行に行くとなると虫さされの薬を買う人だっているからなぁ」と、こうおっしゃいます。そこまで考えると、これはもうずいぶんと広い範囲にまで波及していくわけであります。私は船田長官の部下とずいぶんやりあいまして、船田長官の方は最初から私の考えに賛成してくださいましたが、急にそんな調査を経済企画庁でやれといっても、経済企画庁というところはそんな予算を持ち合わせておりません。頭のいいのは集めているわけですが、そういう力はありません。しかしＪＴＢでも調査をなさっておりますし、あるいは全国旅行業協会でもそれくらいの調査をやれないわけではないのですが、観光業者の皆さんが自分たちで調査をして、そして観光事業にお金が回った時にはこうなりますと手前味噌で発表したところで、これで他を説得するということはなかなか難しいわけであります。

そこで私は、何としても経済企画庁にやってもらわなければ意味がないと思いまして、経済企画庁の乏しい予算の中から六百十一万円の予算を頂戴いたしまして、それを運輸省に移しまして、今度は運輸省が中心となって関係各方面の皆さまのご協力をいただき、現在この調査を行っている状況であります。その頃私は政務次官でありませんでしたので、運輸省に対しましても早くやれ早くやれと言っておったわけですが、今は自分がこの調査の推進を図らなくてはならない立場に立たされてしまいました。

この調査は「景気低迷下においてわが国経済に観光産業が与える影響とその対応に関する緊急調査」とたいへん難しい、長ったらしい名前になっておりますが、要は観光にお金が回れば世の中にどれだけの利益を生み出し、また経済の波及効果をもたらすものであるかということを社会に認識させる、確認させる、これが私の狙いであります。そういたしますと皆さんがこれから金融機関へ行っていろんな話し合いをする場合でも、これからの観光の発展というのはこのような姿になっていくんだぞ、経済企画庁の調査を見てください、運輸省の調査でもこのように発表されたではありませんか、というふうに言えるわけであります。こういうことですから、私はできるだけ波及効果が大きかったというふうな数値が出ることを期待しておるわけでありますが、今、交通公社の調査では二・三〜二・五倍、と言われているわけですが、私はもっとあるだろうと言っております。

先般、栃木県にまいりまして国会移転という問題につきましての講演をしたわけでありますが、その後、渡辺知事に対しまして船田経済企画庁長官がわが国の観光事業のためにたいへんいいことをしてくれましたと、この話を披露しましたところ、先程の虫されの話のところで、すかさず渡辺知事は、「当地の宇津救命丸は船田経済企画庁長官のご親戚がおつくりでして、旅行の時には宇津救命丸を持っていく人もいるでしょうからいいですね」とおっしゃいました。それを聞きまして私は、そうだなぁ、まったく他の人のことと思ってやっていても自分のことに回ってくるということはよくあるけれど、これは船田長官に言っとかなきゃいけないなあ、こう言って笑った次第であります。

私はわが国のこの景気低迷下における産業の中で、観光産業がこれから頭を出していくことが他の産業を引っ張っていくことになる。観光産業にはそのような重要な役割があると思っております。これは先ほど申し上げましたように、鉄鋼産業と肩を並べ、繊維産業を抜いているほどの観光産業でありますから、この実情を思うと、観光産業に対する内外の期待はきわめて大きいということをぜひ皆さまにご理解ご認識いただきたいと思うものであります。

国際観光会議について

実は私が前回の運輸政務次官の頃、平成二年の夏の頃でしたが、日本とアメリカの観光会議というのがワシントンで初めて開かれまして、あちらの観光担当のシュナーベル事務次官と私とで共同議長を務めまして、日米の観光業界の代表の皆さまにご参加をいただき、観光に関する協議をいたしました。その際、アメリカから日本に来る観光客というのはだいたい六十万人ぐらい、日本からアメリカへは三百二十万人ぐらいと、この差はだいたい当時で九十億ドルあり、現在ではほぼ百億ドルに達しようとしております。日米問題で経済摩擦ということがよく言われますが、観光の問題に限っては百億ドルの黒字をアメリカに提供しているわけであります。そこで、日米両国が今後もっと仲良くしていくためには、この今の状況を発展させていく必要があるというわけです。当時運輸省は日本人海外旅行倍増計画（テン・ミリオン計画）というものを推進しておりましたので、私はこの会議で日本からの三百二十万人を将来倍にしていこう、そのかわりにアメリカの六十万人は三倍にされたらどうだろう、合わせて少し頑張ると二十一世紀の門口に立つ時には双方で一千万人の年間交流が実現するかもしれない、そのことが何よりもの安保条約であり何よりもの日米の友好親善促進につながる、というふうなことをご提案申し上げ、第二回の会議は日本で、第三回の会議は来年アメリカで行う、このような運びに現在なっておるわけであります。こうしたことにつきましては、これから私どもも、大いに推進してまいりたいと思っておりますし、そしてまた偶然にもこの度私が再び運輸省政務次官に就任いたしました際に、今年の九月二十一日にカナダのモントリオールで日本・カナダ観光会議の第一回目の会議が開催されました。今、日本からカナダへの旅行者数は年間五十万人、カナダから日本には六万人となっておりますが、このカナダの六万人は少なすぎるので五倍にして三十万人、日本からは三倍にして百五十万人に。こちらは、先に申し上げたように日本からアメリカに三百二十万人以上行っているわけでありますから、アメリカからカナダを訪問することはそう難しいことではありません。私はやりようによっては実現の可能性があるのではないか、したがって、日本とカナダとの交流計画「ツー・ミリオン計画」、二百万人計画をお互いに実行しようではないか、というご提案を申し上げ、カナダ政府も全面的にこの計画にご賛同、ご協力いただき、お互いに頑張ろうということを約束してまいった次第でございます。

私は先に全国旅行業協会の会長をお引き受けいたしましたが、私自身としましてはその器であるかどうか疑問に思ったわけですが、一度お引き受けしました以上は全力を尽くして会員の皆さまの期待に応えていかなければならない、こう心に思っておりました。しかしながら、なにしろ観光問題につきましては何も分からぬ素人でございますので、より多くの皆さまのご意見を伺うとともに、また同時に全国旅行業協会そのものを多くの人たちに理解していただく必要がある、したがって観光問題を考える際にご意見を承るに必要な人たち百人くらいを選んで「日本の観光を考える百人委員会」というものを作ろう、こういうことになりまして、いよいよ発表しようと思ってお願いの手紙を用意しておりましたところ、今度は先ほども申し上げたように再び運輸省の中へ政務次官として入ることになり、しばらくこの「百人委員会」というのは、計画はしながら実行には至らないという状況になっておりました。

ところが先般、運輸省の皆さんにこの「百人委員会」のことをご相談しましたところ、運輸政務次官としましてもこういう会があっても構わないわけでありますから、この「百人委員会」をぜひ実現しようということになりました。しかしこれらはボランティアでご協力していただくわけでありますます。各界でご活躍の皆さまのご厚意によって、この会を始めさせていただくことで思い切って皆さまにお願いしてみよう。そのかわり、この会に参画していただいたことがご本人にとってもよかったと思っていただけるような会議にしていきたい、このように考えているわけであります。この会議の経過等につきましては、またいろいろなパンフレット、業界新聞等でご報告をいたしたいと思っております。

観光図書館・観光総合大学構想

私はこの観光立国、観光立県を目指していく中で、観光

平成６年（1994年）２月７日に実現した日本の観光を考える「百人委員会」第１回会合の様子

に関する専門家の養成というものをそろそろやっておく必要があるのではないか、人材の養成ということに力を尽くす必要があるのではないかと思っております。そこでこれは先日のことでございますが、国会図書館に連絡をいたしまして、およそ「旅」という表題のついている本が国会図書館に今何冊あるのか、と国会図書館の整理能力も試すつもりで尋ねてみましたところ、すぐさま「三千四百二十二冊あります」と返事が返ってきました。そのうえ全部の本の一覧表、何という本で誰が書いたものでどこが出版したものかの一覧表が届きました。

私はこれだけ「旅」という表題がついた本があるのであれば、半分はＪＡＴＡで買ってもう半分は全旅で買って、それぞれに図書館を造って持っておけばいい。そう思って本日もおいでいただいております岩崎旅行業課長に言いましたところ、それぐらいのものであれば運輸省で買っておいてもいいではないですかということですが、私はやはり観光関係の皆さんが勉強していくことが肝心だと思いますので、このことについても、取り組んでみたいと思っております。将来的には、日本のどこかに立派な観光図書館、それはただ読むだけの図書館ではなく映像を活用した「見る図書館」を造りたいと思っております。そこに行けば世界中の観光地の映像フィルムがそろっており、例えばカナダの東部地域が素晴らしいといえばすぐその地域のフィルムが取り出して見ることができる。北海道の流氷の姿を見たいといえばすぐフィルムで見ることができる。そうしますと、フィルムで見たからもうこれで満足だという人は最近少ないわけで、映像で見ると今度は、いつか機会を見て実物を見に行ってやろうと思うようになる。こう思わせるようにもっていくことが観光産業としては大事なのではないでしょうか。

ところがそんなものを造ると言いますと、土地もたくさん必要だし、建物も造らなければならないし、大変だなぁと必ず話の腰を折りにくるといいますか、心配症な人が世の中にはいらっしゃいます。しかし私は全然そのようなことは心配しておりません。全国の知事さんや市長さんの中には何かやりたいと思っている人がたくさんおります。もう既にこの話を聞き付けて、それはもう決まったのか、どこに造るのか、と尋ねてきている知事さんも何人かおります。私はどこに造るかは別にして、どういうものを造るのかのプランさえしっかり作っておけば、誰かそれをやりたいという人が出てくる。実際のところもうすでにいくつか言ってきてくれております。ですからそういった方向で仕上げていったらどうだろうかと思うわけであります。

こういう話をしていましたところ、ＪＡＴＡの住田会長が私に「観光の総合大学を造ったらどうでしょう」と提案なさいました。これには私も賛成だと言いましたら、この頃ではいつの間にか私が言ったことになって、話だけが一人歩きしているようであります。私としましては、これについては運輸省で調査費を計上して「観光の総合大学づくり」の勉強を始めていきたいと思っております。これも先日文部省に問い合せてみたのですが、国立大学、公立大学で観光学科あるいは観光の講座を持っているところが日本国中にあるかどうか。これは残念ながらありません。では私学ではどうかと言いますと、これは有名でありますが、立教大学の社会学部の中に観光学科というのがありますし、宮崎産業経済大学の中に観光学科というのがあります。また神戸の流通大学の中に国際観光学科、横浜商科大学の中に貿易観光学科と、現在日本には四つの観光関係の学科が存在しておりますが、私は総合的な観光大学がこれから必要になるのではないかと思っております。

関西国際空港開港にあたって

また、来年は関西国際空港が開港いたします。その開港行事の一つとして、世界観光大臣会議というものを日本で開こうということを運輸省で計画いたしまして、世界の主要国六十ヵ国くらいの大臣を一挙に関西国際空港周辺に集めまして国際会議を開催しようと考えております。これらの活用につきましても、例えばＡという国の観光大臣がおみえになるとすれば、その国と姉妹都市を結んだり、六十ヵ国も来れば六十通りの方法でこれらの観光大臣に日本のそれぞれの地方を見ていただくような工夫をしてはどうか、こういうことを今外務省と相談しながらこれに取り組んでいきたいと思っております。

また冒頭にＷＴＯ（世界観光機関）ということに触れましたが、この世界機関はスペインのマドリッドに本部があり、百十ヵ国が集まって大きな組織を形成しておりまして、これから世界各国に支店といいますか、ブランチ、出張所のようなものを作っていこうということで、まず最初にアジアにアジア本部をということで、今から一ヵ月くらい前にインドネシアで会議が開かれました。私どものほうからは荒井観光部長が運輸省を代表してこの会議に出席いたしました。この会議ではアジア各国があのオリンピックの誘致の時のように我も我もとアジア本部候補地に手を上げましたが、日本は最終の決選投票で勝ち残りまして、日本にアジア本部を設置するということに成功しました。

こういう世界の国際機関の出張所のようなものは、現在日本に十七存在いたしますが、一つを除いてすべて東京にございます。先ほど述べました関西国際空港の開港、世界観光大臣会議の開催等も念頭におき、また地方分権の観点から考えましても、今回このアジア本部を関西に設置しよう、時期的にも来年の六月頃までに、関西国際空港の開港以前に設置しようということで今取り組んでいるところであります。

そういう意味でこれから観光産業を運輸省の政策の中でももっとも重要な政策の一つとして考えてゆくと同時に、関係各省庁の応援、ご協力を得て、観光産業がその実力にふさわしい位置付けができるように、運輸省としましては努力をしてまいりたいと考えております。したがいまして、今日この会議にも先ほど紹介いたしました運輸省の岩崎旅行業課長や西村中部運輸局長が出席させていただいております。これは観光産業に従事していただいている皆さまと一体となって日本の観光産業の進展のために懸命の努力を今後していきたいという運輸省の方針、姿勢の表れであります。ぜひ皆さまのご理解やご協力を頂きたいと思っております。

時間がございませんのでもうあまり触れませんが、運輸省は年に一回観光白書というものを国会に提出しております。この観光白書は皆さんのご活躍の集計になるようなものでありますが、ぜひこういうものに対しましても関心をもっていただいて、運輸省の行う行政と皆さまが日常行う観光事業とが相携えて発展していくことができますよう考えていただきたいと思っております。

なお私はこの観光立国ということを申し上げます時には、お伺いしました地域が世界の中でどのような位置づけにあるのかを調べてまいることにしております。例えばこの福井県でありますが、人口にしますと世界百八十五ヵ国の中で百二十八番目であります。しかし県民総生産は二兆五千二百七十四億円で、これは世界でなんと五十九番目の国に匹敵する力を持っているわけであります。また石川県は人口では世界で百十四番目、県民総生産では世界で四十番目にランクされる力を持っております。したがいまして国際空港あるいは新幹線の問題を考える際に、私はそれぞれの県が他の国々に匹敵するだけの力を持っている時には、そこに国際空港が必要であるならば、当然その県民の期待に応えていかなければならないのではないかと思うわけであります。北陸新幹線の問題にいたしましても、後ほど福井の栗田知事さんがお見えになるそうでありますが、空港問題と併せて大変強い要請をたびたびお伺いしておりますが、そうした問題につきましても、私ども運輸省といたしましては全力を集中してまいりたいと思っております。景気の問題につきましても詳しく言及するいとまがありませんでしたが、いわゆる所得税減税につきましてはいろいろな議論がありますが、まず先行してやっていこう、これが大事だと考えております。私は昨日も私どもの新生党の小沢代表幹事にお目にかかりまして、今までなら所得税減税は五兆円でよかったかもしれないが、もたもたしている間にもう十兆円くらいにならないともたない、こういう状況になってしまっている。そしてまた消費税がすぐ後についてくるんだろうというと、誰も本気で政府が景気刺激策としてやってくれたとは思わない。そして新生党が悪い評判だけ担いでまわらなければならなくなってしまう。それよりもまず所得税減税を先行してやる。そして景気の動向を見て、これなら国民の皆さまが理解してくれるという時に初めて新たな財源対策を考えるべきだ。ただ赤字国債を出す時に、歯止めがなくなってしまうことが怖い。こう小沢代表幹事は言われました。私はこれに対しまして、まったくその通りだ、そうであるならば国会議員が署名をしてもいいじゃないか、この度の赤字国債の発行は今の緊急事態に対するためのものであって、今後赤字国債の発行については厳重に戒めるということを国会議員が政治生命をかけて署名し、そのことを内外に明らかにすることによって歯止めとすることができるんじゃないだろうか、党として決議し、場合によっては国会で決議してもいい、ただ景気対策をこの状態で放置しておくことだけは絶対にできない——こう申し上げましたところ、小沢代表幹事もそのことについてまったく同感であるとの意を表しておられました。

藤井大蔵大臣にも、熊谷通産大臣にも、私たちの新生党のメンバーでございますから常々このことを申し述べてまいりました。来週からはいよいよ政治改革の問題も取り上げられますが、政治改革は政治改革で進めながらも、なお今政治が取り組まなければならないことは「景気回復」、この一事にあると私は考えている次第であります。

年末を控えていろいろと忙しい状況のようでございますが、どうぞお互いに元気を出し合って、この難関を乗り越えていきたいと思います。私ども運輸省といたしましても可能な限り観光業界の発展のために努力をさせていただきますことを重ねてお誓い申し上げまして、私のお話を終わらせていただきます。どうもありがとうございました。

平成五年十二月二日

於芦原温泉「グランディア芳泉」にて

『―国会議員レポート― 黒潮に叫ぶ』

（紀州新聞社、一九九五年）より

法政大学寄附講座「観光立国論」

平成十六（二〇〇四）年十月六日、法政大学において、観光立国をテーマとした多彩な講師陣による講義が開かれた。衆議院議員そして㈳全国旅行業協会会長として二階代議士が観光産業を学ぶ学生たちを前に語った、日本の観光産業の現状と展望。（編集部）

ご紹介いただきました衆議院議員の二階俊博でございます。

私は和歌山県の出身でありますが、今日はこうして今橋（隆）先生とのご縁で、法政大学で観光問題について、皆さんとご一緒に勉強できますことを、大変うれしく思っております。

先ほど西川（太一郎）専務理事からのお話で大学のランキングの話が出ておりましたが、私も「今、大変力を持っている日本の大学ベスト三〇」という雑誌の企画で、立命館、早稲田、慶応、その次が法政大学だということを拝見しました。このすばらしい大学で皆さんとご一緒に観光問題について勉強できますことを、嬉しく思っている次第であります。特に「経営改革力」という点におきましては、全国五十の大学の中で、法政大学がナンバーワンだそうでございます。そういう歴史もあり、伝統もあり、多くの先輩を輩出されておりますす著名な大学で、観光問題を積極的に取り上げていただくことは、私ども観光問題こそ我が国の二十一世紀の産業として、極めて重要だという認識を持っている者にとりましては、力強く思うものであります。

「観光」の語源

観光という言葉については、もう皆さんも何回も色々な場所でお聞きになっておられると思いますが、中国の言葉であって、四書五経の一つである易経の一文で「国の光を観る」という意味だそうです。相手の国、相手の地域の力量、県であるとか、国であるとか。どの程度の力量であるかということは、訪ねてみればわかるわけで、そこからまた、自らの国の進展について考え、研鑽に励む。こういうことが古くから行われ「観光」という言葉が生まれたようです。

日本では観光というと、何か遊びのようなことが先に出ておりまして、今までは、観光というテーマで、このように大学で講義が行われるなどということは、夢のまた夢のようなことであったわけです。

そういう意味で、今橋先生のご努力によりまして、こうした機会を与えていただき、皆さんが観光問題を勉強してみようという気概を持って、臨んでおられることに敬意を表したいと思うわけであります。

法政大学で学生たちと観光産業について考える

二十一世紀は観光業の時代

観光問題はもう言うまでもなく、近ごろでは大変な勢いを持ってまいりまして、二十一世紀の我が国のリーディング産業だということも言われております。具体的にそのような実績も上がってまいりました。同時にこの観光問題を考えていく上において、やはり私たちの周辺、地域、また、日本が持つ素晴らしい自然環境等が、私どもが観光問題を進めていく上においての大きな財産であるわけでありますが、もう一度再評価をする、そして、再認識をするということが大事ではないかと思っております。

先ほどご紹介にもありましたとおり、私が今から十年ちょっと前、全国旅行業協会という協会の会長を仰せつかったときに、観光について全く素人の私がこういう問題に取り組む以上は、できるだけ多くの諸先輩のご意見を伺うことが、大事ではないかと考えまして「日本の観光を考える百人委員会」というものを設けて、百人程度の有力な皆さんにアドバイザーとして、ご意見を頂戴する、そして年に何回かその百人の会議を開かせていただく、プロ野球監督の王貞治さんにもご参加をいただいたり、あるいはまた、作家の神坂次郎先生や、女優の水谷八重子さん等、いろいろな面で活躍されている各方面の有力な皆さんに、参加いただき、いろいろ貴重なお話を伺いました。

最初の時にメインゲストとして、私の郷里の作家の、神坂次郎先生においでいただきました。その神坂さんが、観光についての由来といいますか、古くからの歴史を語られ、四国の金毘羅さんにお参りするというのが観光の出発点であった。それから、最近、世界遺産に登録されて有名になってまいりました熊野古道、「蟻の熊野詣」と言われる昔からの古道を歩く。そして、四国のお遍路さん。これは最近どこかの政党の元の党首が、お遍路姿で歩いているといって有名ですが、それでなくともこのお遍路さんは、未だに地域の観光の中心になっているということを伺うわけであります。

観光は平和産業

そこで、この観光問題について、いろいろな方の意見を聞いている中で、一番大事なことは何かというと、私は、この観光というのはどこから見ても「平和産業」である、このことが一番大事なキーワードだと思っております。そして、観光交流を進めていくことは、世界に平和をもたらすということにもつながるのではないかと考えております。

人間関係の間でも、あまり好意の持てないような人とでも、一回話し合ってみたり、一回食事をともにしたりする中で「ああ、この人にもこんな良いところがあるんだな」と、お互い見直すこともあるわけでありますが、国と国との場合にも、そんな場合がたくさんあるわけです。

それと同時に、観光は平和でなければ成り立たない産業であるということも、皆さんが認識をする必要があるわけであります。後ほど申し上げますが、ＳＡＲＳの問題や、あるいはイラク戦争だとか、あるいはイスラエルとパレスチナの戦争が、ずっと続いているような状況の中で、観光産業の振興を語ってみたところで、誰もそれにうなずく人はいない。平和と観光は切り離すことができない産業であります。

ですから、各国は観光に予算をある程度計上しているわけですが、各国が費やす防衛予算、あるいはまた、戦争などで費やす予算を考えれば、もっともっと観光産業等に予算を費やすことのほうが、それぞれの国にとっても、世界の平和にとっても有益なことだということを、私は常々思っております。そういう面でも観光を進めていくことは大事なことであります。

また、文化の交流が橋渡しとなって、国と国との間の理解につながっていきます。三日ほど前でありますが、私は浜松へ行って参りました。日本観光協会が中心になって進めておりますフラワー・ツーリズムという「お花を中心にして観光産業を振興させていこう」という狙いでありますが、その第二回目の全国大会が浜松市で開かれていました。ご承知の方もいらっしゃると思いますが、今月の十一日に閉会になるのですが、花博をやっております。ちょうど私どもが参りました日が、目標の入場者五百万人を突破した日でありまして、関係者が大変喜んでおられました。

浜松はスズキ自動車をはじめ、製造業も活発なところでありますが、そうした観光産業以外の関係の皆さんも「花いっぱい運動」あるいは「花を愛する運動」などの大切さを痛感されていました。そして、「お花でもって博覧会を開いたら五百万人もの人が、この浜松にお出かけいただいた」と、改めて驚嘆し、大変喜んでおられました。またNHK等でも大変盛んにPRしていただいたということも喜んでおられました。いずれにしても大成功で終わったわけであります。

その開催中に、少し規模の小さい花の博覧会が熱海温泉でも開かれましたが、それもわずか一ヵ月ぐらいの間に二十八万人の人が、この熱海の花博に参加しておるわけであります。浜松でそういう催しが行われながら、また一方、熱海でもそうした博覧会が成功しているという事例であります。

大賀ハスがつなぐ「ロータスロード」

次に「大賀ハスの神秘」について述べてみたいと思います。これはどういうことかといいますと、これもたまたま今橋先生とも縁がなくはないのですが、今橋先生が前に関係をされておられました、東京農大の教授であられた大賀一郎博士という博士にまつわる大賀ハスのことについてでありますが、ご存じの方も多いと思います。

実はこれは戦後でありますが、千葉県の検見川にある東京大学のグラウンドの地中から、丸木船とともに三粒のハスの種が発見されました。そのハスの種は周辺の丸木船等の炭素の検査によって、二千年前のものだということが国際的にも認められたわけであります。その三粒のハスの中で、確か二粒が開花しました。つまり二千年の眠りから覚めてハスの花が咲いたわけであります。この大賀一郎博士の愛弟子の一人が、実は私の高等学校の阪本祐二という先生でした。高等学校の生物の時間にはもう最初から最後まで、ハスの話ばかりされるものですから、私どもも大体そこの学校を出たものは、大賀ハスのことについては、もう随分詳しくなっていたものです。

私は社会人となってからでありますが、この高等学校の恩師に「先生、結局あのハスは中国から来たんじゃないですか?」と聞いたところ「いや、丸木船ということもあるから、そういうことも言えるんだが、今のところはまだ確たる、いわゆる確証を得るには至っていない」ということでありました。私が「いずれにしてもハスは東洋の花であり、また仏教の花でもあるわけで、中国との関係も深いでしょうから、この大賀ハスを中国へ持っていかれたらどうか」ということを提案しましたところ、阪本先生は大変お喜びになられました。

しかし、今と違って、中国へ行くといっても簡単に行けるような時代ではありませんでした。そこで「私もお供しますから、先生、中国へ行きましょう」と言ってご一緒に行く事になりました。先生は中国へ大賀ハスの蓮根を持って伺うことを大変楽しみにされておりましたが、ご病気のためにその寸前にお亡くなりになりました。しかし、私は先生の奥様とご一緒に関係者百六十人ばかりをお誘いし、中国の杭州の植物園へ持っていきました。「ハスは見事に咲いた」という連絡だけはあったのですが、その後、紅衛兵運動でハスが消息を断ってしまいました。ハスのことですから幾ら紅衛兵が首をちょん切ったところで、下からまた生えてくるわけですから、絶滅ということはないでしょうが、一時は消えてなくなったということでありました。

そこで、私は中国へ行くたびに、もう少しこのことを大事にしてくれる人はいないだろうかと、北京市長をはじめ、数え切れないほど色々な方々に相談を持ちかけてみました。そこで思ったことは、心のある人は得てして力を十分に持ち合わせていない、力のある人は心がないということです。心と力を持っている人を見つけなきゃいけないということで、大変至難のわざではありました。

しかし、最近、海南島のボアオでアジアフォーラム副理事長をしておられる蔣暁松さんという有力なパートナーを見出すことができました。この海南島にはボアオ・アジア・フォーラムという常設の国際会議場が建設されておりますが、そこの場所に新しく池をつくって大賀ハスを移植する。

大賀ハス

移植は成功しまして、今、大きく茂っております。

先ほど西川専務理事からお話がありましたようなことで、私が大連の大学に関係することになって以来、書物などを見ておりますと、大賀一郎博士は、そもそも戦前、満州鉄道の教習所の先生をしておられ、その際に大連の近くに普蘭店というところがありまして、そこで中国人から何粒かの化石のようになった古いハスの種をもらったのだそうです。そのハスの種を見て、必ず古代バスがこの世に存在するんだという確信を抱かれた。そして日本へ帰って、その後もずっと研究を重ねている間に、先ほど申し上げた東京大学のグランドで、ハスの種を発見するに至ったわけであります。

それ以来、私があちこちでこの話をしておりますと、どんどんハスに関する色々な資料が、私のところへも届けられるようになりました。その普蘭店のハスの研究家からも「千三百年前のハスの種だけれども、三粒あるから、これをあなたに差し上げる」と言って届けてくれました。しかし、私がそれをちょうだいしても、猫に小判みたいなところがありますから、これをまた東大の研究所へ持っていき「ここで咲かせていただいて、また愛好者の皆さんにお配りをしてあげていただきたい」ということを申し上げているわけです。

その後、私はインドへ参りました。インドはお釈迦様の話を一つとってみましても、仏教発祥の地で有名な国でもありますから、ハスは大変有名な花です。前の与党のインド人民党（Ｂ・Ｊ・Ｐ）という党のシンボルマークはハスであります。

それから、私がミャンマーに参りましたときも、日本とのハスのつながりが大変注目を浴びておりました。

またミャンマーの次に訪れたベトナムは、皆さんもお乗りになったことがあるかもしれませんが、ベトナム航空のシンボルマークはハスであります。そして、ベトナムはハスの本拠地だということで、みんなが誇りにして大切にしております。

そのようなご縁のある国々から、「二千年の歴史を持つ神秘のハスの苗を、我々のところにもいただけないか」という依頼がありまして、私は、そのかつての恩師の奥様や、あるいはまた、東大の研究所の先生方とも相談をしまして、大賀ハスの苗や種を関係者にお配りをしてまいりました。

この頃は、そういう方々同士の文通や写真の交換等がはじまりまして、「シルクロード」ならぬ「ロータスロード」をつくったらどうだというような提案が、あちこちから起こってまいりました。やがてこれらが実を結んでロータスロードが、お互いに平和の花を咲かせながら発展していくであろう、そして、観光交流、さらには文化交流にもつながっていくのではないかと期待をし、喜んでおります。

観光の波及効果

次に、観光という問題はやはり家族との語らいや、家族の絆、または友人同士が心を通わすチャンスでもあります。お互いに素晴らしい観光地へ出かけたときなんかは、誰かともう一度来たい、誰かに教えてあげたいということを、それぞれみんなが思うわけでありまして、観光は我々にそのチャンスを与えてくれるわけであります。

そして、観光によって生きがいを感ずる。ですから、このごろはよく「年をとったら何を希望されますか」というようなアンケートに、旅行というのがいつでも上位のほうに出てまいります。

私は選挙区の関係で紀伊半島のほうへ帰ることが多いわ

けでありますが、列車等で帰りますと、観光客の人たちが乗っているのは、一目でわかるわけでありますが、こうした皆さんがこのごろ、だんだん増えてまいりました。私たちの紀州も高野山、それから熊野古道が今度ご承知のように世界遺産に登録されたことによって、観光客がどっと増えているわけであります。観光という問題と、文化と歴史とが大きなつながりを持っているということの証の一つであろうと思っております。

旅行産業の消費額等を数字で簡単に申し上げますと、直接の経済効果は今日二十一兆円を超えるようになってまいりました。経済の波及効果を考えますと五十兆円になろうとしている、このような状況が続いているわけであります。

また、祝日三連休化という動きがあります。今までは、お休みの日がウィークデーの真ん中にポツンとある場合があったわけであります。例えば成人の日、あるいは海の日、敬老の日、体育の日、これはみんな週の真ん中にある場合があった。これを月曜日に寄せますと土曜日と日曜日と連なって三連休になるということで、私どもが運動を展開しまして、議員立法でこの法律を成立させました。

この四つの三連休化には合わせて約一兆五千億円の経済効果があるとの調査結果があります。政府が一文の予算も投ずることなく、これだけの効果を得ることができるようになった。祝日法という法律を一行変えただけで、このような成果がもたらされたわけであります。

三連休ありますと、毎日ゴルフへ行くというわけにもまいりませんから、ご主人もそれぞれの家庭で子どもとキャッチボールをしたり、自転車に乗ったり、近所の川原へ遊びに行ったり、色々なことができるわけであります。日ごろ家族同士で意見を交わす機会のないような家庭であっても、三連休というものが家庭の平和のためにも、立派な役割を果たしていると思うのであります。その上、観光の経済的効果に一兆五千億もの効果を上げておるということを、ぜひ、ご認識いただきたいと思うのであります。

そして、今、一番問題になっている雇用の問題でありますが、ちょうど経済波及効果が国内の生産額の約五・四％を占めているのと同じように、現在、雇用の問題におきましても総雇用の六％、約四百万人が観光によって雇用されている状況であります。

私がちょうど運輸大臣のときでありましたが、日産自動車のリストラ問題で当時の牧野労働大臣が閣議で悲憤慷慨をされておられました。二万人の人が直ちにリストラになる、このことに対して政府は何も手を打つことができない、こういうことであります。労働大臣はちょうど私の隣に座っておられたので、「その二万人を全部引き受け取るわけにはいかないが、観光産業でその一部を引き受けることを考えてみましょう」と申し上げ、私は観光産業で、どれだけ吸収できるかということをやってみました。直ちに二万人の日産の人を、そのまま雇うというわけにはまいりませんが、ホテルであるとか、あるいは、ドライブインであるとか、そういう色んな関係先で多くの人を採用してもらったという実績があります。

観光関連産業、つまり四百万人もの人々がホテルや鉄道会社や旅行会社のみならず、すそ野の広い関連産業に勤めているわけであります。そういう状況の中で、観光産業の層の広さは、観光に出かける場合の帽子、靴の買いかえに及ぶ場合があるわけです。虫さされの薬も必要だと言う。これはある県の知事が言っていたことですが「うちの県では家庭医薬が大変盛んなのですが、そんな薬も観光によって売れるのですよ」と喜んでおりました。

安全が確保されないと観光は伸びない

話は途中になりましたが、私が言わんとするところは、これからの観光産業の振興のためには、先程来申し上げましたように、まず大事なことは国の安全保障という問題、これはもういずれの時代であっても大事なことであります。

例えばＳＡＲＳが発生した場合には、わずか二ヵ月で日本の観光産業はマイナス二六％の打撃を受けたわけでありますが、中国では、まさに閑古鳥が鳴くというふうな状況でした。私は当時、胡錦濤主席と話し合うことがありましたので、ＳＡＲＳのさなかといえども、当時の与党三党の幹事長で北京を訪れたことがあります。日本から乗っていく飛行機、全日空でしたが、私たちの一行は八名で、定員二百五十人ぐらいの飛行機に、わずか二十八名しか乗っていない。二十八名ということは私たちの八名を除くと二十人しか乗っていないんです。私は思わず航空会社の方に「何人乗らなきゃ飛行機の油代が出ないんですか」と聞くと「五十人乗ってもらわないと油代も出ない」ということでありました。ほどなくＳＡＲＳの問題は一応の解決を見まして、今、新たに中国との間にも回復の兆しが見えておりますが、そんなことがありました。

　そして、イラクの戦争によって、あるいは、イラクのみならず各地で起こっています噴煙のもとには、観光客は誰も行かない。

　私が非常に印象的だったのは、イスラエルやパレスチナへ行って、シャロン首相とかアラファト議長にお会いをした時のことです。その時も与党三党の幹事長と一緒だったのですが、エルサレムの嘆きの壁で、自民党の山崎さんと、公明党の冬柴さんのご両人から「二階さん、あなたは観光の専門家だけれども、これは観光としてはどういう価値がありますか」と言われました。私は「これは観光としては素晴らしいと思う。やっぱり宗教の問題もあり、また、国柄の違い、日本とは全く異なるわけですから、そういう異教徒、異国へのあこがれのようなものは、みんなが持っているわけですから、行ってみたいという気持ちはあるでしょう。でも、とてもこんな危ないところへは来れない」と申し上げた。

　その時は五ミリぐらいの厚さの防弾ガラスの車での移動だったのですが、それも大使館に一台しかありません。同行の記者の人たちには我々が動くときには、大使館かホテルで控えていてもらったというような状態でしたから、とても観光客があちこちするようなことは不可能な状況でありました。

　私は、今、自民党の観光対策特別委員会という職をお預かりしています。そこで、訪日観光客を増やしていくためには、ビザの問題をはじめとして色々なバリアがあり、これを除去することを考えていかなければいけないということで、党に専門の小委員会をつくりました。それと、私は、古くからこのことを希望しているわけですが、修学旅行をもっともっと国際的なものにしていく必要があるのではないかと考えています。

　今は、中学校の先生でも、高等学校の先生でも、もし海外旅行中に怪我人が出たり、事故が起こったらどうするかということが心配で、後ずさりをするわけであります。勇気を持ってこういうことに挑戦していただくためには、国を挙げて対応していく必要があると考え、今、国際修学旅行の問題等についても自民党に小委員会をつくり、対応を検討しております。

　その結果、以前は教育委員会等で「海外旅行に行っちゃいかん」と言っていた県が三つありましたが、ようやく今、それらの県も考えを改めていただいているようであります。

若い人たちには積極的に海外を見てきてほしい

我々が皆さんの年ごろのような若い時に、友達と連れ立って修学旅行で海外に行くことが出来ただろうかとよく考えます。この前、小泉総理にも「総理の地元の湘南のほうは進んでいるようだけど、修学旅行で海外へ行くようなことはあっただろうか。また、思ったことはありましたか」と尋ねてみましたら、「とてもとても、そんなこと自分たちの子どもの時代、学生の時代には考えも及ばなかった」と言われました。しかし、今なら行けるじゃありませんか。

そして、皆さん、育英資金というのがありましたね。この方法で育英修学旅行というのはどうでしょうか。修学旅行にはまず行っていただく。お金は卒業してから払う。それだっていいじゃありませんか。その対応を今、党で勉強しているところであります。必ずこれは実行に移したいと思っております。

というのも、若い頃に海外を知っているかどうかということが、将来の本人の進路、あるいは本人の物の考え方、その人が国の重要な将来を決定するような立場に立ったときに、小さいときに、そういう経験を持っている人と、持ってない人とでは、考え方の幅が全然違うわけであります。

また、私はある代議士とピラミッドやスエズ運河へ行ったことがあります。そのときに「おい、中学校や高等学校のときに、お互いにピラミッドの話もスエズ運河の話も習ったよな。だけど、その時に、ここに来られると思ったか」と聞きましたら「いや、思わなかった」と答えました。私はその時、学校の先生が「このクラスの半分以上の皆さんは、ピラミッドへ行こうと思ったら行けるようになる」ということを、しっかり教えてくれたかということが、大事なことだと思いました。しかし今では、修学旅行で海外に旅行することが出来るようになってきました。そして中国などでは、既にこの制度が出来ております。

観光は双方向で

私がもう一つ付け加えておきたいことがあります。皆さん、この前のワールドカップサッカーのときに、大分県の中津江村という村へ、アフリカのカメルーンのサッカーチームがやってきましたね。あの時は、村を挙げて大騒ぎになりました。私は修学旅行等で海外から色々な国の人たちが、それぞれの村へ、それぞれの町へ来てもらうことによって、日本国中が「中津江村」になったらいいじゃないか、そうすれば国際化という問題が、村民みんなの心の中に芽生えてくるのではないかと思っております。

　中国の団体観光ビザの問題等につきましては色々な曲折がありました。後程お話しいただく鷲頭さんたち国土交通省の皆さん方や、外務省、警察庁、法務省等の方々に大変ご努力をいただいたおかげもあり、今まで対象地域になっていた北京、上海、広東省に加え、今度の九月十五日から江蘇州と浙江省、山東省と遼寧省、さらに天津市を加えて、これで三億七千万人の中国の人たちが、日本に団体で来ようと思えば来られるようになりました。

　私は、これでその後、特段の問題がなければ、やがて中国全土にビザ解禁を広げていきたいと思っております。そういうことをやって初めて、あの「ビジット・ジャパン・キャンペーン！　訪日外国人一〇〇〇万人」ということが実現するのであって、入口のところでブロックしておいて、「ビジット・ジャパン！　ビジット・ジャパン！」と

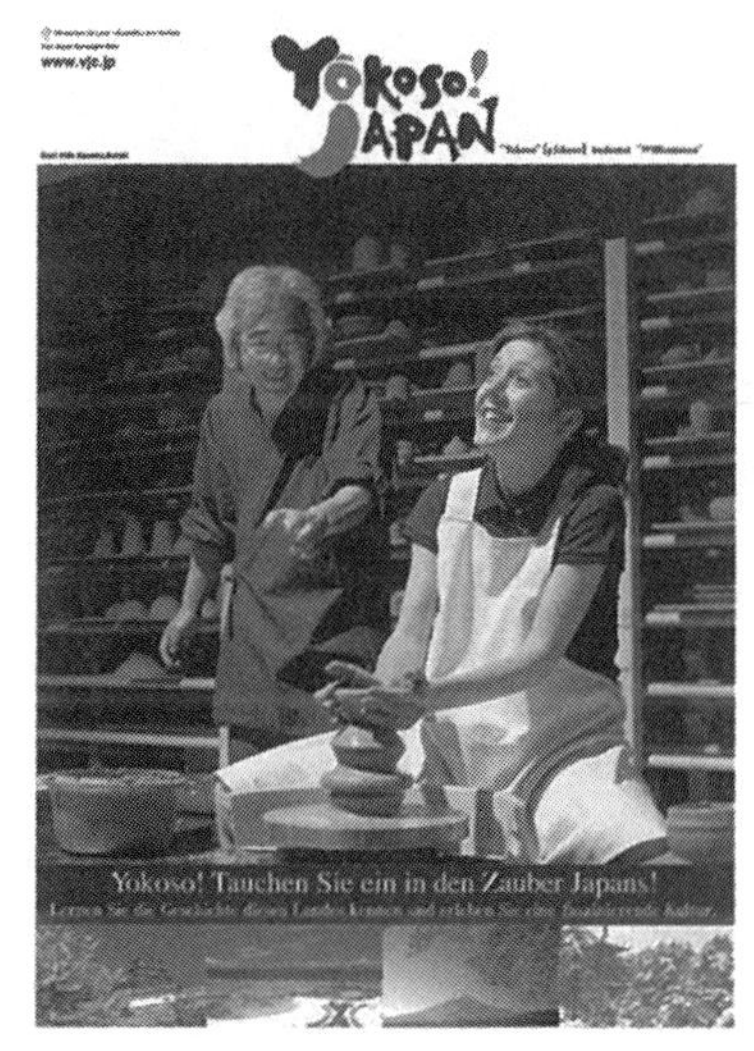

ビジット・ジャパン・キャンペーンのポスター

幾ら言ってみたって始まらない。あなた方のやっていることを漫画に描いてみたら、ほんとうに何とも言えない漫画になっちゃうんだということを政府の方々によく言うんですが、最近ようやく、そのことに対しても理解するようになってまいりました。

我々は犯罪人を輸入するつもりは全くありません。しかし、観光客で来る人も、犯罪を犯す人も、一緒に考えて物事を判断するというのは、大きな間違いであると思っております。

観光は「ビジット・ジャパン」ということを大声で叫び、あるいは、テレビやコマーシャルをいっぱい打つことで、たくさん観光客が来てくれるかというとそんなことはありません。私は観光とは双方向性であって「のこぎり」のようにやらなきゃだめだということを常に言っております。

この頃なかなか使わなくなりましたが、この「のこぎり」というのは押したり引いたり、引いたり押したりしなきゃ切れない。押すばかりでも駄目、引くばかりでも駄目です。同じように観光も行ったり来たり、行ったり来たりすることが大事なのです。日本から海外へ観光客が多い時で千六百万人ぐらい出て行き、海外からは五百四十万人ぐらい来ます。これではいかにも少ない。日本が考え直さなきゃいけない点がたくさんあります。今、市町村に至るまでご協力を願って、姉妹都市等も活用しながら国際交流を深めていこうということであります。

今後は海外の方々に日本の自然やお寺などを見ていただくだけではなくて、日本の持つ産業、あるいは技術立国としての今日までの堂々たる実績を見てもらうためのいわゆる「産業観光」という面にも大いに力を入れようと考えております。この講義の中でも、その道の専門家のＪＲ東海の須田寛さんにお見えいただくようですから、このお話はお譲りしまして飛ばします。

インフラ整備の重要性

この頃はよく世間で、公共事業について色々言われますが、観光振興のためにもインフラの整備が大事であります。空港、鉄道、港湾、道路ということをちょっとピックアップしてみますと、例えば空港ですと、成田空港や羽田空港や関西空港のような日本を代表するような空港が、しっかりした受け入れ態勢が出来ていなければ、ビジット・ジャパンも何もないわけでありまして、まずは空港の整備が必要です。

同時に、今、静岡空港の建設が進んでおります。静岡というのは富士山がありますから、世界中から大変注目をされている。こういう空港も大事でありますし、小笠原という離島にも空港の計画があります。もし空港ができれば、観光地としても随分大きな役割を果たしてくれるだろうと思っております。

また、鉄道の問題におきましても、ミニ新幹線だとか、あるいはフリーゲージ・トレインなど、在来線から新幹線へ直通運転するという技術が開発されています。ここ二年ぐらいの間には運行できる目途が立つように思います。

そして、港湾ですが、私は海を活用した観光という面は大変大事だと思っております。テクノスーパーライナーという船、皆さんは聞き慣れない言葉かもしれませんが、時速九十三キロで荒れた海でも走れる船が開発されました。今はまだ建造中ですが、来年から東京と小笠原との間を、この船が走ることになっております。これからは世界の観光産業の中に、日本の持つ技術、時速九十三キロの船が活用される日も必ずやくると思っております。

高速道路の問題も随分無駄な公共事業などという冠をかぶせられ、色々と問題になりましたが、観光を語る場合には、この高速道路の必要性ということは、絶対に大事なことであります。

先ほど、私が申し上げました高野山だとか熊野古道へ行く場合に、インターチェンジはどこで下りればいいですかと、尋ねられることがしばしばあります。この間も著名な方からそういう電話を頂きました。私は「いつごろ行かれるんですかって聞いたんです。そして「十年のうちに行くとか二十年のうちに行くというのなら、それまでに造っておきましょう」と答えておいたのですが、今は残念ながら、その傍までインターチェンジが延びておりません。高速道路が延びてないものをインターチェンジが延びないのは当たりのことですが、世界遺産にさえ車が近づけないという問題もあるわけであります。

これはもっと広い視野で観光産業がもたらす影響というものを、国民的レベルで十分理解していただき、そうした問題の解決に、必要なものは造っていくことが大事だと思っております。

また、景観を大切にしようということで、十六年度、初めて景観形成事業推進費として二百億円の予算を計上することになりました。これはこれでだんだんと成果を上げていくと思います。

観光産業を担う人材教育

そして、私どもが年来考えておりますのが、観光専門の大学ができてもいいのではないか、四百万もの人が従事するという産業でありますから、その程度のことがあってもいいのではないかということであります。

これを当時の文部省に理解させるということは容易なことではありませんでした。ようやくこの頃は、その必要性を認めるに至りましたが、残念ながら、全国一千二百十七校の大学・短大の中で、観光学部・学科があるのはわずかに十九校であります。専門学校にしましても二十一校しかない。来年度の予算で、国立では琉球大学と山口大学に観光学科を設置することになっております。次の十八年度には和歌山大学が観光学部を作ろうという希望を持っております。

こういうことは直ちに観光客を増やすという問題にはなりませんが、先ほど西川先生からもお話がありましたように、観光を進めていくにしても結局は「人」です。人が大事であります。そういう意味で、この法政大学におきまして、観光問題等について、このように熱心に取り組んでいただいていることに対して、私は大変感銘を深くいたしております。これからの観光問題について、ご一緒に勉強していきたい。また、法政大学の今橋先生を通じて、観光問題について、学生の皆さんのご協力も得たい。いろいろな調査等にも協力をしていただきたいし、また、実体験という意味においても、皆さんが参加してくれるということが、社会といいますか、一般を動かす上でも、大変重要な役割を持っているわけであります。

時々、世間では短絡的なことで、観光省を創ればいいだとか、観光大臣を創ればいいというようなことを言う向きもありますが、そんなものをわざわざ創らなくても、もう既にあるのも同じであります。この次に登壇される鷲頭さんは、今で言う日本の観光大臣のようなものであります。観光省を創れといっても、今、省や役所を減らそうという時代ですから、新たに一つ創るというのは試合中にルールとは全然別の方向へ走るようなもので簡単にはいかない。

私は今、「観光庁」というものにしてはどうかと思っております。経済産業省の中に中小企業庁がある。ああいうふうなものに仕上げていきたいのです。国際会議等で外国と色々やり合う場合でも、中国では部長といえば大臣ですが、日本では部長は部長ですから、観光部長で、まだうちには局長もいるんですというのでは、なかなか交渉も切れがよくない。そういう意味で、今度、後程ご登壇の鷲頭さんに観光担当の総合観光政策審議官になって頂きました。この鷲頭さんは既に局長を経験された大物でありまして、こういう方を据えておいて、行く行くは、観光庁を早いうちに立ち上げたいと思っております。

最近は国土交通省だけではなく、他の省も「観光、観光」と、みんな言い出してくれております。大変結構なことですから、私は相談に来てくれるたびに「大いにやってください」と言っております。環境省は「エコ・ツーリズム」というのをやっております。農林省は「グリーン・ツーリズム」、

私どもの「新しい波」という政策グループの鶴保さんという参議院議員が、今朝ほど、自民党の水産部会長になりましたと言われるから、私は直ちに「フィッシング・ツーリズム」ということをやって下さいと言いましたら「それは大事ですね」と言っておりました。私は日本の漁業の振興のためにも絶対大事な事だと思っております。そういうことにも、法政大学の皆さんのご理解やご協力が得られれば、大変ありがたいと思っております。

最後に、私は観光について色々なことをやろうと発表し、皆さんのご協力をいただきながら、法律をつくったり、予算をつくったりしてまいりましたが、最後にまだ一つ残っているのが「観光図書館」の創設で、それはまだ非力で出来ておりません。

北海道のあるホテルに行きましたら、ホテルの陳列に北海道の観光に関する北海道の文化、北海道の歴史に関する書物がずらっと並んでいました。私が学生だったら三日ほどここへ泊まって、北海道の勉強をさせてもらうのにということを思い、北海道へ行くたびに、そのホテルでちょっと陳列をのぞいてみるのですが、これを大きくした「観光図書館」というものをオールニッポンで立ち上げたらいいと、今も控え部屋で鷲頭さんに陳情申し上げておきました。「日本へ観光客大勢いらっしゃい」と言う前に、観光図書館などで日本の観光、歴史の素晴らしさを外国の人に説明するための基礎をつくっていかなきゃいけない。同時に観

光の映像ライブラリーをつくってもらいたい。これは観光図書館で一緒にやったらいい。例えば流氷を北海道へ見に行くにしても、流氷ってこんなものだということを知って、北海道へ行くと余計に勉強にもなりますし、観光にも深みが増してくるのです。

皆さん、観光という問題は考えれば考えるほど幅の広い産業であります。法政大学のような立派な大学から、「自分も卒業して観光の分野でひとつ働いてやろう」というような人材が、一人でも多く出ていただくことが、私どもの願いであります。どうぞ皆さんのこれからのご活躍を心からお祈りして、私の話を終わらせていただきます。

ありがとうございました。(拍手)

『草の根観光交流―LOTUS　ROAD』
(日本観光戦略研究所、二〇〇五年)より

経済産業大臣二階俊博氏特別インタビュー

国内需要二十三・五兆円、経済効果五十二・九兆円
観光産業が経済発展の鍵を握る

平成二十（二〇〇八）年十月一日、国土交通省の外局として観光庁の設置が実現した。早くから観光産業の重要性と観光庁の必要性を説いてきた二階経済産業大臣への「月刊レジャー産業資料」誌によるインタビュー。（編集部）

観光立国の実現に向け、二〇〇三年にスタートした「ビジット・ジャパン・キャンペーン」、「観光立国推進基本法」制定（二〇〇六年十二月）、「観光立国推進基本計画」閣議決定（二〇〇七年六月）などの施策が進められるなか、十月一日に国土交通省の外局として観光庁が設置される。

観光振興はわが国の経済社会の発展に不可欠な国家的課題と位置づけ、魅力ある観光地づくりへの支援、観光産業の国際競争力の強化、外国人観光客の来訪促進など国際観光の振興、観光旅行促進のための環境整備を行なうものとしている。

本稿では、早くから観光行政の先頭に立って活躍されてきた経済産業大臣二階俊博氏に観光庁への期待をうかがった。（なお、二〇〇八年九月十日現在のもの）

聞き手：日本観光戦略研究所理事寺前秀一氏（高崎経済大学教授　観光学博士）

国家間の相互理解と信頼を深め世界平和に貢献する

――いよいよ十月一日に、わが国の観光行政の大きな前進を担う「観光庁」が発足します。二階先生は、二〇〇〇年に運輸大臣に就任されて以来、観光立国の推進と外国人観光客の増加を先頭に立って推進されてきました。

二階　観光産業は二〇〇六年度の国内旅行消費額が二十三・五兆円、その経済効果は五十二・九兆円で国内生産額の五・六％を占めており、わが国における重要な産業の一つであります。それゆえ、地域経済の活性化にとどまらず日本経済のさらなる発展に向け、観光振興には大きな期待を寄せています。国際観光は各国の相互理解と信頼を深め、世界の平和と日本の安全保障に貢献できる重要な役割も担っています。そうした観点から私は観光振興をライフワークとして取り組んできました。

一九九二年には㈳全国旅行業協会の会長に就任し、早速、各界の有識者による「観光を考える百人委員会」を発足し、会議を重ねて「国際観光のインバウンドとアウトバウンドの不均衡の改善」、観光学科、観光大学の創設など二十一世紀の観光に対する提言を行ないました。

運輸大臣時代の二〇〇〇年には、当時年間四百万人にとどまっていた外国人観光客を倍増させる「八百万人構想」を発表しました。また広域観光に取り組むため、全国に「二十一世紀の観光を考える百人委員会」、さらには観光版

平成20年10月1日、観光庁が国土交通省の外局として設立された

経団連ともいえる「日本ツーリズム産業団体連合会」設立を提唱するとともに、官民一体となって観光振興の基盤整備を行ないました。現在でも、自らの政策グループ「新しい波」において、シンクタンク「日本観光戦略研究所」で定期的な勉強会などを重ねています。

――二〇〇三年からスタートした『ビジット・ジャパン・キャンペーン』も着実に成果を上げていますが、観光庁はどのような役割を担うのでしょうか。

二階　二〇〇二年二月、小泉純一郎総理が歴代総理としてはじめて施政方針演説で「観光立国宣言」を行ないました。これは非常に画期的なことでしたが、実現のためには強いリーダーシップが必要です。

現状では国土交通省や外務省など各省庁が個別でさまざまな施策を実施しているケースも多く、連携が不十分であることも少なくありません。観光推進は一つの省だけでできるものではありませんので、観光に関する組織を一元化し関係省庁との連携や協力体制を強化すること、また諸外国の政府機関との交渉を代表的に行なうことなどの必要性が指摘されてきました。

ビジット・ジャパン・キャンペーンのポスター

観光行政の体制強化はわが国の観光立国に向けた積極的な取組みを海外に示すとともに、国内に対しても政府の意気込みを示すうえで非常に有効であり、観光庁長官はそのシンボル的な存在でもあります。世界でも、フランスやイタリア、オーストラリア、韓国など、日本人が海外旅行でよく訪れる国の多くには観光省が設置され、担当大臣がおかれています。

観光庁はまさにこうした観光立国推進施策の統括を担う位置づけにあり、外国人観光客の来訪促進はもちろん、観光旅行の安全確保、移動利便性の向上、観光資源保護、日本文化振興、人材育成および開発、国民の休暇対策、観光に関する施設整備など、推進体制を増強することで一体的かつ計画的な政策実現が可能になると考えています。

昨年六月に、「観光立国推進基本法」に基づく観光立国の実現に関する施策についての基本的な方針や目標を掲げるとともに、その達成のための政府の施策などを定めた「観光立国推進基本計画」が閣議決定されました。観光行政の責任を有する組織として、なおかつ機能的、効果的な施策の実現を可能にする体制を整備するため、国土交通省への観光庁の設置にかかる関連法案を国会に提出したものです。

国際競争力の高い地域観光づくりを

——観光庁が設置されることで国内において観光に従事されている方々の期待も強いと思います。特に伸び悩む地方の観光推進に対して、お考えをお聞かせください。

二階　先にも述べたように、観光は地域活性化の柱として注目され、公共事業や農業に頼ってきた地域経済を再生し、社会活力を取り戻す産業として期待されています。また、観光推進は国民生活の安全向上、国際親善の進展、地域文化の発展に寄与するものといえます。

ですから、中央機関だけでなく、地方機関における陣容の強化や、宿泊施設や旅行業者、土産品店、飲食店、娯楽施設などの観光関連産業の振興、地方自治体間やＮＰＯとの連携強化なども進めていかなければなりません。

今年五月には「観光圏の整備による観光旅客の来訪及び滞在の促進に関する法律」が成立し、宿泊を伴う滞在型の観光のための観光圏の整備推進が進められています。いま地域観光で求められるのは国際競争力の高い魅力ある観光地の形成です。観光庁はこの魅力ある観光地づくりを主体的に行なう地域を支援するものであり、国際競争力の向上に努めていきます。

また観光立国推進基本法では、観光地における環境と良好な景観の保全も重要施策の一つと位置づけられています。すでに、環境整備の面では「景観形成事業推進費」や「景観法」をはじめ、豊かな自然風景を活かした景観の整備、歴史的風土の保存や伝統的建築物の整備などを行なうものとして、予算措置や関係法令の整備も並行して進めてきました。

このように法律も変わり、組織体制も強化し、予算的な措置も講じて国策として観光立国の実現へ取り組んでいくことになります。

――最後に観光庁への期待とわが国の観光振興に対する展望をお聞かせください。

二階　「観光」は中国の「易経」にある「国の光を観る」に由来する言葉であり、その国と地方の歴史、伝統、文化を観察し、尊重することからはじまるものです。その観光によって、異なる国や地域の人、歴史や文化のふれあいのなかから新たな日本の魅力を再発見し、今後の活力に満ちた国づくりのきっかけになればと思っています。

国内のみならず世界的にも市場拡大が見込まれる観光産業ですので、観光庁の創設によって観光立国実現への弾みと、観光政策の一層の展開強化を期待します。

――ありがとうございました。

「月刊レジャー産業資料」
二〇〇八年十月号より

特集　観光立国、日本がすぐやるべきこと

観光立国日本の潜在能力

D・アトキンソン／二階俊博　対談

日本の観光産業は大きな伸びを実現し、今後のさらなる成長も期待されている。月刊「Hanada」誌二〇一七年一月号に掲載されたD・アトキンソン小西美術工藝社社長との対談では、日本の観光の潜在能力や改善点について議論が交わされた。（編集部）

十六年前の「観光立国宣言」

アトキンソン　二階さんは十六年前の二〇〇〇年四月に、『観光立国宣言―躍動の観光産業を語る』（丸ノ内出版）という対談集を出版され、観光が大きな成長分野だという点をいち早く指摘なさっています。私も興味深く拝読し、拙著『新・観光立国論』（東洋経済新報社）の「あとがき」にも書かせてもらいました。二階さんとの出会いがなければ、観光に関する書籍を出版することはなかったと思います。

二階　いまだから言いますが、当時、私は運輸大臣を務めていまして、「観光立国」と言っても誰にも見向きもされない時代でしたから、本を出すことにも躊躇いがありました。ところが、周りから「いま言ってもらわないと観光は進まない」と説得され、しぶしぶ出版したんです（笑）。

　私は社団法人全国旅行業協会（ＡＮＴＡ）の会長を務めていまして、長年、観光に携わってきました。実は、ＡＮＴＡの会長は運輸大臣だった奥田敬和さんからの要請で引き受けたんです。内心、のちに国家公安委員長などを歴任された泉信也さんが相応しいと思っていたので、当初、すぐには引き受けずに保留していたのですが、当時はまだ一年生議員だった泉さんにやらせるのはどうかと疑問の声が周囲から出て、私が引き受けることになったのです。

　態度を保留していた私は、奥田さんからこう言われました。「いずれ、日本にとって観光が大きな切り札になる時代が来る。二階君もあと十年もすれば、いま俺が言った意味がわかるよ」と。奥田さんは、非常に先見の明があった方ですね。

アトキンソン　二階さんが『観光立国宣言』のなかでも言及されている外国人観光客の増加を目指す取り組みはいまでこそ広く浸透していますが、二〇〇〇年はまだ日本人による国内観光が主流のテーマだったのではないでしょうか。インバウンド（訪日外国人）の重要性を指摘されているのは、まさに先見の明があったと言えます。

二階　当時は、まだ「観光」と言っても誰もピンとこない時代でしたから、正直、皆さんの理解を得るのはなかなか難しかった。しかし観光は、日本の経済や国民生活の向上、地域振興、雇用の拡大などに貢献します。まさに地方創生にも寄与する。日本はこれまで、観光の分野で諸外国に大きく遅れを取ってきました。それがいま、ようやく動き出

日本の観光のさらなる飛躍について語る二階俊博代議士（左）とD・アトキンソン小西美術工藝社社長（右）。撮影：佐藤英明

してきたところです。

アトキンソン　成功している観光立国は、「気候」「自然」「文化」「食事」の四条件を満たしています。日本はこの四条件を全て兼ね備えているにもかかわらず、フランスやスペインなど他の観光大国に大きく負けているだけでなく、タイや中国の後塵を拝している。

それでも、二〇〇八年に観光庁が設立されて官が動き出し、最近では民間でも新しい企業が立ち上がり、新しいサービスが生まれるなど徐々に動き出しています。

二階　民間でも単に旅行会社が頑張るというだけではなくて、他の業種や企業も含めてオールジャパンで奮起することが重要ですね。皆さんに観光というステージをうまく利用してもらって飛躍できるように、政治もしっかりと応えていかなければなりません。

アトキンソン　先日、京都に行った際、印象深いことがありました。いま清水寺などでは、若い人たちを中心に「貸し着物」が流行（はや）っているんです。そのうちの一社の場合、この三年間で売り上げは何と八倍！　毎年、倍々で増えているというのです。

さらにいま、「体験」がキーワードとなっています。書道などでもこれまでは単に書家が書くのを見たり、試し書きといっても一筆程度だったのが、いまでは「半日体験コース」が大盛況なんです。墨を磨るところから始める。日本人でもあまりやらないと思うのですが、外国人にはそれが大好評なんです。

二階　書道を一から体験できるわけですね。

アトキンソン　ええ。和食でも食べるだけではなくて、お料理の先生が実際に来て習いながら一緒に作り、自分たちで食べるという「体験」が物凄く好評なんです。そうした体験を重視した取り組みが、いま増えています。

日本に眠る宝の山

二階　私たち日本人も、海外に行って様々なことに見たり触れたりすることで海外をより身近に感じ、より深くその国のことを知りたいと思いますよね。海外の人も同じです。日本にもっと興味を持ってもらえるきっかけになりますね。特に日本には古来から続く伝統や文化など、まだ活用されていない観光資源がたくさん眠っています。宝の山です。

アトキンソン　私はほぼ毎年、お盆の季節には鎌倉を訪れるのですが、今年、由比ガ浜のビーチを訪れると、そこには去年とは全く異なる光景が広がっていました。何かというと、欧米人で溢れ返っていたんです。それも家族連ればかり。なぜだろうと思って何人かの観光客に訊いてみたら、フェイスブックやインスタグラムなどのSNSによる口コミだと言う。しかも、ビーチで日本の子供たちと欧米の子供たちが一緒になってボール遊びをしていたり、ビーチハウスでは飲み物の注文の仕方を日本人の若者が欧米人に教えたりして、国際交流が生まれている。交流することで、外国人に日本の良さを知ってもらえる契機となります。すごく良いことだなあと感じましたね。

二階　もう数十年前になりますが、私が初めてアメリカを訪れた際、「あの当時の人たちがこの国を実際に見ていれば、あのような悲惨な戦争をしようとは思わなかったはずだ」と悔やまれました。やはりその国を実際に見て、感じることはとても重要です。私が海外旅行をする際、国際会議のように分刻みのスケジュールの時は除いて、必ず百人単位、あるいは多いときは一万人単位の大人数で行くようにしている理由も実はそこにあります。世界はどのようなものかを実際に見て知っている人を一人でも多く作っておきたい。それが日本の平和と世界の平和に繋がると考えているからです。海外旅行をする際、わざわざそのような大それたことを表立って言ったことはなく、今日初めて言うのですが、私の本心はそこにあるのです。

アトキンソン　外交面から見ても、観光は非常に有益ですね。しかしそもそも観光庁や旅行業界は歴史や文化、神社仏閣を海外に売り込むという考えが主で、「ビーチをＰＲする」という発想まではなかなか至りません。しかし先ほども申し上げたように、日本は「文化」や「食事」以外にも「気候」と「自然」といった観光立国として成功する四条件を満たしているのです。その点をいま一度、再確認すべきではないでしょうか。人は十人十色なので、観光ＰＲは文化だけではなくて多様性が求められます。

二階　映画の撮影に使われるような観光名所ばかりではなく、海辺ならわが町や村にもある、こんな魅力的なスポットがある、といった意見を持っている市町村は日本全国に多くあるはずです。

新幹線の予約で大問題

アトキンソン　ただその際に注意すべきは、単なる海辺では外国人は決して来てくれないということです。眠っている観光資源を呼び起こすには、しっかりと観光スポットとして魅力あるものを作っていかなければなりません。

二階　待っていても観光客は来てくれませんからね。総力を挙げてＰＲすることも大切です。

アトキンソン　全国の市町村を回ると、必ず「外国人は何に魅力を感じるのですか」と訊かれるのですが、重要なのは「いまあるもの」ではなく、「魅力あるものを作っていく」という意識への切り替えです。そのために「整備」をすべきことがたくさんあります。海辺であればビーチハウスを作るとか、当たり前のことがなかなかできていない。

二階　アトキンソンさんから具体的に問題点を挙げていただければ、志のある市町村長や企業経営者は改革に乗り出すと思いますよ。

アトキンソン　たとえば、海外メディアで日本国内の観光スポットが次々と取り上げられている、まさに「観光の時代」にもかかわらず、日本の新幹線は世界の先進国のなかで唯一、海外からネット予約ができません。国内にいても、メンバーズカードを持つ人だけしかネット予約ができないのです。海外から来た旅行客に、「メンバーズカードを申し込んでください。住所が日本でなければ作れませんが」とでもいうのでしょうか。しかも、国内の予約は出発の一ヵ月前からしかできません。海外は大抵が半年前から予約が可能です。こんなことは、技術大国の日本でできないはずがありません。

また先日、みどりの窓口に行ったのですが、英語を話せるスタッフがおらず、海外の旅行客の対応に戸惑ってしまい、後ろに大行列ができていました。細かなことですが、たとえば海外旅行客専用の窓口を設けるなど、対応はいくらでも考えられると思うのです。しかし、これまで日本はインバウンド向けの対策をとってこなかったためか、なかなか改善されないのが現状です。

二階　今度、ＪＲの責任者に会ってそのことを必ず申し伝えます。

欠かせない港湾整備

アトキンソン　観光地でも、「多言語対応さえすれば内容は薄くてもいい」と言わんばかりの解説や展示も見られますが、これも改善の余地が大いにあります。解説や展示は中身重視が大切です。たとえば、二条城は「大政奉還」の舞台となった城で、日本人には「大政奉還」が何であるかを説明する必要はありませんが、欧米人には、まず大政奉還をきちんと説明する必要があります。

別の例では、「徳川家康」を「Ieyasu Tokugawa」とローマ字表記しただけといったこともあります。これでは、外国人にはそれが人名なのか地名なのか、はたまた別の何かなのかすらまったく見当がつきません。潜在能力と比べて訪日外国人観光客が少ないのは、このような「整備」の問題が一番大きいと私は思っています。

二階　私の地元の和歌山県高野山は昨年、開創一千二百年を迎え、外国人観光客で賑わっています。京都や奈良をはじめ、多くの観光都市でも外国人観光客の伸びが顕著に見られますが、さらに整備をしていけばまだまだ外国人観光客は増えますね。

アトキンソン　その余地は十分にあります。また、外国人観光客の増加を目指すという点では、外国クルーズ船などにも注目すべきです。外国クルーズ船の寄港が昨年の四割増と急増しているように（読売新聞八月十五日付）、さらなる外国クルーズ船の誘致活動も観光の欠かせない要素の一つと言えます。

二階 クルーズ船の素晴らしい点は、一度に五千人、一万人という旅行客を運べることですね。寄港地が外国人観光客の消費で潤うため、地域経済の活性化にも繋がる。観光政策として非常に重要です。

実は自民党でも昨年、クルーズ船観光振興議員連盟（クルーズ議連）を作りまして、私が最高顧問に就き、議連会長に元農林水産大臣の西川公也さんにお願いしました。

西川さんの選挙区は海なしの栃木県なのですが、西川さんは農林政策の大家(たいか)で、そうした能力のある人は何をやってもできる。そこで依頼したところ、快く引き受けてくださいました。西川さん曰く、海なし県の出身者がクルーズ議連の会長になったことに地元の人たちも喜んでくれているそうで、私も非常に嬉しく思います。

アトキンソン 大型船の寄港を可能にするための港湾整備といったインフラの整備も欠かせませんね。

二階 政府は、クルーズ船での訪日客を二〇一五年の百十一万六千人から、二〇二〇年には五百万人にする目標を掲げています。今後、港湾の整備も加速させていきます。

〝観光鳥〟が鳴いている

アトキンソン 目標値と言えば、政府は訪日外国人数を「二〇二〇年に四千万人、三〇年に六千万人」に増やす新目標を決めましたね。ですが、私は正直申し上げてまだ少ないと思っています。日本の観光産業の潜在能力を正しく活かすことができれば、年間八千二百万人ほどは十分、達成可能だと考えています。

二階 重要なご指摘ですので、党でもいま一度、検討したいと思います。

いまは国会議員でも全国の市町村長でも、観光の重要性を語らない人はいません。ところが言うばかりで、そこから先は何も動こうとせずにポカーンとしていることが多い。まさに観光、観光と言って閑古鳥(かんこどり)ならぬ〝観光鳥〟が鳴いている。私の故郷には「遅いことなら猫の子でもできる」という言葉がありますが、政治はもっぱら「すぐやる課」でなくてはなりません。

「すぐやる課」はご承知のとおり、千葉県松戸市で始まった、ドラッグストア「マツモトキヨシ」の創業者である松本清さんが、市長時代に提唱なさった取り組みです。私はまだ国会議員の秘書時代に松戸市に行って見学させてもらい、松本清さんにもお会いしました。

当時、議会では松本市長に対して厳しい質問をしたり、時には罵詈雑言（ばりぞうごん）を浴びせる市議会議員がいたそうなのですが、彼らがロシアを視察で訪れた際、ロシア側の担当者から「あなた方は『すぐやる課』の松戸市の方ですね。あの取り組みは素晴らしい！」と言われ、帰ってきたら議会での質問が急に優しくなったと松本さんは笑っていました。松本さんのお話を伺った私は、当時から国でも「すぐやる課」が必要だと思って取り組んできました。

アトキンソン　平成二十八年度の補正予算では、外国人観光客のためのインフラ整備に一千一億円、羽田空港の機能強化などに二百六十七億円、訪日外国人旅行者受け入れ基盤整備事業に百五十五億円など、安倍政権の観光分野に力を入れている様子が窺えて頼もしく感じます。

二階　菅（すが）官房長官も観光分野に力を入れてくれていますから、我々の思った以上の予算がつきました。しかし、まだ足りません。この勢いを五年以上続け、予算を倍々に増やしていくべきだと考えています。

修繕で訪問客が二倍に

アトキンソン　私が社長を務めている小西美術工藝社は国宝などの文化財を修繕する会社ですが、昨年、文化庁の文化財木造建造物の修理予算はたった七十六億円でした。本来は、年間百二十億円が必要です。少なすぎるために順番待ちが多い。観光にマイナスです。

たとえば、群馬県の榛名（はるな）神社は総漆塗りの素晴らしい神社なのですが、それまで六十年間、一度も修繕されずにボロボロの状態で、漆もほとんどが剥がれ落ちてしまっていました。本来なら四、五年で完成するところ、予算の関係で十年もかかってしまうといった課題が未だに残されています。

二階さんの地元、和歌山県の寶來山（ほうらいさん）神社や廣八幡（ひろはちまん）神社、継桜王子（つぎざくらおうじ）も弊社で修繕をさせていただいている最中ですが、先日、丹生都比売（にうつひめ）神社の修繕を終えることができました。素晴らしい神社ですので是非、皆さんに足を運んでいただき、その美しさを堪能していただければ幸いです。

二階　和歌山県の伝統ある神社の現状などについてはアト

キンソンさんのほうが詳しく、教えられてばかりで、お話を伺うたびに反省しています（笑）。

アトキンソン　実際、弊社で調査したところ、修繕した神社仏閣の訪問客は、修繕前と比べて約一・五倍〜二倍に増えていることがわかりました。

二〇一三年に六十年ぶりの「平成の大遷宮」を終えた出雲大社には、正月だけで島根県民以上の参拝客が訪れ、一年間の参拝客が過去最高の八百四万人と前年の二倍に上っています。地元に物凄い経済効果をもたらす。繰り返しますが、これまでは文化財木造建造物の修理予算は七十六億円でした。これを百二十億円にするだけでも相当違います。他の予算と比べても、安上がりで効果が大きいのが特徴です。

それと、私はこれまで全国各地を回って百五十回以上、講演をさせていただき、嬉しいことに「あなたの本を読んで起業しました」と言われることも多く、二十代、三十代で起業する若者たちが増えていることを実感しました。その一方で、やはり資金力に課題があることも彼らの話を聞いて再認識しました。

官民ファンド「クールジャパン機構」には、電通やＡＮＡホールディングスなど十五社が計七十五億円を出資して基金が創設されていますが、たとえば若い人たちが起業するための基金も創設できないでしょうか。地方などへ行くと、そうした相談を頻繁に受けます。

二階　観光に特化した起業を支援する基金の創設は、十分に検討すべきだと思いますね。これだけ日本中が「観光、観光」と言っているのですから、自民党や政府が一工夫して支援する。麻生財務大臣にも、きちんとお伝えします。

私はこれまで観光に長く携わってきましたが、観光分野に限らず、予算のことを口にしたことは一切ありませんでした。予算の前に知恵を出して、自分たちが努力しなければならないと思っていたからです。しかし観光に関しては、もう機運は十分に満ちています。諸外国との差は開く一方で、マラソンで言えば前方を走る選手の背中が見えない状態です。このままでは、周回遅れになってしまう恐れがある。

諸外国は国が主導して、相当な額の予算をつけて観光分野を奮い立たせる政策を積極的に行っています。日本でもしっかりと予算をつけて、政府が先頭に立って旗を振っていかなければなりません。そのことが地方創生にも効果を発揮する。小さい町には小さい町なりに、大きい都市には大きい都市なりに、観光は努力しただけのことがあるのです。いまはようやく緒(しょ)についたばかりですので、勝負はこれからです。

注目すべき「ドイツ対策」

アトキンソン　いま私が最も注目すべきだと思うのは、「ドイツ対策」です。国連の数字によると、二〇一四年の国際観光客は十一億三千三百万人。そのなかで最も割合が高いのは、実は欧州発の観光客で五億七千五百万人(約五一％)なんです。その次にアジアの二億六千七百九十万人(約二四％)、南北アメリカの一億八千九百二十万人(約一七％)と続く。その欧州先進国で最大の人口を誇るのがドイツです。人口八千二百万人ですね。しかもドイツは昨年、一人当たりの旅行予算が世界一位になりました。来てもらえてお金も使ってもらえる。

ところがいまの日本のインバウンドは、アジア、アメリカからの観光客と比較して、欧州からの観光客が際立って少ないという現実があります。国別に見ると、イギリス、スウェーデン、スイスなどは人口の〇・四％以上が訪日していますが、ドイツからはわずか〇・二％しか来ていません。

ドイツ人はアジアにはよく訪れており、二〇一四年にタイを訪れたドイツ人観光客は年間約七十二万人にも上りました。対する日本はわずか十六万人にすぎません。私はいまピンポイントで、ドイツ対策を強化すべきだと観光庁に申し上げています。

二階　具体的にどのような対策が必要だとお考えですか。

アトキンソン　当たり前のことなのですが、まずはドイツに対するPRとドイツ語対応を積極的に行うことです。以前、熊野古道の話を聞いて驚いたことがあります。熊野古道の参詣道はご承知のとおり、二〇〇四年に世界遺産に認定されており、伊勢神宮とともに日本を代表する観光スポットです。しかしホームページは、英語・フランス語・中国語・韓国語に対応しているものの、なぜかドイツ語がないのです。

「なぜドイツ語に対応しないのですか」と質問したら、「ドイツ人はあまり来ないから」という答えが返ってきました。客観的なデータからドイツの潜在可能性は明らかなので、どう増やすかを考えるべきです。そうした意識を持つことが重要です。

と同時に、やはり政府の支援が欠かせません。たとえば諸外国のように、専門の「文化・スポーツ・観光省」を作って観光担当大臣を置くべきだと思うのですが、いかがでしょうか。

二階　大いにやるべきだと思いますね。日本では、行政改革の名の下に大臣の数を制限しましたが、私はいま見直しをすべきだと思っています。大臣の数を制限する必要などありません。観光に限らず、各分野で担当大臣を置いて政策を競い合うのは大事なことです。

いまは何でも「削れば良い」という風潮があって困ります。「削減」といえば多くの人が拍手喝采を送る。もちろん、無駄な部分は削減しなければなりません。ところが、何でもかんでも削ればいいというものでは決してない。その点は、メディアなどでもきちんと報道してもらいたいと思います。

日本は世界一の観光立国

アトキンソン　文化財の世界でも、この二十五年間ぐらいはずっと削減一辺倒できました。経費削減、人件費削減と仕事が増える一方で、人やコストを削減してばかり。たしかに二十五年前は無駄な部分もあったかもしれませんが、いつまで削り続ければいいのか。これでは、設備投資もできなければ地方創生もできません。日本は世界一の観光立国になれる潜在能力を秘めているのですから、発想を転換すべき時です。

二階　観光は国民一人ひとりが参加できる分野であり、国民に明るい希望をもたらしてくれます。私も世界一の観光立国を目指し、政策を力強く前に進めていくことをお約束します。アトキンソンさんにはこれからも、海外からの目で日本の問題点をどんどんと指摘してもらいたいと思いますし、月刊『Hanada』でも積極的に提言してください。自民党の幹事長としてしっかりと応えていきます。

デービッド・アトキンソン

一九六五年生まれ。オックスフォード大学で日本学を専攻。アンダーセン・コンサルティング、ソロモン・ブラザーズを経て、九二年、ゴールドマン・サックス入社。二〇〇六年にパートナーとなり、〇七年退社。〇九年、小西美術工藝社に入社、取締役に就任。裏千家茶名「宗真」を持つ。『イギリス人アナリスト日本の国宝を守る』（講談社＋α新書）が話題となる。『新・観光立国論』（東洋経済新報社）で第二十四回山本七平賞受賞。

月刊「Hanada」二〇一七年一月号より

習近平中国国家主席と会談に臨む（2019 年）

第四部　外交・国際関係

特別寄稿　トルコ使節団報告記

〝空飛ぶシルクロード〟を行く

昭和六十三（一九八八）年七月、円借款を利用して日本企業により建造されたトルコ第二ボスポラス橋の渡り初め式がイスタンブールで開催された。日本・トルコ友好親善使節団事務局長として二階代議士（㈳日本鋼橋塗装専門会顧問）も参加し、使節団の成果とトルコと日本、和歌山の関係について述べた。（編集部）

まえがき

昭和六十三年六月十日、東京・八重洲の「ホテル国際観光会館」で開かれた㈳日本鋼橋塗装専門会の会議の席上で、私はトルコ国のイスタンブール海峡に架かる第二ボスポラス橋の開通について申し上げましたが、その後、日本・トルコ友好親善使節団（金丸信団長）を結成、私が事務局長を担当することになりました。七月二日から八日までの日程でトルコを訪問、その際、第二ボスポラス橋の渡り初め式にも参加いたしました。その模様は、ご同行願った㈳日本鋼橋塗装専門会の南会長[*1]に譲ることにして、今回の「空飛ぶシルクロード」の旅の感想を記しレポートに代えさせていただきます。

タイムリーな使節団訪問

アジアとヨーロッパの文明の十字路に位置し、輝ける歴史を誇ってきたトルコは、不思議なほど親日的な国であります。しかし多くの日本人にとって、トルコは依然として〝遠い国〟です。だが五千二百万の人口を擁し、中東最大の国であるトルコの重要性は、激動する中東情勢のなかで改めて認識されています。このような時期に「日本・トルコ友好親善使節団」のトルコ訪問が実現したことは、極めてタイミングがよく、両国の友好関係に新たなページを開くものとなりました。

使節団は、日本・トルコ航空路線開設に関する委員会（委員長・渡部恒三衆議院議員）が音頭をとり、日本・トルコ友好議員連盟（金丸会長）の後援により派遣されたもので、国会議員三十名を含む総勢三百人の大使節団でありました。このように国会議員が大挙して参加した使節団派遣は、かつて例を見ないものであります。それだけにオザール首相、アクブルト国会議長はじめ、多数の国会議員や政府首脳をはじめ、多くのトルコの皆さんの心温まる歓迎を受けることができました。

今回のトルコ訪問には、二つの目的がありました。ひとつはわが国の経済協力によって完成した第二ボスポラス橋の開通渡り初め式に出席すること、もうひとつは、日本・トルコ航空路線開設を促進することであります。

さらに特筆すべきことは、外務省、ソ連政府および若狭・全日空会長らの尽力によって、往復とも使節団一行を乗せたチャーター機が初めてソ連上空を飛び、ノンストップ十一時間でトルコ入りしたことであります。成田から真っ直ぐモスクワ上空に至り、そこから機首を南にとって一路イスタンブールに向かうコースは、これを私たちは〝空飛ぶシルクロード〟と命名しました。

航空路開設が具体化

使節団が到着した翌日の七月三日に行われた第二ボスポラス橋開通式には、オザール首相のほか、トルコ政府要人、各国外交官ら多数が出席し、日本からは政府代表として越智建設相、金丸団長以下、南㈳日本鋼橋塗装専門会会長等使節団全員が出席しました。オザール首相は「トルコと日本両国関係は、この橋の完成によって新たな時代を迎えた」と挨拶されたが、トルコ関係者の言葉は、いずれも日本の経済協力への感謝で埋め尽くされていました。

また、金丸前副総理、越智建設相ともども、第二ボスポラス橋が日本・トルコの友好の架け橋となるばかりでなく、アジアとヨーロッパを結ぶ架け橋であることを強調されたあと、「世界に貢献する日本」の決意を披露して、出席者から万雷の拍手を浴びました。

式典のあと、オザール首相は夫人を横に乗せ、自らハンドルを握って橋の渡り初めを行い、各国要人、使節団一行もこれに続きました。

翌四日には、イスタンブール市内のミリタリーホテルにおいて、金丸・オザール会談が行われ、私も同席しました。この席で金丸団長から竹下首相の親書がオザール首相に手渡され、さらに両国の懸案となっていた日本・トルコ間航空路開設について合意に達しました。

その内容は「来年六月から週二便、トルコ航空が成田に乗り入れ、日本側は定期便開設の準備を行う」というもので、今後両国の外交ルートを通じて、具体的な詰めを行う段取りを取り決めましたが、次の通常国会で航空協定が承認されれば、来年夏以降には定期航空路が開設されることになり、今回の使節団にとって大きな成果となりました。

＊1　南正一㈳日本鋼橋塗装専門会会長（当時）

日本の経済協力を強く要請

　このあと国会議員団と懇談したオザール首相は、「一九九五年までにECに正式加盟（現在は準加盟国）することを国家目標としており、そのためにキプロス島の帰属をめぐって長年対立してきたギリシャとの関係改善に乗り出している」と言明されました。さらにEC加盟後はヨーロッパ諸国との交流が深まるので、日本の民間企業の進出に有利な条件が生まれるとの見解を表明し、日本の経済協力や民間投資の促進について国会議員の協力と理解を強く要請されました。

　現在、日本とトルコの経済関係は拡大しつつあるが、わが国からの輸出が五億二千二百万ドル、輸入が一億七千四百万ドル（いずれも六十二年一月〜十一月）で、わが国の大幅な出超となっています。しかし経済協力は活発化しつつあり、昨年は日本輸出入銀行による総額五百四十四億円のアンタイドローンを供与し、また邦銀十八行と生保七社が世界銀行と協調して二百九十五億円をトルコ政府に融資しています。

　いまのところ日本企業のトルコへの直接融資は十数件と少ないわけですが、経済界のトルコへの関心が高まり、六十一年には日土経済委員会（会長・河合良一小松製作所会長）が設立されました。

　昨年には両国の経済界リーダーによる第一回会合がイスタンブールで開かれ、引き続き本年春に東京で第二回会合が開催されています。このように両国の民間交流も積極的に促進されつつありますが、第二ボスポラス橋の建設以外で、現在イスタンブールで熊谷組が超高級ホテル「チランパレス」を建設中であり、来年にはオープンする予定で、丸紅グループも一九九〇年完成をメドに「ボスポラス・ホテル」の建設を進めています。さらに電源開発グループによる火力発電所の建設計画も進行中であります。ここ数年、商社の駐在員事務所が陣容を強化していますが、このことは日本・トルコの経済関係が拡大される兆候ともいえます。

　トルコは現在三百億ドルを超える対外債務を抱えているが、この債務を増やすことなく、経済建設を進める方法として「BOT」（ビルト・オペレーション・トランスファー）方式を打ち出しています。これは首相の名をとってオザール方式とも呼ばれていますが、その骨子は、外国企業が投資した事業について、一定期間にわたって自主的な運営を

現在でもトルコの交通を支える第二ボスポラス橋

認め、投資資金を回収した後、トルコ側に譲渡するというものです。

熊谷組が建設しているホテルや電源開発の火力発電所もこの方式ですが、建設費用をトルコ政府が保証しないため、債務増加は避けることが出来ます。一方、投資したほうが確実に資金回収が図れるので、リスク軽減に役立つという新しい経済協力方式で、世界各国から注目を集めています。

オザール首相は金丸団長との会談の席で「トルコはNATOの加盟国であり、中近東の和平に重要な役割を果たしうる」とトルコの政治的、軍事的立場を強調し、イラク・イラン戦争終結後、日本とトルコが手を携えて中東地域の平和維持に貢献できると力説していましたが、このような地政学的な観点からも、トルコとの経済協力促進は重要になって参ります。

使節団訪問中にカヤ・エルデム副首相主催の歓迎パーティー、金丸団長主催のレセプションなどが開催され、いずれも予想を上回る関係者が出席し、使節団一行と和やかな懇談が行われました。その席でも日本の経済協力に対しての期待が強く表明されていました。

トルコと私

ところで昨年の六月、私が団長となって「アフリカ・トルコ・日本スポーツ文化交流使節団」の一行が訪土しましたが、その際にケマル・オル土日友好議員連盟会長から、両国の航空路開設促進とともに第二ボスポラス橋の開通式に合わせて使節団を派遣するよう強く要請されました。帰国後、さっそく、日本・トルコ航空路開設に関する委員会を結成し、さらに航空協定の締結に向けてそのキャンペーンの一つとして、今回の使節団訪問が実現したのであります。

㈳日本鋼橋塗装専門会の顧問の江﨑真澄先生にも、たびたびお出かけいただいている私の選挙区の和歌山県とトルコは、明治時代から浅からぬ因縁があるのです。

明治二十三年九月十六日の夜、当時のオスマントルコ帝国から派遣され、サルタンの親書と最高勲章を明治天皇に捧呈して帰途についたトルコ軍艦、エルトゥールル号が、串本沖合いで台風に遭遇し、オスマン・パシャ将軍をはじめ、五百八十一名が遭難するという大事故がありました。

この際、串本住民をはじめ、和歌山県関係者が寝食を忘れて救助活動に従事し、生存者六十九名を救出するとともに犠牲者を厚く葬り、時の明治政府は軍艦「比叡」「金剛」に生存者を分乗させ、トルコまで送還しました。地元串本町には「トルコ軍艦遭難記念碑」が建立され、以来今日まで毎年慰霊祭を行っています。これが日本・トルコの友好の原点ともいわれ、そのこともあって和歌山県とトルコは、今日まで極めて親密な関係を維持して参りました。

今回の使節団に地元からの依頼により、和歌山県の県木である〝うばめかし〟のほか、県にゆかりの深い〝浜木綿〟、日本の国花である〝桜〟の苗木、それに串本町にある遭難記念碑の土を携えました。これら樹木は七月四日朝、ファメット・ヤザール広報情報大臣（日本の官房長官に当たる）に贈呈したが、翌五日午前十時からベデレッティン・ダラン・イスタンブール市長が出席して、ゴールデン・ホーン湾（金角湾）のほとりにあるハリッチ・パークで植樹式を行いました。ハリッチ・パークは、現在、イスタンブール市が最も力を入れて造成している公園であり、ダラン市長は「和歌山から移植された木が大きく育ち、トルコと日本の〝友好の森〟になることを希望する」と私の手を固く握り締めながら述べておられました。

広がった友好の輪

トルコ国民が日本に寄せる親近感は格別のものがあります。どこに行っても大歓迎されたことで、その認識を新たにしましたが、おそらく参加された使節団の一行も、その

トルコ・イスタンブールで開かれた軍艦「エルトゥールル号」の追悼行事後に花輪を持つ二階俊博自民党幹事長（2018 年 4 月 30 日）

感を深くされたことであろうと思います。

ＥＣは一九九二年の経済統合を目指していますが、そのＥＣにいずれ加盟し、さらに中東平和に重要な役割を担うトルコと友好の輪を広げることは、日本にとって重要な外交課題となってくることは間違いない事実であります。その意味で民間の人々が多数参加された今回の使節団訪問の役割は大きかったと考えています。

多くのトルコの人々に接し、暖かい歓迎を受けながら、私とトルコ、和歌山県とトルコの〝因縁〟をしみじみと感じざるを得ませんが、政治家としてのライフワークの一つにトルコとの友好親善に決意を新たにした次第であります。

「鋼橋塗装」（Vol.16 No.3、一九八八年）より

記念講演　中国と日本の草の根の交流について

中国は大連に位置する東北財経大学の名誉教授および観光学院の名誉学院長に就任した二階代議士は、平成十六（二〇〇四）年三月二十二日、同大学の講堂において記念講演を行った。観光から政治・経済まで、日中友好に関する幅広いテーマについて語った。（編集部）

尊敬する于洋書記、邱東学長をはじめとする東北財経大学の皆さま、こんにちは！　ご紹介をいただきました二階俊博です。ほとんどの皆さんにははじめてお目にかかりますが、私にはとてもはじめてのような気がしません。

郷里、和歌山県の同志を中心に、三百名の友人と一緒に、私がはじめて大連を訪れたのは、二〇〇二年の九月でした。大連はアカシヤの花の街として誰もが知っていますが、美しい街並や、経済発展の姿を象徴する大連の港、住んでみたくなるような都市型のみどりに囲まれた住宅街、大規模で伝統に輝くファッションの街としても有名なところです。さらに今、ＩＴ先進都市として海外からも注目されている「大連」に接し、深い感動を覚えました。

最初に大連を訪問したその日は、国際ファッションショーの閉会式に当り、当時の李永金市長さんとご一緒に出席させて頂きましたことを印象深く覚えております。

翌日には、大連の近代的な街の様子を見学しました。歴史の舞台として有名な、「二〇三高地」や「ステッセルの会見所」なども訪れました。その後、大連から、数多くの観光団が日本にお越しになり、和歌山県にも度々お出かけ頂きました。そして夏徳仁市長や東北財経大学の学長の于洋先生らが来日され、光栄にも東北財経大学の客員教授と観光学院の名誉学院長に就任するようご丁重な要請を頂きました。

果たして、私がその任に応えることが出来るのか、お返事をためらっている間にも、度々のお誘いを頂き、そのご熱意に圧倒され、この栄誉を受諾することを決意した次第であります。私自身、まさに浅学の身をかえりみず私に与えられたこの貴重な機会に、大連と日本の関係、さらにこれからの日中友好や、両国の文化観光、スポーツ交流などについて、ライフワークとして皆さんとご一緒に学び、活動することができることを喜んでおります。

大連

ご承知のように、戦前の大連には多くの日本人が住んでおり、日本とは深い関係がありました。

私の小学校一年生の頃からの親しい友人の一人に、大連から一家で引揚げて来た人がいました。彼は子供ながらに、大連の思い出話を聞かせてくれました。私が外国の都市で最初に覚えた名前は『大連』でした。

この広大な中国の大地の中でもアカシヤの街・大連は、今も多くの日本人の心の中に、最も懐かしい郷愁として、さらに心の太陽として、格別の思いを抱いております。

私にとりまして大連ゆかりの方で忘れられない方が何人かおります。そのなかに、大来佐武郎先生がおられます。

大連にある東北財経大学で講演する二階俊博代議士（平成16年3月22日）

大来先生は今から九十年前の一九一四年に、この大連市に生まれました。大来先生は第二次大戦後の日本を代表するエコノミストであり、経済成長政策の真のリーダーでありました。大来先生は田中角栄内閣時代、海外協力基金総裁として日中経済関係の発展に尽くされました。さらに大平正芳内閣の外務大臣として日中友好関係の増進に取り組まれましたが、その大来先生は、この偉大な国際都市・大連市に生まれ育ったことを大きな誇りにされていました。

「日本大連会」はかつてこの大連で活躍された人達で結成されておられます。会長は大連市名誉市民であり、元国務大臣の井上孝先生が務められ、戦後六十年を経過していますが、今も熱心に活動されております。

発展著しい現在の大連には、新たなビジネスチャンスを求めて、二千八百社を超える大小の日本企業が進出しております。大連への海外からの投資総額では日本が第一位となっております。中国の数多くの有名な都市の中でも、経済的に日本と最も結びつきの強い都市のひとつであります。

大連は従来の商工業に力を入れるだけではなく、観光産業の振興にも積極的であります。

日本でも観光産業は鉄鋼業や、繊維産業を抜いて、経済波及効果五十兆円を超える産業となりました。関連企業を含めて四百万人の人たちが観光業に従事しております。観光は、まさに二十一世紀の基幹産業としての位置づけがなされようとしています。

大連市が力を入れている観光客の誘致ですが日本からの旅行者の数は二〇〇二年が二十三万人、二〇〇三年が十七万人で何れも大連を訪れる国別外国人観光客数で第一位となっております。

観光地として、重要な条件である「治安」や「街の美観の維持」に大連は特に配慮されております。

大連では、戦前から残る数々の由緒ある建築物や旧跡などの歴史的、文化的な観光スポットの保存だけではなく、美しい自然を利用したリゾート地の建設や斬新な企画の観光イベント、ファッションの街としてのアピールなど、新たな文化観光資源の開発にも極めて積極的に挑戦をされており、大連の持つ魅力に一層の輝きを増しています。

日中民間交流

日本と中国との国民同志の交流において、今日ほど身近に感じ、盛り上がりを見せている時はありません。

それは二〇〇二年の日中国交正常化三十周年、二〇〇三年の日中平和友好条約締結二十五周年と、記念すべき年を日中両国の多くの皆さんが心から祝福し、支持を寄せて下さっているからであります。

私は忘れもしませんが、二〇〇〇年の一月、当時、運輸大臣として初雪の降りしきる北京を訪れ、多くの要人と話し合う機会を得ました。その際、日中双方から、「今年は二〇〇〇年という日中交流の歴史の大きな区切りの年である。日中関係は過去に先人たちの築かれた二〇〇〇年にわたる堂々たる交流の歴史がある。この両国の友好関係はさらに今後新たな二〇〇〇年へと継続発展して行かなければならない。丁度、折り返し点のような記念すべき年に、日中間にこれを記念する行事が何も計画されていない。何か心に残るような記念の行事を企画して頂きたい」という話が出ました。中国では縁起が良いといわれている初雪が舞う、天安門の広場を眺めながら中日友好協会の幹部の皆さんと私たちの一行と、日本の当時の谷野大使らを含めて、熱っぽい意見の交換を続けました。

私は両国を代表する皆さんの熱意に動かされ、その場で、「二〇〇〇年の年だから、二〇〇〇人の日本からの友人達と一緒に、中国を再び訪れたい。そして、人民大会堂で、今日まで日中友好に貢献された両国の偉大な先人の遺徳をしのぶと共に、これからの日中友好関係をさらに発展させるための催しにしたい」と提案しました。出席者一同は直ちに同意してくれました。

日本に帰国して、早速「日中文化観光交流使節団二〇〇〇」の結成にとりかかりました。趣旨にご賛同頂いた、多くの関係者の皆さんのご協力で、たちまちにして二千名の同志が集いました。私は日中友好協会の会長であり、東京芸術大学の学長である高名な日本画家の平山郁夫先生に団長をお願いしました。

日中友好の過去を振り返り、将来を展望するという壮大な趣旨に賛意を表する人々が、北は北海道、南は九州・沖縄に至るまで、さらに遠く小笠原島からの参加も頂き、最終的にはついに五千二百名を記録することとなりました。

これ以上は、あの広大な人民大会堂にも入り切れないということで「満員御礼」とさせていただきました。記念すべきミレニアムの年の五月二十日、私は日本の代表団の皆さんと共に、時の国家主席・江沢民閣下、胡錦濤・現主席閣下をはじめ、中国を代表する最高幹部の皆さんと極めて意義の深い会談をさせて頂きました。

その際、江主席は、私たちの代表団を熱烈に歓迎してくださると同時に歴史的にも意義の深い次のような「重要講話」をお述べになりました。

重要講話

「今回、日中文化観光交流使節団が訪中することは両国国民の友好交流史上かつてないことであり、今回の大型友好交流は必ず両国人民の相互理解と友情の増進に重要な役割を果たすことと確信する」

「当面の国際情勢の下、両国国民の相互理解を増進し、両国関係を絶えず推進することは、両国国民とその子孫の根本的利益に合致するばかりでなく、地域と世界の平和と発展にも寄与することになる」と語られました。そして「中日友好は突き詰めれば両国国民の友好である。中日国交回復の実現に際しても、その後の両国関係の発展に際しても、民間友好は極めて重要な役割を果たしてきました。……未来を展望すれば、二十一世紀の中日友好は両国国民、更に両国の青年に希望が寄せられる。われわれは民間友好の伝統と優勢を継続させるだけでなく、これを不断に拡大・強化し、更に青少年の間の友好交流を推進し、中日友好の次の担い手を早急に育成し、両国の友好の旗印を一代、また一代と伝えていかなければならない」。江主席は特に青少年の友好交流の重要性を説かれたのであります。

この感銘深い「重要講話」は、中国国内でも、新聞、テレビで大きく報道されました。この場に臨席した私たちは、この「重要講話」は広く、長く、後世に伝えなければならない重要な意味を持つものと認識して深く心に刻んでおります。

何故ならば、江主席もお述べになられた通り、国と国との友好関係は、結局は人と人との関係によるものであり、末永い友好関係は、常に若い世代の交流へと継続発展させなければ、到底お互いの目的を果たし得ないからです。

江前主席が、いつもお目にかかる度にお話しされる「若い世代の交流」は今後日中両国の友好関係を永く継続させるため極めて重要な点を示唆されています。

また一昨年、二〇〇二年の年の五月には、胡啓立中国人民政治協商会議副主席を団長に、何光暐国家旅游局長をはじめ中国から四千人を越える友人達を東京にお迎えして、小泉総理をはじめ、多くの国会議員も参列の上、「日中友好文化観光交流式典」が盛大に挙行されました。その年の九月、国交回復三十周年の式典には、一万三千人を越える日本国民と八十三名の国会議員が人民大会堂に集結しました。この時も当時の江沢民主席、胡錦濤副主席をはじめ、国を挙げてあたたかく歓迎していただき、交流大会は大成功を収めました。その際の参加者によって、万里の長城に一万三千本の記念植樹が行われました。参加の皆さんは深い感激を覚えるとともに、今もこの時の感動の様子を日本の津々浦々で熱く語りつがれています。

お互いの交流は、大規模なイベントも大切ですが、「草の根の交流」「心の交流」も、また大切であります。

大賀蓮

次に、「大賀蓮の物語」についてご紹介いたします。

一九五一年、東京の近くの千葉県検見川にある東京大学グランドの地中から発見された三粒の蓮の実は、古代蓮の研究家である大賀一郎博士の手によって、見事発芽に成功しました。二千年の眠りから覚めた古代蓮の蓮の実は今、日本の各地、世界の各地において、鮮やかな紅の可憐な花を咲かせ、多くの人々に、二千年の壮大な歴史を想い起こさせてくれます。

大賀蓮はその後、博士の愛弟子であり私の高校時代の恩師であった阪本祐二先生や、東京大学大学院の南定雄先生達に受け継がれ、研究が続けられています。

私は中国への渡航が容易でなかった、今から二十数年前に、私の恩師の阪本先生に「中国へ今日までの研究の成果を発表にいかれたらどうですか、そして大賀蓮を中国の地に里帰りさせてはいかがですか」と進言しましたが、残念ながら約束が実現しないうちに、先生は他界されました。

昨年、海南島のボアオ・アジアフォーラムの常設会議場の一角に、関係者の協力のもとに、大賀蓮の池を造って頂き、「大賀蓮」「日中友誼蓮」「舞妃蓮」など三種類の蓮根を日本から移植することに成功しました。

ボアオ・アジアフォーラムでは今年の秋には「ボアオ東方文化苑」という、立派な「蓮資料館」が作られることになりました。

しかし、この日中友好の象徴として、二千年の歴史を持つ大賀蓮の研究は、この「大連」から始まったことを最近になって、私ははじめて知りました。

木村遼次氏という大連生まれ、大連育ちの音楽家の書かれた本の中に、次のように記されております。

2005年3月25日に開催されたボアオ東方文化苑記念式典での挨拶の様子

「満鉄教育研究所の教官としての大賀博士は満州に十六年の間、在住され、前半の七年は大連の住人として過ごされました。その際、普蘭店において中国人の親しい友人から、化石のようになっていた古い蓮の実をもらいうけ、研究を重ね、発芽する可能性があることを確認されました。日本に帰られてからも大連の地で得た確信に基いて、古代蓮の探究に、執念を燃やし続け、遂に一九五一年、三粒の蓮の種の発見に到達されました」

この神秘のような大賀蓮の研究が、大連から出発したことを知った私は、蓮の花を通しても大連とご縁が深いことをうれしく思うものであります。

ご当地においても労働公園には、八万本もの蓮の花の咲く、大きな池があり、蓮の研究が続けられていると伺っております。

私の知る範囲では、中国の雲南地方、杭の杭州植物園、海南島、そして大連でありますが、日本の蓮研究とネットワークを構築することによって、研究の成果をさらに、発展させることが出来ると考えています。

蓮は「東洋の花」であり、「アジアの花」であり、日中両国の親善交流の象徴であると共に、さらに誰もが知る「仏教の花」であり「平和の花」でもあります。

大賀博士は「蓮は平和の象徴也」と揮毫を残されていますが、博士は平和への願いを蓮の花に託し、毎年初夏の頃、私たちに平和の尊さを語ってくれているような気がしてなりません。

今年の五月末には、私の郷里から二百名の皆さんが海南島へ渡る「大賀蓮の観賞の旅」を計画しています。

日中関係の課題と世界の中の日中関係

次に日中関係の課題について在席の皆さんと共に考えてみたいと思います。

今や、日中の友好関係の継続発展は、順調に進んでいますが、残念ながら、友好関係に水を差すような言動がないわけではありません。

一つは靖国神社への参拝の問題に象徴されるような、歴史認識の問題であります。また、日本国内には依然として高い伸び率を示す中国の国防費に対する懸念の声もあります。日米ガイドライン関連法の制定当時のように、日米安保の動向に関する中国側の懸念による安全保障上の問題もあります。これらの問題について、特に国民レベルの相互理解を深めることが何よりも重要であります。時にはお互いに耳の痛い話であっても、冷静に話し合うことが大切であります。

歴史問題について、誠に残念なことでありますが、日本が過去の一時期、中国との関係において軍国主義という誤った道を歩み、中国をはじめとする多くのアジアの人々に言葉に表せないような多大なご迷惑をかけ、損害を与えたことであります。

日本政府は謝罪を繰り返すと共に、大多数の日本の人々も「申し訳ないことをした。あのような誤りは二度と繰り返してはならない」と深く心に誓っています。

日本は誤った国策に対する厳しい反省の上に立って、戦後、平和国家建設への王道を歩んで参りました。従って戦後の日本は、軍事大国を断固排除して参りました。当然、日本は、国際紛争解決の手段として、武力による威嚇、又は武力の行使を放棄することを憲法に明記して、攻撃的ミサイルを持ちません。長距離爆撃機などの戦略兵器を持つことも拒んで参りました。

日本は外国に一切の武器を輸出しておりません。自衛隊は専守防衛に徹しています。アジアの平和と、発展の中にこそ、日本の未来があり、日本の平和と、繁栄が確保されるという考え方に立って、アジアの国々に対する積極的な経済協力を中心に懸命な努力を重ね、多くの国民もこれを支持してきたところであります。日本の経済援助は九一年以来、十年連続世界最大規模となっております。

近ごろは、一部の人たちから、日本は再び軍事大国への道を歩もうとしているのではないかという疑問を投げかけられることがあります。我が国の国会も、大多数の国民も軍事大国にならないという基本方針を全面的に支持しており、私たちも不戦の誓いは永遠のものであると信じております。

これらの点について、私たちは中国の友人の皆さんに機会ある毎に理解を求める努力を重ねております。しかし両国が「歴史認識」の問題を乗り越えるまでには、まだまだ残念ながら、時間がかかるかもしれません。

日中両国の未来を想うとき、我々は、この問題の前に立ち尽くしている時ではありません。解決に向けて、さらに一歩前進することが重要であります。しかし私たちは、日本の若い世代に向けて、この面での教育を一層充実させると同時に中国の皆さんには、今日の平和に徹した日本人の生き様を正しく理解して頂く努力を、今後とも粘り強く続けて行きたいと考えております。

そして「世界の中の日中関係」の重要さを、私たちは、改めて、認識する必要があります。

今日の日中関係に辿りつくまで、多くの先人たちのたゆまない努力と大きな決断があって、ようやくここまで到達出来たものであります。

今や私たちの二国間は善隣友好を唱える関係から、さらに両国が力を併せて「世界の中の日中関係」へと成熟した関係に発展させることが、二十一世紀の日中関係であると確信しております。

経済協力

ご承知の通り、最近、特に活発化しているのは、経済協力の関係であります。例えば、二〇〇三年の日中間における貿易総額は、前年に比べ三〇％増え、米ドル換算では約一千三百二十四億ドルに上り、中国は日本にとって、米国に次ぐ第二位の貿易相手国であります。一九七二年の日中国交正常化時点における貿易総額は僅か十一億ドルでした。両国の政府及び国民の努力により、三十一年間で約百二十倍にも増加したのであります。

日中両国が貿易という側面で切っても切れない密接な関係を築き上げているのであります。しかも地理的には、お互いに引越しが出来ない間柄であります。昨年、我が国が、中国から輸入した総額は七百五十一億ドルで、国別の順位では、中国が第一位となっています。今や中国は、日本経済にとって、アメリカと並ぶ極めて重要な貿易相手国であり、企業活動も大きく発展して参りました。最近では、貿易や投資や製造にとどまらず、販売網の相互活用、新しい商品の企画、設計、研究開発などにも及んでいます。

日中間の経済活動は、密接な相互補完の関係が構築されつつあります。日中平和友好条約の締結の翌年である一九七九年以降、日本は円借款を実施しており、二〇〇二年度までの総額は、交換公文ベースで約三兆円に及んでおります。

中国に対する経済協力について、二〇〇一年秋に「対中国経済協力計画」を策定して以来、従来のような沿岸部の経済インフラ中心の支援から内陸部を中心とした環境、人材育成等の重点分野へと対象の絞り込みを行ってきております。

中国側もこうした日本の考え方を理解され、本年度（二〇〇三年度）の要請案件は環境保全と人材育成分野に集中しております。日本政府としては、これに基き、中国の経済社会の開発のみならず、日中間の人的交流が促進される等、日本にとっても意義のある「互恵性」のある案件に対して、円借款を供与するとの考え方に立っております。

その結果、本年度の供与約束総額は約九百六十七億円となる見込みであります。内訳は、環境案件が約五百十億円、人材育成案件が約四百五十七億円であります。総額では、昨年度の供与約束額一千二百十二億円と比較し、約二〇％の減となります。

近年はＯＤＡも削減の傾向にありますが、それは中国経済の着実な発展の証でもあります。中国の安定した発展と、日中両国の友好関係の構築を願って、日本が提供したＯＤＡが中国の国づくりにお役に立つことを、日本の国民は願っております。

今日の中国が抱える課題に対する協力へ、重点を移すものであり、以前と同様に中国の発展に一層貢献する決意であります。

民間交流

私たちの日本と中国との良好な関係は数限りなく、古の時代から今日まで続いております。中でも、日中間で多くの人々が共に尊敬を寄せる、最も有名な歴史上の二人の人物について申し上げたいと思います。

一人は中国の鑑真であり、一人は日本の空海であります。この偉大な人物が果たされた計りしれない大きな役割に、私たちはあらためて敬意を表しながら、遠く想いを馳せてみたいと思います。

鑑真和上は中国を代表する高僧として尊敬を一身に集めておられましたが、日本の朝廷の招きにより、高い理想を抱いて日本への渡航を試みました。五度の失敗と失明という不運に見舞われながらも、苦難の末、十二年の歳月をかけて六度目に日本へ到達されました。七五九年、奈良県に唐招提寺を創建され、仏教と中国文化を日本に伝承された名僧として、日本国民の間では余りにも有名であります。

次は空海であります。空海は、弘法大師として、高野山を開き、密教の聖者、日本の名僧として人々の尊敬を集めておられます。

高野山は私の郷里、和歌山県に所在し、今年の七月には世界遺産にも登録されようとしている名刹であります。

空海は八〇五年、唐の都、密教恵果阿闍梨を受け継ぎ、帰国の後の八二八年、真言密教を拡げると同時に、理想教育の私学を最初に開設する等、近代日本への端緒を開いた高僧であります。

これらのお二人の教えに象徴されるように、日本は中国文化の大きな影響を受けていることは申すまでもありません。

しかし、鑑真や、空海のような、偉人の往来も極めて重要でありますが、国民相互の交流も、また重要な役割があります。お互いに相手の国を理解し合う、これは観光の要諦であり、易経によれば観光には、お互いが学ぶという大事な視点があり、互いに尊重し認め合う中から、新しい時代の日中関係の構築へとステップアップが期待出来るのであります。そして若い世代は、修学旅行のような形で相互交流を活発にしたいと考えております。

修学旅行は、ホテルを利用するだけではなく、互いにホームステイ等を通じ、両国の子供達が友人となり、仲良く言葉を交わす、スポーツや音楽を楽しむ事が大切であります。

私はこの際、中国からの訪日団体観光客の受け入れについて、何が問題となって、交渉が難渋しているかについて率直に申し上げたいと思います。

それは、日本の治安の問題が、今、大きな社会問題となっているからであります。観光ビザで訪日され、そのままオーバーステイとなってしまっている人もいます。司法当局は、近ごろの日本国内における中国人の犯罪の増加に伴い、このことに極度に神経質になっております。私たちは日中友好のためにもこのような時にこそ、お互いに言うべきことを述べ合い、両国政府の協力によって治安の回復に努力しなければなりません。

しかし、観光を目的で来日される人とパスポートの偽造等による不法入国の人とは、はっきりと区別して考えるべきであり、両国の旅行観光関係の方々の努力や、両国政府の治安当局の積極的な取り組みによって、早い機会に、このような問題が解消されるよう、今後も懸命の努力を重ね、本来の国民交流がより発展する方向で、日中両国の指導者の一層の奮起を期待するものであります。

団体観光客ビザの発給対象地域の拡大について申し上げます。現在は北京、上海、広東のみでありますが、三地域を更に拡大する方向で調整を重ねております。私も中国の友人の皆さんからの再三の強いご要望に応えて、拡大実現の努力を重ねて参りました。

私は昨年五月の訪中の際、胡錦濤主席と与党三党幹事長との会談においても八項目にわたる改善すべき問題点について、申し入れました。

また、私は現在、自由民主党観光対策特別委員長として、「訪日観光円滑化問題小委員会」を設置して、ビザ発給地域の拡大について積極的に取り組んでおります。このことに関し、小泉総理や福田官房長官や各閣僚も陣頭指揮にあたり、実現に努めて参りました。武駐日大使にも、ご努力を頂いております。その結果、ようやく新たに四省一市、遼寧省をはじめ、江蘇省、浙江省、山東省、天津市に拡大する方針を固め、現在日中両国の政府間の担当責任者による具体的な事務折衝に入ろうとしております。

中国語にも翻訳された二階俊博著『観光立国宣言』

両国政府が決定することではありますが、私の判断によりますと、遅くとも今年の夏の頃までに、今回拡大する地域の第一陣の訪日観光客をお迎えしたいと考えております。

その際、私は遼寧省から、そして大連から、多くの友人の皆さまを一番にお迎えしたいと思っています。今回の拡大が互いに成功し、問題がなければ、極めて近い将来日本政府は、これを中国全土に拡大する方針であります。

最後に申し上げます。かねてより私の尊敬する中国の有名な天才詩人の蘇東坡先生の「水調歌頭」の中に『ただ願わくば、人の長久に、千里嬋娟を共にせんことを！』という私の好きな一節があります。

本日を機会に私は東北財経大学の皆さんと、「例え千里離れていようとも、お互いに同じ月を眺めている」ことを信じながら、大学の発展と皆さまのご健勝をお祈りしつつ、私の記念講演を終わります。ありがとうございました。

『草の根観光交流―LOTUS　ROAD』（日本観光戦略研究所、二〇〇五年）より

日中国交正常化三十五周年に思う

平成十九（二〇〇七）年、日中関係は昭和四十七年の日中国交正常化から三十五周年となる節目の年を迎えた。同年五月九日に帝国ホテルで開催されたアジア調査会講演会において自民党国会対策委員長時代の二階代議士が語った、日中友好の歴史と展望。（編集部）

日中国交回復三十五周年という記念すべき年を迎えました。国会でも、やがては超党派になろうかと思いますが、とりあえずは与党で、日中人的交流を進める三十五周年の事業として「二万人交流計画」を打ち出し準備しているところです。

日中関係では「井戸を掘った人」とよく言われますが、政界や経済界、文化人、国交正常化にご尽力いただいた大先輩の皆様が多くおられます。数え上げればきりがないほど多くの皆さんの並々ならぬご努力があったことを、私たちは忘れてはならないと思います。

私は若い頃、藤山愛一郎先生の系列に属する政治家、遠藤三郎代議士の秘書の経験がありますので、そのご縁で、藤山愛一郎先生や、静岡県の竹山裕太郎先生など、日中問題にご尽力をいただいているご様子を存じ上げてました。

「日本と中国は波長が違う」と先輩から忠告

当時は藤山愛一郎先生が中国においでになると、一週間ぐらい北京飯店に滞在されていましたが、中南海からいつ呼び出しがあるか、いつ要人との会見が始まるか明確でないというか、今から思えば相手も上手にインターバルをとっていたような感じもいたしますが、いずれにしても戦勝国とそうでない国との間の国交回復に進みますから、こちらの思うとおりにはいきません。藤山先生なども長崎経由で中国に入る状況で、日数のかかる時代だったと思います。

もう四十年近く前になりますが、若い仲間達と一緒に竹山裕太郎先生を囲んで、交渉の状況等を詳しく伺ったことがあります。今でも印象に残るのは「日本と中国は波長が違うんだ」ということをよく認識して、そこから物事を判断しないと、日本と同じような調子で短兵急にものを考えても、交渉はうまくいかないとおっしゃっていました。

松村謙三先生や古井喜実先生は日中国交回復の代名詞のような、大御所的な存在でしたし、田中角栄先生が総理に就任するやいなや、佐藤内閣である程度の基盤が固まりつつあったところで、田中総理の決断で、早いテンポで進んだと言えるのではないかと思います。

「国交回復と日米安保は矛盾」の声も

一九七二年九月二十九日の調印以前の、田中先生が総理に就任されてからのことを簡単に振り返りますと、日中国交回復の姿勢と安保条約堅持との間に矛盾はないのかと周囲からよく問われていたようですが、田中総理自身がちゃんとやってみせると、七月十八日に婦人団体の代表にそう語ったと当時の新聞は報じております。

訪中交渉の中身では、田中総理はいい意味で奇想天外な案で中国と渡り合うのではないかと、当時、半分ぐらいの人はそう思っていましたが、中身は外務省に任せ、非常に堅実な外交交渉で取り組んでいたようであります。

また、田中総理はイギリスのヒース首相との会談の際に、「貿易関係を云々するための日中交渉ではなくて、世界の緊張緩和のために正常化をやるんだ」ということをおっしゃっていますが、そうしたこともずいぶん気にしておられたのではないかと思います。

おもしろい表現ですが、中国の七億の人が靴を一足ずつ買えば七億足だという感じで、中国を市場として見てはいけない。中国が必要なものを手伝えばよいと、訪中寸前のＮＨＫテレビの対談で国民に決意を述べておられます。

国交回復時すでに海底油田問題

また、日本の産業界も日中国交回復に非常に期待を寄せて、沸き立っておりました。当時、東シナ海の海底油田開発に道が開けるのではないかと、期待も集まったようでありますが、いまだにこの問題が尾を引いていることからいたしますと、三十五年の歳月の間にこうしたことにはなかなか進歩の跡を見出すことができていないと思うわけです。

古井喜実先生は松村謙三先生を「泥中に咲く蓮の花」と、清潔、潔癖な政治家とほめたたえておられました。

私も蓮ということに関しては若干のご縁がありまして、蓮を通じての日中関係を見ておりますと、いろいろと不思議なことが発見されます。

蓮博士と言われた大賀一郎先生は、戦中、戦後の頃、大連で旧満鉄の教習所の教員で、中国の友人達から古代蓮の話を聞かれたそうです。日本に帰り、千葉県の検見川の東京大学のグラウンドの地中から、二千年のロマンを持つ蓮の種が三粒発見され、それを育てて花を咲かせたそうです。

私は高等学校時代に大賀博士の愛弟子に生物を習いまして、蓮の話をよく聞かされました。何らかの形で中国から渡ってきたのだろうと。私が先生に、この蓮を中国へ返してあげたらどうですかと申し上げたところ、それはいい案だと。しかし、中国へ簡単に行ける時代ではありません。私は当時、県会議員でしたが、私がついて行きますから一緒に行きましょうと。先生も乗り気になって、出発間近まできましたが、残念ながらご病気で他界されました。

大賀ハスが取り持つ日中交流

その後、奥さんや息子さんたちが立派に後を継いで頑張っておられます。今、中国のあちらこちらで大賀蓮が植えられております。蓮というものが媒体になって、中国との間でもいろいろと友好交流が進んでおります。

海南島には大賀蓮の記念館ができて、今、大勢の観光客が出向き、日中関係に思い出を重ねていただいてます。

また、中国の高僧、鑑真さんが、七五九年に唐招提寺を建立されたわけですが、鑑真さんは、皆さんもご承知のように、日本に渡ってくるために苦労を重ねられ、失明までされましたが、それにもめげず六回目のチャレンジで渡航に成功されました。

一方、空海は、私の郷里、和歌山県の高野山を開いた名僧でありますが、この方は中国で学ばれて、日中関係の基礎を築かれたと思います。

しかし、偉大な人達の交流だけではなく、これからの時代は一般の国民といいますか、庶民といいますか、できれば若い人達の交流が大事ではないかと思っております。

私は二〇〇〇年に北京へ参りました。運輸大臣をしていた時で、台湾との間の新幹線問題、中国との新幹線問題があり、必ずこのことでトラブルが発生するだろうと。その時に自らのカウンターパートがどんな顔をしているか分からないようでは、けんかにも交渉にもならないから、正月休みを利用して一度中国へ行こうと思いました。

その時、日中関係には過去二千年の歴史がある、これからまた二千年の新しい歴史がある。そういう極めて重要な二〇〇〇年という年に、日中間に何の行事もないのはおかしいと、中国側から、そしてまた当時の駐中国日本大使・谷野作太郎氏といった方々からも要請があったのですが、一月十日頃の話ですから、予算編成も終わっているわけです。政府が何か大きな行事をやるということはすぐには不可能だと思ったのですが、それでも関係者は熱心でした。

2000年5月20日、5000人超の観光使節団を率いての訪中で、江沢民国家主席（右から2人目）と会談する二階俊博運輸相（左から2人目）。右端は胡錦濤国家副主席、左端は平山郁夫日中友好協会会長

それで私は全国の旅行観光業界に呼びかけて、二〇〇〇年だから二千人の友人を連れて、もう一度、人民大会堂に集まろうと。そして、中国側の皆さんと、この二千年の間尽くしてくださった人達の霊をなぐさめると同時に、今後それぞれが草の根で頑張ろうと。そういう催しをしようということになりまして、四千人の人達が集まりました。

私は当時の外務大臣の唐家璇さんに、政府が一円の応援もすることなく、四千人が自費で日中友好のために出かけるのだから、人民大会堂の式典には少なくとも外務大臣クラスの人が出迎えていただきたいと申し上げたところ、外務大臣より上の人が出てくるよう、準備をしていると。ただし、中国では四という数字よりも五という数字のほうが好きですと言う。五千人にされたら、というわけですね。

そこまで言われるならやろうと、関係者にもう一度奮起をお願いしましたところ、五千二百人集まりました。

そして、五月二十日、中国側からは、我々が予想もしていなかった当時の江沢民国家主席、胡錦濤副主席以下、数々の要人の皆さんが出席されました。

日本側は、政局の関係で私が参加できなくなるかもしれないので、竹下登先生にお願いしまして、平山郁夫先生に団長を引き受けていただきました。結局、私も幸い内閣に残りましたので参加できたわけです。関係者の皆さんに大変なご協力をいただき、今でもそうした皆さんは同窓会と称して、グループごとに会合を開いておられるようです。

その後、中国から人民政治協商会議の胡啓立副主席が団長で四千五百人が東京においでになりました。

日本から中国へ十九航空路線

二〇〇二年には、二〇〇〇年の時の余熱のようなものがまだありましたから、今度はもっとしっかりみんなで協力しようということになって、橋本龍太郎元総理をトップにして、国会議員八十三名、それから関係の皆さんを総動員して、一万三千人の皆さんにご参加いただきました。

当時、中国の観光大臣であった何光暐氏と私との間で、人民大会堂で一万三千人にどう満足して頂けるかということを話し合いました。これは頭の痛い話で、国際会議で出会っても、話はそこにいくわけです。そして、多少のご不便はあったかと思いますが、一応成功をおさめて、その時も江沢民、胡錦濤という国を代表する指導者、その他多くの閣僚クラスの皆さんのご列席をいただきました。

皆さんもご承知のとおり、日中関係にはずいぶん冷たい風も吹きました。嫌な思いもしました。しかし、そうした中でも国民の間で特別激しい運動や事件が起こったということではなく、新しい流れができ上がることをみんなが待ち望んでいました。そういう中で、先ほど申し上げましたような五千人とか一万三千人という規模の交流も、その一翼を担わせていただいているものと思って、ご協力いただいた関係者に感謝をしているところであります。

今、日中の航空路線は、日本から中国へ十九路線、中国からは十七路線、それぞれの都市に就航しておりますので、今度は一堂に人を集めるというのではなくて、それぞれの地域を訪問していただこうと。中国側は、それぞれの地域での歓迎行事、またシンポジウム等の呼びかけに対して、それに応えていこうと、準備を始めていただいております。

中国→日本八十一万人、日本→中国三百七十五万人

昨年の統計では、中国から日本へ八十一万人、日本から中国へは三百七十五万人が訪問している状況で、双方かな

りのテンポで伸びております。また、日中の経済交流につきましても、皆さんのほうがご専門ですから、特にここで申し上げることはありませんが、いずれにしても国交回復から三十五年の歳月を経た今日、比べようもないほど進展しています。

私は経済産業相の頃に、国際社会においても幾つかの提案を発表してまいりました。国際社会においても日中関係を考える上で避けて通れないことであります。それは日中関係を考える上で大事な国としてＡＳＥＡＮの十ヵ国があります。これらの国々の皆さんはいずれも日本に対して大変な期待を持っております。日本がＡＳＥＡＮのことを考えている以上に彼らは日本のことを考えております。

十六ヵ国で東アジアの将来考えたい

同時に、ＡＳＥＡＮと日・中・韓、この十三ヵ国は、ほとんどが気持ちの上で定着していますが、それにインド、オーストラリア、ニュージーランドを加えて、十六ヵ国で東アジアの将来を考えていくべきだと。そうしますと、人口は三十一億人、経済規模は一千兆円という数字になります。

日本は人口が減少して、経済が伸びないのではないかとよく言われるわけですが、東アジア全体を考えると三十一億人の人口が存在し、経済規模一千兆円という中で、日本の存在、また日本に対する期待がいかほどのものであるかということを考えれば、我々はこれからどっちを向いて政治や経済を引っ張っていくのか、おのずから問われます。

潮流が見えてきた東アジアの経済統合

そこで日本は、東アジアの経済統合に関して、だんだんとその潮流が見えてきましたから、東アジア経済連携協定（ＥＰＡ）構想の実現に向けて努力をすると同時に、具体的に東アジア版ＯＥＣＤ構想を提案いたしました。レベルの高い「経済研究センター」をつくる。お金は日本が出します。人も出します。しかし、日本のどこかに研究施設をつくるのではなくて、アジアの中でみんなで協議をして一番いいところに決めましょうと。アジア全体の発展のために貢献しようという真剣な姿勢を日本が見せました。

さらに、人材の問題ですが、我が国が戦後の塗炭の苦しみの中から新しい時代をひらいていくのに、アメリカのフルブライト奨学金がどれほど大きな役割を果たしたか、これは既に皆さん、ご承知のとおりです。日本ももう食べられない時代ではないのですから、そういうことを思い切ってやるべきで、アジアの人々に年間二千人ずつ奨学金を提供して、若い人達に日本に来ていただく。もし日本で就職したいという人がいれば、経済産業省、あるいは経団連等のご協力をいただいて、就職のお世話もする。

そして、自分の国に帰られる時には、自らの日本留学の時代は楽しかった、みんなに親切にしてもらった、そういう気持ちを持ってお帰りいただく。そういう人々をアジアに架け橋として送り出すことができれば、アジアにおける日本のステータスが確立される、その一助になるのではないかと思っております。

今、日中間の最大の懸案は、ご案内のとおり、東シナ海の資源開発の問題であります。先ほども申し上げたように、三十五年前、国交回復の調印をする際に、既にこうしたことが問題になっていたわけです。ですから、いかに長い歴史があるかということを思うわけであります。これは大変複雑な問題で、今後どう対応していくのか。

海底油田問題で首脳間にやっと共通認識

直近のこととしては、四月十一日に行われた日中首脳会談でも東シナ海の問題が取り上げられました。その際に、最終的な境界画定までの間の暫定的な枠組みとして、共同開発を行うこと。その際には双方が受け入れ可能な比較的広い海域で行うこと。あるいは、協議を加速させ、本年秋までに両首脳に結果を報告することを目指す。こういうことで首脳間の共通認識に達したということは、大変結構なことであります。今までこのレベルでこれだけ具体的な形での共通認識ということは難しかったわけであります。

このことに関しては以前から政府間で何回も話し合いの場を持っておりましたが、私が経済産業大臣に就任した時は、とても話し合いができるような状況ではありませんでした。乗り込んでいって早く石油を掘ったらどうかとか、かなり乱暴な意見もあちこちから出ていました。

私は石油会社が本気でそんなことをする気があるかどうか、一度確かめなければいけないと思って、会長と社長に聞いてみました。「私達は平和な状況でなければそういうところへ出かけていくわけにはまいりません」と。本人たちはそう言っているわけですけれども、行け行けどんどんの応援団もあって、非常に複雑な様相を呈しておりました。

私は、とにかくこれは話し合いで解決しようと。そして平和な海にしよう、友好の海にしようという話を、当時のカウンターパートである薄熙来氏を通じて、日本で言うと商工大臣のような立場でありますが、六回ぐらい、そのためだけの会談というわけではありませんが、他の国際会議等で出くわした時とか、あらゆる場面でねばり強く会談を重ねてまいりました。

環境、省エネを共通課題に設定

そして、薄熙来氏に理解してもらって取り組まなければいけないこととして、「環境問題と省エネ問題」を日中両国共通の問題としてやっていくようにしなければならない。これは薄熙来氏の努力もあるし、温家宝総理の決断もあり、また、唐家璇氏の後押しもあった。国家副主席・曽慶紅氏の力もありました。

私は、エネルギー関係の専門家である呉儀副総理に申し上げました。「お互い政治家同士、言うことは言うし、言っていることは理解できるけれども、何せスピードが遅いじゃないか」と。「こんな話をいつまでもやっていると、現場あるいは国民の意識は中国政府や日本政府が考えていることと違った方向へ進みかねない。これは長く時間をかけている問題ではない」ということを言いました。呉儀副総理は、「私もそう思う」と。「帰ったら必ず温家宝総理に報告する」と、強くおっしゃっておられました。

埋蔵量は極めて少ないが突っ張り合う

このエネルギー問題ですが、埋蔵量は極めて少ないのが現実であります。しかし、双方ともに自らの領域だと主張しているわけです。早く言えば自分の庭にガスが出てきているというようなことでありますから、量が多いとか少ないとかという問題ではなくて、こっちのものだということを双方が主張し合っているわけです。国内的には、これはそちらのものだと主張するよりも、こっちのものだと主張するほうが、それはそうだということになるわけでして、今日まで突っ張り合ってきたわけであります。

いろいろ関係者の意見等を聞いてみますと、今、関係の地域、日本から見ますと東シナ海、沖縄周辺、それらを全部合わせますと三十二億バレルぐらいあるだろうと。しかし、それはすべてのところを地球ごと掘り返すぐらいの勢いでやればそれくらいの量になるということで、実際にはそういう数字にはならないだろうと。三十二億バレルというと、日本の使用するエネルギーの一年半分ぐらいの量だそうですが、実際はその何分の一だろうと。中国側は一・八億バレルぐらいだろうと言っているようであります。

ちなみに、サハリンの計画はサハリン1から6まであるわけですが、石油換算で1が五十四億バレル、2が四十二億バレル、あと3から6まである。これと比較しますと東シナ海は比べ物にならないような状況であります。

首脳交流機に両国の雰囲気好転

ある時期、マスコミの報道等を通じて知る範囲においても、一触即発、何が起こるか分からないと言われていましたが、両国首脳の接触でようやく今、お互いに冷静に判断しようということになりました。これは大変結構なことで、エネルギー確保の問題は極めて重要な問題でありますから、国を挙げてバックアップすることが必要ですし、同時にまた冷静な判断も必要だろうと思います。

三十五周年の記念事業として、文化、スポーツの交流をはじめ、あらゆる部門での交流が計画されています。先般の両国首脳の交流等を通じて、雰囲気はだんだんとよくなりつつあります。こういう状況でしっかりした取り組みができることが大事だと思います。

私はこの連休に、他の用もあって中国を訪問いたしました。中国の載乗国次官は茅台酒で有名な貴州省の出身であり、そちらには黄果樹というアジアで一番大きな滝があるんですが、貴州省は中国の各省の中で一番発展が遅れていると言われている地域であります。載乗国次官はいつも郷土のことを熱心に語っておられて、もし中国へ来られるならば自分で案内すると言われました。私は、「あなたは外交官のトップで大変忙しいから、私が来たからといってそんなことができるわけがないでしょう」と言ったんです。そうしたら、「忙しくても必ず案内する」と。

この間、私は貴州省を訪問することになったので、念のために大使館を通じて「行くことは行きます。だけどお忙しいでしょうから案内は結構です」と言っておきました。しかし彼はインドから日程を繰り上げて帰ってきてくれて、ずいぶん時間をかけていろいろな話をさせていただきました。六ヵ国協議も、日本の思うようにいっていなくても、このことを推し進めていくことが極めて大事だと思うと言われるので、私も当然それは分かっていますと答えました。

今度訪日され、谷内外務事務次官等との交渉があるようですが、いつも日本のすばらしい景色等を楽しみにしておられて、今度は地方を回ってみたいとおっしゃっていました。

二万人交流計画についても、「自分も直ちに観光関係の専門家たちと協議をして、できる限りの協力をする」とおっしゃいまして、私と別れた後、ホテルに関係者を集めて、約四十分ぐらい、日本から来た人達をどう迎えるか、どう対応するかなど、一生懸命取り組んでいただいたということを聞いております。

また、一番分かりやすい特徴的なこととして、三十五周年でおいでになった人だということがお互いに分かるように、バッジを作ったらどうかと。いつも入国のところで時間がかかって不愉快な思いをしたりするものですから、そういうことのないように特別のゲートを設け、出入りしていただくような準備をすると中国側は申しております。

我々のほうはどれだけの便宜を図れるか、これから関係当局とも打ち合わせをしなければなりませんが、しっかりとした対応をしていきたいと思っております。

三十五周年を迎えて相当のことが成立して、そして、次なるステップを迎える状況になっているかというと、それなりに大きな効果もあったし、成果もあった。また関係者の皆さんのご努力もありました。しかし、「これからだ」ということを改めて思うのであります。

友人は選べても隣国は選べない

日中というお互いに引っ越しのできない国、これはこの前、アジアフォーラムで、国家副主席である曽慶紅氏がおっしゃったのですが、友達は選ぶことができる、しかし、隣国は選ぶことができない。ですから、お互いに知恵を出し合ってやっていこうじゃないかと言われておりましたが、全くそのとおりだと思っております。お互いに知恵を出して、三十五周年を契機にさらに日中両国が発展する。

中国に物を売りに行くのではなくて、日中両国の協力によって、アジアの中の日中、あるいは世界の中の日中はどうあるべきか。我々はそういう広い気持ちで、これからの日中関係をさらに前進するように考えていかなくてはならないのではないかと思っております。

私は日中問題については全くの素人ですが、運輸大臣の時に中国を訪問し、中日友好協会からも、日本の方々からも強い要請を受けて、五千人というメンバーが中国・北京を訪問しました。そのことをきっかけにして、いろいろな方々が中国から訪ねてきてくれたり、日本から訪ねていったりするうちに、だんだんと中国との関係は切っても切れないような状況になりつつあるわけであります。

私は媚中派でもなければ、何とか派というようなものではは全くありません。私は純粋な国産で、日本が一番大好きです。そのためにも日中関係は大事にしていかなくてはならないのではないかと、常に思っております。

最後に、国対は今何をしているかということですが、私がこちらにお邪魔をしている間は、会議を開かないことにしていただいております。今日（五月九日）、三時過ぎから、野党からの申し入れを受けて、連休明け初めてですが、国対委員長会談を開かせていただきます。

野党のおっしゃるポイントとして、前に予算委員会で審議をしている最中に、集中審議と称して、総理大臣以下、みんな引っ張り出して質問をされました。そういう時間の要求がありました。私は、予算を成立させることが先ですから、予算を成立させてもらおうと。そして時間があれば大いに結構だということにしておりました。しばらくの間、音沙汰がないといいますか、特別おっしゃらないし、総理の日程なんて、空いている日程なんてありようがないんです。五分や十分はあるでしょうけれども、あちらが要求されるのは一日とか半日とかというわけですから、ないわけです。

この間ようやく半日見つけたら、天皇陛下が外遊されるということで、総理は羽田まで、出発の時間よりもはるか前にお見送りに行かなくてはなりません。これは当たり前のことといえば当たり前のことですけれども、それほど総理の日程はタイトであります。しかし、何とか時間を生み出して、野党の皆さんの集中審議の要求を今日はお受けしようと思っております。

それから、党首討論ですが、小沢さんは地方を回っていて忙しいから、党首討論には出られないということをずっと言われていたのですが、ようやく今日になって党首討論、ＯＫですと言われたわけです。しかし、国会はもう六週間半しかないんです。参議院選挙がありますから延長はできませんので、極めてタイトな国会運営です。

今、急に党首討論といったって、はめ込む時間があるかということですが、せっかく野党側からのお申し入れでありますから、できるだけそれも入れるようにしたいと思っております。

そのほか、いろいろなご意見があろうと思いますが、国会というところは話し合うことが大事でありますから、十分な話し合いをさせていただきたいと思っております。

今、国民の皆さんのご支援をいただいているおかげで、自民党と公明党で衆議院では三百三十七議席あります。しかし、五人の政党にも国対委員長会談にもちゃんと出てきてもらえるようにしております。

そして、ＮＨＫのテレビ討論などというと、五人の政党でも七人の政党でも、人の倍ぐらい発言するわけです。できれば名札の横でもいいから、所属の議員は何人ということを国民の皆さんに分かるようにしておいてもらいたい。何かのアンケート調査の結果ではこうだ、支持率はどうだと言われるのですが、国会議員も支持がなければ出てこれないのですから、そういう数が三百三十七人いるのと、五人、七人、九人という数とでは全く違うわけです。口だけは一人前の倍ぐらい言われますからね。

国会対策というのは苦労が尽きないし、報われることはほとんどない。できたらできたでそれはよかったということになるのですが、できなかった時は文句がいっぱい来るわけです。しっかり対応したいと思っておりますので、どうぞよろしくお願いします。

時間がまいりましたので、これで終わらせていただきます。ありがとうございました。（拍手）

二〇〇七年五月九日、帝国ホテルで開かれたアジア調査会講演会の速記録。文中敬称略

「アジア時報」二〇〇七年七・八月号より

二〇一五年、日中友好交流大会での挨拶

平成二十七（二〇一五）年五月、三千人以上からなる日中観光文化交流団の一行が中国を訪れ、同月二十三日には北京の人民大会堂で日中友好交流会が開催された。習近平国家主席も出席・登壇した交流会における、二階代議士によるスピーチを掲載。（編集部）

尊敬する習近平主席閣下、汪洋副総理閣下、楊潔篪国務委員閣下、李金早国家旅游局長閣下、御列席のみなさま、日中友好の発展を熱烈に願う三千人を超える日本の民間大使の一行を温かく歓迎をいただき、こころより感謝を申し上げます。

三月末、わたしは、ボアオ・アジア・フォーラムにおきまして習近平主席閣下にお会いした際、習近平主席閣下から、ただいまのお話にあったように、本訪中団を「歓迎する」との温かいお言葉をいただきました。こうして日本の各地、各界を代表する同志のみなさんと共に、かく充実した日程で訪中を実現し、習近平主席閣下のご臨席の下で盛大なレセプションに御招待をいただきましたことを大変うれしく存じます。

日中関係を支えているのは、時々の政治情勢に左右されない民間レベルの深い人的関係であります。こうした信念に基づき、これまで日中関係が良い時も、悪い時も、志を同じくする同志と共に、日中間の観光交流や地方交流、さらに青少年交流、防災分野での技術協力等、全力で取り組んでまいりました。

今回三千人を超える訪中団も、まさにこうした信念に基づいての決断であり、参加者のみなさん一人一人が自らの意思で御参加をいただいており、ここにわれわれ訪中団の民間大使としての意義があると考えております。今回の訪中団には、国会開催中の週末の合間を縫って、林幹雄衆議院議員運営委員長をはじめとする二十三名という多数の超党派の国会議員が参加している。また、高橋（はるみ）北海道知事、西川（一誠）福井県知事、荒井（正吾）奈良県知事、上田（清司）埼玉県知事をはじめ、多くの地方自治体からもご参加を得ていることは、日中間の議員間交流や地方間交流の層の厚さを示すとともに、日中交流に対する日本側の熱い思いを象徴するものであります。

どのような時であっても、わたしはこうした交流を途絶えさせてはならないと考えている。とりわけ、文化交流は日中間の交流の中でも最も重要な位置を占めております。本年の十月には、北京の国家大劇院におきまして、ＮＨＫ交響楽団の公演がおこなわれることになりました。

日中友好の音楽を奏でることになっております。わたしは、先ほど中国の文化部の幹部のみなさんと共に、音楽会開催の調印に立ち会って参りました。

そしてまた、特に自然災害の多いアジアでありますが、

平成 27 年 5 月に訪中し、習近平中国国家主席と人民大会堂の檀上に並ぶ二階俊博自民党総務会長（平成 27 年 5 月 23 日、北京）

アジアの諸国の間で防災協力を推進してまいりましたが、是非ともこの際、中国の国家主席はじめ、幹部の皆さんのご理解をいただき、十一月五日を「世界津波の日」となるように提唱したいと思いますので、よろしくご理解を賜りたいと思うものであります。

この一環として、青少年交流を推進していくことが重要であります。先ほど習主席も述べられましたが、青少年は、次代を創る重要な世代であります。この前、われわれは大災害を受けた時に、中国から温かいご配慮をいただきました。その際、五百人の子供たちを中国の海南島に御招待いただいたわけでありますが、わたしどもはそれに感謝する意味で、百人のこの第一班の青少年達を連れて海南島におうかがいをしました。そして、子供たちは打ちひしがれた中で、仙台から飛行機に乗ってお伺いしたわけでありますが、そうした中で、中国のみなさんの温かいご配慮によって、そして海南島のあの太陽の燦燦と照り輝く地域において、二日間で子供たちは、元気溌剌とした日本の子供たちに生まれ変わったのであります。わたしは、先程来、この中国においてもいろいろな関係者とご相談をし、先ほどご紹介した知事の方々もおいでをいただいておりますので、この際、中国から少ない数ではありますが、あの時と同じように五百人のみなさんを我が国に御招待をして、子供たちによる日中友好の実を上げていきたい、このように考えておりますが、いかがでございますか。

ありがとうございます。多くのご同意をいただいて、われわれは引き続いて、こうした民間交流を、全力を挙げて努力をしていかなければならないと思います。習近平主席閣下をはじめとする中国側のみなさま方からの前向きのご指示をいただきながら、共に日中関係の新時代を築いてまいりたいと思います。日中の世々代々、子々孫々の平和友好を次の世代に引き継ぐことがわれわれの使命であり、みなさんと共に全力を尽くして、そのことを実現してまいりたいと思うものであります。本訪中団のために御尽力をいただきました日中双方の全ての関係者の皆様方に、ここに心から感謝を申し上げ、今日こうして大変なご多忙の中から習近平主席閣下がわざわざわれわれのためにこの場に足をお運びいただいたということを、われわれはこのことを胸に刻んで、これからの日中関係、先程来お述べになりました習近平国家主席のご挨拶、十分意味を理解し、そしてその実現のために、実行のためにわれわれも努力することを誓おうではありませんか。

日中の今日まで御努力いただいた方々、わたしも今、習近平主席がお述べになりました中国側の人々、日本側の人々、みんな遥かに存じ上げております。その人達のご苦労がどんなものであったかということを、わたしは今日ご出席をいただいている日本側の代表のみなさんに是非にご理解をいただきたいと思います。今時間もありませんから長く語るわけにはまいりませんが、わたしは藤山愛一郎先生にしろ、古井喜実先生にしろ、そうした方々が本当にご努力をいただき、ご苦労をいただいたことを、わたしは遥かに若い世代ではありますが、存じ上げております。そのことからすると、われわれは今、何をなされなくてはならんかということは、みんながお分かりのはずであります。共に頑張って、日中友好のために力を尽くすことを、ここに会場のみなさんと共にお誓いを申し上げ、わたしの挨拶を終わらせていただきます。

スピーチの文字起こしは石川好『全身政治家 二階俊博』（日本僑報社、二〇一七年）より

われ「媚中派」と呼ばれようとも

困難な状況に直面することもある日中関係において友好推進の中心人物として活動してきた二階代議士には、時に国内強硬派からの批判も向けられてきた。そのような批判に対する自身の考えに加え日韓問題や戦争についても語った、「月刊日本」二〇一五年八月号でのインタビュー。（編集部）

日本ほど戦争の嫌いな国はない

――二階議員は五月に国会議員や経済人ら三千人を率いて中国を訪問されました。中国で特に印象に残っていることは何ですか。

二階　私は中国で習近平国家主席の母校である清華大学と、私が前々から客員教授を務めている大連の東北財経大学で、それぞれ一時間ずつ講演させていただきました。私がそこで「日本ほど戦争の嫌いな国はない。日本人は皆戦争なんか二度とあってはならないと考えている」という話をしたところ、聴衆の方々はびっくりしたような顔をしておりました。そこでこれは繰り返し言っておかねばと思い、「日本ほど戦争の嫌いな国はないんだ」と重ねて強調しました。

このことは国を挙げて、諸外国の皆さんに何度でもアピールする必要があると思います。日本がそれほど戦争好きな国であり、油断すればいつやられるかわからんというふうに思われているとすれば、それを払拭するための努力は大いにやるべきです。戦争は嫌いだというのは堂々たる主張だし、事実その通りなんです。

私は昭和十四年に和歌山県御坊市で生まれました。日本が戦争に負けたのは小学校一年生の時でした。当時のことは大変鮮明に覚えています。私は父が日高郡で県会議員を務めており、後に村長を兼務した稲原村というところに疎開しておりましたが、食料不足や、稲原村が駅に近いことから爆弾投下の危険性があるということで、さらに奥地である日高川町山野三津ノ川へ疎開することになりました。

終戦の詔勅はその疎開先で聞きました。もっとも、我々子供たちには何が起こったのかさっぱりわかりませんでした。しかし、大人たちは曇った顔をしており、「終戦を迎えた、日本は負けたんだ」と聞きました。

戦時中に印象に残っていることは、学校の校庭に整列して戦死者の報告を受けたことです。弔辞を述べるのは村長である父の役目でした。戦争状態が悪化するにしたがって弔辞の回数が増えていくという感じでした。学校の先生が徴兵のため列車に乗って出発されるところをお見送りにいったこともあります。周りの人たちが次々に亡くなられ、昨日までいた学校の先生が兵隊さんにとられていくわけです。戦争ほど惨たらしいものはありません。

戦後、私の父は、村長は翼賛会支部長を兼務することになっておりましたので、公職追放されました。翼賛会支部長は皆おしなべて追放の期間が長いんです。追放されると、政界だけではなく、町内会やＰＴＡの会合にも出られません。ですから、追放された人たちは皆、これは「格子なき牢獄」だと言っていました。その他にも、食料は不足する、仕事場はなくなる、着る物は十分にないといったように、惨憺たる状況が広がっておりました。

これはとても辛いことではありましたけれども、ある意味で、こういう経験を持ったことは、経験がないよりもうんと良いことだったと思っています。この経験をもって政治の世界で働かせていただいておりますし、この経験は絶対に忘れてはならないと思っています。

たとえ「媚中派」と言われようとも

――二階議員は中国で習近平国家主席と会談されました。一部では事前の予想として、習主席は会談に応じないのではないかとも言われていました。

二階　私は三月に海南島で開催された、福田康夫元総理が理事長をしているボアオ・アジア・フォーラムにお招きいただき、パネラーとして医療問題や健康問題について発言しました。その時習近平国家主席もお出でになっておられたので、私は「今度、日中友好を熱心に進めている三千人の同志たちと一緒に訪中することになっている。これは人と人との交流、特に民間の人たちの交流だ。習主席にも協力してもらいたい」と言いました。習主席からは「日中間の人民の相互交流は大変大事なことなので協力します」と、明快なお答えをいただきました。

そのため、私は五月の訪中時には必ず習主席にお会いできるだろうと確信していました。しかし、これは誰にも言いませんでした。今回三千人の方々にご一緒していただきましたが、「習主席さんがお出でになるからご一緒しませんか」という呼びかけは一切しませんでした。

それは、あれだけの国のトップリーダーですから、国際的な問題も含めて何か起これば来られなくなることだってあるからです。また、「主席がおいでになるから来たらどうだ」というような、看板で人集めをするようなことはすべきではないと思っているからです。私は過去五回訪中しましたが、一度もそうしたことはしておりません。

少し気の早い人は、習近平国家主席が出て来ないなら行っても仕方がないということで、訪中の参加申し入れは

中国から帰国後の平成27年5月27日に行われた訪中団報告の様子

あったものの実際には来なかった人もいたようです。三千人もお見えになるわけですから、色んな目的や考えを持った方がいます。それについて気にする必要はないと思っていますし、我々の方から特に意見を述べることもありませんでした。

――最近、日本では排外主義的言説が強くなっており、二階議員を「媚中派」と揶揄する声もあります。

二階　そんなことは過去に何回も言われておりますから気にもしていませんが、「そんな偉そうなことを言うなら自分で行ってらっしゃいよ」と申し上げたい。

我々は誰の力も頼っていません。三千人の人たちと一緒に訪中するといっても、政府に協力を求めたわけではありません。また、皆一人一人が自分の旅費をご自身で負担いただいています。なぜそうするかと言うと、誰かの力を借りてやると正しい結果は出ない、真実の味は出て来ないからです。

ですから、媚中派と言われようが何と言われようが、そんなことはなんでもありません。「言っているあなたが恥ずかしいでしょ」と言ってあげたいくらいです。

世界平和を願い、写経を奉納した岸元総理

――現在、日中関係はギクシャクしていますが、長い歴史の中で日本は中国から大きな影響を受けてきました。

二階　それは紛れもない事実です。我々は皆このことを大切にし、お互いに感謝し、貴重なこととして後世に伝えて

いく責任があります。

今年、高野山は弘法大師・空海が道場を建設してから千二百年を迎えました。空海が仏教を学ばれたのも中国です。開創千二百年の行事には外国からも多くの方が見えていますが、中国の皆さんにも空海の業績をもっとわかってもらえるようにしなければいけないなというふうに思っています。

高野山には安倍総理にも来ていただきました。総理の祖父である岸信介元総理は政界を引退された後、写経を始められて、高野山にも千百五十巻も奉納されています。

その中に「願意　世界平和」という文字をしたためた写経がありました。私が「これを一枚いただけないか」と相談したところ、高野山から「岸家のご了解をとっていただければ」と言われました。すると、隣におられた総理が「どうぞ、どうぞ」と勿論ご許可をくださり、総理と私がそれぞれ一枚ずつもらうことになりました。

私は中国でもこの「世界平和」という言葉に出会いました。私は中国の名門高校である大連第十六高校を訪問し、私の母校である日高高校と姉妹校提携を結びました。後日、第十六高校の校長先生が日高高校に立派な額装をした書を送ってくれました。時代を越え、国を越え、皆が世界平和を願っているのです。ですから、このことに背を向けるような行動は何人と雖も許されない。我々はこの点をしっかり心に銘記して政治に携わっていかなければなりません。

日本と韓国の深い絆・「沙也可」

——二階議員は今年（平成二十七年）の二月に韓国にも千四百人の人々を率いて訪問されています。

二階　私の出身地である和歌山は韓国と縁があります。かつて豊臣秀吉が朝鮮に攻め入った時、和歌山から雑賀（さいか）一族と呼ばれる人々が鉄砲隊として従軍しました。しかし、彼らが韓国で見たのは、戦う気力もないような年老いた方々や泣き叫ぶ子供たちの姿でした。「これは戦争でもなんでもない、攻め入った日本の方が悪い」ということで、彼らは韓国側に寝返りました。韓国としてはこんなに嬉しい話はありません。そこで、韓国は彼らを貴族として処遇し、村を形成するための土地を提供しました。雑賀一族は帰化し、「沙也可（さやか）」と呼ばれるようになりました。

沙也可の里はその後も守り継がれ、今日でも子孫の方々が暮らしています。朴槿恵大統領の父・朴正熙さんが大統領の時に法務大臣を務めた金致烈さんも沙也可の末裔です。私が経済産業大臣の時、当時野党だった朴槿恵大統領が来日されたので、そのことについてお伺いしたところ、朴槿恵大統領は「その通りです。金致烈法相は父が最も信頼していた政治家です」とおっしゃっていました。

――日本は中国だけでなく韓国からも大きな影響を受けてきましたが、現在ではそのことが忘れられています。沙也可についても知っている人は少ないと思います。

二階　沙也可については、和歌山の作家である神坂次郎さんが『海の伽耶琴（かやごと）』というご著書の中でお書きになっています。ある時、神坂さんが私に「作家なんて限界がありますよね」と言われました。「何故ですか」と尋ねたところ、「沙也可について書いたけれども反響がないんです。今度韓国にお供しますから、沙也可の村を一緒に訪ねてもらえませんか」とおっしゃいました。そこで、私は和歌山の同志六十人と一緒に韓国に行きました。

私は帰国してから、この事実を後世に伝えるために石碑を作ることにしました。和歌山の東照宮の境内に立派な場所を提供してもらい、韓国の友人たちにも協力を願いました。日韓両国が協力して作ってこそ意味があり、日本だけで一人芝居のようなことをしても仕方がないと思ったからです。アシアナ航空の会長も先頭に立って協力してくれました。また、石碑は韓国の石を使いました。

皆さんのご協力のおかげで、大変立派な碑を建立することができました。沙也可の話は今後もずっと語り継がれていくことになるだろうし、韓国との大きな絆になっていくだろうと思います。

沖縄の痛みや悲しみを知った高校時代

――安倍総理の七十年談話が内外から注目を集めています。中国や韓国も談話の内容を注視しているというメッセージを送ってきています。

二階　安倍総理は一生懸命外交問題に心を砕いておられます。夜、眠れないような日だってあるかもしれません。私は安倍談話については、安倍総理ご自身の思いを語っていただければいいのであって、周りから「もっと右寄りにやれ」とか「左寄りにやりなさい」とか、そういうことは言

平成 27 年 2 月に訪韓し、朴槿恵韓国大統領と握手する二階俊博自民党総務会長（平成 27 年 2 月 13 日、ソウル）

うべきではないと思っています。総理ご自身の見識と経験に基づいて発言していただき、我々はそれを支持するということが大事じゃないかと思います。

――七十年談話は閣議決定が見送られる方針だと言われています。

二階　この間、テレビで田原総一朗さんからもご質問いただきましたが、私は総理の談話も閣議決定も同じじゃないかと思っています。総理が夕涼みしている時に発言したって、それは総理の談話ですから。総理談話、総理談話と騒ぎすぎです。皆お互いに肩の力をちょっと抜いて、ここは総理にお任せし、国民皆で談話も含めた七十年行事が成功するようにお祈りする、皆で期待するということが大事じゃないかというふうに思っています。

――最後に沖縄についてお伺いしたいと思います。自民党若手議員の勉強会で講師を務めた作家の百田尚樹氏が沖縄を侮辱する発言をしました。また、出席議員の中からも沖縄メディアは「左翼勢力に完全に乗っ取られている」といった発言が出ました。

二階　数ある議員の中から色んな発言が出てくることはいずれの時にもあるわけですが、緊張感を持って対処しなきゃいかん時に、問題を起こすような発言を続けるのはいかがなものかなという話が出てくるのは当然のことです。ですから、皆自戒してもらって、謙虚にやっていくということが大事だと思います。聊(いささ)かでも世間に自民党が驕っていると伝わるようなことになっているとすれば、厳重な自戒をしていかなければなりません。当選回数の多い人も若い人も皆共通の責任があるのですから、しっかり頑張ってもらいたいという思いです。

——今後、自民党として沖縄の基地問題をどのように解決していこうと考えていますか。

二階　私の高校時代の恩師に古川成美という先生がおられました。古川先生は『沖縄の最後』という本をお書きになっています。私は高校時代にこれを読み、沖縄の皆さんの痛みや苦しみ、沖縄があの戦争中にどういうことであったかということを考えてきました。また、沖縄のそれぞれの島に友人もおります。彼らの辛い思いを承るたびに、早く沖縄問題を解決しなきゃいけないと思います。

　沖縄問題について考える時は、党派など複雑な思いをするよりも、私はもっと率直に沖縄の発展のために党派を超えてオール日本でどう対応するかということを考えなければならないと思います。沖縄の発展のために政権を担当しております自民党がどういう対応をし、どのように沖縄の皆さんの心の痛みに寄りそっていけるかということだと思います。

　沖縄の問題は皆の問題です。一部の人たちが主義主張で色々とおっしゃっておりますが、我々はこの問題を他人事ではなく自分の問題として捉え、自民党の責任において、政府の責任において対応していかなければならないと思っています。

「月刊日本」二〇一五年八月号より

第一回中日韓公共外交フォーラム及び二〇一六年中日韓協力国際フォーラム
二階俊博自由民主党総務会長基調講演

平成二十八（二〇一六）年四月二十九日、北京で「第一回中日韓公共外交フォーラム及び二〇一六年中日韓協力国際フォーラム」が開催された。日中韓三国からの参加者を前にしたフォーラムにおける二階代議士の基調講演を掲載。（編集部）

日本自民党総務会長の二階俊博です。李肇星先生および各方面の方々のご努力により、第一回日中韓公共外交フォーラムが順調に開催される運びとなりました。先ほど、許嘉璐前委員長、高建元首相はいずれも哲学的な高見を発表されました。それを聞かせていただき、非常に啓発を受けました。お二方の発言に全面的に賛成であります。それから、今後、このフォーラムが引き続き開催され、大きな成果がもたらされることを心から願っております。

日中韓三ヵ国の有識者が幅広く参加し、広く影響を持つ立派なフォーラムを開催されましたことを心から感謝申し上げます。また、このような場をお借りして、基調講演の公演を賜り、非常に光栄に存じております。どのようにして国民と国民のふれあい、国と国とのふれあいを通じて日中韓三ヵ国の協力的な交流関係を発展させていくのかと、こういう主旨の発言を行いたいと思います。

ご存知の通り、日本では熊本の大震災が発生し、現在もなお余震が続いております。四十九人が尊い命を失ってしまいました。また、多くの被災者は避難生活を余儀なくされています。地震発生後、中国の習近平国家主席、李克強国務院総理、韓国の朴槿恵大統領、および両国の多くの一般国民から温かい励ましの言葉をいただきました。この場をお借りして両国国民に感謝申し上げたいと思います。日中韓三ヵ国が協力できる分野は非常に多くあり、すでにたくさんの分野で三ヵ国の協力が行われておりますが、地理的に近接する隣国として、特に防災の問題を取り上げたいと思います。

二十一年前の阪神大地震期間中、私は自ら国土強靱化計画を提出しました。政治全体において、最も重要なのは何なのか。私は、人々の命と財産を守り、人々の命の安全を守ることであると思います。このことについて、我々は多大な努力を払い、今後も努力し続けなければなりません。この意味で言えば、私は、三国が協力して、三国の防災分野での知見を共有しながら、共に三国の防災事業に取り組むことを期待しております。

日本では、五年前に東日本大震災が発生し、甚大な被害をこうむりました。当時、中韓両国も、私たちを多く援助してくれました。また、ちょうどその時、中国の温家宝元首相が日本を訪れ、被災地の子供五百人を中国へ招待しようと言ってくださいました。当時、私は第一陣の子供百人と一緒に、中国の海南島を訪問しました。震災の中で心理

2016年4月の訪中で中国の楊潔篪国務委員（右）と韓国の高建元首相（中央）と会談する二階俊博自民党総務会長（左）。（2016年4月28日、北京）

面でのダメージを大きく受けた子供たちは、中国での時間を楽しく過ごし、短期間で天真爛漫な状態を取り戻しました。私は自ら、このような変化を見届けてきました。

私の故郷、和歌山県には、「稲むらの火」という、約百六十年前の物語が語り継がれています。この物語は学校の教科書にも記載されております。去年三月、国連防災世界会議で、私は、十一月五日を「世界津波の日」にすることで、全世界の人々に共同で津波災害に立ち向かうよう呼び掛けることを提案しました。

世界津波の日は、私の故郷の「稲むらの火」を元に提案したものです。実は、百六十年前の十一月五日、私の故郷、和歌山県で巨大な津波が発生しました。当時、ある人が稲むらに火をつけたおかげで、住民全員が災害から逃れられました。最後に、私のこの提案は、百四十二の国から賛同を得ました。去年十二月二十二日に開かれた国連総会で、中国と韓国からもご協力いただき、全会一致で採択されました。これで、十一月五日は、「世界津波の日」に定められました。

今年は、「世界津波の日」の元年であり、最初の年です。先日、私はニューヨークを訪れ、関係者の皆様に感謝の意を伝えるとともに、世界各地で様々なイベントを開催することを提案しました。この提案も各界の人々から賛同され、各国の国連常駐代表からも後押しされました。世界各国の支持の下で、我々は助け合いの精神を日中韓三国の共通の財産にして、ともに三国の防災分野における協力を推進していくべきであると考えております。

このような助け合いの精神を発揚させ、災害に対する子供たちの意識を高めなければなりません。三国は地理的に最も近い存在であります。お互いに災難が発生した時に、お互いに助け合う存在でなければならない。このような関係を強化することは非常に重要であります。

中韓両国の若者には、日本の今日のありのままの姿を見ていただきたいと思います。また、日本の若者と一緒に、地域の未来について共に議論できることを願っております。昨年、わたくしは習近平主席とお目にかかりました。習主席は、「先人が植えた木の陰で休みをとれるように」という言葉をおっしゃいました。その言葉のある通り、青少年同士の交流を深めることによって、後世の交流につなげていく必要があると思います。

この観点から、特に防災や環境問題に関する意識啓発が必要だと思います。今後、中国と韓国を始め、アジア太平洋地域の国々を中心として、千人の青少年を日本に招くことを決定しました。この計画の一環として、中韓、およびアジア太平洋の国々から高校生を日本に招待し、日本で「世界津波の日」高校生サミットを開催します。中国と韓国の若者のみなさんに、十一月に日本へ来て「世界津波の日」高校生サミットに参加していただくということを、ここで発表できることを、非常に嬉しく思います。

安倍総理は昨年の日中韓首脳サミットで、今年日本で日中韓若者サミットを開催することを表明いたしました。これは、まさに後世の人々が楽しんでいただくための木を植えるような動きであり、私はこうした動きを何代も後世につなげていきたいと考えております。

さて、日中韓三ヵ国のふれあいの歴史は、古代までさかのぼることができます。私の故郷の和歌山県には、徐福公園という綺麗な公園があります。徐福さんは、秦の始皇帝に仕え、不老不死・不老長寿の薬を探すため、日本においでになり、現在の和歌山県に到着しました。徐福さんは和歌山県新宮市の気候温暖、風光明媚で人情の豊かなところに心を奪われ、そこに残り、土地を開墾し、多くの技術を伝えたと言われております。後になり、江戸時代の初期に徐福の墓が建立され、第二次世界大戦前には、入口に中国風の立派な門が建設されました。古代から現在に続く交流の証として、こうして徐福の名と共に伝えられる公園は、非常によい例だと思います。

鎖国政策が実施されていた江戸時代においても、日本と中国、韓国との交流は途絶えませんでした。日本は朝鮮通信使を派遣し、朝鮮半島との交流を続け、さらに、中国大陸とは日清貿易など、様々なルートを通じて交流が行われ、一度も中断したことはなかったのです。日本の鳥取県の中部地区に八橋海岸というところがありますが、一八一九年、嵐に襲われた朝鮮の商船がここに避難して来たという記録も残されています。当時、十二人の船員が鳥取県民に救われ、厚くもてなされ、長崎まで送られたということで、この逸話は今でも伝わっています。さらに、この逸話は鳥取県と韓国地方政府の交流関係をいっそう緊密にしています。日韓国交正常化五十周年にあたる去年、私どもはこのような草の根交流の逸話をまとめて一冊のパンフレットを出版致しました。三国の間で、このような温かい交流の歴史や物語をより多くの人々に知ってもらいたかったのです。これは将来の協力関係を発展させる土台にもなってほしいのです。中国と韓国との交流は貴重な財産を残し、今日の三国関係につながる重要な要素でもあります。われわれは自信を持ってこのような事実を伝えたいのです。

現在、日中韓三国の間での人的往来は、すでに年間二千万人を超えていますが、われわれの目標としては二〇二〇年までに、三千万人を達成することを目標にしています。昨年一年間で、中国からの訪日者数は五百万人に達し、前年同期比で倍増を果たしました。また、韓国からの訪日者数も前年同期比四五％増の四百万人に達したということです。いわば、毎年、一万四千人以上の中国の方と一万一千人以上の韓国の方が日本を訪れています。これは未曾有の数字であり、非常に喜ばしいことであります。経済面においても、日中韓三国の協力強化は実り豊かな成果をもたらしています。昨年、私は日本の民間大使とも言われる日本の一般市民を率いて、中国と韓国をそれぞれ訪問しました。韓国を訪れた日本人は千四百人で、実際には、もっと多くの人が行きたかったけれども、宴会場の収容制限で千四百人しか行けなかったのです。また、ほかにも、三千二百人の日本人を連れて中国を訪問しました。

政府間レベルでは、我々は多くの難題を抱えていますが、普通の国民は隣国同士の交流を楽しみにしています。我々両国の間は、地理的にも経済的にも、緊密につながっていますが、最も深いつながりは文化にあると思います。今後、我々は、文化のつながりを一層発展させなければなりません。これまで、我々日中韓三国の間で、多くの協力の種が蒔かれてきました。我々三国は、本地域の最も重要な国家として、全力を挙げて協力しなければなりません。我々が直面している地域問題、および国際社会には、共通の課題が多く存在しており、これら問題を解決・克服するためには、協力していかなければなりません。そして、重要なのは、我々が青少年の協力の推進にも取り組まなければならないという点です。青少年たちは、国の未来を担っているからです。

また、これから、我々はどの国が困難に遭っても、我々は直ちに援助の手を差し伸べなければなりません。我々は普段の生活の中で分かっているように、隣人が非常に大事です。国と国の関係の場合、この隣人が最も大事になってきます。そのため、我々三国、三つの隣国の全力を尽くした協力が最も大事なのです。このことを、我々三国の国民にしっかり認識してもらわなければなりません。ですので、我々三国は、互いに対する重要性を十分に認識し、三国が全力で協力しあう関係を構築するべきであると考えております。

最後でございますが、私たちにとっても大変悲しいことをお話ししなければなりません。本フォーラムに参加する予定の、名簿の中に写真も経歴も乗っている若宮（啓文）さんが急死されました。中国と韓国の皆さんも、若宮さんの活動をよく知っており、朝日新聞での活躍ぶりを高く評価し、深い哀悼の意を表明して頂きました。日本に帰ったら、中韓両国の皆さんからの温かい気持ちを若宮さんのご家族に伝え、哀悼と尊敬の念を語り継いでいきたいと思います。日本側の参加者を代表して、この温かいお気持ちに対して、深く御礼を申し上げたいと思います。

日中首脳会談を開催せよ！

令和四（二〇二二）年は日中国交正常化五十周年の年となった。日中関係を改めて振り返るとともに、韓国で新たに発足した尹錫悦政権や緊張感の高まる世界情勢について語った、「月刊日本」二〇二二年十月号掲載のインタビュー。（編集部）

命懸けの日中国交正常化交渉

――今年は日中国交正常化五十周年に当たります。二階さんは日中友好のために尽力してきましたが、この節目の年をどのような思いで迎えましたか。

二階　日本と中国は一九七二年に国交を正常化し、一九七八年の平和友好条約締結をへて、あらゆる分野において友好で互恵的な関係を発展させてきました。この五十年という歳月を振り返ると、現在の日中関係は先人たちの平和と友好への誓いの上に築かれたものであることを改めて痛感します。

私たちは日中交流に長く携わった方や日中友好の各事業に参画された幅広い世代の方の歩みに思いを馳せながら、この節目の年を新しい友好関係の構築に向けた年にしなければなりません。

これまでの五十年を踏まえつつ、新たな五十年に向けて進んでいく。そのための出発点にすべき年だと思います。

――五十年前に日中国交正常化を成し遂げたのは田中角栄首相です。二階さんは田中首相の対中外交をどのように見ていましたか。

二階　田中角栄先生は、首相に就任してからわずか二ヵ月の間に日中関係の正常化を成し遂げました。当時の政治情勢や対中国・対共産党への風当たりを考えると、非常に難しい決断だったと思います。政治の決断は慎重にやらなきゃいけないのは当然ですが、それと同時に、いざという時に総理大臣がリーダーシップを発揮することが大事です。田中先生はまさにリーダーシップを遺憾なく発揮されたと思います。

田中先生は中国に向かう機内で、二階堂進官房長官に対して「私は死ぬ覚悟で来ている」とおっしゃったそうです。これは大げさな表現ではありません。命をとられなくとも、一歩間違えれば政治生命を失う可能性がありますからね。対する中国も命懸けでした。交渉相手となった周恩来氏はがんに侵されていて、自らの死期を悟っていたとも言われています。「自分は生きて日本を訪問することは二度とないでしょう」と語っていたそうです。

日中双方のリーダーがこうした相当の覚悟をもって厳しい交渉を重ねた結果、九月二十九日の日中共同声明調印に至りました。日中双方が東アジアにおける安全と経済的繁栄を確実にしていくために、良き隣人として、善隣友好関

平成 31（2019）年の自民党幹事長としての訪中時には習近平国家主席と会談。この際には安倍晋三総理からの親書も手渡した

係を築き上げることを第一に考えていたからこそ、国交回復を成し遂げることができたのだと思います。

戦争だけは絶対に避けなければならない

――いま国際社会では米中対立が激化しています。その影響を受けて、日本と中国の関係まで悪化しています。現在の日中関係をどのように評価していますか。

二階　国際情勢がいかに変わろうとも、日本にとって隣国である中国との関係は最も重要な二国間関係の一つです。いま世界はかつてないほど結びつき、もはや一国だけでは対処しきれない課題が増えています。そうした中、日中両国はともに責任ある大国として、国際社会の平和と繁栄に貢献していかなければなりません。

日中関係の明るい未来を築くためには、政府のみならず国民一人一人が未来に向けて相互理解を深めるための努力を重ねていく、その精神が何より大事です。私はこの思いを胸に、日中の友好と平和な環境をつくるために尽力した先人たちの精神をしっかり受け止め、次の世代へ引き継いでいきたい。そのために今後も新たな日中関係を切りひらく努力を続けていかなければならないと思っています。

――日本では防衛費をGDP比二%にすべきだとか、敵基地攻撃能力を持つべきだといった議論が盛んに行われています。これらはどれも中国を念頭に置いたものだと思います。こうした議論をどのように受け止めていますか。

二階　戦争だけは絶対に避けなければなりません。日本は戦前、軍備をどんどん拡張した結果、惨憺たる目にあった経験があります。それこそ日本がなくなってしまうかもしれないほど厳しい状況に追い込まれました。当時、私はまだ子供でしたが、疎開も経験しましたし、防空壕にも入りました。子供ながらに戦争がいかに大変なことかということを実感しました。

この経験を忘れてはダメですし、また、こんなことを二度と子供たちに味わわせてはならないと思っています。その責任は政治にあります。政治家たちは命を懸けてでも平和を守らなきゃなりません。

そのためにも、日中はもっと若者たちの交流を進めるべきです。私は海外出張する時は、できるだけ多くの人と一緒に行くようにしています。海外を見て、国際社会を見れば、戦争を仕掛けようなんて誰も思いませんよ。

戦前の日本が戦争に踏み切ったのは、外国のことを知らなかったからです。国際感覚がなかったからです。憐れと言えば憐れです。

日本から中国にたくさん人が行けば、中国からも日本に来てくれますよ。行ったり来たりという言葉があるけれども、行くばかり、来るばかりではダメです。お互いに行き来し、お互いのことを知ることが大切だと思います。

尹徳敏大使を勉強会に招く

――今年、韓国では新たに尹錫悦(ユンソンニョル)政権が誕生しました。尹大統領は日韓関係の改善に意欲を示しており、日本に対して積極的にメッセージを送ってきています。二階さんは韓国にも何度も訪れ、信頼関係を構築していますが、日本は韓国の新政権とどのような関係を築くべきですか。

二階　私と韓国との縁は、和歌山県議会議員として地域の高校ホッケーチームを率いて訪韓し、親善試合を行ったことから始まりました。言葉が通じない中でも生徒たちがすぐに仲良くなる様子を見て、民間交流の重要性に気づきました。

日韓友好にも尽力。写真は平成 29 年（2017 年）訪韓時の様子

中国と同様、隣国である韓国との関係は日本にとって重要な二国間関係の一つです。日本と韓国の関係は常に世界から見られていると思います。そのことはちゃんと頭に入れておく必要がある。隣近所の国とうまく付き合えないで、世界の隅々まで影響力を及ぼすことはできません。

幸いなことに、日本と韓国は特に若い世代がお互いの文化を通じ、深く交流しています。私たちはさらに親密な関係を築き、世界で最も近い友好の国だということを後世に伝えていけるように努力する必要があります。

――二階さんが会長を務める志師会の勉強会に、新たに着任した韓国の尹徳敏（ユンドクミン）駐日大使が参加すると報道されています。尹大使は知日派として知られ、尹錫悦大統領の外交ブレーンでもあります。尹大使を勉強会に招く狙いはどこにあるのでしょうか。

二階　何も特別なことを狙っているわけではありません。私たちの派閥は時に応じて外国の大使をお招きし、また同時に、何か困ったことがあれば派閥をあげて協力してきました。いつもそういう姿勢で臨んでいます。

大事なのは常に交流を続けることです。何か起こってから相手に会うのではなく、たいしたテーマがない時にも交流しておくことが必要です。特に日本は韓国と近いのだから、そういう努力を怠ってはなりません。こうした民間交流の積み重ねが、信頼関係につながるのです。

外務省の皆さんが専門的見地に基づいて外交をやっていただくことは、それはそれで大事なことですが、私たちは一歩離れたところから大きく包み込むような交流をしたいと思っています。外務省のご指導のもとにやっているようではダメですよ。外務省を引っ張り回すくらいのパワーを持たなければなりません。

日中首脳会談を開催せよ

――岸田政権が発足してから一年近くたちました。この間、岸田政権はコロナ対策やロシアによるウクライナ侵攻への対応など様々な問題に直面しましたが、岸田政権をどのように評価していますか。

二階　岸田政権は昨年発足して以来、高支持率を維持してきました。私たちが昨年十月の衆議院選挙や本年七月の参議院選挙に勝利したのは、国内外の様々な問題について岸田政権の対応が評価された結果だと思います。

岸田総裁は「聞く力」を掲げ、対話を重視しています。強力なリーダーシップではなく、国民の声を政策に反映する新たなリーダー像を築いていると評価しています。自民党は引き続き国民の命と暮らしを守るため、一丸となって様々な難局にあたっていくことが必要だと思っています。

――岸田政権は日中共同声明が出された九月二十九日の記念日に、日中首脳会談の開催を模索していると見られています。日中関係の今後のためにもぜひ実現してほしいと思います。

二階　外交の細かい動きまでは知りませんが、しっかり頑張ってもらいたいと思います。繰り返しになりますが、日本と中国はお互いに最も重要な隣国の一つであり、戦争だけは絶対に避けなければなりません。時間がたてばどうしても戦争の記憶は薄らいでいきます。先人たちが重ねてきた苦労に思いを致し、平和を求めてお互いに一歩踏み出そうと、こういう気持ちでやってもらいたいですね。

「月刊日本」二〇二二年十月号より

田中角栄元首相と

第五部　人と政治と

わが人生の師・遠藤三郎先生

昭和三十六年に大学を卒業した若き日の二階俊博は、建設大臣などを務めた静岡県選出の政治家・遠藤三郎の秘書となり、遠藤代議士が亡くなるまで秘書を務め上げた。平成二年に刊行された追想文集『追想遠藤三郎』より、二階代議士の寄稿を掲載。（編集部）

遠藤先生は、戦時中の昭和十七年頃、当時の農林省から和歌山県の経済部長として出向されました。その頃、和歌山県議会では、山口喜久一郎議長（後の衆議院議長）、小野真次副議長（後の和歌山県知事）などがご活躍され、また県の警務課長には、後に法相となられた秦野章先生もおられたと聞いております。

私の父もその当時、県議として遠藤経済部長に親しくお付きあいさせて頂き、遠藤先生が東京に帰られてからも、あるいは代議士になられてからも、親しくご指導を頂いておりました。そんなご縁で昭和三十六年の春、私は社会人としての第一歩を遠藤三郎先生の代議士秘書としてスタートさせて頂きました。

当時遠藤先生は五十六歳、まさに男の働き盛り。「藤山政権」を目指して情熱を燃やしておられた時期でした。

寒い冬はマフラーを首にひっかけて会合から会合に走り回り、その間、スポーツ好きの先生は、暇を見つけては後楽園球場にでかけ、日本シリーズなら巨人、ノンプロなら地元の大昭和製紙を夢中になって応援されていました。チャンスになるとスタンドでアンパンをほうばりながら、時には立ち上って声援を送っておられた姿が昨日のことのように思い出されます。またボクシング、相撲にもよくでかけました。

そのような折りに、いつもお伴をさせて頂いたのですが、常に頭はシャープで、身のこなしは機敏、先生について廻るだけでも大変でした。

「暇があれば、国会の委員会や党の会合へでて、勉強しなさい」といって、選挙区の方々の陳情処理の合間を縫って、勉強の機会を与えてくれました。また、夜の会合から自宅に帰る途中で、後楽園近くに下宿をしていた私を時には、送ってくださいましたが、私が降りるころになると「お父さんから預かった君に、酒を飲むことばかり教えているわけではないよ。帰ったら勉強しなさい」と、そんな言葉をかけて頂いたことが、いまも脳裡から離れません。

選挙区の静岡県沼津市にも時々ご一緒させて頂きましたが、「世界中を廻ってきて、やはり富士山の見える静岡県が世界一だなあ」とよく述懐されており、郷里に帰ることが何よりも好きな郷土愛の強い政治家でもありました。

選挙も強い。仕事もできる。自信に満ちた先生に秘書としてお仕えするようになってちょうど一年を迎えた頃でした。千鳥ヶ淵の桜が満開に咲き誇っていた陽春の日、先生は軽い脳溢血で倒れ、東大病院に入院されたのです。心の中で大木が音をたてて倒れ行くような大きなショックを受けたのは、私一人ではありませんでした。

入院後、しばらくして意識を回復された先生から私への第一声は「二階君が嫌がるなら仕方がないが、佐賀県の杉原荒太先生（元防衛庁長官）の選挙のことが気になるので、当分応援に行ってくれないか」ということでした。

遠藤先生のご長女・道子さんが、杉原先生のご長男・杉原哲太さん（弁護士）のところへ嫁いでおられた関係から、遠藤先生が心配するお気持がよく分かりました。そこで私は「お役に立てるかどうかわかりませんが、選挙のときは朝早く起きて事務所を開ける人でも必要でしょうから、何かやれるでしょう」と言って事務所の先輩達に見送られ夜行列車に乗り佐賀県に赴いたのです。

人生は人の出会いだとよく言われます。私はここで、もうひとり遠藤先生とは全く違ったタイプの政治家・杉原荒太先生と二ヵ月にわたり寝食をともにさせていただき、多くのことを学びました。

遠藤三郎代議士

また、このとき知り合った杉原先生のご親戚に当たる若かりし日の元経済企画庁長官愛野興一郎代議士（祐徳バス副社長＝当時）と知り合い、それ以来、ご交誼をいただく間柄となりました。

二ヵ月余の参院選挙のお手伝いを終えて東京に帰ってみると、遠藤先生もようやく回復に向かわれて、長野県鹿教湯温泉にリハビリにでかけるとのことで、私もお伴することになりました。途中、カッコーが鳴く軽井沢のホテルで一泊し、先生と奥様と私と運転手の笹原君（現在栗原祐幸代議士秘書）の四人で、まだ舗装のされていない長野県丸子町の県道を走り、目指す鹿教湯温泉に辿り着いたのは、初夏の頃でした。

間もなく奥様が東京に帰られてから、先生と私と笹原君の三人での共同生活がはじまりました。先生は声を出す稽古に小説「宮本武蔵」を朗読するほか、朝の散歩、一日数回の温泉入浴。手の感覚を取り戻すために奥様とご一緒に近くの釣り堀を訪れ、虹鱒を沢山釣り上げたこともありました。階段の昇り降りの練習、診療所通いなど、今になってみれば何もかも懐かしい思い出ばかりです。

人里離れた山奥でひたすら政界復帰を目指して約五ヵ月間の訓練は、求道者の姿にも似ていました。そのとき私は、先生は単に頭脳明晰だけでなく、「努力の人だ」とつくづく感心させられたものです。

いくぶん手足の不自由さは残りましたが、順調に回復され、その年の秋も終わりの頃、沼津市と吉原市（現富士市）で遠藤会の大集会を開くことができました。藤山愛一郎先生をはじめ当時、藤山派の重責をになっておられた江﨑真澄先生、小沢佐重喜先生（小沢一郎自民党幹事長のご尊父）、藤原あき先生などが駆けつけてくださり、さらに地元出身の参議院議員で、当時厚相だった小林武治先生にもお出かけ頂きました。

この時の厚生大臣秘書官が若き日の橋本龍太郎大蔵大臣で、大臣の日程をやりくりして頂きました。

遠藤会の総決起大会は、大成功で「遠藤三郎健在なり」を選挙民の皆さんにお披露目するとともに、新たな結束を促し「政治家・遠藤三郎」の再出発の日となったのです。

この後、三回の衆議院選挙、約十年の政治活動を続け、その間に工業整備特別地域整備促進法、自転車道の整備等に関する法律を議員立法で、自らが提案者となって成立に漕ぎつけ、今日の工業整備特別地域の発展や子供達の喜ぶ自転車の専用道路建設の基礎を築かれたのであります。頑健な候補者でも大変な選挙戦を三回にわたって闘い抜き、常に高い得票で当選されましたが、これは遠藤会員の皆様方の熱意あふれる支援の賜物であることは言うまでもありません。同時に郷里・静岡県の躍進と国家の発展にかけられた政治家としてのたぎるような情熱と使命感が不自由な身を押して十年のご活躍をもたらしたものと思います。

昭和四十六年十二月二十七日。遠藤先生は静かに二十二年十一ヵ月にわたる政治生活と六十七年七ヵ月の生涯に幕を閉じられました。

先生が逝かれた後、私は郷里和歌山県に帰り、地元の皆さんのお蔭で県会二期を勤めさせて頂き、さらに昭和五十八年十二月の総選挙で多くの方々のお力で初当選させて頂きましたが、初登院の十二月二十七日は奇しくも先生が亡くなられた日から数えて十二年目でありました。誠に不思議な巡り合わせであるとともに、自らの今日あるは、遠藤先生のお蔭であると、改めて心に刻んだものです。

もう一つの不思議な巡り合わせがあります。

遠藤先生が亡くなられた時、衆議院で弔辞を述べて頂いたのが、社会党委員長をなされた勝間田清一先生でしたが、私は初登院の日に自民党の党議決定に基づいて、社会党の副議長候補の勝間田先生に一票を投じさせて頂いたのであります。

戦前、食糧庁企画課長時代に、先生が心血を注がれた「食管法」は今、時代の移り変わりと共に見直しが言われ、日本の高速道路時代の草分けとなった東名高速道路は、いよいよ、第二東名道路の建設が進められるに至っております。この大きな変遷を今、先生は天国にあって、当時共にご苦労された方々と何を語り合っておられるか、興味深い思いが致します。

いずれにせよ、これからの私自身の政治生活を通して、私の人生の師であり、偉大であった先生の名を汚すことのないよう心に誓う今日この頃であります。

『追想遠藤三郎』（遠藤三郎先生を偲ぶ会、一九九〇年）より

大恩人、江﨑先生

江﨑真澄代議士は通商産業大臣や防衛庁長官などを歴任した政治家であり、二階俊博代議士とは遠藤三郎代議士の秘書時代から長きにわたる親交があった。「大恩人」と慕う江﨑真澄代議士の追想録『真澄さんを偲んで』に寄せた文章を掲載。（編集部）

日米安保の改定をめぐって世の中が、特に東京が騒然となっていた頃、文京公会堂における自民党の大演説会で、私は初めて政界切っての雄弁家、論客として名前が知られていた江﨑先生の演説を拝聴する機会を得ました。私は当時、まだ大学の四年生の頃でした。如何にも若々しい江﨑先生の颯爽とした姿に、この人が〝政界のスターだな〟という印象が今も鮮やかであります。樺事件に象徴される混乱の世相にあって、まさに理路整然と快刀乱麻を断つような雄弁に、魅了されたものでした。

大学卒業と同時に、私はご縁があって遠藤三郎先生（元建設大臣）の秘書として、社会人の第一歩を踏み出すことになりました。絹のハンカチと騒がれながら、財界から政界に転身された藤山愛一郎外相を総理にしようとする藤山派、藤友会の最高幹部は江﨑真澄先生、小沢佐重喜先生（小沢一郎自由党党首の父）、遠藤三郎先生等が当時のホテルニュージャパンに陣取って、昼夜努力を続けておられました。そんな関係で江﨑先生は連絡打合せのため、よく事務所にお立寄りになり、文京公会堂では、遥か彼方の遠い存在であった江﨑先生の謦咳に接することが出来るようになったのは、全く偶然とは言え夢のようなことでした。

私は秘書として一年目の頃、遠藤先生が突然脳溢血で倒れるという思いも掛けない事態になりました。遠藤先生が六ヵ月間の闘病生活の後、政界にカムバックを果たされ、更に三期十年間の政治活動を続けることが出来たのは、一にも二にも盟友江﨑先生の陰に陽にお支えがあったればこそと、私たち嘗ての秘書グループは今以て、感謝の念を持ち続けています。

私が郷里で、百十票の僅差で県議初当選の後、二期目の時は、先生が通産大臣の要職にありながら、和歌山県の御坊市まで地方の一県会議員のために応援にお出掛け頂きました。私は先生の力強いお支えのお蔭で無投票で再選され、国政への道が開かれました。

私が衆議院議員に初当選の後、故人・遠藤先生の銅像建立の話が持ち上がり、江﨑先生に撰文をお願いしました。「遠藤先生の銅像は誠に結構なことだ。銅像は後で造り直すというわけにはいかない。将来、君が恥をかくことに

江﨑真澄代議士

なる。私も協力するから立派なものを造ろう」美術に造詣の深い先生らしいお話でした。先生のご尽力のお蔭で富士の裾野に銅像は立派に完成いたしました。遠藤先生が没後十五年、除幕式には、総務庁長官、副総理として自らご出席を頂き、遺族はもとより多くの支持者の皆さんも、江﨑先生のいつまでも変わらぬ友情に改めて深い感動を覚えたものでした。

先生が政界ご引退のご決意をされた後、気に掛かることが二つあると言われました。

「一つは後継者のこと、一つは中部国際空港の建設」と言われたことが責任感の強い先生の言として感銘を深く致しました。

今、先生の後継者として江﨑鐵磨代議士はすでに二期当選、自由党の副幹事長・国会対策副委員長として、国と郷土愛知の良きパイプ役として活躍され、選挙基盤も盤石で将来を期待されており、更なる飛躍を江﨑先生は天上で祈っておられることでしょう。多年のご高恩に報いることが出来ますよう一層の精進を誓うものでありまず。永遠に安らかでありますように心からお祈り申し上げます。

『真澄さんを偲んで』（故江﨑真澄先生を顕彰する会出版委員会、一九九九年）より

二階俊博君の故議員岸本光造君に対する追悼演説

平成十四（二〇〇二）年三月十九日の第百五十四回国会衆議院本会議において行われた、二階代議士による故岸本光造衆議院議員に対する追悼演説。二人は同じ和歌山県選出の衆院議員であり、和歌山県議会議員時代からの友人であった。（編集部）

第百五十四回国会　衆議院本会議　第十四号

平成十四年三月十九日
午後一時　本会議

議長（綿貫民輔君）　これより会議を開きます。

議長（綿貫民輔君）　御報告することがあります。

議員岸本光造君は、去る一月二十三日逝去されました。まことに哀悼痛惜の至りにたえません。

岸本光造君に対する弔詞は、議長において去る十七日既に贈呈いたしております。これを朗読いたします。

〔総員起立〕

衆議院は　議員従四位勲三等岸本光造君の長逝を哀悼し　つつしんで弔詞をささげます

議長（綿貫民輔君）　この際、弔意を表するため、二階俊博君から発言を求められております。これを許します。二階俊博君。

〔二階俊博君登壇〕

二階俊博君　ただいま議長から御報告のありましたとおり、従四位勲三等衆議院議員岸本光造君は、今国会召集の直後に、郷里和歌山市の病院で逝去されました。

昨年末に体調を崩され、療養中でありましたが、私たちは、あなたの一日も早い御回復をお祈りするとともに、近いうちに必ず元気なお姿で以前と変わらぬ精力的な政治活動を再開されるものと、だれもが信じて疑わなかったのであります。

今年の一月六日のことでありました。和歌山県選出の国会議員の三時間にわたるラジオ討論会に、病を押して東京から電話で参加された君は、今年の政局展望について、次のように語っておられました。「小泉内閣の改革を進めていくことについて、いろんな意見はありますが、改革をとことん進めていくことが日本の未来につながっていくのではないか。多少の痛みは伴いますが、改革は進めていかなければならない。」と、絞り出すような声で、強い決意を述べられました。

しかし、残念ながら、私たちにとって、これが君の声を聞かせていただく最後の言葉となってしまいました。

その後、しばらくして郷里に帰られた君は、容体、にわかに急変され、最愛の奥様を初め、御家族の皆様の懸命の看病にもかかわらず、去る一月二十三日、六十一歳という若さでその生涯を閉じ、不帰の客となられました。

君と私は、昭和五十年、ともに和歌山県議会議員選挙に初当選以来、当時の若手議員十二名をもって、清新自民党県議団を結成、互いに切磋琢磨しながら、「県政界に新風を」を合い言葉に、ふるさと和歌山県の発展に若い情熱を傾けたのも、つい先ごろのように懐かしく思い起こされるのであります。

さらにその後、ともに国政に参画の機会を得て、たとえ党派を異にしながらも、互いに声をかけ合いながら、同じ目的に向かって歩んでまいりました。

君の余りにも早過ぎる急逝の悲しい知らせに接し、まことに、惜しみても余りあり、痛恨のきわみであります。

私は、御列席の各位の御同意を得て、議員一同を代表し、謹んで哀悼の言葉を申し述べたいと存じます。（拍手）

君は、昭和十五年十一月、有吉佐和子さんの小説「紀ノ川」で有名な清流のほとりに、美しい紀州富士を仰ぐ、豊かな自然の景勝に恵まれた、和歌山県は那賀郡粉河町で、ミカン農業を営む父健治氏、母濱子さんの長男として生をうけられました。

君の過ごされた少年期は、申すまでもなく、戦中戦後の大変厳しい時代でありました。温かい御両親の愛情に包まれ、家業であるミカン農業の作業を手伝いながら成長された君は、県立粉河高校を卒業の後、神奈川大学、さらに法政大学大学院へと進まれました。

君が学生生活を送られた時代は、六〇年安保闘争の真っただ中でありました。その激しい時代のうねりの中、多感な岸本青年は、社会の持つ不平等に対し、若者らしい純粋な正義感を燃やし続け、さまざまな角度から学び、悩み、思索を繰り返す青春の日々を過ごされたのであります。

特に同和問題に対しては、若いころから強い関心を持ち、県議会の当時からも、人一倍、熱意を持って取り組んでこられました。そのきっかけとなったのは、高校時代に、何事も隠すことなく語り合ってきた無二の親友が、ある日、「おまえにも死んでも言えないことが一つだけある」と、一人で悩み、苦しみ、ただただ涙を流すばかりの、その友人の姿を目の当たりにして、同和問題の存在を知らされたのであります。

それ以来、君は、「同じ人間でありながら、なぜ差別をしたり、されたりするのか、これは絶対に許せないことである」という熱い思いを抱くようになり、その思いが君の生涯を通して「人にやさしい政治」を訴え続けてこられた、人間・岸本光造君の原点がここにあったのであります。(拍手)

大学院を卒業の後、京都短期大学で、政治学の教師として学究の道を歩まれました。その君が政治家としての道へ転身の機会を得られたのは、和歌山県設置百年の記念論文の募集に応募された際、君の主張の和泉かつらぎ山系研究学園都市構想が見事に選ばれ、研究学園都市構想という形で、後の県の重要政策にも取り上げられたことにあるのであります。

このことを知る郷土の皆さんの間から、君を県議会に送ろうという動きが澎湃として起こりました。当時の心境を、一身をなげうつ覚悟で期待にこたえることを決断したと、しばしば私たちに語ってくれました。

激戦の中を見事に初陣を飾られた君のその後の活躍は実に目覚ましく、教育者、研究者としての経験を生かして、教育改革や同和問題に、水を得た魚のごとく、積極的に取り組まれました。

また、全国有数のミカン生産県である和歌山県の農業振興の先頭に立って、努力を傾けてこられたのであります。

とりわけ、オレンジ自由化の際は、みずから走り回って全国のミカン生産県に呼びかけ、全国みかん生産府県議会議員対策協議会を結成し、推されてその会長としてミカン農家の生活安定のために尽くされた君の姿は、今でも全国のミカン生産者の間で語り継がれているのであります。

君は、県議会議員を務めること五期にわたり、その間、農林常任委員長、同和対策特別委員長、議会運営委員長、県議会副議長、そして平成二年七月には県議会議長に就任されるなど、和歌山県政の発展のために大きな役割を果たされました。

県政界の第一人者としての活躍ぶりは、やがて、政治改革を争点とした平成五年の第四十回総選挙において、君は、自由民主党公認候補として、当時の和歌山県第一区から勇躍立候補され、見事に初当選の栄冠に輝かれたのであります。（拍手）

国会議員になられてからの君は、ライフワークとしての人権・同和問題の改善に、文字どおり熱い情熱を傾け、全力投球を続けてこられました。

法務委員会においては、理事として、人権擁護施策推進法の成立に、また逓信委員会においては、聴覚障害者の知る権利のために、字幕放送の発展にも尽くされました。一昨年には、議員立法である人権教育及び人権啓発の推進に関する法律の立案に携わり、その成立のために奮闘されたのであります。

つい先日のことでありますが、与党人権問題等に関する懇話会の席に、いつもの元気者の君の姿が、もうどこにも見えないのであります。何とも言えない寂しさを覚えながら、私は、先輩や同僚のお許しを得て、「もしこの席に岸本議員がおられれば何を言われるのだろうかと先ほどから考えていました。せっかく人権擁護法案ができましたが、やはりここは、三年ぐらい経過したところで見直しを図るという附帯決議をつけてはどうか」と提案しましたところ、出席者全員の御賛同を得て、三年後見直しの方針が与党三党として決定されました。まさに、岸本議員のような、人間愛のほとばしるような政治家が、間違いなく私たちの心の中に生き続けていることを確認する瞬間でもありました。

さらに、君は、我が国農業の発展向上のために、専門的な知識を生かして大いに御活躍されました。

衆議院農林水産委員会においては、理事を務め、自由民主党にあっては、農林水産部会長、果樹農業振興議員連盟幹事長などを務め、二十一世紀には食料が必ず不足する、日本の食料は国内で自給することが大切であるとの信念に基づき、昨年三月、農産物緊急輸入制限の暫定措置発動に力を注がれたことは、記憶に新しいところであります。

また、県にあっては、和歌山県土地改良連合会会長として、常に農業者の立場に立って、関係者の期待にこたえられたのであります。

第二次橋本内閣においては、農林水産政務次官として、農林水産業の抜本的改革に精力的に取り組まれ、新しい農業基本法の制定、米及び麦の新たな政策大綱の策定、国有林野事業の改革に代表されるように、将来に向けて、その確かな道筋を残されたのであります。

君の農業にかける熱い思いと力強いリーダーシップによって、我が国農政の歴史に輝かしいページを記すことができたのであります。

さらに、中国及び韓国との漁業協定の早期締結に尽力されるとともに、ローマにおける国際連合農業機関総会、そしてジュネーブで開催された世界貿易機関閣僚会議において、日本政府代表として出席し、堂々たる演説を行い、我が国の主張を世界にアピールすることができました。

このようにして、岸本光造君の八面六臂の御活躍は、本院議員に連続して当選されること三回、在職八年八ヵ月。私たちは、あなたが余りにも早く人生を駆け抜けられたことをうらむものであります。

志半ばで倒れられた君の無念を察するとき、いましばし君に存分の活躍の場をと思うのは、恐らく、彼を知るすべての同僚の思いであります。

君の気さくで、決して飾ることのない、真実一路のお人柄は、多くの人々に愛され、先輩からも後輩からも敬われてまいりました。そして、常に郷土を思い、国家を愛した君は、政治のテーマに対し、一途なまでの真摯な姿で、真正面から挑戦を続けてこられました。

君は、政治家たるものの覚悟について、こう語っておられます。「政治には、国民生活を豊かにする、平和で自由な世界を構築するという素晴らしい目標と理念がある。それゆえに、政治に関わる者の責任は極めて重いのである。重いという言葉では足りぬ。責任のとり方は生か死かといったものでなければなるまい。そうでなければ国民の信頼を得られようか。」

君の、みずからの立場や利害損得を考えず、常に体ごと物事に当たるという熱血かつ純粋な性格は、まさに、政治家岸本光造の真骨頂でありました。しかし、このような性格や、休むことを知らない人間機関車のような活動が、知らず知らずのうちにお体を損なうような結果を招いてしまったことは、政治家の宿命とはいえ、まことに返す返すも残念であります。

今、改めて、岸本光造君を失ったことは、和歌山県民はもとより、本院にとりましても、大いなる損失であります。

岸本君、私どもは、もはやこの議場で、あの優しさにあふれた温顔に接することができなくなりました。しかし、君の歩んでこられた輝かしい足跡とその志は、私たち同僚議員の胸に深く刻まれているのであります。

ここに、謹んで岸本光造君の生前の御功績をたたえ、その人となりをしのび、心から御冥福をお祈りいたしまして、追悼の言葉といたします。（拍手）

二階俊博君の故議員鳩山邦夫君に対する追悼演説

平成二十八（二〇一六）年九月二十八日の第百九十二回国会衆議院本会議において、二階俊博自民党幹事長によって行われた、文部大臣や法務大臣、総務大臣などを務めた故鳩山邦夫衆院議員への追悼演説。（編集部）

第百九十二回国会　衆議院本会議　第三号

平成二十八年九月二十八日

午後二時開議

議長（大島理森君）　御報告することがあります。

議員鳩山邦夫君は、去る六月二十一日逝去されました。痛惜の念にたえません。謹んで御冥福をお祈りいたします。

鳩山邦夫君に対する弔詞は、議長において去る七月十二日既に贈呈いたしております。これを朗読いたします。

〔総員起立〕

衆議院は　多年憲政のために尽力され　特に院議をもってその功労を表彰され　さきに文教委員長　議院運営委員長　地方創生に関する特別委員長等の要職につき　またしばしば国務大臣の重任にあたられた議員正三位旭日大綬章　鳩山邦夫君の長逝を哀悼し　つつしんで弔詞をささげます

議長（大島理森君）　この際、弔意を表するため、二階俊博君から発言を求められております。これを許します。二階俊博君。

〔二階俊博君登壇〕

二階俊博君　ただいま大島議長から御報告のありました、本院議員鳩山邦夫先生は、去る六月二十一日、御逝去されました。まだ六十七歳の若さでありました。

追悼演説を行う二階俊博自民党幹事長

先生の急逝の報に接しましたときには、誰もが同じ思いでありましょうが、驚きの余りにただ絶句するばかりでありました。亡くなられる一時間ほど前までは御家族の方々と普通にお話をされておられたと伺っております。突然の出来事にお身内の皆様や関係者の深い悲しみはいかばかりであったかと今なお察するに余りあり、お慰めする言葉もありません。

私は、ここに、ありし日の鳩山先生の面影をしのび、議員各位の御同意を得て、謹んで哀悼の言葉を申し述べさせていただきます。

鳩山先生は、昭和二十三年九月十三日、文京区音羽の地において、大蔵事務次官、参議院議員、外務大臣を務められた父威一郎先生と母安子様の次男としてお生まれになりました。祖父は鳩山一郎元総理大臣、兄由紀夫氏も元総理であり、鳩山家は、政界では名門中の名門であることは今さら申し上げるまでもありません。

さかのぼれば、衆議院議長を務められた曽祖父和夫氏は、今でいえば東京大学法学部に当たる法科大学の教頭や、早稲田大学の前身、東京専門学校の校長も務められ、曽祖母春子様は現在の共立女子学園の創設者であり、祖母薫様はその理事長という、類いまれな教育者の御一家でもあります。

こうした家庭環境に育った鳩山先生は、祖父の鳩山一郎総理大臣が、保守合同による自由民主党の創設と、日ソ国交回復という日本の政治史の大きな転換点にまさに身命を賭して深くかかわられたお姿を見て、小学二年生にして早くも、将来は政治家になることを夢見ていたとのことであります。

長じて、昭和四十六年三月、先生は東京大学法学部を優秀な成績で御卒業された後、やがて内閣総理大臣となられる田中角栄先生の門をたたき、いよいよ政治家を目指す活動を開始されました。

当時、田中先生は口癖のように、戸別訪問は三万軒、つじ説法は五万回と語っておられましたが、その先生の真意は、各地域の実情をしっかりと把握しろとのことであったと述懐されております。

田中先生のもとで政治とは何かを学ばれた鳩山先生は、父威一郎先生の秘書を経て、昭和五十一年十二月の総選挙に無所属で勇躍立候補されました。選挙運動では、田中先生の言葉のとおり、足のまめが潰れ、白い運動靴が血で真っ赤に染まるまで、歩いて歩いて支持を訴え続けられました。そのかいあって、祖父が築かれた盤石な地盤に頼ることなく、二十八歳の若さで見事初陣を飾られたのであります。

以来、本院議員に当選すること十三回、在職三十七年九ヵ月の長きに及び、御承知のとおり、平成十五年十月には、永年在職議員として院議をもって表彰を受けられました。

この間、国政に残された御功績は枚挙にいとまがありません。その一端を御紹介いたしたいと存じます。

まず、本院においては、議員生活の第一歩を無党派クラブという小会派から出発され、法務委員会に所属されました。今でも、明快な先生のその当時の論旨と、颯爽と質問されておられる御様子は、先輩議員の語りぐさであります。当選一回の議員ながら既に論客の風格を感じさせるものがあったと言われております。

以後、法務、文教、予算などの各常任委員会や、倫理選挙特別委員会などの重要委員会で、若き理事として各党との折衝に当たられたほか、文教委員長、議院運営委員長、武力攻撃事態への対処に関する特別委員長、地方創生に関する特別委員長などの要職を歴任されました。与野党が対立する難しい法案の取り扱いなどに当たっては、持ち前の円満な人柄により、公平かつ円滑な委員会運営に尽力されました。

内閣においては、平成三年、宮沢内閣の文部大臣として最年少閣僚で初入閣を果たされました。教育者の家系でもある鳩山家の一員として、祖父一郎先生も御経験された文部大臣に若くして御就任のお喜びは、格別なものがあったであろうと想像されます。その後、平成六年には羽田内閣の労働大臣、自民党に復党されてからは、第一次安倍内閣、福田内閣の法務大臣、麻生内閣の総務大臣として、四度にわたり国務大臣の重責を担われました。

自由民主党においては、文教部会長、選挙制度調査会長、司法制度調査会長、政治倫理審査会長などを歴任され、卓越した手腕を遺憾なく発揮され、党の中枢にあって、政策づくりの根幹を担われたのであります。さらに、昨年の十一月からは、地方創生実行統合本部長に就任され、安倍政権の最重要課題である地方創生を党のサイドから推進されている最中に病魔に倒れられたのであります。

さまざまなお立場で重任に当たられた鳩山先生ですが、その政治に対する基本姿勢は明確であり、終生、揺らぐことはなかったのであります。

常に国民の目線に立ち、おかしいと思うことは、それを正すべくはっきりと物を言い続けることによって、国民にわかりやすく問題提起をして議論を促すという政治スタイルであります。初めて立候補された当時のみずからの著書で、選挙を通じてわかりにくい政治をわかりやすい政治にすると訴えられ、政治家の役割は世の中を幸せにするお手伝いをすることだと述べておられます。この初心をその後も徹底的に貫き、行動されてきたと言えましょう。

一例を挙げますと、鳩山先生は、同和対策、人権擁護に対しても大変熱心でありました。さきの国会に議員立法で提出し、継続審議中となっている部落差別の解消の推進に関する法律案について、いまだ苦しんでおられる多くの方々のために何としてもこの法律を成立させなければならないと強く訴えておられました。我々は、一日も早くこの法案を成立させ、亡き鳩山先生に御報告しなければなりません。

鳩山先生の長い政治生活は、この議場において永年表彰を受けられた際に御本人がいみじくも語っておられるとおり、政治改革に邁進し、政界再編のための新党の実験の真っただ中に身を置かれたもので、その存在は常に政界の中心にあったと言われております。

そんな先生が、一度だけ国政の場を離れられたことがありました。すなわち、平成十一年四月の都知事選への挑戦でありました。立候補に際し、熟考され、まとめられたのが、その後まさに先生の終生のライフワークとなる、これも、最も大切なもの、先生の政治課題として、自然との共生でありました。

残念ながら、この選挙は一敗地にまみれる結果となりました。その後、平成十二年六月の総選挙で、自由民主党の国会議員として返り咲かれたのであります。

当選後、先生は、仲間を募り、超党派の自然との共生を考える国会議員の会を立ち上げられ、メンバーの皆さんとの間でいつも熱心に議論を交わしておられたようであります。

先生の自然との共生の理念は、生態系の破壊が、結局は地球環境の破壊、ひいては人類の破滅につながるものとして、文明論にまで及ぶ高邁な思想でありました。その志が道半ばでついえてしまった今、先生の無念さはいかばかりかと拝察するものであります。

鳩山先生のもう一つ大きな御功績は、多くの方々が語っておられるように、政界を中心として多くの人材をお育てになられたということであります。自他ともに認める腕前の手料理を後輩たちに振る舞い、政治家とはどうあるべきかについて深い愛情を持って語られ、今や、先生の御薫陶を受けた数多くの多彩な顔ぶれの政治家が、国政や地方議会の場で御活躍されております。これこそが、先生の政治に対する最大の貢献であると言っても過言ではありません。

こうしたことが可能であったのは、とりもなおさず、鳩山先生が多くの人々から慕われ、包容力のある魅力的な政治家であったからであろうと存じます。堂々とした体躯で、明るく大きな声で気さくに話しかける先生の笑顔に、再び私たちは接することができないと思うと、惜別の思いと寂しさを抑え切れないものがあります。

政治家としての鳩山先生は、多才に過ぎたと評する向きもありますが、しかし、その極めてすぐれた知性、才能をもってすれば、何でもできたに違いありません。

事実、御自分でも、もう一度人生をやり直せるならば、やりたいことは、政治家のほか、食文化の殿堂づくり、また、農業、そして大好きなチョウの研究家という趣旨の文章をつづられ、多彩な生き方を夢見ておられたとのことであります。

四十三年間苦楽をともにされた、先生を身近でお支えしておられた奥様は、お別れの会で、いつまでも少年のような純粋な心を持った人でしたとおっしゃっておられました。

先生が標榜された自然との共生は、子供のころの御自宅や軽井沢の豊かな自然の中でチョウを追った原体験に基づいた、自然を愛する心から発しているものであります。しかし、そればかりではなく、我々が及びもつかないほど遠い未来を見据えて、理想とする世界の実現という見果てぬ夢を追い続けておられたのかもしれません。

私たちは、人類の未来にさえも警鐘を鳴らし続けておられた鳩山先生を失いましたことは、本院はもとより、国家にとっても大きな損失であります。まことに痛恨のきわみであります。しかし、その思いと理念は、私たち後進の政治家の心の中にいつまでも生き続け、あたかも丹精込めてつくられたあなたの精緻なチョウの標本のごとく、永久に輝きを放ち続けるものと確信しております。

ここに、改めて鳩山邦夫先生の生前の御功績をたたえ、その人となりをしのび、心から御冥福をお祈りして、追悼の言葉といたします。

田中先生の薫陶が私のエネルギー源だ

二階俊博代議士が衆議院議員に初めて立候補したのは田中派からであった。その後間もなく田中角栄元総理は脳梗塞に倒れるが、二階代議士はその後も田中元総理を政治の師の一人と仰ぎ続けた。田中角栄について語った「月刊日本」誌の記事。（編集部）

「田舎の青年候補」を全力で応援してくれた田中先生

田中先生が亡くなって二十三年が経ちますが、あれほどの政治家は未だに出てきていません。

若い時から、通常の人とは比べ物にならないほどのご苦労をされてきました。その中から「政治家は斯くあれ」という理想を掲げられ、最後までそれに向かって歩み続けられたことに対して、我々は深い敬意の気持ちを覚えます。私の政治活動のエネルギー源には、田中先生から受けた薫陶があるのです。

私は、昭和五十八年に田中派から衆議院に出ようと決意してから、江﨑真澄先生の仲介で、田中先生と頻繁にお会いするようになりました。田中先生は、「俺は毎日、馬を見て暮らしてきた。中央競馬に出せるだけの馬なのか、地方競馬どまりか、馬車馬にしかならないか。そうやっていつも馬を見てきた。君は中央競馬に出られる」と仰ってくれました。

「単に田中派の代議士を増やすために、君の出馬を要請しているわけではないよ。君なら他の派閥でも採ってくれるだろうから、田中派でなくてもいいいんだよ」とも仰っていました。

当時、田中先生は、ロッキード事件の一審判決で実刑判決を受けたばかりでした。旧知のベテラン記者からは「今、わざわざ田中派から出る必要はない」とも忠告されました。しかし、私は田中先生がいかなるお立場になろうとも、先生にお仕えして、ご指導いただくことに決めたのです。

昭和五十八年十一月、中曽根首相が衆議院を解散し、総選挙となりました。告示の直前に田中先生から連絡があり、目白のお宅を訪れました。田中先生は、すぐに私の選挙区の点検に入りました。私は、三十三市町村の状況を一つ一つ報告しました。

有田郡清水町の状況について、私が「百票」と言うと、田中先生は「百票とは何だ?」と機嫌が悪くなりました。清水町は、私の父親が必死に応援してきた、自民党先輩議員の正示啓次郎先生の出身地なので、遠慮して行かないことにしていると説明したのですが、田中先生は「百票なら泡沫候補でも取れるわな」と不満そうでした。常に真剣勝負をしてきた田中先生の姿勢に圧倒されたのを覚えています。

田中先生は、「石にかじりついてでも、この選挙で当選

◀昭和58年の9月、次の衆院選に田中派から立候補する予定の「二階俊博氏を励ます会」で挨拶する田中角栄元首相

させてもらえるよう頑張れ。俺が君のために何をすればいいか、何でも言ってくれ」と仰ってくれました。

そこで私は、田中先生にお願いをしました。県議時代から推進してきた高速道路の紀南延長を確実にしてもらうためにも、内海英男建設大臣に応援に来ていただきたいとお願いしたのです。田中先生は、即座に「わかった。内海君から君に連絡がいくようにしておく」と約束してくれました。

田舎の青年候補に対して、これほどまでに気を配ってくださるのかと、深く感じ入りました。

選挙戦では、内海大臣だけではなく、江﨑真澄先生や、林義郎厚生大臣をはじめ田中派の議員が応援にかけつけてくれました。そして、初当選を果たすことができたのです。

田中先生こそ親分の手本

驚いたのは、田中派新人議員の歓迎会でした。司会者が「それでは一人ずつ自己紹介を」と言うと、田中先生は「俺が紹介する」と仰って、一人ひとりメモを見ることもなく、紹介し始めたのです。すべて正確に、スラスラと紹介していきました。

田中先生は、四六時中、同志一人ひとりのことを考えていました。「この人のところには応援に行かなきゃいけない」「この人には役をつけてやらなきゃいけない」といつも考えていたのです。親分の手本だと思います。

多くの人たちが、「この時代に田中先生がご健在であれば、どのような政策を主張されるだろうか」という興味を抱くことでしょう。

もちろん、田中先生がいれば何でも解決するかと言えば、それほど単純ではありません。ただ、国民の皆さんに夢や希望を持たせるという意味では、田中先生には抜きん出るものがあります。

田中先生は日本列島改造論を掲げ、新潟と東京とを結ぶ上越新幹線実現を目指し、ついにそれを実現しました。それは、「様々な悪条件を抱える地元・新潟を立ち上がらせなければいけない」という強い思いに支えられていたのだと思います。

いま私は、「国土強靱化計画」に取り組んでいます。国民の命を災害からしっかり守らなければならないという思いがあるからです。十一月五日を「世界津波の日」に制定すべく国連に提案したのも、その思いからです。私は、もう一度立ち止まって、国土計画というものを考えてみる価値はあると思っています。

いま私は、近隣諸国との関係強化に取り組んでいますが、昭和四十七年の日中国交回復は、田中先生でなければできなかったと思っています。考え込んで思案しているだけでは、いつまで経ってもそこから一歩も出られません。田中先生は決断し、果敢にそれを実現しようとしました。中国を訪れると、今でも田中先生の名前が出るのをうれしく感じます。

政治というものは、豊かな人や恵まれた地域の人たちだけのものではなくて、政治の光を必要としている人々のためにあるものです。田中先生が目指した政治を振り返るとき、改めてそのことを考える必要があると思います。

「月刊日本」二〇一六年四月号より

自民復党を決めた福田康夫の言葉

二階俊博代議士は一度は自民党を離党し、新進党や自由党、保守党などに所属していたが、小泉純一郎総裁時代に自民党へ復党する。離党や復党を巡る経緯や思いについて、「文藝春秋」誌上で語った記事を掲載。（編集部）

今年（二〇一六年）八月、自民党歴代最年長の幹事長が誕生した。二階俊博氏（七十七）。議員秘書、和歌山県議から身を起こし、一九八三年から衆院選連続当選十一回を数える重鎮だ。一方で、かつては自民党を飛び出し、十年間、様々な政党で活動した経験も併せ持つ。巨大与党を率いる幹事長に至るまでの、波乱万丈の政治家人生を振り返った。

私が国政に出てから三十三年が経ちますが、振り返ってみますと、最も大きな節目となったのは、やはり九三年に小沢（一郎）さんらと手を組んで自民党を離脱すると決意した瞬間でしょう。

当時我々は、時の宮澤喜一総理に対して、小選挙区制と政党交付金の導入を中心とする「政治改革」の実行を求めていました。政治不信が高まり、自民党への批判が溢れていたあの頃、小沢さんから発せられた「政治改革」の叫びには、国民から一定の理解が寄せられていましたし、私自身、共感していました。政治改革のためには何をなすべきか、自民党が新しく生まれ変わるにはどうすべきか、自らに何度も問いかけながら日々を過ごしていました。

「出処進退」は政治家にとって、最も大事なもので、慎重の上にも慎重を期さなければいけません。ただ同時に、決断するべき時ははっきりと決断をしなければいけない。私の内側から「慎重に考えろ」「はっきりと決断しろ」というふたつの声が聞こえてくる毎日でした。

最終的に私は、宮澤内閣不信任案に賛成し、党を飛び出しました。

今日に至っても、あの時自民党を離れたことを後悔する気持ちはありません。今振り返っても私自身、非常に得難い、いい経験もさせてもらったと前向きにとらえています。

その後、新生党、新進党、自由党と党名を変えながらも小沢さんと行動を共にしましたが、「少し違うんじゃないか」という思いが徐々に出始めた。何がどう違い、どうして袂を分かつことになったのか、詳しくは申し上げません。お互いの信念に基づいて行動し、今も立場は違えど互いに政治活動をしている身です。一度は信じ合い、共に行動した仲間ですから、今さらあれこれ申し上げることはありません。

その後、保守党、保守新党を経る中で、自民党と連立政権を組みましたが、私自身が自民党に戻ることはありえないと思っていました。別に自民党に恨み、つらみがあるわけではありません。自民党の中には、私が遠藤先生（三郎・元建設大臣）の秘書だったころからの仲間を含め、一緒にやっていきたいと感じる気持ちのいい人間が沢山いました。彼らは入れ代わり立ち代わり、「自民党に戻って本当の仕事をするべきではないか」と言ってくれた。ただ、一世一代の決断をして離れた以上、戻るまいと肚を決めていたのです。そんな中で、熱心に「帰ってこい」と言ってくれたのが、当時（〇三年）小泉内閣の官房長官だった福田康夫先生でした。

実はご尊父の福田赳夫元総理には、若いころ随分と可愛がっていただいたのです。遠藤先生と福田先生は、一高、東大の同級生で非常に仲が良かったので、派閥の枠を超えてお二人だけで会食することもありました。そうした場に秘書の私も同席する機会がしばしばあったのです。

さらに言うと、遠藤先生の息子さんと康夫先生が同じ丸善石油（現・コスモ石油）に就職され、非常に仲の良い同僚でした。親同士、子同士のご縁の中に私もいたものですから、康夫先生からの「戻ってこないか」というお誘いはとりわけ心に響くものがありました。康夫先生の取り計らいで、時の小泉（純一郎）総理ともお話しすることになりました。そこで、「あなたも今のままで政治的に満足しているわけではないでしょう。もう一度一緒になって、自民党のために、もう一花咲かせてみないか」と面と向かって言われたのです。

これも昔話になりますが、小泉家の方ともいろんなご縁がありました。遠藤先生と、小泉総理のご尊父の純也先生（元防衛庁長官）は同じ藤山派でしたから、これまた仲良くしておられた。純也先生はしょっちゅう遠藤事務所におみえになる。代議士が居ない時には、我々秘書を相手に色んな話をしたり、冗談を言ったりされることもあり、すっかり親しみを覚えておりました。

ですから、小泉純一郎総理にお誘いいただいた感慨も大きかった。そうして私は十年ぶりに自民党に戻ることになったわけです。

ですから、その四年後（〇七年）に福田政権ができた時には、私にできることがあれば、福田赳夫先生のご指導に報いるためにも、何でもしたいと思いましたし、康夫先生に、微力ながら何かお返しをしなければいけないと感じていました。

余談ですが、康夫先生は今も中国やインドネシアとの友好を深めるために力を入れて活動していらっしゃいます。私も同様の活動をしているものですから、時々共通の友人に出くわすことがある。そうすると、律儀な康夫先生は必ず私を呼んでくれる。そんな時は何を差し置いても、日程を変えてでもお伺いします。

それにしても、福田赳夫先生の息子さんと元書生の小泉さん、お二人からお声がけをいただいた私ですが、元々は「角福戦争」と言われ、敵対する田中派から最初の国政選挙に出たのですから不思議なものです。

角栄先生の最後の言葉

私が初出馬した一九八三年十二月当時、角栄先生は刑事被告人であり、その直前に一審で懲役四年の有罪判決を受けたばかりでした。周囲からは「なんでわざわざ逆風の田中派から出るんだ。ほかの派閥から出ればいいじゃないか」と随分言われたものですが、私は角栄先生に惚れ込んでいましたので、よそでお世話になることは考えられなかった。今でも思い出すのが初陣の直前のことです。角栄先生からお電話をいただき、「選挙の情勢を聞きたいから、今から東京へ出てこい」といわれたのです。和歌山を回っていた私は、慌てて夜行列車に乗って上京し、目白のご自宅に伺いました。

すると、当時の中選挙区の和歌山二区という、三十以上も市町村がある広い選挙区の細かな事情をすべて熟知しておられたので驚きました。この村はどうだ？　ここの地区では何票ぐらいとれそうだ？　と一つ一つ聞かれて、的確なアドバイスを下さった。まだ何者でもない一候補のために、ここまで親身になってくれるのかと胸に迫るものがありました。何としても「先生勝ちましたよ」といって、もう一回この目白の御宅に伺えるようにしなきゃいけないと心に決めました。おかげさまで何とか無事に当選し、晴れて田中派の衆院議員となった私ですが、田中派の一回生の集まる場では、こんなことがありました。二回目の総選挙がやってこようかというころです。「次の選挙では僕は二階君のところに行ってやろう。一万人ぐらい入るようなところはあるか」と皆の前でお話をなさった。同じ選挙区には玉置和郎先生、東力さんという自民党の議員もいたのですが、「なあに、玉置君も東君も呼んだらいいんだ。玉置君も立派、東君も立派だ。しかし、二階君というのはさらに素晴らしい政治家だ、と言えばいい」とおっしゃるんです。しかし、それが私の聞いた角栄先生の最後の言葉となりました。ほどなくして脳梗塞で倒れられた。田中先生には短いながらも濃密な関係でご指導をいただきました。

○九年の政権交代選挙では、わが二階派は私以外全員落選の憂き目にあいましたが、やはり選挙とは「日常」なんですよ。日頃からいかに地元を回り、皆さんのお話をうかがい、手を握っているか。そういう角栄先生の教えを最初に受けたからこそ、国政選挙でこれまで十一回、三十三年間、一度も落ちることなく通していただいたと感謝しています。

今般は、谷垣禎一幹事長が自転車の事故で……と聞いたときから、本当に祈るような気持ちで回復を願っておりましたが、安倍総理から「幹事長を」と言われました。谷垣先生の状況を考えれば、言を左右にしているわけにはまいりませんから、しっかりと留守を預かろうという気持ちでした。

人にはそれぞれ得手不得手がありますから、角栄先生のような幹事長になろうと思ったってできるものじゃありません。ベストを尽くすしかない。

私にはもう一人、尊敬する幹事長の先輩がいます。金丸信先生です。この八月、幹事長になった直後にも山梨県の南アルプス市のお墓に報告に行って参りました。金丸先生という方は、非常に懐が深くて、人情味がありました。角栄先生とはまたタイプが違いますが、人を惹き付ける力があった。驚くのは、今でも金丸先生の地元の選挙事務所がそのままの形で残っていることです。息子さんが使い、今も地元の人が立ち寄られて先生の往時を偲んだり、世間話をしていく憩いの場になっている。金丸先生がふらっと「いま帰って来たぞ」と現れてもすぐに仕事ができるような雰囲気なんです。これは普通では考えられないことです。

自分の政治人生の来し方を振り返ってみますと、こうした偉大な方々のご指導をいただいたということは大変大きな財産です。そうした教えをまっとうし、少しでも自民党に恩返しをしていきたいと思います。

「文藝春秋」二〇一六年十二月号より

中曽根康弘元首相逝去を受けての幹事長記者会見

令和元（二〇一九）年十一月二十九日、戦後の日本を支えた政治家の一人である中曽根康弘元首相が百一歳で亡くなった。逝去の報を受けて開かれた記者会見で、二階俊博自民党幹事長が中曽根元首相について語ったもの。（編集部）

令和元（二〇一九）年十一月二十九日、中曽根康弘元首相の逝去を受けての幹事長記者会見

――今日、中曽根元首相がお亡くなりになられました。二階幹事長の受け止めをお願いします。

中曽根康弘先生は戦後政治の総決算ということを考えられて、国鉄民営化をはじめ行政改革等、国の方向性を決める大きな政治課題に取り組まれ、またさらに日米同盟の強化についても、今日の我が国の発展に尽くされた偉大な政治家でありました。我々後輩にとっては誇りうる政治家であったということで、皆から尊敬を集めておられました。

日々のたゆまぬご努力によって、中曽根政権はご承知の通り一千八百六日と、これは戦後五位の長期政権であります。数多くのご功績を国内外、特に自由民主党のために、ご指導をいただいて参りました。

訃報に接して誠に残念であり、ここに皆様と共に謹んでご冥福をお祈りし、心から追悼を申し上げたいと思います。

――中曽根元総理と二階幹事長との接点といいますか、エピソードで思い出に残っているものはございますか。

先生は常に国家と、大局的な立場で政治を語り、また書物に残し、ご指導いただいて参りました。その延長線上に、私どももお目にかかるたびに、これがやはり偉大な政治家だと。中曽根先生の謦咳に接して大変に得るものといいますか、ご指導いただくものがあって、印象深い先輩であります。それだけに、ご存命でおっていただくだけで、国の大きな問題に際して羅針盤のような役割を果たしていただけました。それを思うだけで大変残念であります。

我々は中曽根先生のご遺徳を偲びながら、先生の政治的な方向性というものについてはあらゆる書物、あらゆる場所で発言されておりますから、この偉大なる政治家の発言や文章等を党として受け継いで、次の時代に伝えていく方策をこれから考えたいと思っております。

――中曽根元総理は議員を引退されてからも憲法改正等に非常に熱心に取り組んでこられました。そのあたりについてはどのようにご評価されてますか。

皆、親しみを込めて「中曽根大勲位」と呼んでおられましたが、先生は大政治家であられたということだけではなくて、常に現役といいますか、常にフレッシュな感覚で指導していただいたということが印象深く思い出されます。

高い立場にお立ちでありますが、同時に現役に対しましても温かく、厳しくご指導いただくという情熱を持ち続けておられた指導者でした。本当の意味での指導者であったと思います。

――葬儀については近親者による家族葬ということなんですが、後日行われるお別れの会についてはどういうもち方が望ましいとお考えでしょうか。

それはご家族のご意向を重視しなければなりませんが、

中曽根康弘元首相

党としては最大限の敬意を払って大先輩を見送るべきだと考えております。これはしかしご遺族のお考え等も十分聞かないとなりません。党はそういった方針で最大限のことをさせていただきたいと思っています。

――最大限と申しますとやはり国葬という形に。

それは総理のご意見もあるでしょうし、これから周りの人と相談いたします。

――幹事長は中曽根先生の源流になる派閥を率いられているわけですが、その思いを今後どのようにいかしていきたいと考えてらっしゃいますか。

中曽根先生は細かいことをとやかく仰るような政治家ではなく、もっと大局、日本国、あるいは歴史といったことに立脚した政治家でありましたから、派閥をどうしてくれとか、君は俺の派閥を引き継いだからとか、そういう細かいことは仰りませんでした。

私もまた派閥を受け継いだからとか、そんなことではないと思います。ただ心の中では、せっかく中曽根総理の作られた派閥ですから、それを偶然我々が受け継いだような形となりまして、立派にちゃんと傷つけないように、ご迷惑をかけないようにしていかなければいけないというのは我々の心の中にもっておればいいと思います。それは外に向かって大きく叫んで歩く話ではない。ですからしっかり心に刻んでまいりたいと思います。

——先ほど二階幹事長からご指摘ありました通り、中曽根総理は対米関係に力を入れられました。安倍政権も今対米関係に力を入れており、憲法改正についても通ずる部分があるのかなと思います。中曽根政権が現実の今の政界に残したものというのは何かお感じになるものはありますか。

今日の自由民主党の発展そのものを残されたと思っております。戦後の偉大なる政治家であったと。本当に私たちがいくら言葉を尽くしても尽くしきれないほど賞賛すべき政治家でありました。

同時に先生のご活躍の若かりし頃から、我々は外から、まだ我々が政治に参画してないころから、先生の行動や発言等は存じ上げておりますが、抜きんでて立派な抱負経綸をもつ政治家であったというふうに思っております。

——関連して外交関係ですが、中曽根総理は初の外交が韓国でありまして、日韓関係を非常に大事にされていました。今は日韓がこういう状況ですが、中曽根先生が残したものを今後どのように。

日韓関係のみならず、あらゆる外交問題をはじめ内政も含めて、中曽根先生の思いを我々後輩が受け継いでいくということが大事なことであり、当然それは使命だと思っております。

——先生の言葉・行動を受け継いでいきたいということがありましたけれども、二階幹事長が一番記憶にある中曽根先生の思い出・言葉・行動など、どういったものがありますでしょうか。

中曽根先生というのは若いころから非常に理想を持っている政治家でしたね。そして力をつけるに従って、それを実行していくという、そういう迫力のある政治家でした。とても及びませんが、今我々皆が見習うべき政治家であり、自民党としては誇りうる先輩でありました。語り継いでいく、忘れてはならない党の重要な柱であり、皆の心に残っていくだろうと思っています。

ありがとうございました。

独占手記　「安倍四選」発言と最愛の妻の死

平成から令和への改元にあたり、平成を振り返った月刊「Hanada」二〇一九年五月号掲載の手記。第二次安倍政権や震災など幅広い論題の最後に二階氏が記したのは、前年に七十七歳で亡くなった怜子夫人への感謝の言葉であった。（編集部）

「四選発言」の真意

「安倍総理四選」発言について、最近よく尋ねられますが、これは、仮に今後、国民の皆さまから総理としてさらに頑張ってほしいという声が高まってくれれば、自民党の規則がその妨げにならないように検討することは十分有りうる話だということです。また、現在の任期中にじっくりと諸課題に対応いただける環境づくりも必要ではないか。

これまで安倍総裁が素晴らしい実績を挙げ、国内、海外からの評価が高いことは言うまでもありません。総裁自身も自信を深めており、誰もが認める総裁ではないでしょうか。そして近年、これほどの実績を上げた総理大臣がいたでしょうか。

以前は一年ごとに総理大臣が代わり、国際社会からは新しい総理が就任した直後に「次の日本の総理は誰ですか」と問われる、非常に不安定な状態が続いていました。

安倍総理の下でいまようやく安定政権となり、それが景気回復という面でも大いに寄与しています。第二次安倍政権が発足してから経済は一一・三%成長し、名目ＧＤＰは五十六兆円増加、雇用も二百五十万人増となり、有効求人倍率は北海道から沖縄まで四十七全ての都道府県で一倍を超え、正社員の有効求人倍率も統計開始以来、過去最高となっています。中小企業の賃上げ率も、過去二十年間で最高を記録しました。

国際的な評価も極めて高い。安倍総理の「地球儀を俯瞰する外交」を見ても気迫に溢れ、命懸けで取り組まれている様子が伝わってきます。

第二次安倍内閣発足以来、総理は七十八ヵ国を訪問され、約七百回もの首脳会談を重ねておられるなかで、各国首脳との確固たる信頼関係を築いてこられました。国際会議で国同士が鋭く意見対立するなかにあって、安倍総理の存在感が増していることは、大いに国益に資するとともに、私たち国民にとって誇るべきことです。平成の時代を振り返ってみても、これほどの信頼関係を各国首脳との間に築きあげた総理大臣はおられないのではないか。

安倍総理は、日本外交の「格」と「評価」を上げています。Ｇ７やＧ20においても日本のプレゼンスが高まっており、礎（いしずえ）となっているわが国の政治の安定性が、各国からこれほどまでに頼りにされている時代はありません。

いずれにしても、総裁任期に関しては、これから国民や党員の皆さまの声をしっかりと聞きながら対処していくべき問題と考えます。自民党は昔から人材豊富で、志ある人が政策を競い、切磋琢磨することは伝統です。党内が活性化されることは望ましい方向であると思います。

余人をもって代えがたい

平成という一つの時代が間もなく終わりを告げ、新しい時代の幕開けが目前に迫っています。思えば平成の始まりは、まさに新しい時代の幕開けでした。国際情勢は、ベルリンの壁の崩壊に象徴されるように、東西冷戦体制が終焉を迎え、国内では株価が約三万九千円の史上最高値をつけ、いわゆるバブル景気の真っただ中にありました。

しかし間もなくバブルは崩壊し、日本経済は「失われた二十年」と言われる経済の低迷期に入りました。第二次安倍内閣は未曾有の長期デフレに正面から挑み、これを脱却するためにアベノミクスを果敢に展開し、まさに雇用の面でも「求職の時代から、求人の時代へ」と大きな成果を上げてきたのは先に述べたとおりです。

昨年来の米中貿易摩擦などにより、世界経済の先行きに不透明感が広がりはじめたいま、アベノミクスを中心とする今後の経済政策の真価が問われています。その意味でも、安倍総理の果たす役割は余人をもって代えがたいものがあります。

今年十月には、消費税率が一〇％に引き上げられる予定ですが、この引き上げは、安倍内閣が目指す全世代型社会保障制度を実現するためにも、財政健全化を推し進めるうえでも、避けては通れない道です。

また、誰もが安心して暮らすことのできる全世代型社会保障制度を構築するためには、消費税の使い道を一部変更し、幼児教育・保育の無償化と高等教育の無償化を着実に進めていかなくてはなりません。

「ひとりの命も失わない」

平成はまた、政権交代を何度か経験した時代でもありました。特に平成二十一年の総選挙で自民党は大敗し、政権に返り咲くまでの三年三ヵ月の間、国民の皆様から再び信頼を得るために、真摯に政策に取り組んで参りました。

「謙虚」とは、それぞれが最も不遇であった時のことを忘れないという姿勢です。不遇をかこつ人々への思いを忘れないということにも通ずると私は考えています。様々な困難な課題を解決し、実行していくためには、政治の安定と政治家の自覚が何よりも重要です。したがって、長期政権のなかで生じやすい驕りやゆるみは決してあってはなりません。

また、平成の時代は自然災害との闘いの時代でもありました。阪神・淡路大震災や東日本大震災では、多くの尊い命が失われました。近年では、熊本地震や西日本豪雨でいまもなお、多くの方が避難生活を強いられています。私の地元和歌山も豊かな自然に恵まれている一方で、多くの災害に見舞われてきました。いまでも台風などの被害が相次いでいます。

私たち自由民主党は、片時も被災者の皆さんのことを忘れていないことを、改めて申し上げておきたいと思います。

世界各地でも多くの災害が発生しました。昨年九月には、インドネシアにおいて大規模な地震と津波が発生し、二千人を超える尊い命が奪われました。昨年の全世界の自然災害による被災者は、六千万人を超えるという国連の発表もあります。各地において、いつ発生するか分からない自然災害は、平和で安心な暮らしを脅かしています。

「ひとりの命も失わない」――これが私たちの目標です。国土強靱化の必要性を改めて強く訴えたい。国民の安心安全を守り、強くしなやかな国づくりに力を入れていくことは、安倍政権の最重要課題です。

南海トラフの巨大地震が起きた場合、高知県黒潮町では「三十四メートル」の津波が町を飲みこみ、和歌山県太地町では、何も対策を取らなかった場合、住民の七四％が津波で死亡するという厳しい想定が発表されています。防災先進国として具体的な対策が必要です。

あわせて、来年の東京オリンピック・パラリンピックの際、万が一のことが起きた場合でも、オリンピアン・パラリンピアンをはじめ、観戦に来られる多くの日本人や外国人観光客の誰一人にも被害を出させないことが開催国日本の責任です。

地元和歌山には「稲むらの火」という有名な故事があります。一八五四年十一月五日、安政南海地震津波が発生した際、津波が襲ってくると予感した濱口梧陵は、収穫した大切な稲むらに火を放って避難誘導を行い、多くの村人の命を救ったという物語です。これは教科書に掲載されるなど、津波に対する早期避難の重要性がいまも語り継がれています。

世界初の取り組み

私は二〇一五年にインドネシア共和国のアチェ州を訪れました。アチェでは、二〇〇四年に起きたスマトラ島沖地震で二十四万人もの方が亡くなられました。一度はお伺いして犠牲者に手を合わせたいと考えていて、ようやく実現できたのです。

中心地に建てられた「アチェ津波博物館」も見学させていただき、東日本大震災とスマトラ島沖地震によって大津波の被害を受けた二国間で津波防災への取り組みをより強化しようとなり、和歌山にある「稲むらの火の館」と「アチェ津波博物館」の姉妹館提携が実現しました。

二〇一六年十一月には、高知県黒潮町で地震津波の脅威と防災の知見を過去から学び、将来の防災リーダーを育成する「世界津波の日、高校生サミット」が開催されました。世界初の取り組みであり、安倍総理からはビデオメッセージもいただきましたが、日本を含む世界三十ヵ国三百六十

平成 28 年 11 月 25 ～ 26 日、「世界津波の日　高校生サミット in 黒潮」が高知県黒潮町で開催され、各国からの高校生を前に挨拶を行う二階幹事長

平成 28 年 11 月 26 日、「世界津波の日　高校生サミット in 黒潮」の参加者と

名の高校生が、津波防災に関する分科会、避難訓練などを主体的に行い、「黒潮宣言」という形で取りまとめられました。その後、この高校生サミットは毎年、沖縄、和歌山で開催され、今年は北海道が準備を進めてくれています。

昨年、これまでの様々な災害を受けた経験を踏まえ、全百六十項目、総額七兆円規模の「三ヵ年の緊急対策」が、安倍総理指示の下、取りまとめられました。

政府の、この対策を高く評価する一方で、さらにもう一歩踏み込んだ国土強靱化の取組みが必要であると再認識しており、「三ヵ年の緊急対策」のあとを見据えた対応が、今後求められていると考えております。

平和の象徴と地方創生

安倍政権は「観光立国」に向けた政策にも力を入れています。日本の強みでもある観光産業の発展は、平和の象徴であると考えています。私は一九九九年（平成十一年）の小渕内閣で運輸大臣を拝命し、ライフワークとして観光振興に取組み、十二年度当初予算で史上初めてインバウンド促進策として、三億円を計上しました。

それから二十年が経過し、いまや百億円を超える規模、訪日外国人も三千万人を突破するに至りました。平成という平和な時代に、観光がわが国の基幹産業の一つに成長したことはまことに感慨深いものがあり、来年の東京オリンピック・パラリンピックと二〇二五年の大阪・関西万博は、さらなる飛躍のチャンスです。

そして、東京や大阪に集う訪日外国人をさらに地方に呼び込むために、この際、知恵を結集し、地方創生に繋げなければなりません。二国間における相互の観光客数は、その両国間の関係と比例します。観光客がお互いの国を頻繁に行き来する関係は良好なものである一方で、関係が悪化している国同士は観光客の行き来も減少する傾向にあります。世界における観光の重要性は、グローバリゼーションの時代のなかで高まっています。だからこそ、世界の観光のあるべき姿を示す「観光立国・日本」を作ることが、新たな時代におけるわが国の役割であると考えます。

外交に目を転じますと、日本が戦後一貫して貫いてきた平和外交の道のりは、国際社会から高く評価されています。一方で、平成の安全保障政策は、湾岸危機や米国同時多発テロ、北朝鮮の核・ミサイル開発など、国際情勢の変化を前に、わが国の国際貢献のあり方が常に問われ続けるものでありました。

自衛隊員は日本の誇り

昨年末の新聞の世論調査において、平成の日本社会に最も良い影響を与えた政治的な出来事の第一位として、「国連平和維持活動、所謂（いわゆる）ＰＫＯ協力法」の成立があげられました。自衛隊の国際貢献が国民に広く認められ、高く評価された証でもあります。阪神・淡路大震災や東日本大震災での災害派遣や災害復興で、自衛隊が国民の信頼を得ていることはご承知のとおりです。

昨年、私は千葉県にある自衛隊習志野駐屯地を訪問する機会を得ました。危機や大規模災害に備え、昼夜を分かたず、休むことなく備える自衛隊の皆さんの覚悟と真摯な姿は日本の誇りです。政府は昨年十二月に、「新たな防衛計画の大綱」と「中期防衛力整備計画」を策定しました。

他方、私が一貫して取り組んで参りました第一次安倍政権時の防衛庁の省昇格や、第二次安倍政権での平和安全法制の成立など、わが国と国際社会の平和と安定を守るための努力を進めるなかで、自衛隊を憲法違反だと主張し、その存在すら認めてこなかった政治勢力が、残念ながら存在していたのも事実です。

安倍総理は一昨年、自民党総裁として、憲法改正に向けた基本的考え方を示されました。私も総理と同じ思いでおります。

こうして平成を振り返りますと、実に感慨深いものがあります。私自身、昭和五十八年の初当選以来、平成のはじめから今日に至るまで、継続して国政に参画させていただきました。いま改めて、苦難の時代を生き抜かれた先人の皆様に感謝の気持ちを捧げたいと思います。平成の時代が戦争のない平和な時代であったことに対し、与野党を超えて、その尊さを改めて噛みしめる必要があると考えています。

私は子供の頃、戦争を経験し、疎開先の小学校で終戦を迎えています。その後、日本全体が食料の乏しい苦難の時代を乗り越え、目覚ましい復興と発展を経験しながら、政治家の歩みを続けて参りました。

大学卒業と同時に故遠藤三郎元建設大臣（旧静岡二区）の秘書として社会人生活のスタートを切った私は、遠藤先生がお亡くなりになるまで十一年間、秘書としてお仕えしました。その後、地元の県議会議員選挙に挑戦する決意を固め、選挙の一年前に一家で郷里に戻りました。

その選挙は定数一の選挙区において、当選六回の自民党現職に無所属で挑む熾烈な戦いでした。私も妻の怜子も幼い子供たちを実家に預け、とにかく朝から晩まで選挙、選挙の日々でした。のちに妻はその頃を振り返り、「生きているのか、死んでいるのか分からないような毎日だった」と語っていました。私の知らないところで、罵声を浴びたり、辛い思いをしたことも多くあったと思います。

結果は、僅か百十票差の勝利でした。

妻との出会い

私はその後、県議を二期務め、一九八三年（昭和五十八年）十二月の総選挙に旧和歌山二区（定数三）から自民党田中派の候補として出馬して初陣を飾り、これまで県議選二回、衆議院選十二回の全ての選挙で勝利することができました。

その間、妻は選挙区に居を構え、子供たちと暮らし、後援会や同志の皆さんと、ただひたすら選挙区を守ってくれました。私はそんな厳しい戦いのなかで、妻に「女房を街頭に立たせなきゃならなくなったら、俺は政治をやめる」と伝えました。それに対し、妻はこう言いました。

「私は後援会や秘書の方の言うことに全て従います。あなたの言うことは聞きません」

私が東京で政治活動に邁進するなか、妻は選挙区の皆さんと強い絆を繋いでくれていたのだと思います。

妻は私より二歳年下、私と同じ和歌山県御坊市で生まれ、その後、私たちは同じ小学校・中学校・高校を卒業しました。

初めての出会いは、父親同士の親交の関係で、妻が大学進学のため上京した際、私が東京の道先案内を務めたことがきっかけでした。私の通う中央大学が後楽園にあり、妻は神田にある共立女子大学に進学。距離的にも近く、自然と頻繁に出会うようになり、やがて交際。神田神保町の古本屋で、よく待ち合わせをしたことを懐かしく思い出します。

そして、遠藤先生の秘書として社会人生活をスタートする前に妻の両親を訪ね、「怜子さんの卒業と同時に結婚させてほしい」旨を申し込みました。すると、妻のお父さんはこう仰ったのです。

「俊博君、あんなの（怜子のこと）やめておいたほうがいいぞ。気ままなところがある。私が君だったら、熨斗紙（のしがみ）つけて返すよ」

私は「大丈夫です。必ず二人で乗りこなします」と言った憶えがあります。

それから二年後、妻の大学卒業と同時に結婚しました。以来、妻は常に私を支えてくれました。苦労もずいぶんとかけたと思います。

眠るような最期

その妻が昨年十二月二十六日早朝、永眠しました。家族が見守るなか、痛み苦しむ様子もなく眠るような最期でした。肺がん発症から十四年、七十七歳の生涯でした。

二〇〇四年（平成十六年）、私の選挙区地盤もようやく安定してきた矢先、妻は肺がんを発症します。東京の病院で手術し、その後の通院の関係もあり、住み慣れた和歌山を離れて横浜に転居し、三男と暮らし、闘病生活を始めました。その間、手術や抗がん剤治療を続けながらも、調子のよい時には趣味の旅行やドライブを楽しみ、穏やかな日々を過ごしました。

闘病中も、私の選挙の際は必ず帰郷し、あいさつ回りを続けてくれました。終身、私の政治活動を陰ながら支え続けてくれた最大の支援者であり、最高の同志でした。

妻が息を引き取った翌日、私は山梨県知事選挙の応援のために甲府市を訪れました。ただし、妻の死を明らかにして陣営の士気がそがれてはいけないと思い、その事実を伏せたまま各地を回らせていただきました。

政治家の妻として選挙区を守り、三人の子供の母として家庭を守った妻に、改めて感謝の気持ちを伝えたいと思います。

そして、安倍政権の下、新しい時代の日本がますます繁栄し、国際社会の平和と安定に寄与していくことを願ってやみません。

月刊「Hanada」二〇一九年五月号より

二階俊博略年表

西暦	年号	事　績
1939	昭和 14	2 月 17 日、和歌山県御坊市新町生まれ
1951	昭和 26	御坊市立御坊小学校卒業
1954	昭和 29	御坊市立御坊中学校卒業
1957	昭和 32	和歌山県立日高高等学校卒業
1961	昭和 36	3 月、中央大学法学部卒業
		4 月、遠藤三郎元建設大臣秘書
1975	昭和 50	和歌山県議会議員に初当選
1983	昭和 58	衆議院議員に初当選（第 37 回総選挙）
1990	平成 2	運輸政務次官（海部内閣）
1991	平成 3	1 月、衆議院予算委員会理事
		2 月、衆議院運輸委員会筆頭理事
		11 月、衆議院国会等の移転に関する特別委員会理事、自民党環境対策委員長
1992	平成 4	自民党交通部会長、全国旅行業協会会長
1993	平成 5	運輸政務次官（細川内閣）
1995	平成 7	新進党選挙対策局長
1996	平成 8	10 月、衆議院予算委員会理事
		12 月、国土開発幹線自動車道建設審議会委員
1997	平成 9	衆議院建設常任委員長
1998	平成 10	自由党国会対策委員長、自由党農林水産・交通部会長
1999	平成 11	運輸大臣兼北海道開発庁長官（小渕内閣）
2000	平成 12	4 月、運輸大臣兼北海道開発庁長官（森内閣）
		7 月、保守党国会対策委員長
2001	平成 13	保守党幹事長
2002	平成 14	保守新党幹事長
2004	平成 16	自民党総務局長
2005	平成 17	5 月、衆議院郵政民営化特別委員長
		10 月、経済産業大臣（小泉内閣）
2006	平成 18	自民党国会対策委員長
2007	平成 19	自民党総務会長
2008	平成 20	8 月、経済産業大臣（福田内閣）
		9 月、経済産業大臣（麻生内閣）
2011	平成 23	10 月、自民党政務調査会国土強靱化総合調査会会長
2012	平成 24	志帥会会長
2013	平成 25	1 月、自民党総務会長代行
		10 月、衆議院予算委員長
2014	平成 26	自民党総務会長
2016	平成 28	自民党幹事長（以降連続在任 1886 日で歴代最長）、自民党国土強靱化推進本部長

写真提供／使用許諾：

自由民主党広報本部写真室、朝日新聞社、共同通信社、紀州新聞社、月刊「Hanada」、和歌山放送、和歌山大学、和歌山県広川町

二階俊博（にかい　としひろ）
昭和14年2月17日、和歌山県御坊市新町生まれ。中央大学法学部卒業後に遠藤三郎代議士の議員秘書を経て、昭和50年から和歌山県議を務める。昭和58年12月の衆院選で初当選し、以降13回連続当選。運輸大臣や経済産業大臣などを歴任し、自民党においては幹事長として連続1886日を務め歴代最長となる。『明日への挑戦』（紀州新聞社）、『日本の危機管理を問う』（プレジデント社）、『観光立国宣言』（丸ノ内出版）など著書も多数。

二階俊博言行録（にかいとしひろげんこうろく）

2023年10月10日　第1刷発行
著　者　二階俊博
発行者　南丘喜八郎
発行所　株式会社 ケイアンドケイプレス
〒102-0093
東京都千代田区平河町2-13-1　読売平河町ビル5F
電　話：03-5211-0096
ＦＡＸ：03-5211-0097
印刷・製本：中央精版印刷株式会社
装丁：高野アズサ（ガルメラ商会）

ISBN 978-4-906674-83-1　C0095
Printed in Japan